韩山师范学院基础教育研究系列

中学化学教学研究性学习

袁明华　袁田田　主编

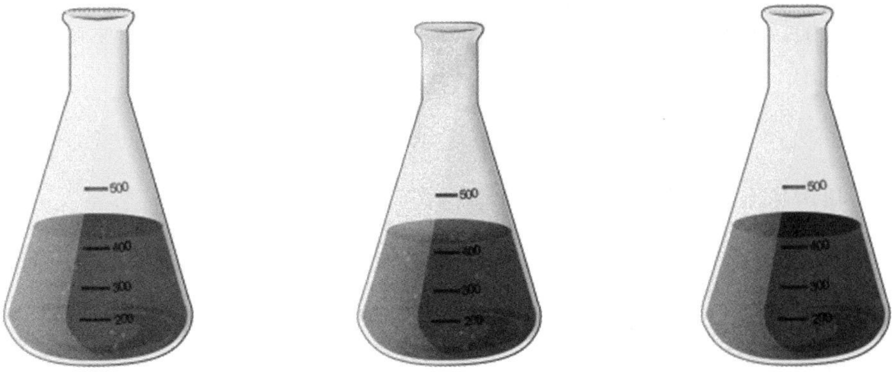

暨南大學出版社
JINAN UNIVERSITY PRESS
中国·广州

图书在版编目（CIP）数据

中学化学教学研究性学习/衷明华，衷田田主编．—广州：暨南大学出版社，2015.5
ISBN 978-7-5668-1315-2

Ⅰ．①中…　Ⅱ．①衷…②衷…　Ⅲ．①中学化学课—教学研究　Ⅳ．①G633.82

中国版本图书馆 CIP 数据核字（2015）第 006427 号

出版发行：暨南大学出版社

地　址：中国广州暨南大学
电　话：总编室（8620）85221601
　　　　　营销部（8620）85225284　85228291　85228292（邮购）
传　真：（8620）85221583（办公室）　85223774（营销部）
邮　编：510630
网　址：http：//www.jnupress.com　http：//press.jnu.edu.cn

排　版：广州市天河星辰文化发展部照排中心
印　刷：佛山市浩文彩色印刷有限公司

开　本：787mm×960mm　1/16
印　张：25.125
字　数：595 千
版　次：2015 年 5 月第 1 版
印　次：2015 年 5 月第 1 次

定　价：55.00 元

前　言

随着我国教育改革的不断深入，研究性学习能力的培养已成为各高校提高教学质量的新思维和新举措。从广义上讲，研究性学习是指学生探究问题的学习，是一种学习方式；从狭义上讲，研究性学习是指学生在教师的指导下，从自然、社会、生产、生活和学习中选择和确定专题进行研究，在研究过程中主动获取知识、应用知识解决问题的学习活动，并在获得直接经验或参与知识创造的过程中养成科学态度、掌握科学方法、增强社交能力和团队精神等。研究性学习是一种积极的学习过程，强调学习的自主性、探索性和实践性，强调对学生学习能力、实践能力、创新能力、社交能力和团队精神的培养。这些正是创新型人才必须具备的素质。

本书收录了韩山师范学院化学系本科生在中学化学教学研究性学习方面的众多成果。大抵归纳成如下三部分：第一部分，实验化学教学的研究性学习；第二部分，高考化学教学的研究性学习；第三部分，中学化学教学其他方面的研究性学习。研究成果内容丰富、可读性强，颇具参考价值。

本书是继《大学化学研究性学习：韩山师范学院化学系本科生成果集》（衷明华主编，2011 年 6 月由暨南大学出版社出版）在培养学生方面的又一具体成果体现；它的出版得到了研究作者的许可和支持，也得到了暨南大学出版社的大力支持，更得到了国家本科教学质量工程项目“高等学校特色专业建设点——化学”（TS11664）的鼎力资助，在此一并致谢。

衷明华　衷田田

2015 年 2 月于韩山师范学院

前言

[illegible]

[illegible]

[illegible]

[illegible]

目　录

第二部分　高考化学教学的研究性学习

第三部分 中学化学教学其他方面的研究性学习

第一部分　实验化学教学的研究性学习

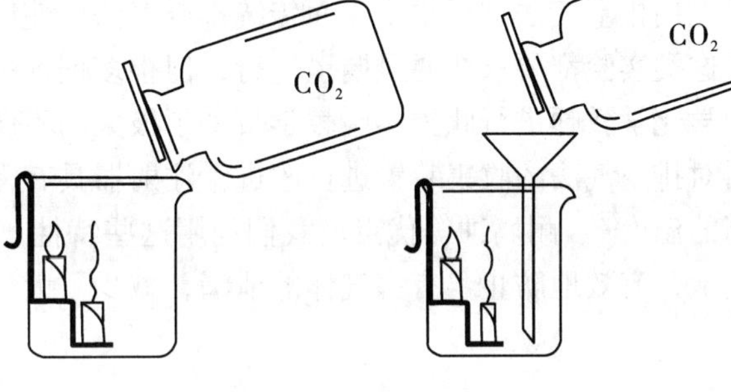

排空气法密封装置的设计与研究①

2005 级本科生：陈壮强　江泽芝
指导教师：黄俊生

【摘　要】本文通过对一次性注射器的简单加工，经过多次实验的对比，选择合适的指示剂，使得用排空气法收集有害气体时不容易泄漏，装置微型化，符合绿色化学的新理念。

【关键词】排空气法；注射器；指示剂

在中学化学教材重点介绍的 14 种常见气体中，有 7 种有害气体（CO_2、SO_2、NO_2等）只能用排空气法进行收集，而传统排空气法中使用的集气瓶是敞口的，容易造成泄漏。虽然这类实验都要求在通风橱里进行，但很多偏远地区的中学往往无专门的实验室，给当地中学化学教师进行此类实验教学带来了极大的不便。为此，我们利用人们熟悉的医用注射器对排空气法的收集装置进行改进。注射器具有密封性好、有上下可移动的活塞、能耐较高的温度②、耐腐蚀等优点。我们利用这些特性，将注射器运用到排空气法收集气体的装置上，有效地防止了有害气体的泄漏，减少了大气污染。

一　装置的设计

1. 实验器材

集气瓶、双孔胶塞（与集气瓶配套）、导管、一次性注射器。

2. 装置的制作

用烧红的铁钉在注射器的上方钻一小孔，用锉刀将小孔的周边锉平，使注射器的活塞上下移动不受影响。如右图把整个装置安装好。

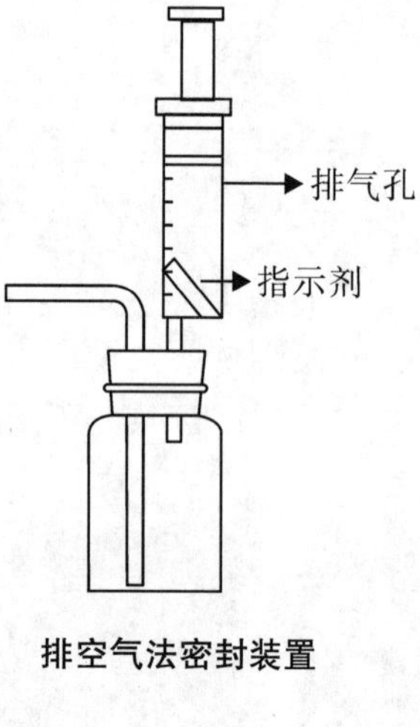

排空气法密封装置

① 该文刊于 http：//www. pep. com. cn/gzhx/gzhxjs/ghlw//200805/t20080512_ 466170. htm。

② 吴又梯．巧用注射器改进设计方法进行绿色化学实验［J］．湖南科技学院学报，2007（4）：120 ~ 121.

3. 装置的操作原理

本装置适用于一切排空气法收集气体的实验（向下排空气法将上图倒过来使用即可）。实验开始前，必须根据气体的性质找到合适的指示剂，可以是湿润的试纸或者蘸有某种指示剂溶液的棉花团（棉花团必须尽量拧干），将指示剂置于上图中所示的位置，有时气体自身的颜色也可以作为一种指示剂。实验时，待收集的气体通过长导管进入集气瓶中，空气会通过短导管进入注射器，指示剂不变色，之后从注射器上的排气孔排出。当待收集的气体充满整个集气瓶而进入注射器时，指示剂会变色，这时只要把注射器的活塞向下移到小孔以下，整个装置便变为密封装置，可防止气体泄漏。

二　装置在中学化学实验中的具体运用

针对在中学化学教材中重点介绍的 14 种常见气体中，有 7 种有害气体必须通过排空气法进行收集，我们利用该装置对这 7 种气体进行了收集并根据每种气体的性质采用不同的指示剂进行实验对比，分别找出适合这 7 种气体的指示剂。

1. 实验气体及选用的指示剂种类

（1）7 种实验气体。

①向上排空气法：CO_2、SO_2、NO_2、HCl、H_2S、Cl_2；

②向下排空气法：NH_3。

（2）指示剂种类。

①试纸类：蓝色石蕊试纸、红色石蕊试纸、KI 淀粉试纸；

②棉花团类：品红溶液、$CuSO_4$溶液、高锰酸钾溶液、酚酞溶液；

③气体颜色类。

2. 气体实验结果及分析

（1）二氧化碳（CO_2）。

常用检验二氧化碳的方法：使燃着的木条熄灭或使澄清的石灰水变浑浊。但这两种方法在本文的装置中用不上。所以实验时，我们根据 CO_2 的酸性选用蓝色石蕊试纸做指示剂。蓝色石蕊试纸由蓝变红现象很明显，可以作为 CO_2 收集的指示剂。

（2）硫化氢（H_2S）。

常用检验硫化氢的方法比较多，实验时，我们只选用了 $CuSO_4$溶液、高锰酸钾溶液、蓝色石蕊试纸三种指示剂，所得结果如表 1 所示。

表 1　硫化氢气体检验

指示剂	$CuSO_4$溶液	高锰酸钾溶液	蓝色石蕊试纸
现象	蓝→黑	紫→棕→无	蓝→红
效果	明显	不明显	明显

实验结论：$CuSO_4$溶液和蓝色石蕊试纸均可作为 H_2S 收集的指示剂，而高锰酸钾由于颜色很深，在褪色的时候有一个渐变的过程，不能很好地判断，所以不能作为 H_2S 收集的指示剂。

(3) 二氧化硫（SO_2）。

实验时，选用品红溶液、蓝色石蕊试纸两种指示剂，所得结果如表 2 所示。

表 2　二氧化硫气体检验

指示剂	品红溶液	蓝色石蕊试纸
现象	褪色	蓝→红
效果	不明显	明显

实验结论：由于品红溶液在实验过程中褪色十分缓慢，在这里不能作为指示剂，只能选用蓝色石蕊试纸。

(4) 氯气（Cl_2）。

实验时，选用气体颜色、蓝色石蕊试纸两种指示剂，所得结果如表 3 所示。

表 3　氯气气体检验

指示剂	气体颜色	蓝色石蕊试纸
现象	黄绿色	蓝→红
效果	不明显	明显

实验结论：虽然氯气本身为黄绿色，但在浓度很稀的时候不容易被察觉，不能作为收集氯气时的指示剂。而氯气溶于水后可以使有色物质褪色，而且褪色的速度快、效果很好，现象很明显，颜色越深越容易看出。所以，本实验选用的蓝色石蕊试纸可作为收集氯气时的指示剂，所得结果如表 4 所示。

(5) 二氧化氮（NO_2）。

实验时，选用气体颜色、蓝色石蕊试纸两种指示剂，所得结果如表 4 所示。

表 4　二氧化氮气体检验

指示剂	气体颜色	蓝色石蕊试纸
现象	红棕色	蓝→红
效果	明显	明显

实验结论：二氧化氮是红棕色气体，流入注射器时现象很明显，同时也可以使蓝色石蕊试纸变红，因此本实验所选用的两种指示剂均可作为二氧化氮收集的指示剂。

(6) 氯化氢（HCl）。

本装置适合用来检验氯化氢的指示剂并不多，实验时只选用了蓝色石蕊试纸作为指示剂，由蓝变红的现象很明显，可以作为实验时的指示剂。

（7）氨气（NH_3）。

氨气是一种碱性气体，所以实验时选用了红色石蕊试纸、酚酞溶液两种指示剂，所得结果如表 5 所示。

表 5　氨气气体检验

指示剂	红色石蕊试纸	酚酞溶液
现象	红→蓝	无→红
效果	明显	明显

实验结论：氨气的溶解度很大，所以作用在此类实验的指示剂上，效果十分明显，以上提供的两种指示剂均可作为氨气收集时的指示剂。

三　结　论

一次性注射器在生活中很容易找到，如果能够巧妙地运用，完全可以成为中学化学实验课堂上理想的教具。本文就是通过对一次性注射器的简单加工，设计了一套适用于中学化学排空气法收集气体的装置，而且利用该装置对中学化学实验中 7 种只能用排空气法收集的有害气体做了实验研究，分别为每种气体找到了一种或一种以上合适的指示剂。指示剂所选材料也是中学化学实验室中常见的，能够为中学教师提供一个很好的参考。本实验装置取材容易，制作简单，操作也十分容易，只要找到合适的指示剂，便能对一切用排空气法收集的气体进行实验，有效地防止了有害气体对大气的污染，值得推广。

巧用一次性塑料杯制作固液不加热装置[①]

2005级本科生：陈壮强
指导教师：黄俊生　衷明华

【摘　要】本文介绍了利用日常生活中的一次性塑料杯设计的一套中学化学固液不加热气体发生装置，不仅取材容易，更克服了启普发生器只能使用块状药品的缺陷。

【关键词】一次性塑料杯；固液不加热装置；气体

一个实验能否成功，各个环节都很重要，笔者认为最为重要的是对实验的设计，应力求结构简单、取材容易、实用、科学、绿色无污染、使用安全、现象直观明显，这是我们进行实验设计改进的目的。在中学化学教材重点介绍的十几种常见气体制备方法中，可以利用固液不加热装置制备的占了绝大多数，而中学中最常见的固液不加热气体发生装置就是启普发生器和教材中介绍的简易装置。启普发生器取拿不方便，成本较高，偏僻农村中学可能还没有启普气体发生器[②]，或者部分中学不能大量配套，往往摔一个就没了。此外，启普发生器有一个很大的缺陷，就是固体药品必须是块状药品，而且教材中介绍的简易装置既不便于控制，又不便于将反应后的液体和固体残留物分离开。因此，我们利用日常生活中的一次性塑料杯，设计了两种固液不加热装置，一种适合块状药品反应，另一种则适合粉末状药品反应。

一　块状药品发生装置的设计

1. 所需材料

（1）普通材料：一次性塑料杯、绣花针、剪刀、细导线（耐腐蚀的细线均可）。

（2）实验室器材：长颈漏斗、广口瓶、双孔胶塞（与广口瓶配套）、导管。

2. 制作过程

（1）先用剪刀剪去一次性塑料杯的上半部分，用绣花针在一次性塑料杯的底部穿满小孔，用细线系好。

---

① 该文刊于 http：//www. pep. com. cn/gzhx/gzhxjs/ghlw//200805/t20080505_ 465152. htm。

② 李在杰．气体发生器装置的改进［J］．实验教学与仪器，2006（12）：22.

（2）把制作好的一次性塑料杯固定在胶塞上，并安装在广口瓶内（如图1所示）。

3. 操作方法

该装置的原理及操作方法与启普发生器一样，可以说是启普发生器的简易装置。将块状药品置于一次性塑料杯内，液体由长颈漏斗倒入。当到达一定高度时，液体由一次性塑料杯底部的小孔进入杯中并与块状药品接触，反应开始。停止反应时，只要封住导管，产生的气体留在瓶内，瓶内产生高压，液体就会被压回长颈漏斗中，并与块状药品分离，反应停止。在反应进行时，长颈漏斗必须插入液面以下。

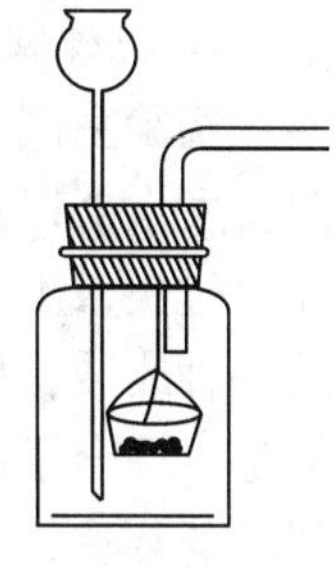

图1　块状药品发生装置

二　粉末状药品发生装置的设计

1. 所需材料

（1）普通材料：一次性塑料杯、绣花针、剪刀、细导线（耐腐蚀的细线均可）。

（2）实验室器材：广口瓶、单孔胶塞（与广口瓶配套）、导管。

2. 制作过程

（1）先用剪刀剪去一次性塑料杯的上半部分，用绣花针在一次性塑料杯的底部穿满小孔，用细线系好。

（2）把制作好的一次性塑料杯固定在胶塞上，并安装在广口瓶内（如图2所示）。

3. 操作方法

（1）装样：将所需的固体药品（粉末状）置于一次性塑料杯中，在广口瓶中加入液体药品，塞紧胶塞。

图2　粉末状药品发生装置

（2）反应：一次性塑料杯底的孔非常小，在不动的情况下，粉末状药品不会从下面漏出，但当一次性塑料杯轻轻晃动的时候，药品会从底部慢慢落下。所以，在进行反应的时候，只要轻轻摇动广口瓶，带动里边一次性塑料杯晃动，粉末状药品就会落到瓶底与液体反应。摇动广口瓶的动作要轻，底部液体不宜过多，以防溅到上方的药品。

三　两种装置的对比说明

1. 一次性塑料杯底部孔的要求

对于块状药品，一次性塑料杯底部的小孔应相对大一些，这样方便液体的进入与退出。对于粉末状药品，一次性塑料杯底部的小孔应根据粉末颗粒的大小制作，以晃动一次性塑料杯时颗粒能漏出为准。

2. 广口瓶大小的要求

块状药品发生装置，只需让制作好的一次性塑料杯能放入其中便可。粉末状药品发生装置，则不仅要使制作好的一次性塑料杯能放入其中，还需有足够的空间可供摇晃。

3. 两种装置使用效果的对比

实验室制备气体多数是用块状药品，一方面是因为中学中使用的固液不加热装置多是启普发生器以及根据启普发生器改装后的各种简易装置，另一方面是因为粉末状药品反应速度过快，不利于反应控制和气体收集。本文的块状药品发生装置设计也属于启普发生器的一种改装，所以，它仍适用于当前中学实验的教学，使用效果与启普发生器是一样的。但是，综合了多个气体制备实验的对比，粉末状药品发生装置在使用上，相对于启普发生器类的装置，具有更多的优势。

首先，在制作上，粉末状药品发生装置所需的材料少，不需要长颈漏斗，胶塞只需单孔，制作方便。

其次，粉末状药品发生装置使用的药品更少，分离更好。启普发生器类的装置，往往需要大量的液体，而且使用块状药品，用量大，容易造成浪费，分离也不好。而粉末状药品发生装置，需要的液体足量就可以，越少越有利于操作，而且使用的固体药品不与液体接触，分离与回收效果好。

再次，粉末状药品发生装置的安全性更高。粉末状药品发生装置比起启普发生器类的装置不必担心在停止反应的时候，由于液体过多而从上方溢出，密封性更好，更安全。

最后，相对于启普发生器类装置，粉末状药品发生装置不仅药品的反应速度快，而且不会使反应难控制，气体难收集。因为每次从一次性塑料杯中摇落的药品量非常少，反应相当快，但产生的气体量并不多，不会影响收集，操作者只要根据需要摇动广口瓶，便能很好地控制反应。

综上所述，粉末状药品发生装置在使用上明显优于块状药品发生装置，在两者条件都具备的情况下，建议使用粉末状药品发生装置。但在具体情况下，还必须根据自己所拥有的器材与药品进行选择。

四 结 论

利用这两种装置，笔者将中学中常见固液不加热制备气体的实验全做了一遍，在具体实验操作中效果很好。该类装置不仅取材方便，制作简单，提高了实验安全性，在药品的处理上也更科学，且用日常生活中常见的物品制作实验教学中的反应仪器，能激发学生的学习动力和创新能力。希望这两种装置能够为更多的中学教师在实验教学中带来方便。

对“二氧化碳不支持燃烧”实验的改进[①]

2006级本科生　黄婵燕

指导教师：衷明华

【摘　要】文章分析了教材中“二氧化碳不支持燃烧”实验不易成功的原因并通过实验装置改进，即一方面借助于漏斗来倾倒二氧化碳，另一方面用生日小蜡烛取代普通蜡烛，使得教材中“二氧化碳不支持燃烧”实验的成功率更高。

【关键词】漏斗；生日小蜡烛；二氧化碳；不支持燃烧

人教版九年级化学教材上册第六单元课题3“二氧化碳和一氧化碳”中二氧化碳的性质中的实验6-4，原教材实验如下：

【实验6-4】如图1所示，将二氧化碳气体缓慢倒入烧杯中，观察现象并分析。

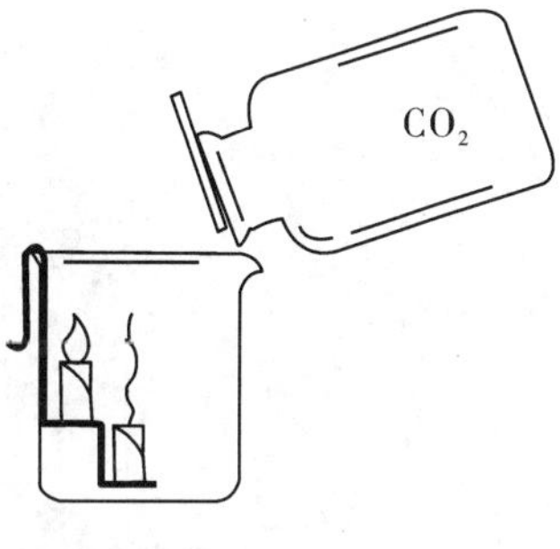

图1　倾倒二氧化碳（一）

经过实践证明，这个实验成功率极低，经常会出现以下三种情况：一是两根蜡烛都不熄灭；二是上面的蜡烛先熄灭；三是两根蜡烛同时熄灭。这三种情况都会使我们的实验目的无法实现，有时甚至还会因此被学生取笑。

针对以上这三种情况，本人做了以下几个分析：

情况一：由于收集的二氧化碳气体不足或蜡烛燃烧过旺，二氧化碳气体不足以使其熄灭，往往只是火焰晃动几下就又正常燃烧了。

情况二：由于倾倒的过程中，气体会扩散，加之正在燃烧的蜡烛，加快了烧杯内的气流，使大部分二氧化碳气体处于烧杯的上半部，所以上面的蜡烛先熄灭。

情况三：由于倾倒的速度过快，蜡烛熄灭的前后顺序不明显，看似同时熄灭。对于该情况，操作员只需在操作时，切记不要倾倒过快就可以。

为了更好地解决上面出现的情况一和情况二中的问题，本人设计了以下的实验改进方案来提高该实验的成功率，以供参考。

① 该文刊于http：//www. pep. com. cn/czhx/jshzhx/tbxzy/jnshc/dedy_ 1_ 1_ 1_ 1_ 1/chxshy/201008/t20100825_738501. htm。

一 实验目的

通过改进实验装置，使得教材中二氧化碳性质实验的成功率更高。

二 实验原理

二氧化碳密度比空气大，且不支持燃烧。

三 实验用品

CO_2气体（新制备的）、生日小蜡烛（2 根）、梯形铁皮架、烧杯、漏斗。

四 实验步骤

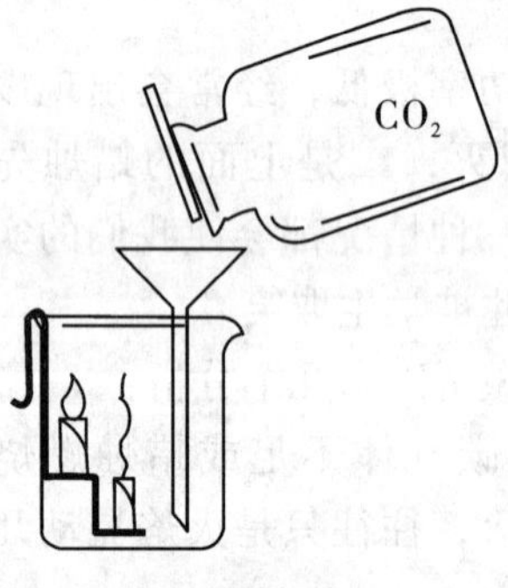

图 2　倾倒二氧化碳（二）

如图 2，在烧杯中放入梯形铁皮架，在两个阶梯上固定两根生日小蜡烛，将蜡烛点燃，然后将二氧化碳气体沿着漏斗往烧杯中缓慢地倾倒，观察实验现象并分析（切记要缓慢倾倒）。

五 实验现象

处于下面的蜡烛先熄灭，继续倾倒二氧化碳气体后，上面的蜡烛也熄灭。

六　结　论

二氧化碳气体不支持燃烧，密度比空气大。

七　实验改进后的优点

（1）使用漏斗，能很好地防止二氧化碳气体刚倒出来就扩散开，而先接触到上面的蜡烛，使上面的蜡烛先熄灭，所以能很好地解决上述情况二中出现的问题。

（2）将普通蜡烛改成生日小蜡烛。生日小蜡烛的火焰要比普通蜡烛的火焰小得多，所以要使其火焰熄灭所需的二氧化碳气体的量会更少，更容易使其熄灭。因此，这也能很好地解决上述情况一中出现的问题。

（3）生日小蜡烛既美观又有趣，在一定程度上能够激发学生做该实验的兴趣，起到活跃课堂气氛的效果。

有关氢气的创新性微型实验设计[①]

2009级本科生：曾晓丹　陈燕杉
指导教师：袁明华

【摘　要】利用微型实验仪器对传统的氢气制备与性质实验装置进行了改进，改进后的实验不仅节省药品、现象明显而且实验更加安全，适合中学生在课堂上动手实验。
【关键词】微型实验；氢气；制备与性质

微型实验具有实验试剂用量少、费用低、实验过程简单化的特点；同时，微型仪器成本低，不仅符合绝大多数学校对实验操作的需要，且对于部分中学化学实验条件不足，难以开展学生实验的学校也是容易接受的。本实验正是利用微型仪器的这一特点，将氢气的制备与性质实验进行微型化处理。改进后的实验装置更适合学生在课堂上进行实验，真正将微型实验落实到课堂中。

一　实验原理

实验室制取氢气的方法有很多种，常见的有电解水制取氢气、制取水煤气、利用金属和酸反应等方法。本实验利用锌与稀硫酸以1∶4的比例进行反应，反应方程式为：

$$Zn + H_2SO_4 = ZnSO_4 + H_2\uparrow$$

二　原实验装置存在的缺点

一方面，由于锌粒与稀硫酸反应较快，在常规实验中氢气的制备难以随时控制反应的开始与停止；另一方面，在实验反应过程中产生较多的氢气，这也使得在验纯时较为危险。常规实验中一般难以对产生的氢气进行干燥处理，故会对氢气还原氧化铜实验产生的水造成干扰，难以解释在还原实验中使无水硫酸铜变色的水是由通入的氢气携带的还是由

①　该文刊于《中学教学参考》2012年第32期第88页。

还原反应所产生的。除此之外，分步进行氢气的性质实验，操作较为烦琐，过程中氢气损失多，易造成药品损耗，且用时长。

三　实验的改进

1. 实验用品

（1）仪器：具支U形管1支、内套管1个、注射器1支、具支试管1支、V形侧泡反应管1支、酒精灯1盏、尖嘴管1根、玻璃导管1根、橡胶塞2个、橡胶管3段。

（2）试剂：稀硫酸、浓硫酸、锌粒、氧化铜丝、无水硫酸铜、肥皂水。

2. 实验装置图（图中略去铁架台）

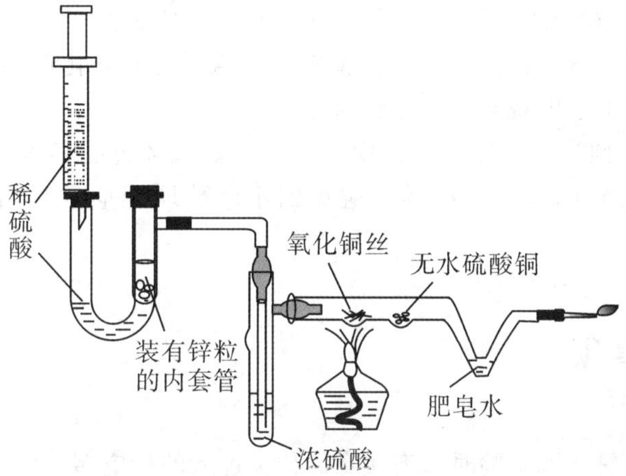

氢气制备与性质实验装置

3. 实验步骤与现象

（1）连接好装置，检验装置的气密性。如上图所示，在U形管里加入适量的自来水，右端用一橡胶塞塞住，左端连接一带橡胶塞的注射器，拉动注射器，观察U形管中水的高度变化，如果装置气密性良好，U形管中的水会随着注射器的拉动而产生左右液面高度差。

（2）将3 ~ 4颗锌粒加入U形管的内套管中，右端口塞上橡胶塞，向注射器中吸入稀硫酸，插入橡胶塞中，塞在左端口处。在U形侧管用橡胶管连接一装有浓硫酸的干燥装置；随后在V形侧泡反应管中的2个凹面依次加入氧化铜丝、无水硫酸铜（浓硫酸用于吸收氢气中携带的水分，无水硫酸铜用于检验反应生成的水），反应管V形处加入肥皂水（用于吹出氢气泡），最后在V形侧泡反应管末端连一根尖嘴管。

（3）实验开始，压下注射器，往U形管中注入稀硫酸，反应快速进行，当观察到浓硫酸中气泡均匀冒出时，点燃尖嘴管处冒出的气泡，当听到"噗"的一声，说明装置中的空气已排尽，可以通过点燃酒精灯加热氧化铜丝进行氢气还原氧化铜实验。观察到黑色的氧化铜变为红色的铜，同时无水硫酸铜由白色变为蓝色，说明氢气还原氧化铜的氧化产物是水。

四 改进后的优点

（1）采用微型实验进行操作，不仅节省药品，也使实验更加安全。

（2）利用微型仪器反应空间小的优点，通过在 U 形管的一端连接一个注射器控制反应体系的压强，使锌粒与稀硫酸脱离，从而控制反应的进行与停止，且便于对实验现象的观察。

（3）在 V 形侧泡反应管中加入无水硫酸铜，可验证氢气还原氧化铜实验有水生成。

（4）在氢气通入氧化铜丝前加一个盛装浓硫酸的干燥装置，以免加热时氢气附带水蒸气使反应管发生爆裂，既可排除对后续实验中验证氢气还原氧化铜实验生成的水的干扰，又可以通过气泡冒出的速度观察氢气生成的速率。

（5）在反应管中预先加入肥皂水，使得生成的氢气经过肥皂水后可直接连续吹出气泡，进行氢气爆鸣实验的验证，这样可避免因不断蘸取肥皂水吹出气泡而造成氢气的浪费。

五 注意事项

在进行氢气还原氧化铜实验时，需注意氧化铜加入的量应多一些，确保生成的水能使无水硫酸铜变色明显，提高实验的成功率。

氢气制备与性质实验一体化微型实验设计①

2009 级本科生：陈燕杉　曾晓丹
指导教师：袁明华

【摘　要】利用微型仪器对传统的氢气制备与性质实验进行了改进，改进后的实验不仅节省药品、现象明显而且氢气的制备与性质实验连为一体，适合中学生在课堂上进行实验。

【关键词】微型实验；氢气；制备与性质实验

氢气制备与性质实验是现行人教版初中化学教科书中比较重要的一个实验，能否做好实验直接影响学生对氢气化学性质的掌握。然而，在常规实验中无论是教师的演示实验还是学生的自主实验都存在以下不妥之处：

（1）实验难以控制。常规实验中氢气的制备难以随时控制反应的开始与停止，且由于市售锌粒纯度较高导致反应速率较慢。并且，在性质实验中检验氢气纯度时，常常因难以吹出气泡而影响教学效果与教学进度。

（2）实验比较烦琐。常规氢气性质实验是分步进行的，这样势必造成药品用量多，耗时长。

（3）部分实验现象不明显。如在氢气的性质实验中，理论上氢气燃烧的火焰为淡蓝色，而在检验氢气可燃性时通常使用的是玻璃尖嘴管，由于玻璃中含有钠离子而导致火焰呈黄色，易将氢气燃烧时的淡蓝色火焰掩盖，使学生误认为氢气燃烧的火焰为黄色。

针对以上问题，笔者利用微型仪器将实验进行了改进。微型化学实验是一种使用微型仪器，实现实验操作简单化、药品节约化及过程安全化的实验方法，而且微型仪器精巧，更能激发学生参与实验的兴趣。具体改进方案如下。

① 该文刊于《中学教学参考》2012 年第 29 期第 96 页。

一 实验的改进

1．实验用品

微型仪器 1 套、注射器针头 2 个、酒精灯；锌粒、稀硫酸、铜丝、氧化铜丝、肥皂水。

2．实验装置图

实验装置如右图所示（略去铁架台和铁夹）。

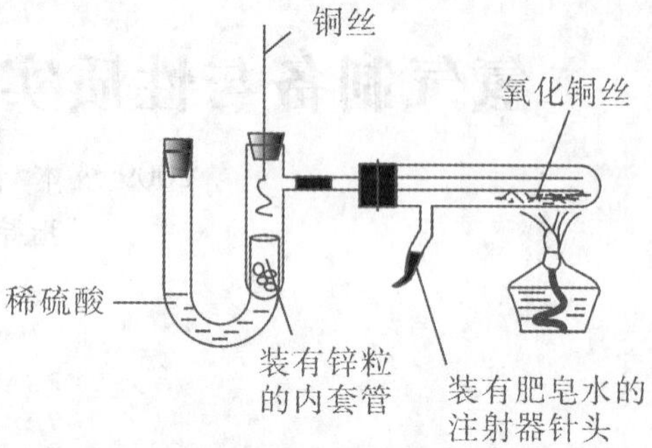

氢气制备与性质实验装置

3．实验步骤及现象

（1）按右图所示连接好实验仪器，并检验装置的气密性。

（2）添加药品：在具支 U 形管右边放入一个装有锌粒并用铜丝绑住的内套管（目的在于通过提拉铜丝控制反应的开始与停止，同时，铜也可与锌粒构成原电池加快反应速率），往右边的具支试管中加入随意曲折的氧化铜丝，在具支口用软导管连接一注射器针头，往针头内加入肥皂水。最后，在 U 形管左侧加入稀硫酸直到没过锌粒。

（3）检验气体纯度：反应有气体生成时，注射器针头将不断有气泡逸出，通过点燃吹出的气泡，即可检验气体的纯度。若 H_2 纯净，则能听到“噗”的一声，若不纯，则有尖锐的爆鸣声。

（4）验证氢气具有还原性：如上图所示，当检验到装置中的空气已被排尽后，用酒精灯加热具支试管中装有氧化铜丝的地方，氧化铜丝由黑色变为红色的铜，撤去酒精灯，继续通氢气至装置冷却。

（5）验证氢气的可燃性：将软导管上的注射器针头换上另一个干燥的针头，在针头处点燃 H_2。H_2 安静地燃烧，火焰呈淡蓝色，再在火焰上罩一只冷而干燥的烧杯，烧杯壁上有水珠生成。

二 改进后的优点

（1）利用微型仪器，节约实验用品，且更安全。

（2）将 H_2 的制备与性质实验连为一体，简化实验步骤。

（3）反应装置中，铜丝具有双重作用，既可通过提拉铜丝控制反应的进行与停止，又可与反应物锌构成原电池，加速锌的氧化过程，从而提高氢气生成的速度。

（4）将玻璃尖嘴管换成注射器针头检验气体纯度时，可在针头中预先加入肥皂水，这样气体一生成即可连续吹出气泡，通过点燃肥皂泡来验证氢气与空气混合的爆炸实验，更安全、更方便。同时，由于气泡往上飞，可证明 H_2 的密度比空气小。

（5）通过酒精灯的加热与否来控制 H_2 还原实验的进行与停止。

氢气制备与性质检验创新性微型化学实验改进[①]

2010级本科生：蔡奕红　郑舒悦
指导教师：衷明华

【摘　要】本文利用氢气反应原理，结合氢气的性质检验原理，设计了一套对氢气反应及其性质检验的微型化学实验装置，该装置能很好地解决常规实验的过程难以控制等问题，具有安全性高、节约时间和药品等优点，提高了在中学化学课堂应用的可行性。

【关键词】微型化学实验装置改进；氢气制备；氢气性质

氢气制备及氢气的性质检验是中学化学的基础知识，本部分知识要求大多数学生熟练掌握。因此，氢气的制备和性质检验实验在中学化学课堂上有非常重要的地位。常规实验利用锌粒与稀硫酸反应制取得到氢气，再将制取所得的氢气进行性质检验。常规实验虽可满足实验的一般需要，但实验过程中有以下不足之处：

（1）实验反应过程难以控制。由于锌粒与稀硫酸反应速度比较快，常规实验难以随时控制反应的开始与停止。

（2）分步进行实验不仅影响实验结果而且浪费课堂时间。常规实验氢气的制备与氢气的性质实验是分开进行的，一方面氢气的转移使得氢气性质检验的实验结果不尽如人意，另一方面分步进行实验使得中间步骤增多而浪费课堂时间。

（3）浪费药品且危险性较高。常规实验使用的药品量较多，产生的气体较多，因此容易造成药品的浪费和提高大实验的危险性。

针对以上问题，笔者利用微型化学实验对氢气的制备及性质检验实验进行改进。微型化学实验是国际上公认的能体现绿色化学理念的化学实验的新技术和新方法，它是利用微型化的仪器装置进行的化学实验，具有绿色环保、成本低、安全性高、节约药品和时间等优点，能很好地弥补常规实验的不足。

① 该文刊于《江西化工》2013年第2期第179页。

一 实验原理

利用锌粒与稀硫酸反应，其反应原理是：

$$Zn + H_2SO_4 = ZnSO_4 + H_2\uparrow$$

二 实验的改进

1. 实验用品

（1）仪器：微型操作台1套、注射器、针头、橡胶塞、具支试管、微型气体发生器、酒精灯、直形通气管。

（2）药品：稀硫酸、锌粒、铜丝、棉花、无水氯化钙、肥皂水、氧化铜。

2. 实验装置图

实验装置图如下所示（图中省去微型操作台）。

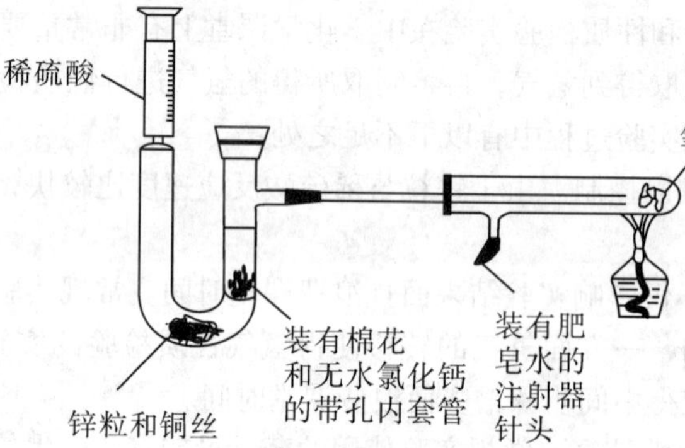

氢气制备与性质实验装置

3. 实验步骤

（1）组装仪器并检查装置的气密性。

（2）制备氢气：在微型气体发生器中加入少量锌粒与铜丝（加入铜丝能构成原电池装置，可加快反应速率），在其内套管的底部塞上一团棉花，在棉花的上方放置适量的无水氯化钙；用注射器吸取3 ~4 mL稀硫酸，并利用带孔胶塞将注射器（如上图所示）塞住微型气体发生器，在具支试管中加入适量的氧化铜，并在支管口连接装有肥皂水的注射器针头。加入药品后，挤压注射器将稀硫酸注入微型气体发生器内与锌粒接触发生反应（实验过程中保持微型气体发生器中的液面低于其内套管的底部），锌粒表面有大量 H_2 气泡产生。

（3）检验气体纯度：反应有气体产生时，注射器针头将有肥皂泡逸出，点燃肥皂泡，若 H_2纯净，将有“噗”的一声，若 H_2不纯净，则有尖锐的爆鸣声。可用这种方法检验反应产生的 H_2的纯度。

（4）验证 H_2的还原性：当气体均匀产生时，用酒精灯加热具支试管，可观察到黑色的氧化铜变为红色的铜。

（5）验证 H_2的可燃性：将装有肥皂水的针头换成洁净干燥的针头，当气体均匀产生时，点燃气体，可观察到有淡蓝色火焰产生。

三 实验改进后的优点

（1）利用微型实验提高实验的安全性，节省药品和时间。

（2）微型气体发生器和注射器结合使用的实验装置易控制，通过加入稀硫酸的量的多少可控制反应的速度。此外，该装置还提高了氢气制备与性质实验在中学化学教学中应用的可行性。

（3）在微型气体发生器的内套管中加入棉花和无水氯化钙，使得实验装置简单，并且一个装置兼具“制备”和“干燥”两大功能。

（4）利用点燃肥皂泡的方法验证 H_2的纯度使得 H_2验纯操作更加安全。

（5）制备的氢气直接通入氧化铜中与氧化铜反应避免了氢气转移过程造成时间的浪费和药品的污染。

参考文献

陈燕彬，曾晓丹，衷明华．氢气制备与性质实验一体化微型实验设计［J］．中学教学参考，2012（29）：96.

氢气制备与性质创新微型实验设计①

2010级本科生：林莉莉　王俊玲
指导教师：衷明华

【摘　要】利用微型实验仪器对传统氢气制备与性质实验进行改进，实验现象明显，实验过程安全，适合学生课堂操作，弥补了传统实验的诸多不足。

【关键词】氢气；微型；创新

制取氢气的方法有很多种，如电解法、置换法等，在中学化学课堂教学中主要还是采用稀硫酸与锌反应的方法制取。然而，常规实验中还是存在诸多不足之处。

（1）实验操作难以控制，而且无法控制反应的进行与停止。

（2）实验中部分实验现象不明显，如用肥皂水检验氢气，吹出的气泡无色，不便于学生观察；还原氧化铜实验时间过长，实验现象不明显，实验效果不理想。

针对以上问题，笔者利用微型实验仪器进行改进，实验操作简单，药品用量少，趣味性强，实验过程安全，适合学生课堂操作，将教师演示实验变为学生自主探究实验，极大地克服了传统教学模式的缺陷。具体改进方案如下。

一　实验的改进

1. 实验用品

（1）仪器：注射器、尖嘴管、烧杯、酒精灯、镊子、橡胶管、铁架台（带2个铁夹）。

（2）试剂：稀盐酸、锌粒、肥皂水、酚酞试剂、石蕊试剂、铜丝。

① 该文刊于《江西化工》2013年第2期第188页。

2. 实验装置图（图中略去铁架台）

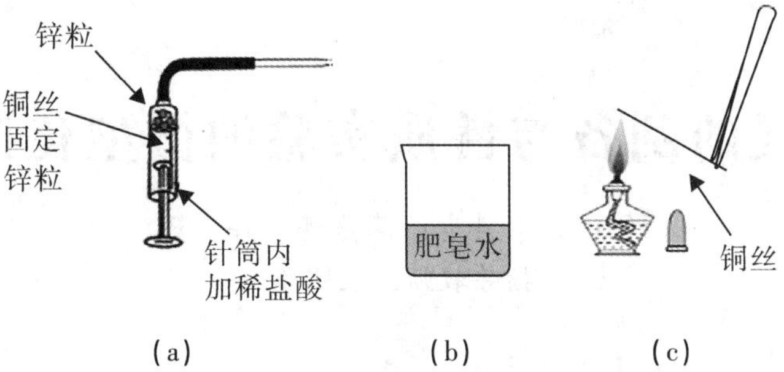

氢气制备与性质实验装置

3. 实验步骤与现象

（1）连接装置，检查其气密性：按上图（a）所示连接好针筒和尖嘴管，拉动注射器，让针筒内充满空气，然后固定活塞，将尖嘴管口插入盛有水的烧杯中，用手焐热针筒，若尖嘴管口有气泡冒出且停止焐热后管口处有一段小水柱，则气密性良好。

（2）添加药品：在针筒内加入锌粒（用铜丝进行固定，既方便把控反应，同时铜丝与锌粒形成原电池也可加快反应的速率）和稀盐酸，并将针筒如图（a）固定在铁架台上。

（3）开始实验：将针筒活塞往上推，直到稀盐酸没过锌粒，反应开始进行。这时用尖嘴管口蘸取少量滴有酚酞或石蕊试剂的肥皂水，可观察到有红色或蓝色的气泡冒出（有颜色的气泡既方便学生观察，也大大提高了其学习兴趣）。

（4）检验气体纯度：点燃尖嘴管口冒出的气泡，若能听到“噗”的一声，则氢气纯净，若有尖锐的爆鸣声，则不纯。

（5）验证氢气的还原性：如图（c）将红色的铜丝置于酒精灯上灼烧，直到铜丝变成黑色的氧化铜。这时将氧化铜丝插入图（a）中的尖嘴管口处，边通出氢气边加热尖嘴管口处，直到黑色的氧化铜变回红色的铜。

二　改进后实验的优点

（1）利用注射器作为反应容器制取氢气，通过推拉注射器使锌与稀盐酸溶液反应，便于控制反应的进行与停止。

（2）在稀盐酸溶液中加入少量铜离子溶液且用铜丝对锌粒进行固定可使铜与锌构成原电池，加快反应速率，减少实验时间，并使实验现象更明显。

（3）在肥皂水中预先加入少量紫色石蕊或者无色酚酞试剂，使生成的氢气吹出的气泡既有红色，又有蓝色，既方便学生观察，又增加了实验的趣味性，大大激发了学生的学习兴趣。

参考文献

衷明华. 中学化学实验教学研究［M］. 广州：暨南大学出版社，2010. 77～79.

对氢气的制备与性质实验的微型化改造①

2010 级本科生：薛燕娜　许卫鹏
指导教师：衷明华

【摘　要】文章主要采用U形管及内套管实现了初中化学教材中“氢气的制取和性质实验”的微型化改造，改造后的实验不仅制备与性质实验连为一体而且仪器装置非常简约。

【关键词】U形管；内套管；氢气；微型实验改进

化学是一门以实验为基础的自然学科，常以其直观性、趣味性来激发学生的学习兴趣，从而加强学生对知识的理解和把握。针对潮州农村地区初级中学实验条件差、药品缺、实验开课率低、化学实验教学难等问题，我们现以初中化学教材中最典型、最有代表性的“氢气的制取和性质实验”为例进行微型化改造，从而实现降低成本、简化操作、突显现象、确保安全、节能环保等目的。

一　实验原理

氢气的制取和性质实验在人教版第 67 页、鲁教版第 86 页、科教版第 134 页中均有安排，主要涉及的反应方程式有：

$$Zn + H_2SO_4 = ZnSO_4 + H_2\uparrow$$

$$2H_2 + O_2 \xlongequal{点燃} 2H_2O$$

$$H_2 + CuO \xlongequal{\triangle} Cu + H_2O$$

二　课本实验的不足之处

课本上实验步骤虽简单，但操作效果往往不理想，主要表现为：

① 该文刊于《中学教学参考》2013 年第 32 期第 104 页。

（1）反应速度过慢且难以控制，所需时间偏长且试剂用量偏大，既不环保也不安全。

（2）在玻璃尖嘴管处点燃氢气，火焰呈黄色，易掩盖氢气本身的淡蓝色，给学生造成误解，且尖嘴管口处受热易封口。

（3）市售锌粒纯度较低，反应速率较慢，导致氢气收集率不高。

（4）氢气还原氧化铜丝，氢气量少，与铜丝接触面小，反应现象不明显，不利于观察。

三 实验的改进

1. 实验用品

（1）仪器：微型仪器 1 套、酒精灯、烧杯。

（2）试剂：铜丝、电池壳（收集）、稀硫酸、氧化的铜片、无水硫酸铜、洗洁精溶液。

2. 实验装置示意图

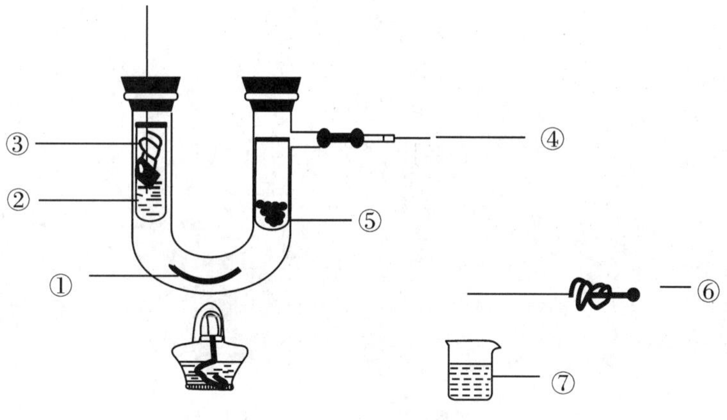

氢气制备与性质实验装置

（注：① 表面被氧化的铜片；② 稀硫酸；③ 用铜丝穿过后捆绑的电池壳；④ 针头；⑤ 无水硫酸铜；⑥ 用铜丝绑着的火柴；⑦ 洗洁精溶液。）

3. 实验步骤与现象

（1）按示意图所示连接装置，并检验气密性。

（2）添加药品：在具支 U 形管左侧内套管中加入足量稀硫酸溶液，用一根铜丝穿过并捆绑废旧电池壳，固定在橡胶塞中。同时在 U 形管底部放入表面被氧化的铜片，往右侧内套管中加入无水硫酸铜。

（3）氢气验纯实验：下压铜丝使电池壳浸泡在稀硫酸中，此时装有洗洁精溶液的针头上有气泡逸出，迅速地将用铜丝捆绑的带火星的火柴点燃。若 H_2 纯净，能听到“噗”的一声，若不纯，则有尖锐的爆鸣声。

（4）验证氢气具有还原性：验纯后，用酒精灯加热 U 形管底部，直至观察到铜片表面由黑色变为红色，撤去酒精灯，继续通氢气至装置冷却。

（5）验证氢气的可燃性：验证还原性之后，用火柴在针头处点燃 H_2。H_2安静地燃烧，火焰呈淡蓝色，再在火焰上罩一冷而干燥的烧杯，烧杯壁上有水珠生成。

四　实验改进后的优点

（1）采用微型实验，装置组装简单且节省药品，有利于在农村地区初级中学实验教学中推广。

（2）实现氢气的制取、验纯和性质实验的统一，简化实验步骤。

（3）利用铜丝捆绑电池壳浸没酸液构成锌铜原电池来加快反应速率，通过拉动铜丝来控制反应的进行与停止，同时利用废旧的电池壳来做实验，就地取材，符合绿色化学的教学理念。

（4）U 形管中一内套管盛装无水硫酸铜，便于检验氢气与氧化铜生成的水。

（5）玻璃尖嘴管换成针头，避免氢气燃烧时颜色观察受干扰。

氢气的制备与性质实验的微型化设计①

2010级本科生：吴丹梅　郑纯丽
指导教师：袁明华

【摘　要】文章主要采用侧泡具支试管及通气管对氢气的制备和性质实验进行微型化改进，改进后的装置可实现制备和性质实验一体化，简单实用。

【关键词】侧泡具支试管；通气管；氢气；微型实验改进

“氢气的制取和性质实验”是九年级化学教科书第三单元的内容，是这一单元乃至整个初中化学的重点和难点。教科书是利用启普气体发生器来制备氢气，此方法存在试剂用量多，容易造成浪费和实验难以控制等问题，对于九年级的学生来说具有一定的危险性，且实验效果不佳，影响学生学习的兴趣。针对上述问题，笔者采用了微型实验。微型实验具有实验试剂用量少、操作简单、成功率高且安全的特点；同时微型仪器精巧，更能激发学生参与实验的兴趣，且微型仪器成本低，能够满足普通学校对实验操作的需求。因此，本实验利用微型实验所具有的特点，对氢气的制备和性质实验进行微型化改进，改进后的实验装置不仅对学生理解氢气的物理性质、化学性质具有重要的意义，而且能让实验更简单、更安全。

一　实验用品

（1）药品：锌粒与稀硫酸（1∶4）、细铜丝、肥皂水。

（2）ML-1微型仪器：侧泡具支试管1支，直形通气管1支，直角形通气管1支，小烧杯1个，酒精灯1盏，主铁夹、操作台各1个，橡胶管1根，普通滴管胶头1个，橡胶塞1个，火柴1盒。

---

①　该文刊于《中学教学参考》2013年第26期第98页。

二 实验步骤

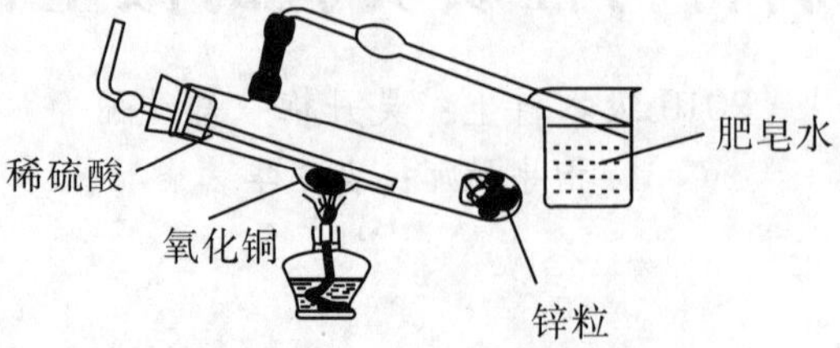

氢气制备与性质实验装置

如图所示，连接好装置。

1．检查装置的气密性

将反应装置的直形通气管浸入水里，用手掌贴侧泡具支试管的外壁（或用酒精灯微热），若直形通气管口有气泡逸出，且待容器冷却后，又会有水升到导管内形成一段水柱，则说明装置气密性良好。

2．添加药品

往侧泡具支试管中小心加入适量的锌粒和灼烧过的一小捆铜丝，将直角形通气管套上普通滴管胶头组成滴管，吸入适量的稀硫酸。往侧泡具支试管底部挤入适量的稀硫酸，直到稀硫酸没过锌粒。

3．检验气体纯度

反应开始一会儿后，将直形通气管口放入盛有肥皂水的小烧杯中，当产生大量泡沫时，用点燃的火柴靠近泡沫，若发出尖锐的爆鸣声则表明氢气不纯，若听到“噗”的一声，则表明氢气纯净，此时就可以收集氢气了。

4．验证氢气的还原性

当检验氢气纯净后，用酒精灯在装有氧化铜的地方加热一段时间，可观察到黑色的氧化铜变为红色的铜。反应结束后，先移去酒精灯，继续通氢气至试管冷却。

三 改进后的优点

（1）本实验仪器简单，试剂用量少（滴管能控制稀硫酸的用量），且安全性较高。

（2）氢气的验纯和物理性质可通过吹肥皂泡来体现，现象直观明显。

（3）氢气的制备和性质验证一体化，简单实用，可通过酒精灯加热与否来控制氢气性质实验的进行与停止。

氢气的制备与性质微型实验的改进[①]

2010级本科生：潘杏婉　罗志枚
指导教师：袁明华

【摘　要】文章主要采用U形管及V形侧泡反应管对氢气的制备和性质实验进行微型化改进，改进后的装置可制得干燥的氢气并方便后续的性质实验。
【关键词】U形管；V形侧泡反应管；氢气；微型实验改进

氢气的制备与性质原实验难以控制实验的进行与结束，同时，用排水法收集的氢气难以干燥，在进行氢气还原氧化铜实验时可能导致试管破裂，氢气的验纯实验危险性也比较高。另外，氢气的制备与性质实验是分别进行的，过程烦琐，也比较浪费时间，不切合当前中学课堂的实际情况。因此，有必要对实验进行改进。

微型实验具有实验装置简单便携、试剂用量少、安全性高、成本低、适用于大多数中学化学实验的特点，也适合大多数学校使用，条件差的学校可以购买一套仪器进行演示实验，条件好的学校可以让学生自己动手完成微型实验。本实验正是利用了微型实验的这些优点，将常规的氢气的制备及性质实验改进为微型实验，使该实验更加符合中学化学实验的要求。

一　实验原理

实验室制取氢气通常采用锌粒与稀硫酸反应制得，其反应原理是：

$$Zn + H_2SO_4 = ZnSO_4 + H_2\uparrow$$

二　实验用品

微型仪器1套、注射器2支、酒精灯1盏、锌粒、有Cu^{2+}的稀硫酸、无水氯化钙、无

① 该文刊于《中学教学参考》2013年第26期第100页。

水硫酸铜、氧化铜、氢氧化钠溶液、肥皂水、棉花。

三 实验装置图（略去铁架台和铁夹）

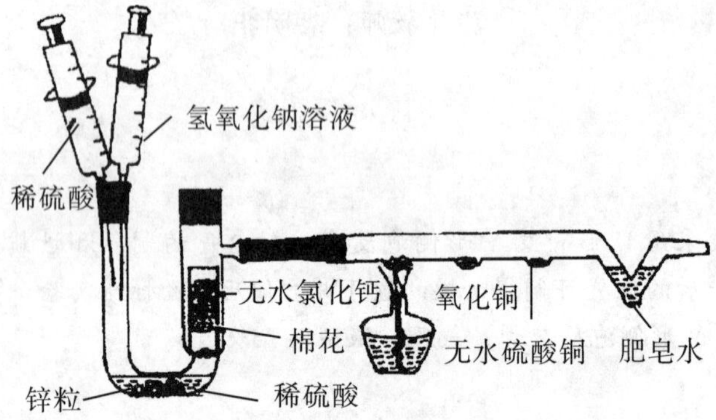

氢气制备与性质实验装置

四 实验步骤及现象

（1）连接好实验仪器，并检验装置的气密性：按照上图所示，先用止气夹夹住 U 形管支管的橡皮筋，在 U 形管里加入适量的自来水，右端用一橡胶塞塞住，左端连接带有两支注射器的橡胶塞，拉动其中一支注射器，观察 U 形管中水的高度变化，如果装置气密性良好，U 形管中的水会随着注射器的拉动而产生左右液面高度差。

（2）将适量锌粒加入 U 形管中；两支注射器分别装上有 Cu^{2+} 的稀硫酸（可形成原电池，加速反应进行）和氢氧化钠溶液，插入左端的橡胶塞中；在 U 形管的右端内套中加入棉花，再加入无水氯化钙小颗粒以干燥 U 形管中产生的氢气，并在右端口塞上橡胶塞；在 U 形侧管用橡胶管连接 V 形侧泡反应管，管中各个凹面依次加入氧化铜、无水硫酸铜（用以检验反应生成的水）。

（3）实验开始，压下装有稀硫酸的注射器，随着稀硫酸的加入，反应快速进行，待装置中的空气差不多排尽，用装有肥皂水的多用滴管加入 V 形管中，若吹出气泡，用火柴点燃，听到“噗”的一声则说明氢气纯净，且可以看到 V 形侧泡反应管的尖端部分有淡蓝色火焰。再点燃酒精灯加热氧化铜进行氢气还原氧化铜实验，若观察到氧化铜由黑色变为红色，同时无水硫酸铜也由白色变为蓝色，则说明氢气还原氧化铜的产物是铜和水。

（4）反应结束，压下装有氢氧化钠溶液的注射器，则发生中和反应，氢气停止产生。

五　改进后的优点

（1）采用微型实验进行氢气的制备及性质实验，更加符合中学化学实验的要求，不仅节约实验用品，也使得实验更加安全。同时，本实验不仅大大简化了装置，还能进行氢气的制备与性质的验证实验，节约了实验的时间。

（2）在 U 形管的内套管中加入氯化钙固体，既减少了装置的空间，也可以干燥产生的氢气，以免干扰验证氢气与氧化铜生成水的性质实验。

（3）V 形侧泡反应管中的无水硫酸铜可验证氢气和氧化铜的生成物有水。

（4）在 V 形侧泡反应管中的 V 形处加入肥皂水，使得生成的氢气能吹出气泡，同时也能进行氢气爆鸣的性质实验。

（5）通过加入氢氧化钠可以结束实验，要让实验继续，则可以再加入稀硫酸。

六　注意事项

加入肥皂水最好是在排尽了空气后再加进去，否则肥皂水可能会因为排出的空气而溢出。

氢气制备与性质一体化微型实验设计[①]

2010 级本科生：郑美霞　黄东燕
指导教师：衷明华

【摘　要】作者主要采用注射器及 V 形侧泡反应管对氢气的制备和性质实验进行微型化改进，改进后的装置可制得干燥的氢气并方便后续的性质实验。

【关键词】注射器；V 形侧泡反应管；氢气；微型实验改进

微型实验具有化学药品用量少、成本低、实验操作简便等优点，能满足大多数学校开展中学化学实验的要求。本实验装置采用微型仪器，可演示氢气的制取、吹肥皂泡、爆鸣、还原氧化铜等实验，并克服了常规实验的不足之处（如产生氢气的速率难以控制、实验步骤较烦琐等）。在多次实践中，本实验取得了较好的实验效果。

一　实验用品

（1）仪器：微型仪器 1 套、注射器 2 支（其中一支带针头）、酒精灯 1 盏、烧杯 1 个。

（2）药品：锌粒、氧化铜（丝状）、稀硫酸（3 mol · L^{-1}）、浓硫酸、无水硫酸铜、肥皂水。

① 该文刊于《中学教学参考》2013 年第 29 期第 100 页。

二　实验装置图

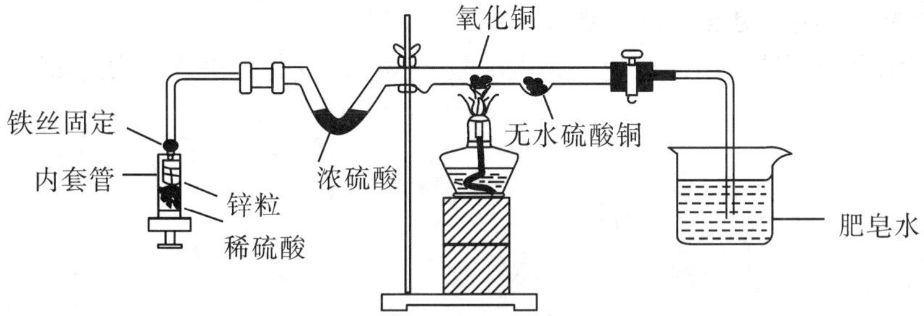

氢气制备与性质实验装置

三　实验步骤及实验现象

1. 制作“微型启普发生器”

拔出注射器的推手，在内套管外壁加一圈橡皮圈（此时添加锌粒），放入注射器里，固定在靠近注射器锥头的地方，最后装好推手即可制成。

2. 检查气密性

按上图所示连接好实验仪器，并检验装置的气密性。当推动注射器的推手，烧杯内的肥皂水有气泡冒出则说明装置气密性良好。

3. 添加其他药品

用一只带有针头的注射器吸取一定量的稀硫酸注入启普发生器内，此时注射器内液体液面并未接触内套管，然后分别往 V 形侧泡反应管内加入浓硫酸、氧化铜、无水硫酸铜。

4. 检验气体纯度

打开止水夹，推动注射器推手使稀硫酸与锌粒接触。反应有气体生成时，烧杯内将不断有气泡逸出。通过点燃吹出的气泡即可检验气体的纯度，若氢气纯净，能听到“噗”的一声，若不纯，则有尖锐的爆鸣声。

5. 验证氢气具有还原性

当听到“噗”的一声，说明装置中的空气已被排尽。此时关闭止水夹，用酒精灯加热 V 形侧泡反应管中装有氧化铜的地方。当氧化铜由黑色变为红色，无水硫酸铜由白色变蓝色时，撤去酒精灯，继续通氢气至装置冷却。

四　改进方案的优点

（1）利用微型仪器，减少实验药品用量，环保且更安全。

（2）将氢气的制备与性质验证连为一体，简化实验步骤，节约实验时间且现象明显。

（3）实验装置气密性的检查方便且可靠，手轻轻一按，根据肥皂水是否冒泡即可判断装置的气密性。

（4）通过调节注射器的推手可随时控制氢气制取反应的进行与停止。

（5）烧杯中的肥皂水，一有气体生成即可连续吹出气泡，通过点燃肥皂泡来进行氢气与空气混合的爆炸实验更安全、方便。

（6）止水夹的巧妙应用，避免了无水硫酸铜颜色的变化是由烧杯内的水引起的。

氢气的制取与性质实验的改进[①]

2010 级本科生：叶佳玲 谢慧慧
指导教师：袁明华

【摘 要】作者主要采用具支试管及 U 形管对氢气的制备和性质实验进行微型化改进，改进后的装置可制得干燥的氢气并方便后续的性质实验。
【关键词】具支试管；U 形管；氢气；微型实验改进

氢气的制取和性质实验是人教版初中化学教科书中一个极为重要的实验，它不仅仅影响学生对氢气性质的掌握，也是液体与固体反应的代表。然而在课堂教学中，无论是老师的演示实验还是学生动手操作实验都存在以下问题。

（1）实验速率难以控制。

教材的实验装置难以控制反应速率，不能做到随时控制反应的进行与停止。并且，在检验氢气的纯度时，肥皂水难以吹出气泡，反应现象不明显，课堂教学效果不好。

（2）实验步骤烦琐。

教材中氢气的制取、验纯及性质实验是分开的，步骤比较多，药品用量也多，容易造成浪费，不符合绿色化学的思想。

（3）部分实验现象不明显。

在氢气的性质实验中点燃氢气的火焰是淡蓝色的，难以观察。

针对以上问题，本小组成员利用微型实验对实验进行了改进。微型化学实验是一种使用微型仪器，以尽可能少的化学试剂来获取所需化学信息的实验方法与技术。虽然它的化学试剂用量一般只为常规实验用量的几十分之一甚至几千分之一，但其效果非常准确、明显，且具有安全、方便和防止环境污染等优点。具体实验改进方案如下。

一 实验的改进

1．实验用品

微型仪器 1 套、注射器、木块、有孔塑料板、烧杯、酒精灯；稀硫酸、细铜丝、锌粒、无水氯化钙、无水硫酸铜、氧化铜、肥皂水。

① 该文刊于《中学教学参考》2014 年第 2 期第 105 页。

2. 实验装置图（略去铁架台和铁夹）

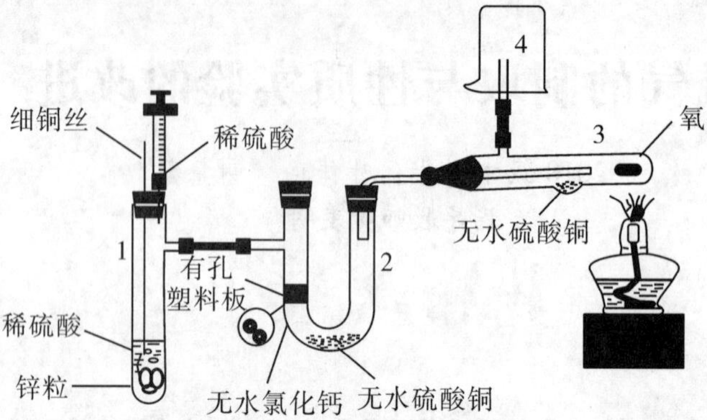

氢气制取与性质实验装置

3. 实验步骤

（1）检查气密性。

（2）添加药品。

往1号具支试管中加入锌粒和铜丝（目的在于使铜与锌粒构成原电池，加快反应速率），用注射器吸入一定量的稀硫酸；在2号具支U形管中先放入少许的无水硫酸铜粉末，然后放入有孔塑料板，再在塑料板上面铺满无水氯化钙固体；在3号具支试管底部放入适量的氧化铜，在凹槽地方放少许无水硫酸铜粉末；在4号玻璃管口涂上一层肥皂水。

（3）按照上图连接好装置图。往1号具支试管中注射稀硫酸，直到稀硫酸没过锌粒。

（4）检验气体的纯度和气体的性质。

①待反应一段时间后，用点燃的火柴靠近4号玻璃管口，观察现象；

②在4号玻璃管口处点燃气体，并用一个冷而干燥的烧杯罩在上方，观察现象；

③点燃酒精灯，加热3号具支试管底部的氧化铜，观察现象。

（5）实验结束。

先熄灭酒精灯，继续通入气体直至试管冷却。

4. 实验现象

氢气制取与性质实验

实验步骤	实验现象	结　论
往1号具支试管中注射稀硫酸，直到稀硫酸没过锌粒	有大量气泡产生，锌粒在溶液中上下翻滚；一段时间后，4号管口有气泡吹出	锌粒与稀硫酸反应有气体产生
待反应一段时间后，用点燃的火柴靠近4号玻璃管口	听到轻微的“噗”声	反应产生了纯净的H_2
在4号玻璃管口处点燃气体，并用一个冷而干燥的烧杯罩在上方	气体燃烧，在烧杯壁内有水珠附着	H_2具有可燃性，且有水生成

（续上表）

实验步骤	实验现象	结　论
点燃酒精灯，加热 3 号具支试管底部的氧化铜	加热一段时间后，黑色的氧化铜变成红色，且凹槽中的无水硫酸铜变蓝色	H_2具有还原性，能将氧化铜还原成铜，且反应后的产物中有水

二　改进后的优点

（1）使用微型实验，节约药品，符合绿色环保理念。

（2）将氢气的制取与性质实验一体化，简化了实验步骤，节约药品和时间，教学效果明显。

（3）利用注射器注入稀硫酸，既可以做到随时控制反应的进行和停止，又可以避免用微型启普发生器时锌粒因反应后变小而掉入酸中的问题。

（4）反应装置中，利用铜丝与锌粒构成原电池，加快反应速率。

（5）在具支 U 形管中加入无水硫酸铜可以验证产生的 H_2通过无水氯化钙后是否除尽水，从而确保在玻璃管口处的烧杯内壁产生的水珠是由 H_2燃烧产生的。

（6）通过酒精灯的加热与否可以随时控制 H_2还原实验的进行与停止，同时，可以利用玻璃管凹槽处的无水硫酸铜变蓝来验证 H_2还原氧化铜产生水。

氢气的制取与性质实验一体化①

2010级本科生：冯幸兰　王新峰
指导教师：衷明华

【摘　要】作者主要采用U形管、内套管及通气管对氢气的制备和性质实验进行微型化改进，改进后的装置可制得干燥的氢气并方便后续的性质实验。

【关键词】U形管；内套管；通气管；氢气；微型实验改进

中学化学实验教学“氢气制取与性质实验”的实验装置存在以下不足：装置安装烦琐、耗时长；实验制取过程难以控制，无法实现随时进行及停止；药品用量多，不便回收，造成浪费，污染环境；爆鸣点火实验危险性高，容易造成安全问题，引发教学事故。针对以上问题，笔者经过认真思考，利用微型仪器对实验进行了改进，具体改进方案如下所示。

一　实验准备

（1）仪器：微型仪器1套（另加内套管1个）、橡胶塞若干、软导管若干条、酒精灯1盏。

（2）药品：锌粒、稀硫酸、无水氯化钙、无水硫酸铜、粗铜丝、氧化铜、肥皂水。

① 该文刊于《中学教学参考》2014年第2期第106页。

二　实验步骤

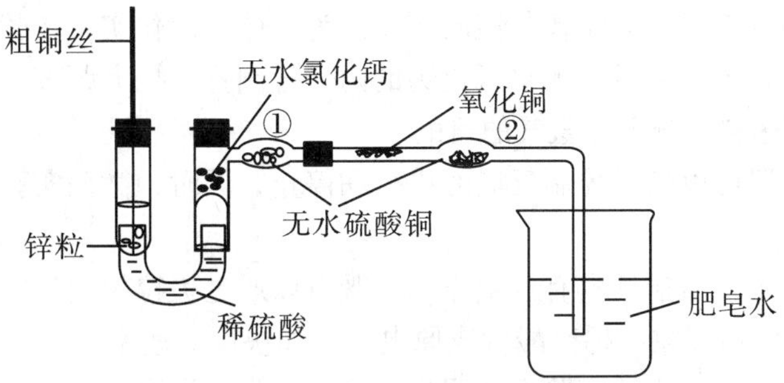

氢气制备与性质实验装置

1．安装实验装置，并检查其气密性

安装时，在用粗铜丝做成的燃烧匙的提杆上涂凡士林，便于密闭和上下拉动。

2．添加药品及制取过程

（1）在具支 U 形管左边放入一个装有锌粒并用粗铜丝绑住的内套管（目的在于通过提拉粗铜丝来控制反应的进行及停止，同时粗铜丝与反应物锌粒、稀硫酸构成原电池，可以加快反应速率）。

（2）在具支 U 形管右边放入一个倒置的内套管，并在内套管锥部放入无水氯化钙（倒置的目的在于避免无水氯化钙与稀硫酸接触）。

（3）在具支 U 形管的支管中的小圆球 1 里放入无水硫酸铜（目的在于检验水是否已除去）。

（4）在具支 U 形管右边的直角形通气管中的圆球 2 处加入无水硫酸铜（目的在于检查氢气还原氧化铜有水生成）；直角形通气管要略微倾斜向下，以免生成的水倒流，并在直角形通气管中加入随意弯曲的氧化铜（丝状）。

（5）用软导管将直角形通气管连接起来，并将其放入盛有肥皂水的烧杯中。

（6）最后在具支 U 形管左边加入稀硫酸直至没过锌粒。

3．检查气体的纯度和可燃性

反应有气体产生时，烧杯中不断有气泡冒出，通过点燃吹出的气泡，可以检查气体的纯度。如果氢气不纯，就能听到尖锐的爆鸣声；如果氢气纯净，可以观察到蓝色火焰，过一会儿，才能听到爆鸣声。

4．验证氢气具有还原性

当检查到装置中的空气已被排尽后，用酒精灯加热直角形通气管中放有氧化铜的地方，氧化铜由黑色变成红色，圆球 1 中的无水硫酸铜无明显变化，而圆球 2 中的无水硫酸铜由白色变为蓝色。

三 改进后的优点

（1）该装置可以将氢气的制备与性质实验连为一体，简化实验步骤，节省时间。

（2）利用逆向思维，将盛放无水氯化钙的内套管倒置，拉大距离，避免稀硫酸与无水氯化钙接触，从而达到充分干燥氢气的目的。

（3）使用该装置可以随时控制反应的进行和停止，同时，微型实验，用量少，可节约药品。

（4）反应过程中，粗铜丝具有双重作用，既可以通过提拉粗铜丝来控制反应的进行与停止，又可以与反应物锌粒、稀硫酸构成原电池，加快反应速率。

（5）通过反应前后对比，实验现象明显，具有较强的说服力。

中学化学实验装置创新与改进[①]

——钠与水的反应

2011 级本科生：郑冬云
指导教师：袁明华

【摘　要】采用生活中的资源以及微型实验仪器对钠与水反应的实验装置进行改进，不仅弥补了传统实验中的不足，而且有效利用了生活中的资源，实验安全性能高，实验现象明显，操作步骤简单，学生在课堂或课余时间中均可进行实验。

【关键词】钠与水；微型装置；改进

钠与水反应的实验是学生进入高中后接触到的第一个元素发生的化学反应的实验，也是第一次接触到像钠这种能跟水剧烈反应的金属，所以，成功地进行这个实验对提高学生学习化学的兴趣和信心至关重要。

为了弥补某些农村地区教学条件的不足，以及对以往钠和水反应的常规传统实验进行改善，进行有关钠和水反应的微型化装置改进。改进后的装置，既避免了传统实验中钠粒乱溅的危险情况，也对无法控制反应的进行与停止进行了改进，同时针对无法控制反应速度这一问题也做了一些创新，也弥补了传统实验中无法检验所产生的气体是否是氢气的不足。

一　实验原理

钠与水反应：

$$2Na + 2H_2O \xlongequal{} 2NaOH + H_2\uparrow$$

二　实验仪器和药品

（1）仪器：注射器、橡胶管、橡胶塞、直角形通气管、脱脂棉、烧杯、滤纸。

① 该文刊于《广东化工》2014 年第 13 期第 43 页。

（2）药品：酚酞试剂、钠粒、肥皂水。

三 实验装置图（省去铁架台和铁夹）

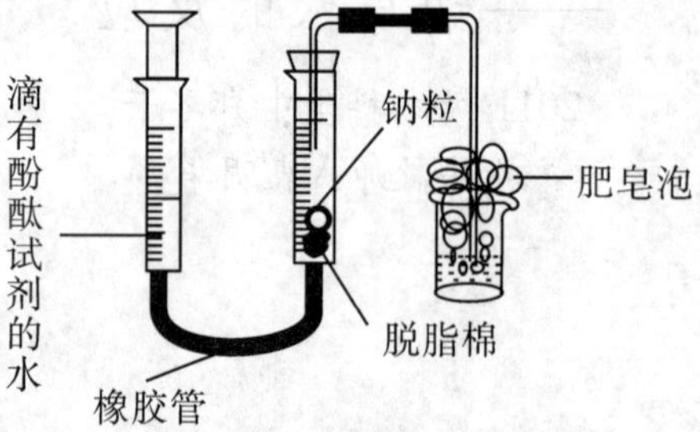

钠与水的反应实验装置

四 实验步骤及现象

（1）连接好实验装置后，在烧杯中加入水，推动带有推手的注射器，若烧杯中有气泡产生，则说明装置气密性良好。

（2）将含有推手的注射器抽入适量的水，在无推手的注射器底部放入薄层的脱脂棉，再将用滤纸吸干了煤油的钠粒置于脱脂棉上方，塞好橡胶塞，最后将直角形通气管通入盛了肥皂水的烧杯中。

（3）缓慢推动注射器的推手，水通过橡胶管流入装有脱脂棉和钠粒的注射器中，水润湿脱脂棉之后与钠粒接触发生反应。此时，烧杯中有肥皂泡冒出，注射器内的水由无色变为红色，器壁有发热的感觉。

（4）用火柴点燃肥皂泡，若听到尖锐的爆鸣声，证明氢气中含有空气，不纯；当听到“噗”的一声时，则说明已经把空气排净，氢气是纯的了。

（5）实验完成后，轻轻地反推注射器的推手，将水抽回注射器内，反应后剩余的钠依旧停留在脱脂棉的上方，将钠粒取出投于煤油中，可留于下次实验使用。

五 改进后实验的优点

（1）可以使某些农村地区由于教学条件不足而无法进行实验的学校同样可以利用生活中的简易用品进行实验，使学生感受到化学实验的乐趣，同时可以激发学生的想象力，鼓励学生大胆创新与改进实验，让学生体会到化学与他们的生活息息相关。

（2）脱脂棉的使用，不仅可以盛放钠粒，也可以减缓反应速度。通过推拉注射器的推手，可以适时自主地控制反应的进行与停止。

（3）可直观地通过分辨肥皂泡被点燃时的声音来判断氢气是否纯净。

参考文献

衷明华．中学化学实验教学研究［M］．广州：暨南大学出版社，2010. 122～127.

钠与水反应的微型实验装置改进①

2011级本科生：郑冬云
指导教师：袁明华

【摘　要】众所周知，化学科学的形成和发展离不开实验，化学教学也离不开实验。化学实验教学可以帮助学生理解知识，掌握要点，在头脑里形成牢固的化学概念。通过实验也可以使学生学习化学实验的基本操作技能。在以往的教学过程中，教师一般以做演示实验，边演示边讲的形式进行教学。为了使学生能体验到学习化学的乐趣，以及深入了解化学知识，应该给学生提供更多的动手机会。
【关键词】钠与水；微型；改进

在以往的教学中，钠与水的反应通常是教师给学生做演示实验，将钠投入盛有水的烧杯或水槽中（滴有酚酞试剂）。钠与水反应非常剧烈，甚至出现钠粒乱溅的情况；反应速度快，却无法控制反应的进行与停止；根据钠在水中的反应现象（浮、熔、游、嘶、红）可判断反应产物中含有气体，却无法确定此气体是氢气。因此，对钠与水的反应进行微型实验装置的改进非常必要，改进后的装置安全性能高，又由于煤油的加入，既能自主控制反应的进行与停止，又能控制反应的速度，且成本低，试剂用量少，环保。

一　实验原理

钠与水反应：

$$2Na + 2H_2O \xlongequal{} 2NaOH + H_2\uparrow$$

二　实验仪器和药品

（1）仪器：注射器1支、微型仪器1套。
（2）药品：煤油、钠粒、酚酞试剂、肥皂水。

① 该文刊于《江西化工》2014年第1期第304页。

三　实验装置图（省去铁架台和铁夹）

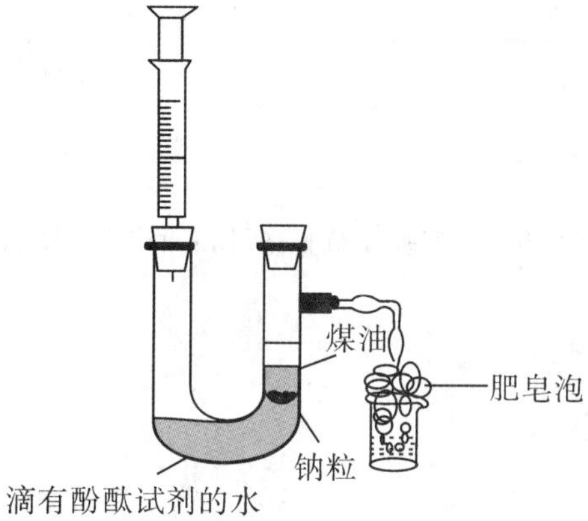

钠与水的反应实验装置

四　实验步骤及现象

（1）连接好实验装置后，检查装置的气密性。

（2）往U形管内加水，水位略低于内套管的底部，并滴入2滴酚酞试剂；再往内套管侧滴加适量煤油（要能淹过钠粒），并加入钠粒；注射器的针筒内留一定体积的气体；将直角形通气管通入装有肥皂水的烧杯内。

（3）慢慢推动注射器的推手，靠气压将左侧的水压往右侧，煤油被水托起，原本浸在煤油里的钠粒与煤油脱离，与水接触，发生反应，此时，烧杯里有气泡冒出，微型气体发生器内的液体由无色变为红色，器壁有发热的感觉。

（4）用火柴点燃吹出的气泡，若听到尖锐爆鸣声，则证明气体不纯；若听到“噗”的一声，则证明气体是纯的。

（5）实验完成后，将注射器的推手向上拉，U形管左侧气压减小，水位上升，右侧的水位则降低；剩余的钠与水脱离，重新浸没在煤油中（若所剩的钠质量较小，则浮于煤油中）。剩余的钠粒可留于下次实验使用。

五　改进后实验的优点

（1）通过推拉注射器的推手使水与钠接触发生反应，便于控制反应的进行与停止。

（2）在微型气体发生器内加入煤油，不仅能够避免钠被空气氧化，而且能够减缓反应速度，避免反应过于剧烈而产生仪器爆裂的危险，剩余的钠也能继续使用，且无须重装实验装置。

（3）氢气的验纯可通过分辨肥皂泡被点燃时的声音来实现，现象直观明显。

（4）实验仪器简单、用时短、实验现象明显，且用剂量少、节约环保、安全性能高，适合学生实验。

参考文献

潘鸿章．中学化学实验研究与创新［M］．海口：南方出版社，2001. 133 ~ 135.

钠与水反应实验的改进[①]（1）

2011级本科生：王佳旋
指导教师：衷明华

【摘　要】本文利用微型实验仪器和硫酸铜溶液对教材中钠与水反应的传统实验进行了改进，解决了实验过程中反应剧烈，无法验证反应生成的气体就是氢气等问题，使该实验更具有安全性和科学性，同时也适用于学生自主实验，具有切实的可操作性。采用钠与硫酸铜溶液的反应，也给教师在选用实验方案的过程中提供了另一种参考。

【关键词】钠；硫酸铜溶液；改进；微型实验

钠与水的反应实验是高中化学的一个重要实验。在课堂上，由于考虑到安全性问题，它常作为教师的演示实验——将一小块钠直接放入盛有水和酚酞的烧杯中。同时，采用该传统装置进行实验时，反应剧烈，难以控制，对于反应产生的气体是氢气这个结论也不能加以严密验证。针对以上问题，笔者经过实验研究，采用微型实验仪器对本实验装置进行了改进，使上述问题得以解决。同时在药品的使用上，将酚酞和水换为硫酸铜溶液，为教师在选用实验方案的过程中提供了另一种参考。具体实验方案如下。

一　实验原理

$$2Na + 2H_2O = 2NaOH + H_2\uparrow$$
$$2NaOH + CuSO_4 = Na_2SO_4 + Cu(OH)_2\downarrow$$

二　实验用品

金属钠、锡箔纸、硫酸铜溶液、肥皂水；操作台、侧泡具支试管、橡胶塞、橡胶管、直角形通气管、烧杯、小刀、大头针、镊子、滤纸、火柴。

① 该文刊于《江西化工》2014年第2期第128页。

三 实验装置图（省去操作台及铁夹）

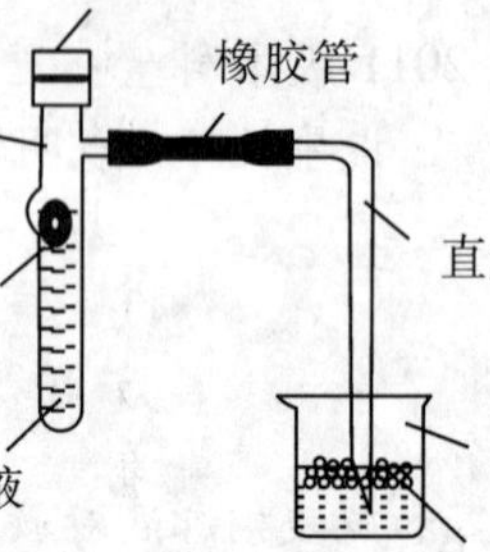

钠与水的反应实验装置

四 实验步骤及现象

（1）按上图所示连接好实验仪器，并检验装置的气密性：用手焐热侧泡具支试管，若直角形通气管口有气泡冒出，且停止焐热后，管口处有一段小水柱，则气密性良好。

（2）添加药品：往侧泡具支试管里加硫酸铜溶液至侧泡中央，再取一块米粒般大小的钠（要将表面的煤油吸干），包裹在事先用大头针扎有小孔的锡箔纸中，接着放入溶液中。

（3）观察实验现象：包裹在锡箔纸中的钠透过小孔与硫酸铜溶液发生了反应，反应缓和，观察到溶液中有蓝色的 $Cu(OH)_2$沉淀生成，直角形通气管口有气泡冒出。当出现大量气泡时，用燃着的火柴点燃气泡，能听到“噗”的一声，证明钠与硫酸铜溶液反应生成的气体是氢气。触摸侧泡具支试管，有发热的感觉。

（4）反应结束后，清洗仪器并整理实验桌。

五 实验注意事项

（1）实验前，要保证实验装置的气密性良好。

（2）实验时，加入的钠不宜过多，米粒般大小即可。

（3）取钠时，严禁用手直接接触，应用镊子取用。

（4）反应后，若钠有剩余，要将其放回原来的钠瓶中。

六　本实验方案的优点

（1）采用微型仪器进行实验，药品用量少且安全。

（2）采用事先扎有小孔的锡箔纸包裹钠，避免了钠粒乱溅，使其实验时反应速率适中，既便于观察，可操作性也强，有助于提高学生的实验操作能力。

（3）将反应生成的气体导入肥皂水中，通过点燃肥皂泡验证实验过程中产生了氢气，体现实验的科学性，能培养学生严谨的科学探究态度。

（4）用钠与硫酸铜溶液的反应来代替钠与水的反应，既能鼓励学生大胆创新，又可以加强学生对金属与盐溶液反应这一知识点的掌握。

参考文献

普通高中课程标准实验教科书化学 1（必修）[M]. 北京：人民教育出版社，2007.

钠与水反应实验的改进①（2）

2010 级本科生：肖晓君　彭晓乔
指导教师：袁明华

【摘　要】本文提出了改进中学化学微型实验“钠与水反应”实验装置的方法，解决了反应剧烈、爆炸可能性高等问题，使该反应安全性更高，更易于直观地观察实验现象，具有切实的可操作性。

【关键词】钠；水；实验

中学化学微型实验“钠与水反应”的实验装置存在以下不足：

（1）钠与水直接接触，反应剧烈、快速且放出大量的热，局部温度太高可能会导致试管破裂。

（2）钠与水反应在先，检验氢气在后，由于反应快速，且装置不密封，抹上肥皂水后可能无法实现检验氢气的目的。

（3）具支试管上部混有空气，点燃氢气的时候存在爆炸的危险。

鉴于以上原因，将钠与水反应的微型实验装置进行改进，具体改进方案如下。

一　实验仪器和药品

V 形侧泡反应管、注射器 1 支、橡胶塞 1 个、橡胶管若干、大头针 1 个、导气管、铝箔、镊子、滤纸、火柴；水、钠、酚酞试剂。

① 该文刊于《江西化工》2013 年第 2 期第 183 页，原题为“钠与水反应的实验改进”。

二　实验装置图

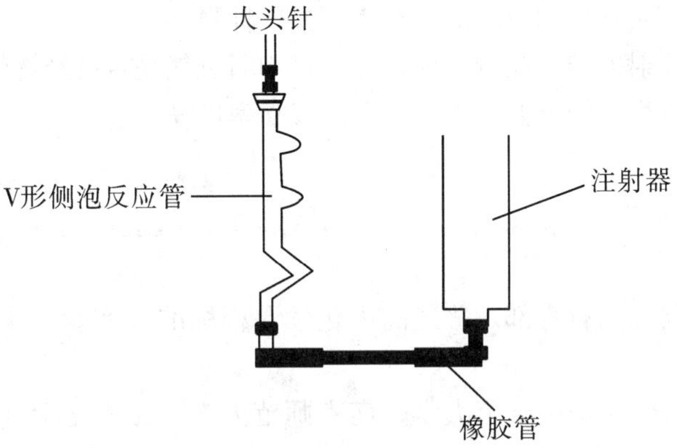

钠与水的反应实验装置

三　实验步骤及现象

（1）如图连接并安装好装置，检验装置气密性。

（2）取一小块钠（约半粒黄豆大小），用滤纸吸干钠表面的煤油，用铝箔把钠块包成条状，并且两个端口调整成原端口大小的1/3，把大头针一端固定在带有玻璃导气管的单孔橡胶塞上，另一端针尖上插上钠块。

（3）移动大头针，让钠接近橡胶塞，在注射器中注入加有酚酞试剂的一定体积的水，调节注射器的高度，尽可能地排尽反应管中的空气，最后使注射器与反应管的液面相平。

（4）将大头针往下移动，在水与钠接触的瞬间，立即使钠开始熔化并且脱离大头针而浮在水面上，向各个方向迅速游动，并逐渐缩小，最后停止游动；在反应过程中，观察到反应管内的液面下降，说明有气体产生，点燃导气管口的气体，呈现淡蓝色，由此可确知产生的气体为氢气；钠周围水溶液变为红色，并不断地沿橡胶管扩散到注射器内，整个连通器内的水溶液变为红色，由该现象可断定有氢氧化钠生成；最后注射器与反应管的液面保持在同一水平线上，可知气体已经燃烧完。

（5）反应结束后，清洗仪器并整理实验桌。

四　改进后的优点

（1）用铝箔把金属钠包成条状，在包裹得比较紧的情况下，使反应达到最好的效果且安全性较高。

（2）带有钠块的大头针在反应开始前靠近橡胶塞，利用注射器的水压赶走反应管上方的空气，将钠与水反应控制在接近无空气的环境里进行，因此产生的气体可近似认为是纯的氢气，所以导气管的氢气与极少量空气中的氧气混合后不在爆炸极限范围内，点燃时不会出现事故，提高了实验的安全性。

（3）通过移动大头针控制反应的进行，可操作性强。

（4）通过观察注射器与反应管的液面差，可判断氢气是否已经燃烧完毕。

（5）整个实验过程操作方便，安全可靠，成功率极高。

参考文献

［1］中华人民共和国教育部．普通高中化学课程标准（实验）［M］．北京：人民教育出版社，2003.

［2］北京师范大学，华中师范大学，南京师范大学．无机化学（上、下）［M］．北京：高等教育出版社，2001.

［3］人民教育出版社化学室．化学（第一册）［M］．北京：人民教育出版社，2007.

钠与水反应实验的改进[①]（3）

2010级本科生：郑美霞
指导教师：袁明华

【摘　要】文章主要采用注射器、U形管对钠与水反应实验进行微型化改进，改进后的实验仪器简单、药品用量少，环保且安全。
【关键词】注射器；U形管；钠与水反应；微型实验

钠与水反应的实验在现行人教版高中化学实验中占据重要的地位，通常这个实验是由教师在课堂上演示完成的。实验若不能顺利进行，不仅会降低教师在学生心目中的威信，还直接影响学生学习化学的兴趣。大多数教师在演示这个反应的时候都是按照教科书里的步骤：将小块金属钠上的煤油擦干后直接投入到盛有水的水槽或烧杯中，虽然实验现象非常明显（浮、熔、游、嘶、红），但是实际操作过程中还是容易出现以下问题：

（1）钠的金属性较强，与水反应剧烈，直接投入水中会出现钠粒乱溅的现象。

（2）通过实验，学生只能确认反应有气体生成，实验反应产生的气体是氢气这个结论对学生并不具说服力。

（3）实验是在烧杯或水槽中进行的，较难收集气体产物。氢氧化钠为强碱，若用排水集气法收集气体，则会腐蚀操作者的手。

因此，笔者通过对钠与水反应实验进行研究和多次操作验证，提出了本实验方案，使上述问题得以解决。

一　实验用品

（1）仪器：微型仪器1套、注射器1支、酒精灯1盏。

（2）药品：钠粒、酚酞试剂、肥皂水。

---

① 该文刊于《中学教学参考》2013年第32期第91页。

二 实验装置图（省去铁架台及铁夹）

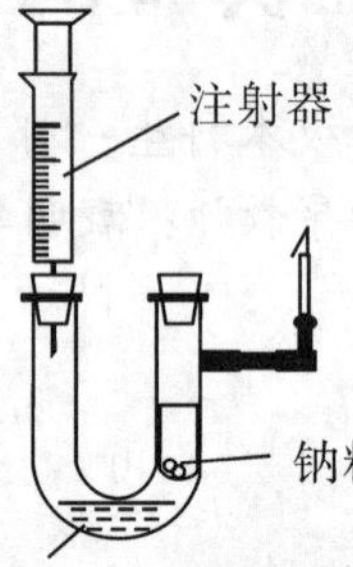

钠与水的反应实验装置

三 实验步骤及现象

（1）按上图所示连接好实验仪器，并检验装置的气密性。

（2）添加药品：往微型气体发生器里添加一定量的水，再加入2滴酚酞试剂，保证液体液面不与内套管底部接触，再在内套管内加入钠粒。注射器内留有一定体积的空气，尖嘴管口蘸有肥皂水。

（3）慢慢推动注射器的推手，使微型气体发生器内的液体与钠粒接触。反应有气体生成时，尖嘴管口有气泡逸出。通过点燃吹出的气泡即可检验气体的纯度。若氢气纯净，能听到“噗”的一声，若不纯，则会有尖锐的爆鸣声。此时微型气体发生器内的液体由无色变成红色。

（4）当听到“噗”的一声时，装置中的空气已被排尽。此时，将尖嘴管口移近酒精灯火焰时会看到尖嘴管口处安静地燃烧着长条形的黄色火焰（这是由于玻璃中含有钠元素）。反应结束后触摸微型气体发生器，有发热的感觉。

四 实验成败的关键

（1）实验过程中要确保实验装置的气密性良好，否则收集不到纯净的氢气。

（2）加入试剂时，微型气体发生器内的内套管必须是干燥的，确保实验一开始现象就很明显。

（3）尖嘴管的口径不宜太大，否则氢气的燃烧时间就会过短。

（4）在实验过程中，需根据气体的产生速率随时调节注射器的推手，控制反应速率。

若反应速率太慢，氢气燃烧现象就会不明显；反应速率太快，微型气体发生器内的金属钠会自燃。

五 改进实验的优点

（1）利用微型仪器，实验药品用量少，环保且安全。

（2）实验仪器简单，实验时间较短，现象明显，不仅适合教师在课堂上演示，也适合学生自主进行实验。

（3）实验装置气密性的检查方便、简单且可靠。手轻轻一按，根据尖嘴管处肥皂水是否冒泡即可判断装置的气密性是否良好。

（4）反应装置中，钠粒与水的反应在微型气体发生器中进行，避免了钠粒乱溅、收集气体时腐蚀手等情况的发生。同时，通过巧妙调节注射器内的空气，可随时控制钠粒与液体液面的接触，从而控制反应的进行与停止。

（5）验证了产生的气体就是氢气以及钠和水的反应是放热反应。

本实验除了具备以上优点外，还将物理知识和化学知识有力地结合起来（利用物理学科中的大气压知识，有效地解决了化学实验中控制反应速率的问题），真正达到了提高学生科学素养的要求，值得推广。

钠与水反应实验的改进[1]（4）

2011 级本科生：马学敏　王佳旋
指导教师：袁明华

【摘　要】针对人教版化学教材中钠与水反应实验的传统装置存在钠粒乱溅、无法检验生成的气体是氢气而缺乏实验严谨性等不足之处，利用微型化学仪器进行了改进，将研究钠与水反应的现象和产物实验一体化，保证实验的完整性，提高其可操作性。

【关键词】钠；水；微型实验；实验改进

钠与水反应实验是新课标《化学 1（必修）》（人民教育出版社，2007 年第 3 版）中一个极其重要的内容。在教材中，该实验在烧杯中进行，学生能通过小钠球的游动判断生成气体，却无法检验气体，不能完整地演示实验，不利于学生全面观察现象、分析实验。

鉴于以上问题，笔者利用微型化学仪器对钠与水反应实验装置做了改进，旨在减少实验用药剂量，并将研究钠与水反应现象和产物的实验一次完成。

一　实验原理

$$2Na + 2H_2O = 2NaOH + H_2\uparrow$$

二　实验用品

（1）仪器：操作台、侧泡具支试管、橡胶塞、橡胶管、直角形通气管、烧杯、小刀、镊子、滤纸、火柴。

（2）药品：蒸馏水、钠、洗洁精（配成洗洁精水，其中 $V_{洗洁精}:V_{水}=1:3$）、酚酞试剂。

① 该文刊于《广东化工》2014 年第 12 期第 34 页。

三　实验装置（略去操作台）

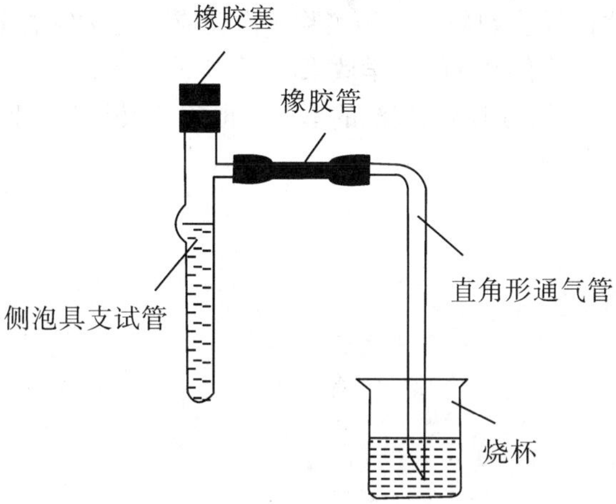

钠与水的反应实验装置

四　实验步骤及现象

（1）按实验装置图连接好实验仪器，检查装置的气密性：在烧杯中盛半杯水，把直角形通气管末端浸没在水中，双手摩擦后焐在侧泡具支试管上一会儿，若通气管口处有气泡冒出，待双手离开后，通气管中形成水柱，则证明装置气密性良好。

（2）烧杯中的水换成洗洁精水。

（3）取下橡胶塞，往试管中加入蒸馏水至半个侧泡处，并滴入 1 滴酚酞试剂。

（4）从广口瓶中取出一块钠，用滤纸吸干表面的煤油，用小刀切出小米粒般大小的钠块，立即用镊子夹起放入侧泡具支试管中，观察到钠浮在水面上，熔化成小球，并在水面上迅速游动，发出“嘶嘶”的响声，试管中溶液逐渐变成红色，3 秒钟后塞上橡胶塞。

（5）待烧杯中有丰富气泡冒出时，用燃着的火柴点燃气泡，听到“噗”的一声，则证明钠与水反应生成的气体是氢气。

五　实验改进后的优点

（1）采用微型化学仪器进行实验，节约药品，成本较低，且装置组装简单，现象明显，安全可靠，有利于在农村地区中学的基础实验教学中推广①。此外，符合新课程要求，操作简单安全，能变原本教师进行的演示实验为学生亲自动手的自主探究实验，适合学生实验，逐步培养学生的实验操作技能，强化化学实验教学中的素质教育和创新教育，有利于培养具有创造能力的人才②。

（2）将研究钠和水的反应现象和产物实验一次完成，使学生能全面观察现象、分析实验，有利于教师的讲解，具有很好的教学效果。

（3）实验中检测产物时，用形成气泡的形式，既安全又给学生留下了深刻的印象。

① 许卫鹏，束明华. 铜与浓硫酸反应实验的微型化改造［J］. 中学教学参考，2013（32）：92.

② 蓝宏辉，束明华. 氯气漂白性质实验的改进［J］. 中学教学参考，2013（32）：90.

二氧化碳制备与性质实验一体化微型实验设计①

2010 级本科生：廖小红
指导教师：衷明华

【摘　要】微型实验具有实验试剂用量少、费用低、实验过程简单化等特点，而二氧化碳的制备与性质检验在常规实验中无论是教师的演示实验还是学生的自主实验仍存在诸多不妥之处。本实验将用微型实验对二氧化碳的制备与性质实验实现一体化的改进设计。

【关键词】二氧化碳的制备与性质；微型实验；中学化学

二氧化碳的制备与性质实验是现行人教版初中化学教科书中比较重要的一个实验，能否做好实验直接影响学生对二氧化碳性质的掌握，然而在常规实验中无论是教师的演示实验还是学生的自主实验仍存在以下不妥之处②：

（1）实验难以控制。常规实验中二氧化碳的制备难以随时控制反应的进行与停止，且由于粉末状碳酸钠与稀盐酸反应时接触面积大，反应太快，不易收集，因而影响教学效果与教学进度的安排。

（2）实验比较烦琐。常规二氧化碳性质实验是分步进行的，这样势必造成药品用量多，耗时长。

（3）如下有两个常规装置，如图 1 和图 2 所示。利用图 1 的装置实验时，首次加入稀盐酸的量必须足够多，以使长颈漏斗的下端插入液面以下，防止生成的气体从长颈漏斗中逸出；这样实验一开始产生大量的二氧化碳，如果来不及收集会造成一定程度的浪费。利用图 2 的装置实验时，所用稀盐酸一次性加入，消耗完后，如果要继续制取二氧化碳，就得先把装置拆开，把剩余的试剂倒出，再添加药品继续实验，操作十分不便③。

---

① 该文刊于《江西化工》2013 年第 2 期第 186 页。

② 曾晓丹，陈燕杉，衷明华．有关氢气的创新性微型实验设计［J］．中学教学参考，2012（32）：88.

③ 赵东洋，焦国芬．CO_2制取和性质实验的微型化设计［J］．云南教育，2009（3）：17.

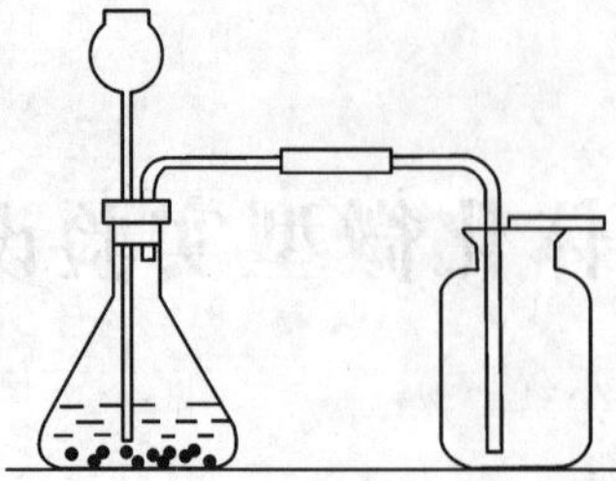

图 1　制备二氧化碳的装置

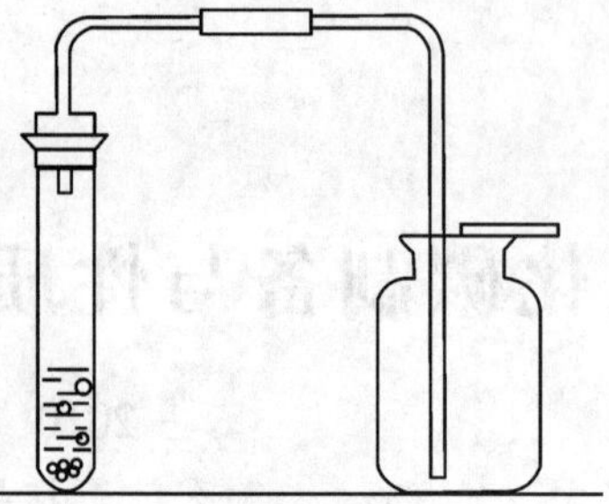

图 2　制备二氧化碳的装置

针对以上问题，笔者利用微型仪器将实验进行了改进。微型化学实验是一种使用微型仪器，实现实验操作简单化、药品节约化及过程安全化的实验方法，而且微型仪器精巧，更能激发学生参与实验的兴趣。具体改进方案如下。

一　实验的改进

1. 实验用品

（1）仪器：具支 U 形管 1 支、内套管 1 个、注射器 1 支、V 形侧泡反应管 1 支、橡胶塞 2 个、橡胶管 1 段、多用塑料滴管 1 支。

（2）药品及试剂：大理石（或块状石灰石）、稀盐酸、紫色石蕊试剂、澄清石灰水。

2. 实验装置图

实验装置图如下所示（略去铁架台和铁夹）：

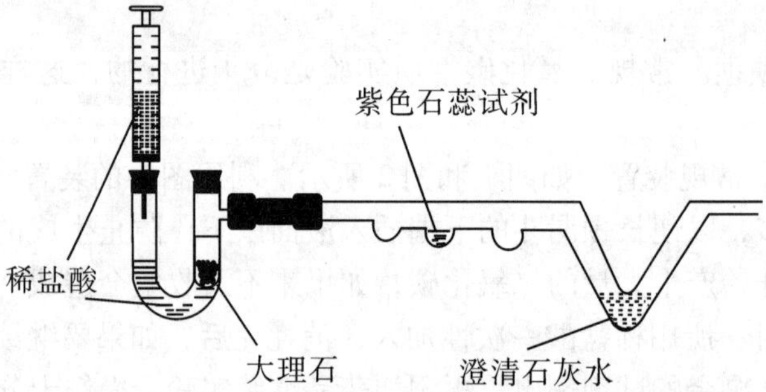

图 3　二氧化碳制备与性质实验装置

3. 实验步骤与现象

（1）连接好装置，检验装置的气密性：如图 3 所示，在 U 形管里加入适量的自来水，右端用一橡胶塞塞住，左端连接一带着橡胶塞的注射器，拉动注射器，观察 U 形管中水的高度变化，如果装置气密性良好，U 形管中的水会随着注射器的拉动而产生左右液面高度差。

（2）将 3 ~4 颗大理石加入 U 形管的内套管中，右端口塞上橡胶塞，注射器吸入稀盐酸，插入橡胶塞中，塞在左端口处；在 U 形侧管用橡胶管连接一 V 形侧泡反应管，于 V 形侧泡反应管的中间凹面（第一个凹面和第三个凹面都作为缓冲区，第一个凹面是为了预防稀盐酸涌出，第三个凹面是防止紫色石蕊试剂冲到澄清石灰水处）加入紫色石蕊试剂（紫色石蕊试剂用于检验二氧化碳与水反应生成碳酸），以及在反应管 V 形处加入澄清石灰水。

（3）实验开始，压下注射器，往 U 形管中注入稀盐酸，反应快速进行，产生大量气泡。气体通过一小段时间后，可观察到紫色石蕊试剂由紫色变为红色，同时澄清石灰水由澄清变混浊。二氧化碳的这些性质在短时间就检验完成了，这时左边发生装置还会产生气体，那么我们可以将左边的注射器往上拉，则稀盐酸脱离大理石使气体产生终止。

二　改进后的优点

（1）将二氧化碳的制备与性质检验连为

（2）利用微型仪器反应空间小的优点……一个注射器控制反应体系的压强，使大理石与稀盐酸脱离……于实验现象的观察。

（3）实验操作微型化，便于学……功率高、二氧化碳排放量少等优点。

三　注意事项

（1）不能用碳酸钠……易控制。

（2）不能用浓……不纯。

（3）不能……盖在大理石

氯化氢制备和性质一体化实验改进①

2010级本科生：罗志枚
指导教师：袁明华

【摘　要】文章主要采用三口烧瓶、分液漏斗、平底烧瓶等对氯化氢的制备和性质进行一体化实验改进；改进后无论是氯化氢的制备实验或者性质实验，都不需更换橡胶塞或导管，杜绝了氯化氢的泄漏，实验更安全。

【关键词】三口烧瓶；分液漏斗；平底烧瓶；氯化氢；实验改进

一　教材中实验的缺陷

氯化氢的制备和性质实验是现行人教版高中化学教科书中的一个比较重要的实验，能否做好该实验直接影响学生对氯化氢知识的掌握。而教材中的实验装置设计无论是让教师演示或是让学生自主实验，都存在以下不妥之处。

（1）实验比较危险。首先，传统实验在收集气体的时候要更换一般集气瓶和圆底烧瓶（用于进行喷泉实验），而一般集气瓶和圆底烧瓶的口径大小不一样，所以在更换之时还要更换橡胶塞和导管。其次，实验过程中反应剧烈，产生的氯化氢量比较多而且快速，传统[illegible]中用圆底烧瓶作为发生装置，由于口径大小的限制，使用的气体导管也比较小，未能[illegible]体，从而在大多数实验进行时会导致氯化氢从发生装置的圆底烧瓶口冒出。以[illegible]氯化氢泄漏，存在较大的危险，这不仅会给实验者带来伤害，还会给环[illegible]

[illegible]实验者既要更换两个集气瓶之间的橡胶塞，又要更换导气管，[illegible]整个过程如果只由一个人来完成是比较匆忙的，这样会[illegible]

[illegible]实现实验操作安全化和简易化。具体改

二 实验的改进

1. 实验用品

（1）仪器：三口烧瓶、分液漏斗、酒精灯、石棉网、玻璃导管和橡胶导管、平底烧瓶、尖嘴玻璃管、集气瓶、橡胶塞、铁架台（带铁圈）、小漏斗、烧杯、注射器、小试管。

（2）药品：质量分数98%浓硫酸、氯化钠固体、紫色石蕊试剂、硝酸银溶液、浓氨水、蒸馏水。

2. 实验装置图（略去铁架台和铁夹）

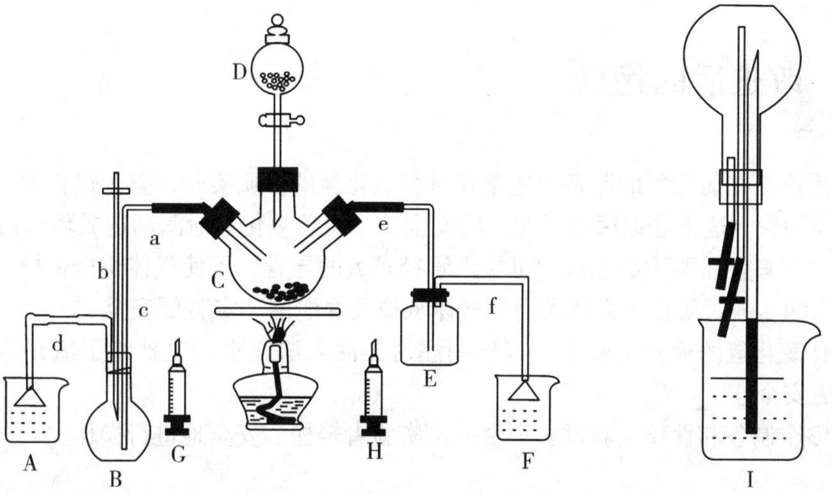

氯化氢制备和性质一体化实验装置

（注：a、b、c、d、e、f均为橡胶管。A——装有滴入紫色石蕊试剂的蒸馏水的烧杯；B——平底烧瓶；C——装有氯化钠固体的三口烧瓶；D——装有浓硫酸的分液漏斗；E——集气瓶；F——装入蒸馏水的烧杯；G——吸入蒸馏水的注射器；H——吸入浓氨水的注射器；I——装有滴入紫色石蕊试剂的蒸馏水的烧杯。）

3. 实验步骤及现象

（1）氯化氢的制备。

①查：先检查分液漏斗是否可用，保证导管和集气瓶（包括平底烧瓶）干燥，再按照上图所示连接好装置，并检验其气密性。

②装：往三口烧瓶中加入7 g氯化钠固体，在分液漏斗中加入8 mL浓硫酸。

③放：先夹住e橡胶管，然后放开分液漏斗开关，最后留少量浓硫酸液封。

④移：待A中溶液由紫色变为橙红色或红色即说明B中已充满氯化氢，则把e中夹子转移到d中夹住。同时，另取两个夹子夹住a和c处，然后用G注射器往B中注入几滴水，并把B转移到另一铁架台，如上图中右图所示。

⑤点：由于反应物被反应了一部分，可点燃酒精灯加热使反应速率加快（该步骤看实际情况，如有需要则加热。因为笔者在让其自然反应的同时去做喷泉实验，有充分的时间让其反应。如需加热，注意在反应尾声熄灭酒精灯）。

（2）喷泉实验和酸的通性（H^+）：打开夹住b橡胶管的夹子，并瞬时把b导管插进水中。此时，可看到平底烧瓶内有喷泉现象，且溶液颜色显橙红色或红色，此现象也证明了氯化氢溶于水形成盐酸显酸性。

（3）氯化氢的检验：用H注射器往E中注入几滴浓氨水，可观察到白烟充满整个集气瓶。

（4）盐酸的通性（Cl）：取适量F中的溶液于一小试管中，滴入2～3滴硝酸银溶液，震荡，观察到有白色沉淀产生（实验反应物的用量保证了生成物氯化氢充满两个收集气体的容器的同时，有多余气体被F中的水吸收）。

三 改进后的优点

（1）无论是在氯化氢的制备，还是在进行氯化氢的性质实验，整个过程中都不需要更换橡胶塞或导管，这很好地保证了实验的安全性，避免氯化氢泄漏而造成环境污染。

（2）在三口烧瓶两边的瓶口中可接入管径较大的导管，可使气体快速疏导，从而降低三口烧瓶内的压强，防止压强过大而使气体从橡胶塞泄漏，实验更安全。

（3）在氯化氢的检验实验中，直接用注射器注入浓氨水，也杜绝了氯化氢气体的泄漏，实验更安全。

（4）整个制备和性质实验过程可由一位实验者轻松、安全地进行操作。

适合学生操作的氯气制备及其性质的微型实验装置①

2011 级本科生：赵晓智　陈振娣
指导教师：袁明华

【摘　要】鉴于教材中氯气的制备及其性质实验存在药品用量较大、氯气易泄漏等问题，本文对该实验进行改进与创新，按绿色化学和微型实验的要求，力求提高实验的安全性，减少实验用剂量，降低尾气毒害性，同时可以培养学生的实验能力，向学生渗透节约的理念和绿色化学思想，提高环保意识。
【关键词】氯气；制备；性质实验；微型实验

氯气制备和氯气的性质实验在高中实验课中具有重要的地位，它是高考测试的重要内容之一，但由于氯气是一种危害人体的物质，而且用高锰酸钾与浓盐酸反应制备氯气，该反应速率快，很难控制反应的速率，并且伴随较大的危险性，因此，人教版第一册第四单元将其作为演示实验，学生很少有机会动手实践。为了让学生亲自动手做氯气制备及其性质实验，本文对该实验进行改进、创新，按绿色化学和微型实验的要求，力求提高实验的安全性，减少实验用剂量，降低尾气毒害性。

一　实验目的

（1）采用生活中的废弃物如注射器等替代原设计器材，体现绿色化学理念，实现环境保护。

（2）研究微型实验在氯气制备及其性质实验中的应用，节约能源，减少环境污染。

二　实验原理

$$2KMnO_4 + 16HCl \xlongequal{\quad} 2KCl + 2MnCl_2 + 8H_2O + 5Cl_2\uparrow$$

① 该文刊于《江西化工》2014 年第 1 期第 226 页。

三 实验仪器和药品

（1）仪器：铁架台、侧泡具支试管、注射器、直形通气管、V 形侧泡反应管、直角形通气管、乳胶管、小烧杯、有色小卡片。

（2）药品：$KMnO_4$固体、浓盐酸、NaOH 溶液、无水氯化钙。

四 实验装置

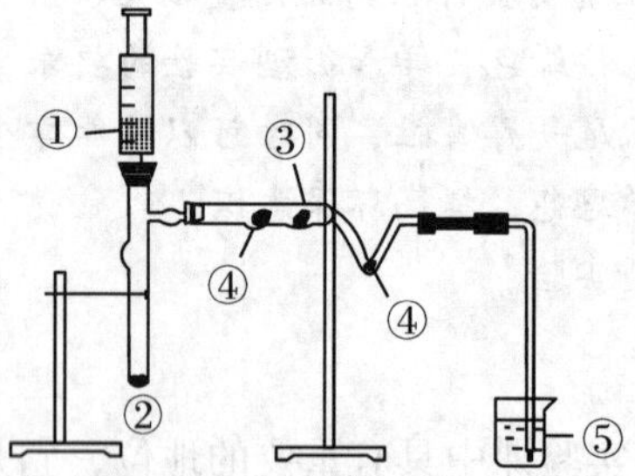

氯气制备及其性质实验装置

五 实验步骤及其现象

（1）按上图连接装置。

（2）检查装置的气密性。

（3）向侧泡具支试管中加入 0.2 g 的 $KMnO_4$。

（4）向 V 形侧泡反应管的第一个凹槽中加入用蒸馏水润湿过的有色小卡片，第二个凹槽装满无水氯化钙，在 V 形凹槽中加入干燥有色小卡片。

（5）反应开始，将约 2 mL 浓盐酸缓慢注射到侧泡具支试管中。过一会儿观察到第一张有色小卡片褪色，而无水氯化钙吸收水分，从而使氯气变干燥，V 形凹槽中的有色小卡片不褪色。

六 实验现象的解释

（1）将浓盐酸注射入具支试管，浓盐酸与 $KMnO_4$固体反应，产生黄绿色的气体是氯气，反应式为：

$$2KMnO_4 + 16HCl = 2KCl + 2MnCl_2 + 8H_2O + 5Cl_2 \uparrow$$

（2）第一个凹槽中用蒸馏水润湿过的有色小卡片褪色，说明氯气与水反应生成了 HCl 和 HClO，生成的 HCl 和 HClO 具有酸性，此外 HClO 还具有漂白性，反应式为：

$$Cl_2 + H_2O = HCl + HClO$$

而第二张有色小卡片不褪色，说明干燥的 Cl_2不具有漂白性。

（3）小试管中一开始不断有气泡冒出，气泡又逐渐消失，说明氯气被氢氧化钠溶液吸收掉了，反应式为：

$$Cl_2 + 2NaOH = NaClO + NaCl + H_2O$$

七　注意事项

（1）检查装置的气密性很重要。微型实验所用的仪器比较小，用胶塞把装置连起来很困难，同时导管也容易被堵塞，因此气密性良好是实验成功的关键。

（2）注射器的针头不能太大，否则滴加 NaOH 溶液速度过快，反应太剧烈。

（3）要控制加热的速度，以防反应液溢到直形通气管中。

八　实验结果与讨论

（1）氯气制备的常规实验污染是相当严重的，刺激性的气味使人难以忍受，而微型实验用量少，即使有所泄漏，产生的危害也小，少量的尾气处理起来也很方便。

（2）实验现象明显，便于控制实验速率，提高实验安全性。

（3）尾气处理时，用 NaOH 溶液吸收氯气，防止环境污染。

（4）实验装置简单，容易操作又省时，便于学生自己操作，提高学生的实验动手能力。

（5）试验后无污染，符合绿色化学和微型实验的实验理念。

参考文献

马琼勉，束明华. 氯气制备及其性质微型实验装置的改进［J］. 中学教学参考，2013（23）：105.

氯气制备及其性质微型实验装置的改进①

2010 级本科生：马琼勉

指导教师：衷明华

【摘　要】作者主要采用注射器、V 形侧泡反应管及试管对氯气的制备和性质进行一体化微型实验改进；改进后的实验不仅药品用量少、实验现象明显，而且尾气排放少、便于实验速率控制。

【关键词】注射器；V 形侧泡反应管；试管；氯气；微型实验

氯气的制备及其性质实验是中学化学课程中十分重要的实验。氯气的毒性比较大，用高锰酸钾与浓盐酸反应制备氯气，该反应速率快，很难控制反应的速率而且也有较大的危险性，所以在中学化学实验课程教学中，多采用教师演示实验的方式，很少让学生动手实践。为了让学生能自己动手做氯气的制备及其性质实验，本文根据绿色化学和微型实验的发展理念，对氯气的制备及其性质实验的微型实验装置做了改进，旨在减少实验用剂量，降低尾气毒害性，提高实验安全性。

一　实验原理

$$2KMnO_4 + 16HCl \xlongequal{} 2KCl + 2MnCl_2 + 5Cl_2\uparrow + 8H_2O$$

二　实验仪器和药品

（1）仪器：具支试管、直形通气管、V 形侧泡反应管、直角形通气管、小试管、乳胶管、注射器、橡胶管、棉花。

（2）药品：$KMnO_4$固体、浓盐酸、紫色石蕊试剂、NaOH 溶液、KI－淀粉溶液。

① 该文刊于《中学教学参考》2013 年第 23 期第 105 页。

三　实验装置

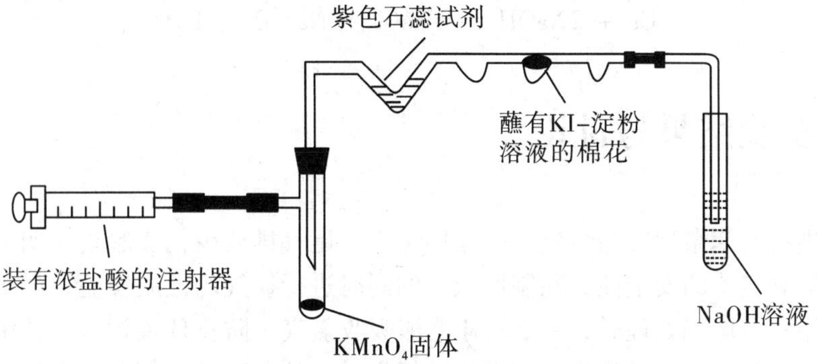

氯气制备及其性质实验装置

四　实验步骤及其现象

（1）检查装置的气密性。

（2）具支试管中加入 $KMnO_4$ 固体，在 V 形侧泡反应管左侧的 V 形处加入紫色石蕊试剂，在中间的凹槽中塞入蘸有 KI－淀粉溶液的棉花，在试管中加入 NaOH 溶液，注射器吸取浓盐酸，按照实验图所示装置装配好实验仪器。

（3）将注射器内的浓盐酸慢慢注射入具支试管，浓盐酸与 $KMnO_4$ 固体反应，产生黄绿色的气体，V 形侧泡反应管中的紫色石蕊试剂先变红后褪色，而其中的棉花由无色变成蓝紫色，小试管中不断有气泡冒出说明有未反应的氯气尾气排出，气泡逐渐消失说明氯气被 NaOH 溶液吸收掉。

五　实验现象的解释

（1）将浓盐酸注射入具支试管，浓盐酸与 $KMnO_4$ 固体反应，产生黄绿色的气体是氯气，反应式为：

$$2KMnO_4 + 16HCl = 2KCl + 2MnCl_2 + 5Cl_2\uparrow + 8H_2O$$

（2）紫色石蕊试剂先变红后褪色，说明氯气与石蕊试剂中的 H_2O 反应生成了 HCl 和 HClO，生成的 HCl 和 HClO 具有酸性，此外 HClO 具有漂白性，反应式为：

$$Cl_2 + H_2O = HCl + HClO$$

（3）蘸有 KI－淀粉溶液的棉花由无色变成蓝紫色，说明 Cl_2 置换出 KI 中的 I_2，淀粉遇碘变成蓝紫色，反应式为：

$$2KI + Cl_2 = 2KCl + I_2$$

（4）小试管中不断有气泡冒出，气泡又逐渐消失，说明氯气被 NaOH 溶液吸收掉了，反应式为：

$$Cl_2 + 2NaOH = NaCl + NaClO + H_2O$$

六 实验结果与讨论

本文改进的这套微型实验装置，药品用量少，尾气排放少，实验现象明显，便于控制实验速率，提高实验的安全性；在制取氯气的同时进行氯气的性质实验，产生的氯气可以得到充分利用；在尾气处理时，用 NaOH 溶液吸收氯气，防止环境污染。整个实验装置简单，操作容易又省时，便于学生自己操作，提高学生的实验动手能力。而且，实验后无污染，符合绿色化学和微型实验的实验理念。

氯气漂白性质实验的改进[①]

2010 级本科生：蓝宏辉
指导教师：衷明华

【摘　要】作者主要采用注射器、V 形侧泡反应管及具支试管对氯气漂白性质实验进行微型化实验改进；改进后的微型装置符合新课程要求，操作简单安全，能变原本教师进行的演示实验为学生亲自动手的自主探究实验。
【关键词】注射器；V 形侧泡反应管；具支试管；氯气漂白性质；微型实验

人教版高中化学（必修 1）第 84 页在讲述氯气的漂白性时，用两个实验来验证干燥的氯气没有漂白作用而湿润的氯气有漂白作用。实验需要事先制备氯水和干燥的氯气，步骤烦琐，而且装置组装起来很麻烦。为了克服上述不足，使用微型仪器进行改进，现象非常明显，有利于学生对氯气性质的理解，符合新课程的化学实验教学标准。

一　原实验装置的不足之处

（1）需要事先制备氯水和干燥的氯气。

（2）实验过程污染空气，影响师生健康。

（3）实验操作烦琐，无法让学生有良好的实验体会。

二　氯气漂白性质的实验改进步骤

（1）按下图连接装置。

（2）检查装置气密性。

（3）向侧泡具支试管加入 0.2 g $KMnO_4$固体。

（4）向 V 形侧泡反应管的第一个凹槽加入湿润有色小卡片，第二个凹槽加入 1g 无水氯化钙，在 V 形凹槽中加入干燥有色小卡片。

① 该文刊于《中学教学参考》2013 年第 32 期第 90 页。

（5）反应开始，将约 2 mL 浓盐酸注射到侧泡具支试管中。过一会儿可观察到第一张有色小卡片褪色，而无水氯化钙吸收水蒸气变潮湿，第二张有色小卡片不褪色。

三 实验装置图

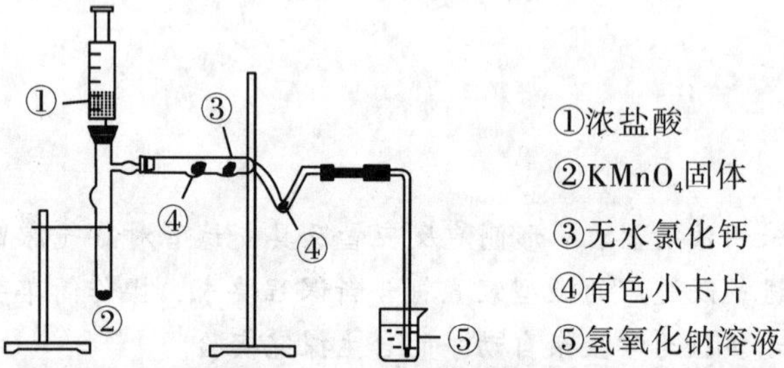

氯气漂白性质实验装置

四 实验改进原理及特点介绍

（1）改用微型装置，符合新课程要求，操作简单安全，能变原本教师进行的演示实验为学生亲自动手的自主探究实验，适合学生实验，逐步培养学生的实验操作技能，强化化学实验教学中的素质教育和创新教育，有利于学生创造能力的培养。

（2）使用注射器加料，操作方便，便于控制反应物的用量；使用有色小卡片，就地取材，整个实验过程很直观。

（3）该实验集氯气的制取、漂白实验和尾气处理为一体，不排放毒气，环保无污染，可加强学生保护环境的意识。

（4）能现配干燥氯气，可供后续性质实验操作（直接将制得的氯气由直角形通气管注入需反应的试液）。

氯气漂白性质微型化实验探究[①]

2010 级本科生：蔡晓红
指导教师：袁明华

【摘　要】文章主要采用 ML－1 成套微型实验仪器对氯气漂白性质微型化实验进行探究，组装的微型成套装置不仅减少污染、节省经费、现象明显、操作简便，而且为学生亲自探究氯气的漂白性创造了一个良好的环境。

【关键词】微型实验仪器；氯气漂白性质；实验改进

一　实验改进的目的

氯气是一种有刺激性气味的有毒气体。新课标《化学 1（必修）》（人民教育出版社，2007 年第 3 版）第 84 页在讲述氯气漂白性时，用两个实验来验证干燥的氯气没有漂白作用而湿润的氯气有漂白作用。实验需要事先制备氯水和干燥的氯气，步骤烦琐，而且，由于装置不密封，在操作中容易造成氯气外泄，既危害健康又污染环境。

鉴于以上问题，本文改用中学实验一体化的微型实验（见下图）。这套微型装置制备氯气并研究了氯气的化学性质，实验现象相当明显。这样不仅可减少污染、节省经费，而且现象明显、操作简便，为学生探究氯气的漂白性创造了一个良好的环境。

二　实验改进原理及特点介绍

（1）采用微型气体发生器作为反应器，在反应器中利用 $KMnO_4$ 粉末跟浓盐酸反应进行氯气的制取，取代了之前制取氯气的加热装置，简单方便。

（2）使用注射器来控制反应器的压强，从而控制反应物的量，操作简单可行。

（3）采用浓硫酸作为氯气干燥剂，实验简单且效果佳。

（4）使用 V 形侧泡反应管同时进行干燥氯气与湿润氯气漂白性的检验，对比性强，

① 该文刊于《中学教学参考》2013 年第 29 期第 99 页。

实现了实验一体化，让学生印象较为深刻。

（5）该实验集有害气体的制取和尾气处理于一体，不污染环境，不会对师生健康产生危害，还能加强学生环境保护的意识。

三 实验仪器及试剂

（1）仪器：操作台、微型气体发生器、具支试管、直形通气管、V形侧泡反应管、止水夹、小试管、注射器、橡皮筋。

（2）试剂：$KMnO_4$固体、浓盐酸、浓硫酸、NaOH溶液、干燥红纸、湿润红纸。

四 实验装置

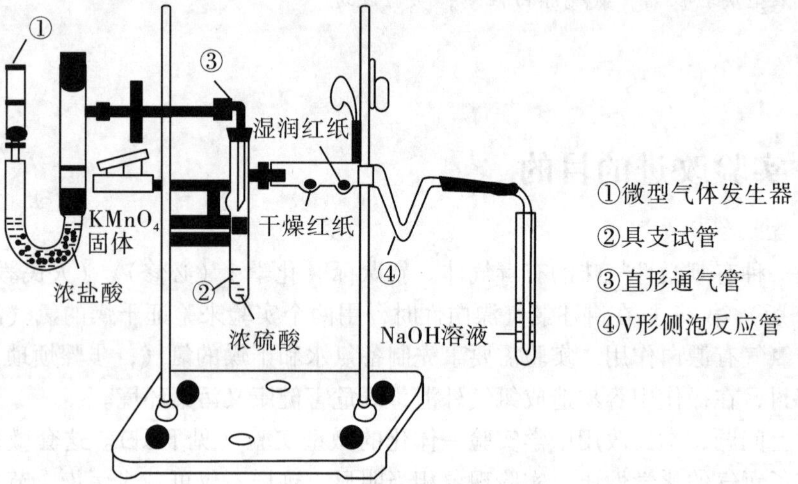

氯气漂白性质实验装置

五 实验步骤

（1）向微型气体发生器中加入浓盐酸至将近弯管部分，向弯管上方里的小反应器中加入适量的$KMnO_4$固体。

（2）关闭止水夹，用注射器注入空气，让$KMnO_4$固体跟浓盐酸接触，从而发生反应。

（3）打开止水夹，制取的氯气通过具支试管干燥后，通过V形侧泡反应管，最后用NaOH溶液进行尾气处理。

六 实验现象

我们发现V形侧泡反应管中干燥的红纸不褪色，而湿润的红纸褪为无色。

七 结果分析

氯气溶解于水生成次氯酸，次氯酸与有色的有机物质直接结合成无色的化合物，则溶液颜色就由有色变为无色；而干燥的氯气不具有漂白性。

浓、稀硝酸与铜反应一体化微型实验再改进①

2010 级本科生：陈静琼　倪晓添
指导教师：袁明华　文剑辉

【摘　要】本文指出了铜与浓、稀硝酸反应实验的不足，介绍了铜与浓、稀硝酸反应的一体化微型实验装置、实验方法及实验优点。

【关键词】一体化；微型实验；铜与浓、稀硝酸反应

微型化学实验是近十年来在国内外得到迅速发展的化学实验新方法，是“绿色化学”的重要组成部分，已成为二十一世纪化学实验教学改革的一个重要趋势。它的特点是在微小型的仪器中，用尽可能少的试剂（一般为常规的十分之一甚至千分之一）来进行实验，是在微型化的条件下对化学实验进行重新设计与再表现。微型化学实验污染程度低、操作简易、安全性高、现象明显、节约药品与节省时间，有利于学生动手进行实验，有利于拓展化学实验的教育功能。

运用微型实验来完成铜与浓、稀硝酸反应，试剂用量少，快捷、省时；铜与浓、稀硝酸两个实验同时完成，有利于两个实验现象进行对照，而且由于注意了尾气的回收，防止了有害气体的外泄，具有常规实验不可替代的优点。

一　原实验的不足之处

（1）在做铜与浓硝酸反应实验时，反应迅速，产生大量有毒的二氧化氮气体，不便控制反应的进程。

（2）铜和稀硝酸反应时，由于试管内存在的空气会对一氧化氮气体颜色的观察产生干扰，故难于探究铜与稀硝酸反应的性质。

（3）在铜与浓、稀硝酸反应实验中，用量较大，浪费药品。

（4）用试管作反应容器导致实验完毕后管内有残留气体，易污染环境，影响师生健康。

---

①　该文刊于《江西化工》2013 年第 4 期第 141 页。

二　实验用品

（1）由湛江师范学院研制开发的中学化学微型实验仪器箱（ML－1）提供：带支口试管（1 cm×10 cm）1根、带支口U形管（1 cm×10 cm）1支、单孔橡胶塞3个、10 mL烧杯1个、直玻璃导管1支、橡胶管2段、针筒1个、止水夹1个、铁架台1个、铁试管夹2个。

（2）药品：浓硝酸、细铜丝、0.1 $mol \cdot L^{-1}$ NaOH溶液。

三　实验装置

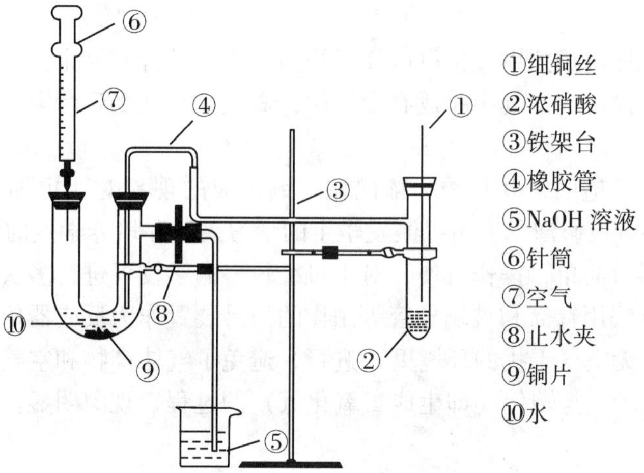

浓、稀硝酸与铜反应一体化微型实验装置

四　实验原理

$$Cu + 4HNO_3（浓）\xlongequal{} Cu(NO_3)_2 + 2NO_2\uparrow + 2H_2O$$

$$3Cu + 8HNO_3（稀）\xlongequal{} 3Cu(NO_3)_2 + 2NO\uparrow + 4H_2O$$

$$3NO_2 + H_2O \xlongequal{} 2HNO_3 + NO$$

$$HNO_3 + NaOH \xlongequal{} NaNO_3 + H_2O$$

$$2NO + O_2 \xlongequal{} 2NO_2$$

五 实验步骤及现象

（1）按照上图组装仪器，在U形管放置2 g铜片以及5 mL水，并在支口试管加入5 mL浓硝酸，塞好橡胶塞。

（2）将铜丝伸入试管中，与浓硝酸接触。产生NO_2经导管进入U形管，并溶于水，生成硝酸，硝酸与水形成稀硝酸，与底部的铜片发生反应，生成的NO在U形管左侧聚集。

（3）针筒打入空气，验证NO转化为NO_2。

（4）抽出铜丝停止实验，打开止水夹吸收尾气。

六 实验优点

（1）易操作，通过拔插铜丝，可以任意控制反应的进行或停止。

（2）实验过程没有向空气中排放有毒气体，避免了空气受到污染，培养了学生的环保意识。

（3）所用仪器均透明，并且浓、稀硝酸与铜反应的现象对比更加明显，便于学生观察，也便于教师进行投影演示，可以激发学生的学习兴趣和培养学生的创新精神。

（4）该装置器材简单，操作方便，对于班级较多的学校可进行多次演示。

（5）该实验方法用针筒和玻璃导管等制作的简易装置作为反应器使铜与浓、稀硝酸反应在玻璃导管中（无空气干扰的环境里）进行，避免了气体产物和空气的直接接触，很好地证明了一氧化氮产生与转化（即生成二氧化氮）的过程，现象明显。

铜与浓、稀硝酸的反应微型实验装置的改进①

2011级本科生：陈振娣　赵晓智
指导教师：衷明华

【摘　要】铜与浓、稀硝酸的反应选自苏教版新教材《化学1》，对该反应装置进行改进，在同一装置中进行铜与浓、稀硝酸反应实验现象及反应产物的对比，加强学生对不同浓度硝酸的氧化性不同的理解，有利于学生对实验的本质有更深层、更全面的认识。此外，利用注射器代替分液漏斗，更容易控制反应速率，反应现象更加明显，遵循了绿色化学和微型实验的要求，力求提高实验的安全性，减少实验用剂量，以降低尾气毒害性。

【关键词】改进；微型；理解；绿色；安全

铜与浓、稀硝酸的反应选自苏教版新教材《化学1》，笔者对该反应装置进行改进，加强了学生对不同浓度硝酸的氧化性不同的理解，而且提高了实验的安全性，减少了实验用剂量，降低了尾气毒害性，遵循了绿色化学和微型实验的要求。

一　实验目的

（1）利用浓硝酸与铜反应产生的二氧化氮，与蒸馏水反应形成稀硝酸，从而在同一装置中进行铜与浓、稀硝酸反应，有利于学生观察实验现象，便于学生对不同浓度硝酸的氧化性不同的理解。

（2）用氢氧化钠溶液吸收二氧化氮尾气，以防止其泄漏。

（3）采用生活中的废弃物如注射器等替代原设计器材，体现绿色化学理念，并且采用了尾气处理，实验环保。

（4）铜与浓、稀硝酸的反应以及其尾气处理在同一套装置中进行，方便快捷，且采用的是微型仪器，减少化学试剂用量，节约能源，减少环境污染。

① 该文刊于《江西化工》2014年第2期第189页。

二 实验原理

$$Cu + 4HNO_3(浓) = Cu(NO_3)_2 + 2NO_2\uparrow + 2H_2O$$

$$3NO_2 + H_2O = 2HNO_3 + NO$$

$$3Cu + 8HNO_3(稀) = 3Cu(NO_3)_2 + 2NO\uparrow + 4H_2O$$

$$2NaOH + 2NO_2 = NaNO_3 + NaNO_2 + H_2O$$

$$2NO + O_2 = 2NO_2$$

三 实验仪器和药品

（1）仪器：注射器、侧泡具支试管、V 形侧泡反应管。

（2）药品：浓硝酸、蒸馏水、铜片、NaOH 溶液。

四 实验装置

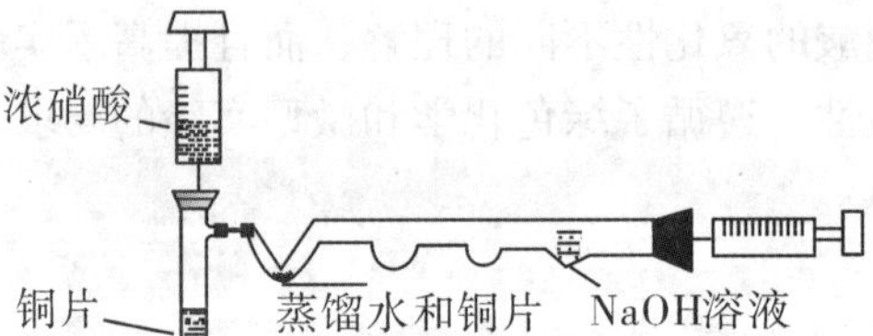

铜与浓、稀硝酸反应的微型实验装置

五 实验步骤及其现象

（1）按上图连接装置。

（2）检查装置的气密性。

（3）往侧泡具支试管中加入铜片，往上端的注射器加入少量浓硝酸，往 V 形侧泡反应管的 V 形凹槽中加入蒸馏水和铜片，往 V 形侧泡反应管的第三个凹槽中加入氢氧化钠溶液，第二支横放的注射器先抽取 2 mL 空气。

（4）反应开始，将浓硝酸缓慢滴加到侧泡具支试管中，过一会儿观察到侧泡具支试管的溶液由无色变为蓝绿色，且上方的试管壁变为红棕色；而 V 形侧泡反应管的 V 形凹槽中的铜片表面不断出现小气泡，其中的溶液慢慢变为蓝绿色；而装有氢氧化钠溶液的 V 形侧泡反应管的第三个凹槽内无明显现象。

（5）横放的注射器往外拉，可看到注射器内颜色逐渐变为红棕色。

六 实验现象的解释

（1）将浓硝酸滴加到侧泡具支试管中，铜与浓硝酸反应，产生红棕色气体为二氧化氮气体；溶液由无色变为蓝绿色，是由于生成了硝酸铜，反应方程式为：

$$Cu + 4HNO_3(\text{浓}) = Cu(NO_3)_2 + 2NO_2\uparrow + 2H_2O$$

用手触摸试管底部烫手，可知反应是放热的。

（2）侧泡具支试管中产生的二氧化氮跑到 V 形侧泡反应管的 V 形凹槽中，随着二氧化氮气体不断溶于蒸馏水中，生成稀硝酸，此时稀硝酸与水反应，生成硝酸铜（溶液变为蓝绿色）和一氧化氮（铜表面产生小气泡）；剩余的二氧化氮跑到 V 形侧泡反应管的第三个凹槽，与氢氧化钠溶液发生歧化反应，反应方程式为：

$$2NaOH + 2NO_2 = NaNO_3 + NaNO_2 + H_2O$$

（3）横放的注射器推手往外拉，无色气体一氧化氮被吸入注射器后与其中的空气反应生成红棕色的二氧化氮气体。

七 注意事项

（1）注射器的针头不能太大，否则滴加浓硝酸速度过快，反应太剧烈，把 V 形侧泡反应管的 V 形凹槽中的液体冲到氢氧化钠溶液中，造成实验失败。

（2）微型仪器装置比较小，装药品时必须小心。

八 装置的优点

（1）该装置的气密性良好，防止 NO、NO_2的泄漏。

（2）该实验装置可以使铜与浓、稀硝酸反应，且用 NaOH 溶液吸收过量的 NO_2，而横着的注射器可用于检验剩余的 NO。

（3）V 形侧泡反应管可防止反应过快，蒸馏水可进到 V 形侧泡反应管的前两个凹槽中。

（4）注射器可以控制铜片与浓硝酸的反应。

（5）试验后无污染，符合绿色化学和微型实验的实验理念。

（6）常规实验污染是相当严重的，刺激性的气味使人难以忍受，而微型实验用量少，即使有所泄漏产生的危害也小，少量的尾气处理起来也很方便。

参考文献

［1］沈戮．一组微型化学实验的设计［J］．内蒙古民族大学学报，2009（4）：100～103.

［2］王建民．苏教版高一年级上《铜与浓稀硝酸的反应》教学设计［DB/OL］．http：//www. docin. com/p－919736763. html.

铜与浓、稀硝酸反应微型实验设计①

2011 级本科生：佃武杰　黄燕沣
指导教师：袁明华

【摘　要】本文是对现行人教版高中《化学（必修 1）》中铜与硝酸反应实验装置的改进。采用 U 形管、注射器将微型实验反应装置一体化，前一个反应的产物是后一个反应的反应物，充分利用资源，并在较短时间内完成铜与浓、稀硝酸的反应，能更直观地观察到铜与浓、稀硝酸反应的不同现象，使学生更容易理解硝酸浓度不同则氧化性不同的知识点。
【关键词】微型实验；实验改进；铜；硝酸

铜与浓、稀硝酸反应的实验是现行人教版高中《化学（必修 1）》中占据重要地位的一个实验。通过观察铜与浓、稀硝酸反应的实验现象，学生可以更直观地了解硝酸浓度不同则氧化性不同以及硝酸的强氧化性。常规实验中，浓硝酸与铜反应非常激烈，危险性高，反应过程不容易控制，且产生的尾气会污染环境。微型化学实验是用微型化实验仪器装置进行实验，其药品用量较少（是一般实验用量的几十分之一），但有效果更明显、安全、方便和防止污染环境的作用，且可操作性更强，适合一般的中学化学教学实验演示。

以下是通过微型实验对铜与浓、稀硝酸反应进行一体化的实验设计，希望能达到更好的教学效果。

一　实验目的

利用蒸馏水吸收铜与浓硝酸反应生成二氧化氮后形成的稀硝酸，进行铜与浓、稀硝酸反应实验现象及反应产物的对比，加强学生对不同浓度的硝酸氧化性以及反应产物不同的理解，同时增强学生的环保意识。

① 该文刊于《江西化工》2014 年第 2 期第 168 页。

二 实验原理

$$Cu + 4HNO_3（浓）=\!=\!= Cu(NO_3)_2 + 2NO_2\uparrow + 2H_2O$$

$$3NO_2 + H_2O =\!=\!= 2HNO_3 + NO$$

$$3Cu + 8HNO_3（稀）=\!=\!= 3Cu(NO_3)_2 + 2NO\uparrow + 4H_2O$$

$$2NO + O_2 =\!=\!= 2NO_2$$

三 实验用品

（1）仪器：操作台 1 个、U 形管 1 支、小试管 1 支、注射器 2 支、橡胶塞 2 个。
（2）药品：铜片、浓硝酸、蒸馏水、稀氢氧化钠溶液等。

四 实验装置图（略去微型操作台装置部分）

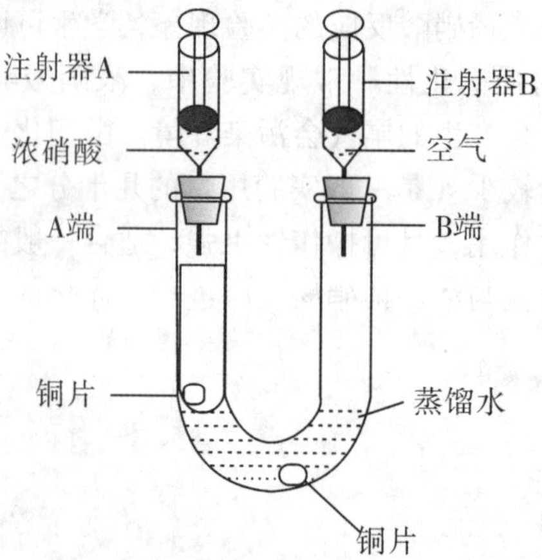

铜与浓、稀硝酸反应微型实验装置

五 实验步骤、操作及现象

（1）添加药品与连接装置：在 U 形管和小试管中各放入一小块铜片。向 U 形管加水至浸过弯管部分以形成液封，将小试管放进 U 形管 A 端，并将 U 形管两端用已经组装好的注射器与橡胶塞塞住，如上图连接装置。

（2）开始实验：推动注射器向小试管加入4～5滴浓硝酸，使铜片和浓硝酸发生反应，溶液由无色变为蓝绿色（硝酸铜的产生），产生红棕色的NO_2气体。用手触摸U形管外壁烫手，可知是反应放热。红棕色的NO_2气体渐渐充满U形管的A端，NO_2气体不断溶解于管内液封的水中，生成稀硝酸，U形管里的铜片此时会在其表面不断出现小气泡，而U形管B端液柱上的气体仍然保持无色，该现象表明铜与稀硝酸反应生成无色的NO气体。片刻后，推动注射器B使空气进入，很快U形管B端液柱上可以看到无色气体逐渐变为红棕色的气体。由此证明U形管B端液柱上的无色气体NO与进入的空气反应生成红棕色的NO_2气体。

（3）结束实验：实验结束后，分别用注射器A、B抽取U形管里面反应生成的气体并注入稀氢氧化钠溶液（防止尾气污染环境），实验结束。

六 实验设计方案的优点

（1）反应装置简单、安全，且可操作性较强，实验现象明显，适用于一般的中学教学课堂演示实验以及学生分组实验。

（2）利用微型实验，提高了实验的安全性，并且节省药品和时间，实用性较强。

（3）实验反应装置一体化，前一个反应的产物是后一个反应的反应物，这样能充分利用资源，并在短时间内完成铜与浓、稀硝酸反应一体化，能直观观察到铜与浓、稀硝酸反应的不同现象，有利于学生对硝酸浓度不同则氧化性不同的理解。

参考文献

［1］衷明华．中学化学实验教学研究［M］．广州：暨南大学出版社，2010.

［2］蔡奕红，衷明华．铜与浓、稀硝酸反应一体化微型实验设计［J］．中学教学参考，2013（32）：93.

铜与浓、稀硝酸反应一体化微型实验设计[①]

2010级本科生：林燕吟　郑浩娟
指导教师：衷明华　衷田田

【摘　要】作者借助于注射器与具支试管对铜与浓、稀硝酸反应进行了一体化微型实验设计，改进后的实验能将铜与浓、稀硝酸反应有机地结合在一起，使实验更具环保理念。

【关键词】注射器；具支试管；铜与硝酸反应；微型实验

硝酸、一氧化氮、二氧化氮的性质是人教版高中《化学（必修1）》第四章第四节的重要内容之一。在常规实验教学当中，进行铜与浓、稀硝酸反应实验时，往往会出现以下问题：

（1）常规的实验装置气密性不良，并没有尾气吸收装置，会出现NO泄漏，对环境产生严重污染，并对师生造成一定的伤害。

（2）在进行铜与稀硝酸反应时，由于试管内存在的空气会对NO气体颜色的观察产生干扰，实验现象不够明显，不能很好地探究铜与稀硝酸反应的性质和检验生成的NO气体。

（3）铜与浓、稀硝酸反应是分步实验，步骤烦琐，现象无法进行对比，不利于学生对“不同浓度硝酸的氧化性不同”的理解。另外，分步进行实验势必造成药品使用量大，并伴有多次污染。

针对以上问题，笔者利用微型仪器对实验进行了改进，将铜与浓、稀硝酸反应实验装置有机地结合在一起，使实验更环保，更有利于对学生进行环保安全教育。

一　实验用品

微型仪器1套、注射器2支、铜丝、浓硝酸、氢氧化钠溶液、蒸馏水。

① 该文刊于《中学教学参考》2013年第29期第101页。

二　实验改进装置

实验装置图如下所示（略去铁架台和铁夹）：

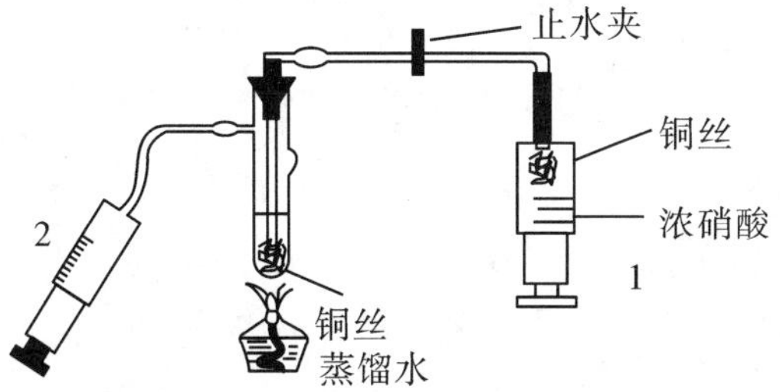

铜与浓、稀硝酸反应一体化微型实验装置

三　实验操作及现象

（1）按实验装置图连接好实验仪器，并检验装置的气密性。

（2）铜与浓硝酸反应。

用注射器 1 吸取适量浓硝酸，将注射器 1 的活塞推至底部，如图所示将铜丝插到注射器中（置于溶液上方，通过止水夹的开和关来控制反应的进行与停止），将活塞往上推，铜丝与浓硝酸反应生成红棕色 NO_2 气体，溶液呈蓝色。

（3）铜与稀硝酸反应。

产生的 NO_2 气体通到蒸馏水中，与蒸馏水反应生成稀硝酸，进而稀硝酸与铜反应产生无色 NO 气体，直角形通气管内气体呈红棕色，具支试管内呈无色。用酒精灯加热侧泡具支试管，可加快铜与稀硝酸的反应速率。

（4）NO 气体的性质检验：产生的 NO 气体与注射器 2 中的空气反应生成红棕色的 NO_2 气体（事先在注射器 2 中抽取一定量的空气）。

（5）尾气吸收：关闭止水夹，反应停止，将废气全部通入氢氧化钠溶液中，振荡，使废气被充分吸收。

四　改进后的优点

（1）将铜与浓硝酸反应生成的 NO_2 直接通入蒸馏水中，从而实现铜与浓、稀硝酸反应装置一体化，简化实验步骤，现象明显，能激发学生的学习兴趣。

（2）注射器、橡胶管、止水夹组合成简单的具有启普发生器原理的装置，通过止水夹的开关控制反应的进行与停止，操作简便。

（3）反应装置中，通过对比直角形通气管与具支试管内的气体颜色（前者为红棕色，后者为无色），可以区分浓、稀硝酸与铜反应的气体产物。

（4）注射器作为 NO 与空气的反应容器，可以检验生成的 NO，又保证 NO_2 不外漏，最后将废气通入 NaOH 溶液进行尾气吸收，保证实验绿色无污染。

铜与浓硫酸反应实验的微型化改造①

2010 级本科生：许卫鹏
指导教师 衷明华

【摘 要】作者主要借助于 U 形管与具支试管对铜与浓硫酸反应实验进行了微型化改造，改造后的装置简单、现象明显，有利于在农村地区中学的基础实验教学中推广。
【关键词】U 形管；具支试管；铜与浓硫酸反应；微型实验

铜与浓硫酸反应的实验是现行人教版高中化学较重要的一个演示实验，能否做好实验直接影响学生对浓硫酸氧化性的理解和把握。其反应原理如下：

$$2H_2SO_4\text{（浓）} + Cu = CuSO_4 + 2H_2O + SO_2\uparrow$$

然而不论是教师的课堂演示实验，或是学生的自主探究实验，都或多或少存在以下不足：

（1）利用铜丝伸缩进退虽能取得控制反应进程的效果，但铜丝从胶塞侧面挖出的凹槽进入试管，一面与胶塞紧密接触，一面与试管壁有摩擦，实际操作中既造成不便，又损坏了实验仪器，还可能出现气体泄漏的问题。

（2）实验缺少尾气吸收装置，导管与品红溶液直接相连，实验时易出现倒吸现象。

（3）实验中采用较多的浓硫酸，滴加和加热过程存在安全隐患，且反应冷却液中仍含有浓硫酸，在溶于水这一操作上存在一定的危险性。

（4）实验药品用量较多，使得容易出现较多的黑色固体，易对反应后溶液颜色的观察造成干扰，且反应停止加热后冷却溶液需时较长，使得教学环节松散。

针对以上不足，我就铜与浓硫酸的反应做了以下微型化改造。

一 实验用品

（1）仪器：微型仪器 1 套、试管 1 支、酒精灯 1 盏。

① 该文刊于《中学教学参考》2013 年第 32 期第 92 页。

（2）试剂：铜片、浓硫酸、紫色石蕊试剂、品红溶液、氢氧化钠溶液、蒸馏水。

二 实验装置示意图

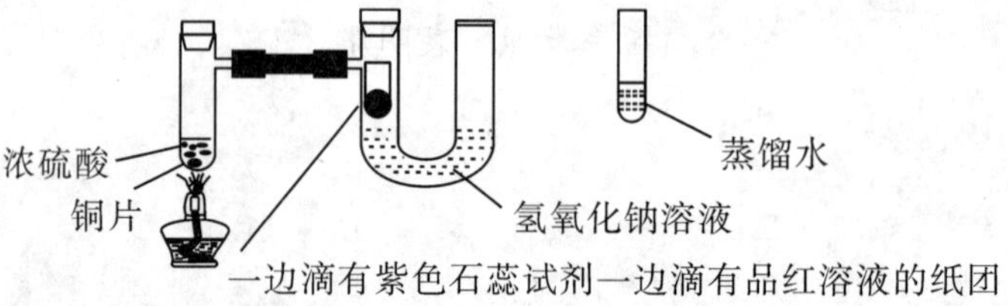

三 实验步骤与现象

（1）按上图所示连接装置，并检验气密性。

（2）添加药品：在具支试管中加入少量的浓硫酸和铜片，在具支 U 形管左侧内套管中放入一边滴有紫色石蕊试剂一边滴有品红溶液的纸团，同时在 U 形管底部滴加足量的氢氧化钠溶液。

（3）铜与浓硫酸的反应实验：用酒精灯加热具支试管，反应开始时试管内溶液逐渐变蓝，试管中产生白色烟雾，直至滴有品红溶液和紫色石蕊试剂的纸团分别褪色和变红才停止加热。

（4）停止加热后静置冷却，将具支试管中的溶液冷却后取上层清液，倒向另一装有蒸馏水的试管中，并向具支试管中加入少量水，分别观察到试管中溶液颜色显蓝色。

四 实验改进后的优点

（1）采用微型实验操作，不仅节约药品，成本较低，且装置组装简单，现象明显，安全可靠，有利于在农村地区中学的基础实验教学中推广。

（2）实验装置气密性良好，能确保尾气的完全吸收，符合绿色化学的教学理念，且避免了溶液倒吸的发生。

（3）利用一边滴有紫色石蕊试剂一边滴有品红溶液的纸团，对比验证了 SO_2 能使品红溶液褪色、使紫色石蕊试剂变红的性质。

（4）反应中浓硫酸使用量极少，减少了铜与浓硫酸反应过程中产生的黑色沉淀物的量，且避免了浓硫酸加入水中放热带来的安全隐患。

（5）整个实验步骤简单，药品用量少，反应相对较快，缩短了课堂演示的时间。

铜与浓、稀硝酸反应一体化微型实验设计①

2010 级本科生：蔡奕红
指导教师：衷明华

【摘　要】文章主要借助于注射器、V 形侧泡反应管及具支 U 形管对铜与浓、稀硝酸反应实验进行了微型一体化改造，改造后装置简单、现象明显、实验效果好。
【关键词】注射器；V 形侧泡反应管；具支 U 形管；铜与硝酸反应；一体化实验

铜与浓、稀硝酸反应的实验在普通高中《化学（必修 1）》中占据非常重要的地位。通过观察铜与浓、稀硝酸反应的实验现象，学生可以直观地了解硝酸的强氧化性。在常规实验过程中，浓硝酸与铜反应非常剧烈，会在短时间内快速产生大量二氧化氮，因此实验危险系数高，反应过程不易控制，且反应产生的尾气污染环境。微型化学实验是使用微型化的仪器装置进行的化学实验，其化学试剂用量虽然只为常规实验用量的几十分之一甚至几千分之一，但可以达到精确、安全、方便和防止污染环境等目的，在中学化学课堂教学中有较强的操作性和很好的教学效果。

笔者利用微型化学仪器对铜与浓、稀硝酸反应进行一体化实验设计，希望能获得更好的实验效果。

一　实验原理

铜与浓硝酸反应生成 NO_2 气体，用蒸馏水吸收形成稀硝酸，生成的稀硝酸与铜反应生成 NO 气体。其实验反应原理是：

$$Cu + 4HNO_3（浓）=\!=\!= Cu(NO_3)_2 + 2NO_2\uparrow + 2H_2O$$

$$3NO_2 + H_2O =\!=\!= 2HNO_3 + NO$$

$$3Cu + 8HNO_3（稀）=\!=\!= 3Cu(NO_3)_2 + 2NO\uparrow + 4H_2O$$

$$2NO + O_2 =\!=\!= 2NO_2$$

---

① 该文刊于《中学教学参考》2013 年第 32 期第 93 页。

二 实验设计

1. 实验仪器及药品

（1）仪器：微型仪器 1 套、注射器、具支 U 形管、V 形侧泡反应管、小烧杯、止水夹、漏斗、气球。

（2）药品：铜片、铜丝、浓硝酸、蒸馏水、稀氢氧化钠溶液。

2. 实验装置图（略去微型操作台装置部分）

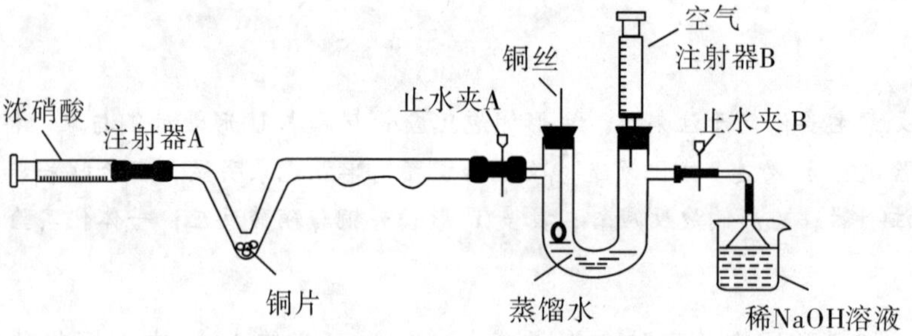

铜与浓、稀硝酸反应一体化微型实验装置

3. 实验步骤及实验现象

（1）组装实验仪器并检查实验仪器的气密性：如图所示组装实验仪器，在具支 U 形管中加入适量的蒸馏水，打开止水夹 A、B，依次拉动注射器 A、B，观察 U 形管中水位的高度变化情况。若装置气密性良好，U 形管中的水位会随着注射器的拉动而产生左右液面高度差。

（2）添加药品：在 V 形侧泡反应管中加入少量铜片；在连接 V 形侧泡反应管的注射器 A 中吸入少量浓硝酸（注意：注射器应加针头，且针头的针尖应在 V 形侧泡反应管内，防止浓硝酸腐蚀橡胶管）；在具支 U 形管中加入适量的蒸馏水（水位不可过高），在具支 U 形管的胶塞上开一个小孔，利用小孔插入铜丝（铜丝需在水位上端）；在小烧杯中加入稀氢氧化钠溶液（用于尾气吸收）。

（3）开始实验：打开止水夹 A，挤压注射器 A，将浓硝酸注入 V 形侧泡反应管中，铜片与浓硝酸发生剧烈反应，产生大量红棕色气体；待反应快结束时，用一个气球替换注射器 A，关闭止水夹 A；在具支 U 形管右端用注射器 B 注入部分空气，观察到具支 U 形管的右端变为红棕色；打开止水夹 B，红棕色气体被稀氢氧化钠溶液吸收；待具支 U 形管右端红棕色褪去时，关闭止水夹 B，将铜丝向下伸入溶液中，使铜与稀硝酸发生反应，可观察到铜丝表面有气泡产生，反应一段时间后，将铜丝向上拉，反应停止；再次用注射器 B 注入空气，可观察到具支 U 形管右端再次变为红棕色。

（4）结束实验：打开止水夹 A、B，让反应残留的一氧化氮气体和二氧化氮气体通入稀氢氧化钠溶液中，进行尾气吸收，实验结束。

三　该实验设计方案的优点

（1）利用微型实验在很大程度上提高了实验的安全性，并且节省药品和时间，提高了在中学化学课堂上应用的可能性。

（2）利用 V 形侧泡反应管进行铜与浓硝酸的反应，能很好地避免反应时由于大量的二氧化氮产生将反应液体冲出，污染橡胶管或其他连接的仪器。

（3）利用注射器添加浓硝酸使得实验更加安全，药品添加量及添加时间得到很好的控制。

（4）在铜与稀硝酸反应过程中，将铜丝制成可上下拉动的模式，能很好地控制铜丝与稀硝酸反应的进行与停止。

（5）实验中前一个反应的产物是后一个反应的反应物，这样能充分利用资源，在短时间内完成各项反应，使得铜与浓、稀硝酸反应一体化，同时能将铜与浓、稀硝酸反应现象的不同直观地展示出来，更加有利于学生理解硝酸浓度不同则氧化性不同。

（6）关闭止水夹 A 后，用气球替换注射器，避免了铜与浓硝酸反应产生的部分残留气体在 V 形侧泡反应管中造成压强过大挤压注射器的情况。

（7）反应过程中将二氧化氮与水反应产生的一氧化氮与鼓入的空气反应转化为二氧化氮，并待其吸收完毕后再进行铜与稀硝酸的反应，使得二氧化氮与水反应产生的一氧化氮和铜与稀硝酸反应产生的一氧化氮区分开来，并能分别验证，使得装置的利用率大大提高。

（8）用稀氢氧化钠溶液处理尾气，可防止环境污染。

微型实验装置创新一体化①

——二氧化硫的制取与性质

2011级本科生：郑冬云

指导教师：衷明华

【摘　要】SO_2是常见的大气污染物之一，也是造成酸雨的主要物质之一。SO_2是一种无色、具有强烈刺激性气味的有毒气体，易溶于人体的血液和其他黏性液中。大气中的SO_2会导致支气管炎、肺气肿、眼结膜炎症等，同时还会使青少年的免疫力降低，抗病能力变弱。因此，保护环境这项重大任务迫在眉睫，从事化学专业的工作者更要秉承绿色化学的理念，减少污染，保护环境。

【关键词】二氧化硫；微型；一体化；创新

SO_2是高中《化学（必修1）》的一种重要氧化物，其性质既复杂又重要。在人教版教材中，只是简单介绍了SO_2的酸性及其漂白性。教材中的实验步骤一般如下：将盛有SO_2气体的试管倒立在水中，待试管中水位上升不再变化时，用pH试纸测试其酸碱度，继而在试管中加入品红溶液，颜色变化后，用酒精灯加热试管，观察现象。由此实验过程及其现象得出SO_2气体呈酸性且具有漂白性的结论。笔者认为教材中的实验存在以下几点不足：

（1）在验证SO_2的性质之前，在制备与收集SO_2的实验过程中，易造成气体泄漏与气体不纯。

（2）将SO_2溶于水来检验它的漂白性，易让学生产生歧义：是SO_2气体本身具有漂白性还是SO_2的水溶液具有漂白性。

（3）在最后将溶液进行加热时，易分解出SO_2气体，并直接排入空气中，造成环境污染，不符合绿色化学的理念。

SO_2具有几个重要的性质：酸性、漂白性、氧化性，以及还原性。为了让同学们能够更好地理解SO_2的一系列性质，对SO_2的实验装置进行了微型化一体化创新，以达到绿色微型化化学实验的要求，并避免了常规实验装置中遇到的实验装置烦琐、耗时长、药品用量太多、气密性不好造成污染等问题。因此，改进后的实验既达到了实验装置简单、实验现象明显、操作简单、便于学生实验的要求，也实现了药品用量少、省时、经济、一体化

① 该文刊于《江西化工》2014年第2期第159页。

的实验优点。

一　实验原理

SO_2的制备原理：$Na_2SO_3 + H_2SO_4$（浓）$= Na_2SO_4 + SO_2\uparrow + H_2O$

性质原理：

酸性：$SO_2 + H_2O = H_2SO_3$（可逆）

氧化性：$Na_2S + SO_2 + H_2O = H_2S + Na_2SO_3$

$2H_2S + SO_2 = 3S\downarrow + 2H_2O$

还原性：$2KMnO_4 + 5SO_2 + 2H_2O = K_2SO_4 + 2MnSO_4 + 2H_2SO_4$

漂白性：SO_2与被漂白物反应生成无色的不稳定化合物，加热时，该化合物分解，恢复原来的颜色。

尾气处理：$SO_2 + 2NaOH = Na_2SO_3 + H_2O$

二　实验仪器与药品

（1）仪器：ML－1 成套微型仪器 1 套、注射器 2 支、酒精灯 1 盏、脱脂棉若干。

（2）药品：亚硫酸钠固体、浓硫酸、硫化钠溶液、蓝色石蕊试纸、高锰酸钾溶液、品红溶液、浓氢氧化钠溶液。

三　实验装置图（略去铁架台和铁夹）

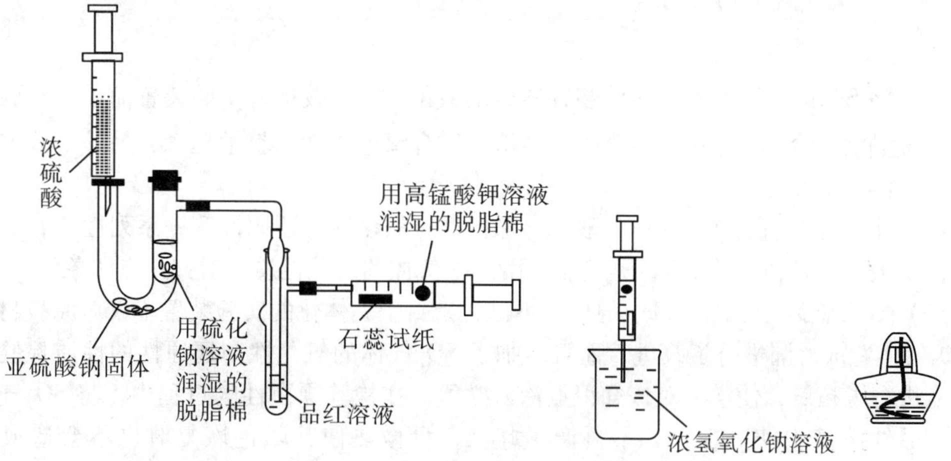

二氧化硫的制取与性质实验装置图

四 实验步骤及现象

（1）检查装置气密性：如上图所示，连接好实验装置，在侧泡具支试管内盛放水，水位要高于直角形通气管底端，将右侧横置的注射器的推手推至底端。最后，用左侧竖置的注射器向U形管打气，若观察到侧泡具支试管内有气泡产生且右侧注射器的推手发生移动，则说明装置气密性良好。

（2）检查好装置气密性之后，在各仪器上盛放实验用品。

①左侧竖置注射器吸入浓硫酸溶液；

②在U形管内盛放亚硫酸钠固体；

③在内套管放置用硫化钠溶液润湿的脱脂棉；

④在侧泡具支试管中加入品红溶液，液面要高于通气管底端；

⑤将湿润的石蕊试纸与用高锰酸钾溶液润湿的脱脂棉依次装进右侧横置注射器内；

⑥在烧杯中装入浓氢氧化钠溶液，用于实验的尾气处理。

（3）缓慢地推动装有浓硫酸溶液的注射器推手，U形管内溶液的液面应低于内套管底部，观察实验现象。

（4）在内套管中的脱脂棉表面可以观察到微量的黄色小颗粒，脱脂棉颜色偏黄，试管中的品红溶液颜色褪去，右侧注射器内的石蕊试纸变红，润有高锰酸钾溶液的脱脂棉由紫红色变无色。

（5）待反应结束后，用酒精灯微热具支试管，试管内品红溶液颜色恢复。实验结束后，迅速取下右侧注射器并将注射器插入装有浓氢氧化钠溶液的烧杯中，注射器内的SO_2气体被浓氢氧化钠溶液吸收。

五 改进后的优点

（1）将SO_2的制取与性质实验装置进行微型化一体化改进，实验装置简单，实验现象明显。微型化实验药品用量少，省时，经济，符合绿色化学的教学理念，另外实验安全性能高，适合学生实验。

（2）本实验装置将SO_2气体的酸性、漂白性、氧化性、还原性等一系列性质在同一实验中体现出来，有利于学生学习与理解记忆SO_2气体的有关性质，对知识点印象深刻。

（3）本实验弥补了原教材中的种种不足，密封型一体化的实验装置不仅对原教材中制取SO_2气体造成泄漏进行了改进，而且增加了SO_2气体的氧化性与还原性的性质检验，对知识点进行了拓展，使学生对该知识点深入学习。在检验漂白性的过程中，将SO_2气体直接通入品红溶液中使其褪色，不再产生歧义，且微热使其颜色恢复时也不会造成环境污染。

SO_2 的制备和性质实验一体化微型实验设计[①]

2011 级本科生：吴奕滋
指导教师：袁明华

【摘　要】为解决 SO_2 漂白性质实验的烦琐和环境污染等问题，本实验通过微型实验进行展开，对课本的实验装置进行改进，还进一步探究 SO_2 的酸性、氧化性和还原性。

【关键词】SO_2；漂白性；微型实验；改进；酸性；氧化性；还原性

人教版高中《化学（必修 1）》第 90 页中 SO_2 的性质是一个非常重要的学习内容。SO_2 具有酸性氧化物的通性、还原性、氧化性和漂白性，这些性质在新课讲授中都要通过实验验证，因为 SO_2 有毒，实验过程中很容易造成教室环境污染，影响师生身体健康。因此，本实验采用微型化仪器进行改进，力图将 SO_2 的制备和性质实验一体化，使得操作更加简便、快捷，现象更加明显，有利于学生对 SO_2 性质的理解、掌握，符合新课程化学实验教学标准，并且在保证不影响实验效果的前提下，极大地减少了药品的用量，进而减少了有害物质的生成，达到化学实验的绿色化。

一　原实验装置的不足之处

（1）在二氧化硫溶于水的演示实验中，试管中液面上升时速度较慢，时间较长，演示效果不明显，不能很好地激发学生的学习兴趣和探究欲。

（2）实验需在水槽中进行，操作不便，稳定性不高。

（3）课本仅验证了 SO_2 溶于水和其水溶液使品红溶液褪色，没有同时证明 SO_2 的酸性、还原性等其他性质。

（4）实验需要先制备 SO_2 气体，操作比较烦琐。

（5）实验过程污染空气，影响师生身体健康。

① 该文刊于《江西化工》2014 年第 1 期第 141 页。

二 实验仪器与药品

（1）仪器：微型气体发生器、具支试管、V形侧泡反应管、直角形通气管、烧杯、注射器、橡胶管。

（2）药品：稀硫酸、亚硫酸钠、高锰酸钾溶液、品红溶液、紫色石蕊试剂、饱和硫化氢溶液、氢氧化钠溶液。

三 实验装置图（略去铁架台和夹子）

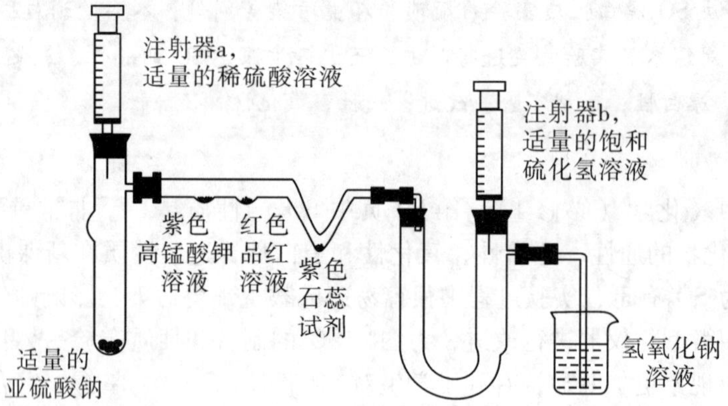

四 改进方案的优点

（1）实验操作简单、安全、一体化，变演示实验为学生自主探究实验，符合新课程要求。

（2）减少了药品的用量，进而减少了有害物质的生成，达到化学实验的绿色化。

（3）使用注射器加料，操作方便，便于控制反应物的用量。

（4）探究了SO_2的还原性：$2H_2O + 5SO_2 + 2KMnO_4 = 2MnSO_4 + K_2SO_4 + 2H_2SO_4$（紫色高锰酸钾溶液变无色）。

（5）探究了SO_2的漂白性：可以使品红溶液褪色，加热，又恢复红色。与探究SO_2的还原性相结合，通过平行对比，凸显两种反应从实验现象到反应原理的不同，使学生更好更全面地掌握SO_2的化学性质。

（6）探究了SO_2的酸性：可以使紫色石蕊试剂变红色。

（7）探究了SO_2的氧化性：$SO_2 + 2H_2S = 3S\downarrow + 2H_2O$。

（8）该实验集SO_2的制取、性质检验和尾气处理为一体，不排放有毒气体，环保无污染，不会对师生健康产生影响，也能加强学生环境保护的意识。

手持技术在酸碱滴定中的应用研究[①]

2007 级本科生：李锦珠　谢少丽　李　红
指导教师：袁明华

【摘　要】酸碱中和反应是中学化学主要的定量实验，也是学生理解酸碱中和概念最直观的实验，但经常由于酸碱指示剂的选择与实验操作等问题而导致出现较大的实验误差。本文试图探讨在研究性学习中应用手持技术来判断中和滴定的终点，为酸碱滴定实验做一些探索，让学生掌握手持技术的使用方法，方便以后各种相关实验的操作，并为手持技术在化学研究性学习中的应用提出一些建议。

【关键词】手持技术；中和反应；滴定终点；pH

一　任务情景

中学阶段主要采用酸碱指示剂来确定滴定终点，但学生常因指示剂的选取不当或过早估计滴定终点等问题而造成较大的实验误差。是否有比指示剂法更准确更方便的实验方法呢？由于酸碱中和滴定的全过程均是在溶液中进行的，溶液中 pH 的变化随着滴定过程的进行而发生变化，因此，溶液的 pH 可以表征溶液中离子（如 H^+）的浓度。在滴定过程中，滴定剂与溶液中的被测离子反应生成水使溶液的 pH 发生变化。因此，可通过滴定曲线上的突跃点来确定滴定终点。本次研究主要采用手持技术仪器（主要包括数据采集器与 pH 传感器），通过计算机处理数据，为学生深刻理解中和滴定提供技术条件，让学生更好地理解中和滴定的实质是：$H^+ + OH^- \xlongequal{} H_2O$。本实验操作简便、快捷、准确性高，因此广泛应用于工农业生产和科学研究中，具有很高的实用价值。

二　实验原理

（1）向酸（或碱）溶液中滴加碱（或酸）溶液，混合溶液 pH 必然会发生变化。使用

① 该文刊于《江西化工》2010 年第 4 期第 69 页。

pH 传感器检测混合溶液在滴定过程中 pH 的变化情况，并借助计算机以图像形式显示出来，即可得到酸碱中和滴定曲线。

（2）酸碱反应过程中存在着 $C_{酸} = C_{碱} \times V_{碱} / V_{酸}$，并运用终点所用碱的体积/计量点所用碱的体积 = 终点时间/计量点时间，得出计量点所用滴定剂的体积，从而计算出待测物质的浓度。

三 实验研究

1. 实验仪器及药品

（1）仪器：计算机、数据采集器、pH 传感器、碱式滴定管（25 mL）、磁力搅拌器、烧杯（50 mL）。

（2）药品：NaOH 标准溶液（0.103 7 $mol \cdot L^{-1}$）、KOH 标准溶液（0.082 81 $mol \cdot L^{-1}$）、盐酸（待测，约 0.1 $mol \cdot L^{-1}$）、硝酸（待测，约 0.1 $mol \cdot L^{-1}$）、硫酸（待测，约 0.1 $mol \cdot L^{-1}$）。

2. 实验内容

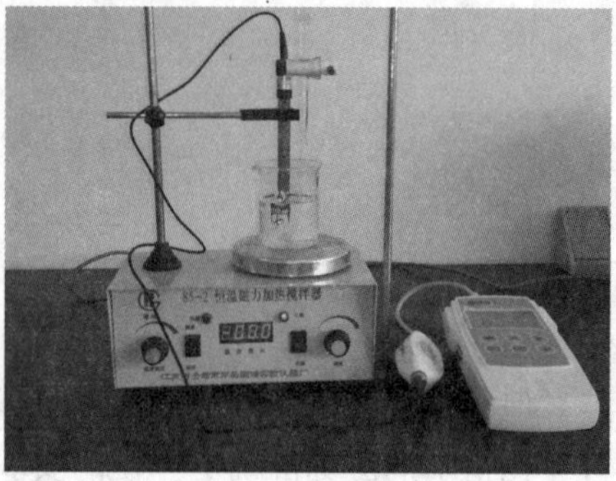

图 1　实验装置

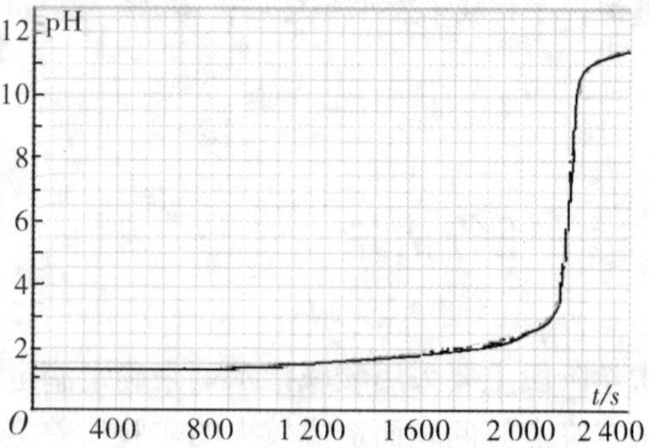

图 2　0.103 7 $mol \cdot L^{-1}$ NaOH 溶液滴定 20.00 mL 待测盐酸溶液实验曲线

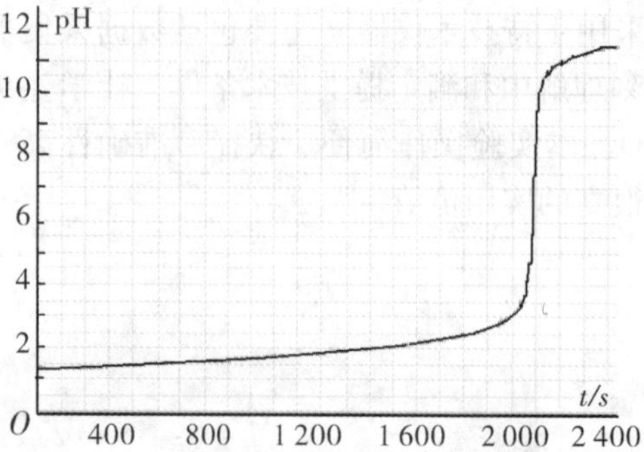

图 3　0.082 81 $mol \cdot L^{-1}$ KOH 溶液滴定 20.00 mL 待测硝酸溶液实验曲线

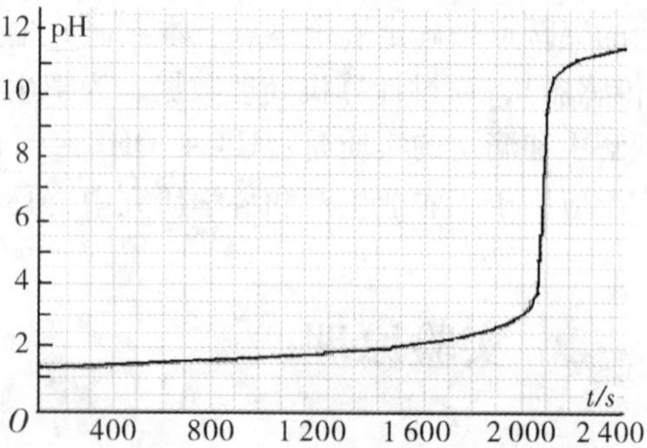

图 4　0.082 81 $mol \cdot L^{-1}$ KOH 溶液滴定 20.00 mL 待测硫酸溶液实验曲线

（1）按图 1 装好仪器，设置数据采集器：采样速率为 10 个/秒；采样样本总数为持续。

（2）准确量取 20.00 mL 盐酸溶液于 50 mL 烧杯中，开启磁力搅拌器，调节适当的搅拌速度开始采集数据，进行滴定操作。

（3）实验操作完毕，读取所消耗的 NaOH 溶液体积，将实验结果进行相关计算。

（4）将 NaOH 溶液换为 KOH 溶液，HCl 溶液换为 HNO_3溶液和 H_2SO_4溶液，分别用标准的 KOH 滴定，重复以上操作。

3. 数据处理与分析

（1）由图 2 可知，向 HCl 溶液中滴定 NaOH 溶液，刚开始，溶液呈酸性，随着 NaOH 溶液的滴入，pH 值逐渐增大，直到接近计量点时，曲线发生了突跃，溶液显碱性，曲线趋向直线状态。

（2）由图 3 可知，向 HNO_3溶液中滴定 KOH 溶液，刚开始，溶液呈酸性，随着 KOH 溶液的滴入，pH 值逐渐增大，直到接近计量点时，曲线发生了突跃，溶液显碱性，曲线趋向直线状态。

（3）由图 4 可知，向 H_2SO_4溶液中滴定 KOH 溶液，刚开始，溶液呈酸性，随着 KOH 溶液的滴入，pH 值逐渐增大，直到接近计量点时，曲线发生了突跃，溶液显碱性，曲线趋向直线状态。

四　结　论

在酸碱中和反应中，通过酸滴定碱，出现一个突跃点，利用该突跃点的时间，以及终点时所消耗的碱的体积与终点时间，即终点所用碱的体积/计量点所用碱的体积 = 终点时间/计量点时间，从而得出突跃点时所用碱的体积，相当于传统滴定方法中指示剂变色时所用碱的体积，再运用 $C_{酸} = C_{碱} \times V_{碱} / V_{酸}$，计算出待测酸的浓度。

五　注意事项

在使用 pH 传感器时，首先要用 0.05 $mol \cdot L^{-1}$的邻苯二甲酸氢钾溶液校正，使其 pH 值为 4 即可进行实验。

六　思考与建议

（1）利用手持技术中的 pH 传感器测定物质的量浓度的方法，不仅可以减小指示剂种类和浓度产生的误差，而且可以避免人为因素的干扰，实验方法简单方便。本实验通过三组实验的对比，使学生掌握了测定酸（或碱）浓度的方法，更使学生对酸碱中和反应的实质有了更加直观、深刻的认识。

（2）本研究中采用的数据采集器与 pH 传感器，除上述应用之外还有许多其他用途，如水质分析。由于不同的水质受到当地各种生活污染或工业污染的影响，其酸碱度并不一样，可以通过测定其 pH 值对相应的水质作出初步评价。利用这种方法可以测定市售的纯净水、蒸馏水、矿泉水、自来水和江河水等水质的酸碱度。

七　手持技术简介

手持技术的中学理科实验系统主要由传感器（探头）、数据采集器、计算机等硬件设施以及实验数据处理程序等软件构成。传感技术作为一种新型实验手段，具有很大的价值与优势，它突破了传统实验的时空限制，进一步揭示化学反应的原理和实质，为我们提供了更多可供选择的定量实验，全面提高了学生的信息素养，为师生提供了更加丰富的教学资源。

参考文献

[1] 钱扬义. 手持技术在理科实验中的应用研究 [M]. 北京：高等教育出版社，2003.

[2] 王磊，魏锐，范林. 传感技术——化学实验探究手册 [M]. 北京：北京师范大学出版社，2007.

利用手持技术比较强酸弱酸的 pH 和电导率[①]

2007 级本科生：林锦萍
指导教师：袁明华

【摘　要】利用手持技术仪器探究盐酸（HCl）和醋酸（HAc）两种不同强度的酸在相同条件下的 pH 和电导率，把抽象思维转化为直观数据，通过直观数据鲜明地比较它们之间的区别，从而进一步让学生清楚地比较强酸和弱酸电离时 pH 和电导率的差别，认识溶液的导电性强弱与溶液中总离子数的多少有密切的联系，以及了解弱酸溶液是无法完全电离的这一理论知识。

【关键词】手持技术；强酸；弱酸；pH；电导率；比较

手持技术由数据采集器、传感器及其软件等组成。它主要通过各种传感器快速测定包括温度、pH、电导率等在内的实验数据，能够节约实验时间，提高实验效率；通过数据采集器记录实验数据，提高数据的准确度，避免了人为误差；另能通过计算机联机处理分析实验数据，自动生成表格、曲线等多种形式反映变化动态过程，并能连接投影把实验的变化过程和结果显示在大屏幕上，便于学生观察。手持实验技术实现了信息技术与理科课程、手持技术与计算机技术的整合。这项技术在中国近年来才开始试用，也是化学实验发展的必然趋势[②]。

溶液的 pH 是由溶液中游离的氢离子数决定的，氢离子数越多，则 pH 越小。而电导率的物理意义是表示物质导电的性能。电导率越大则导电性能越强，反之越小。电解质溶液的电导来源于离子的电迁移，溶液中离子数目增多（N ± 增大）可使电导率增大；当稀溶液浓度增大到一定值时，离子数目虽然增多，但离子之间相互作用力加强（U ± 减小），使电迁移速率降低，故浓度太大时，电导率反而减小。

接下来，笔者应用电导法测定两种不同强度的酸在相同条件下的 pH 和电导率，从而让学生能从量的角度上更清楚地体会到强酸和弱酸在水溶液中电离的差别。

---

① 该文刊于《广东化工》2010 年第 8 期第 97 页。

② 孙杰，鲍正荣，黄会林等．利用手持技术探究影响硫酸铅溶解度的因素［J］．中小学实验与装备，2005（6）：4～5.

一 实验部分

1. 实验原理

以盐酸和醋酸为例，盐酸是强电解质，在水溶液中会完全电离，不存在分子与离子间的电离平衡①，电离方程式如下：

$$HCl = H^+ + Cl^-$$

醋酸是弱电解质，在水溶液中只有部分电离为离子，还有未电离的醋酸分子存在，电离方程式如下：

$$CH_3COOH \rightleftharpoons CH_3COO^- + H^+$$

电解质溶液具有导电能力，用电导率反映导电能力的大小。电解质的导电能力与溶液中离子浓度有关，实验证明在溶液浓度较低时，溶液的 pH 和电导率与浓度呈线性关系。

2. 仪器与药品

（1）仪器：装有探世界 v1.4 应用程序软件的电脑，探世界万能数据采集器，电导率传感器，pH 传感器，电子天平，100 mL 容量瓶，酸碱滴定管，滴定台，250 mL 锥形瓶 3 个，250 mL 烧杯 1 个，2 mL、10 mL、20 mL、25 mL 的移液管各 1 支。

（2）药品：邻苯二甲酸氢钾、氢氧化钠、浓盐酸、冰醋酸、蒸馏水、酚酞试剂。

3. 实验准备

标定溶液：用电子天平分别称取 0.3 ~ 0.4 g 的邻苯二甲酸氢钾粉末 3 份和 2 g 左右的 NaOH 粉末 1 份，4 mL 的浓盐酸和 4 mL 的冰醋酸。NaOH、盐酸和醋酸各加蒸馏水配制成 500 mL 的溶液备用，然后用邻苯二甲酸氢钾标定 NaOH 溶液的浓度为 0.106 0 mol · L^{-1}，再用标定好的 NaOH 溶液分别标定盐酸和醋酸。盐酸溶液的浓度为 0.097 79 mol · L^{-1}，醋酸溶液的浓度为 0.152 4 mol · L^{-1}。

4. 实验过程和数据处理

（1）不同浓度盐酸的 pH 和电导率的测量。

用移液管吸取 2 mL 盐酸溶液于 100 mL 的容量瓶中，加水稀释到 100 mL，摇匀，浓度变为 0.001 956 mol · L^{-1}，把溶液倒在 250 mL 的烧杯中（方便传感器的测量），同时用 pH 传感器和电导率传感器测量，数据采集器设置为 1 个/秒，连续测 20 个数据，笔者只要取出最后一个稳定的数据即可。同理，按相同的方法从稀到浓测量 10 mL、25 mL 和 40 mL 的盐酸溶液稀释到 100 mL 时的 pH 和电导率，作出表 1。

① 王兰桢. “验证醋酸是弱电解质”的教学过程实录［J］. 化学教学，2004（12）：35 ~ 37.

表1　不同浓度盐酸的 pH 和电导率的比较

盐酸体积/mL	pH	电导率/S · m^{-1}
2	2.64	0.95
10	1.92	3.82
25	1.55	9.63
40	1.37	15.5

（2）不同浓度醋酸的 pH 和电导率的测量。

通过计算得出与稀释后的盐酸溶液浓度相等时所需的标准浓度醋酸溶液的体积分别为 1.3 mL、6.4 mL、16 mL 和 25.7 mL，浓度分别为 0.001 956 mol · L^{-1}、0.009 779 mol · L^{-1}、0.024 45 mol · L^{-1}、0.039 12 mol · L^{-1}，用相同的方法由稀到浓测量它们的 pH 和电导率，作出表 2。

表2　不同浓度醋酸的 pH 和电导率的比较

醋酸体积/mL	pH	电导率/S · m^{-1}
1.3	3.75	0.04
6.4	3.38	0.08
16	3.11	0.1
25.7	3.05	0.17

（3）相同浓度的盐酸和醋酸的 pH 的比较。

把所测量到的数据重新调整，看看相同浓度下的不同强度的酸的 pH 有何差别，如表 3。

表3　相同浓度的盐酸和醋酸 pH 的比较

溶液的浓度/mol · L^{-1}	盐酸的 pH	醋酸的 pH
0.001 956	2.64	3.75
0.009 779	1.92	3.38
0.024 45	1.55	3.11
0.039 12	1.37	3.05

（4）相同浓度的盐酸和醋酸的电导率的比较。

把测量到的数据重新调整后得到的结果如表 4。

表4　相同浓度的盐酸和醋酸电导率的比较

溶液的浓度/mol · L^{-1}	盐酸的电导率/S · m^{-1}	醋酸的电导率/S · m^{-1}
0. 001 956	0. 95	0. 04
0. 009 779	3. 82	0. 08
0. 024 45	9. 63	0. 1
0. 039 12	15. 5	0. 17

二　结　论

（1）由表1可直观地看出盐酸溶液的浓度越大，则 pH 越小，范围在 3 ~ 1 之间，电导率呈倍数递增，范围在 0 ~ 16 之间，说明盐酸在水溶液中是完全电离的。

（2）由表 2 可看出因为实验中的醋酸溶液浓度比较低，所以随着醋酸溶液的浓度增大，其 pH 也逐渐变小，范围在 4 ~ 3 之间，跨度比盐酸的小。电导率虽然也逐渐增大，但只是在 0 ~ 0. 2 之间。

（3）由表 3 和表 4 的对比中，可看到在相同浓度时盐酸和醋酸的 pH 和电导率有很大的差别，这主要是由于它们的酸性不同，盐酸是强酸，在水溶液中是完全电离的，而醋酸是弱酸，在水溶液中无法完全电离，随着浓度的增大，会有大量的醋酸分子存在于水溶液中，所以其 pH 和电导率才会有如此大的区别。

（4）这个实验也可让学生直观地感受到溶液的导电能力与溶液中的总离子数有很大的关系，从量的关系上比较了强、弱酸电离的差别。

第二部分　高考化学教学的研究性学习

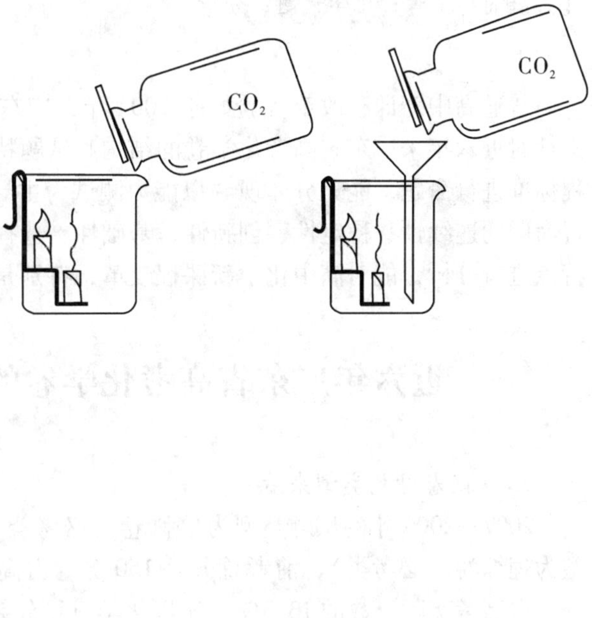

广东省近六年高考化学试题分析及其对高中化学教学的启示[①]

2010 级本科生：倪晓添　陈静琼
指导教师：文剑辉　黄俊生

【摘　要】本文通过对广东省近六年高考化学卷的结构和试题特点进行分析，并从基础实验能力考查力度和对常考知识点内容的把握两个方面进行了思考，对高中化学教学提出几点建议，最后结合新课程改革的指导思想，探讨了在中学化学教学中，教师如何提高学生的综合素质的几个相关问题。

【关键词】高考；化学试题；分析

普通高中新课程改革实验始于 2004 年，广东、山东、海南、宁夏为首批实验区。本文针对近六年来广东省高考化学卷的结构和试题特点进行分析。新课程高考化学卷基于课程标准进行命题，能充分体现“以能力测试为主导，以现实问题立意”的命题理念，能体现命题的连续性、稳定性、创新性、基础性、选择性。对新课程高考化学卷的结构和试题特点进行分析，能对高中化学新课程改革，特别是对课堂教学起指导作用[②]。

一　近六年广东省高考化学卷的结构特点

1. 从试卷结构类型来看

2007—2009 年的试题类型为单科卷（必考类 + 选考类），而 2010—2012 年的试卷类型为理综卷（必考类），前者总分是 150 分，占高考实际分数的 20.0%；后者总分为 100 分，占高考实际分数的 13.3%，所以化学科目分数在高考总分中的比重下降了 6.7%。

2. 从试卷题型来看

试卷题型分为选择题和非选择题两种类型，其中 2007—2009 年与 2010—2012 年高考试卷选择题都分为两类，2007—2009 年为单选题和多选题；而 2010—2012 年为单选题和

① 该文刊于《江西化工》2013 年第 1 期第 205 页。

② 曾兵芳，郑燕，李金海. 2011 年新课程高考化学试题的特点与思考［J］. 教育测量与评价（理论版），2011（11）：45 ~ 50.

双选题，显然后者难度降低，不过试题总体都突出了客观题，考查学生的学科素养和“三大能力”。2007—2009 年试卷的选择题分值为 63 分，占试卷总分的 42% ，非选择题分值占试卷总分的 58%；2010—2012 年试卷的选择题分值为 36 分，占试卷总分的 36%，非选择题分值占试卷总分的 64%。

3. 从试卷涉及的内容看

（1）2010—2012 年高考涉及的内容特点及分析。

如表 1 所示，在 2010—2012 年的高考题中的选择题，特别是单项选择题主要考查的是“化学基本概念和基本理论”的内容，试题多为容易和中等难度。非选择题有四道，按内容来划分可分为有机题、信息题、实验题、探究题四种类型，分别考查有机化学基础知识、化学反应原理知识及应用、常见无机物性质及其应用（含实验基本操作）、实验探究能力四方面（具体内容见表 1）。从各题的难度设置来看，实验与探究能力的考查难度、区分度相对其他内容要大一些，其比重同样也较大；其次是化学反应原理内容的考查是通过曲线图形的方式呈现的，由于其知识考查和信息提取、处理能力相结合，所以这种类型的试题也有一定难度。另外，在这些大题方面大都有体现非金属及其化合物和金属及其化合物等的性质（见表 1）。

表 1　2010—2012 年高考广东卷知识模块与分值表

知识模块	2010 年广东省高考化学试题			2011 年广东省高考化学试题			2012 年广东省高考化学试题		
	考查点	题号	分值	考查点	题号	分值	考查点	题号	分值
化学物质及其变化	离子共存	7	4	离子共存	8	4	离子共存、氧化还原	8、9	4、4
化学计量在实验中的应用	阿伏伽德罗常数	8	4	阿伏伽德罗常数	9	4	阿伏伽德罗常数	11	4
实验化学及生活中的化学	实验现象的判断	22	6	化学现象、实验可否达到目的、实验现象预料	7、10、23	4、4、6	化学与生活的联系、基础实验、性质与用途	7、10、12	4、4、4
物质结构及元素周期表	元素周期表规律	10	4	元素周期表规律	22	6	元素周期表规律	22	6
弱电解质	弱电解质的物料守恒	12	4	弱电解质的物料守恒	11	4	弱电解质的物料守恒	23	6
有机化合物	有机反应的类型、推断及性质的运用	11、30	4、16	有机反应的推断及性质的应用	30	16	有机反应的推断及性质的运用、探究及滴定	30、33	14、17

(续上表)

知识模块	2010年广东省高考化学试题			2011年广东省高考化学试题			2012年广东省高考化学试题		
	考查点	题号	分值	考查点	题号	分值	考查点	题号	分值
化学反应速率和化学平衡及电化学基础	原电池和电解池的应用、探究实验	23、31	6、16	化学速率及化学反应与能量、电化学装置、电解法制取铝	31、12、32	15、4、16	用碘来探究反应条件对化学反应速率的影响（涉及原电池知识）	31	16
金属及非金属和其对应的化合物	实验以金属化合物碳酸锂为材料	32	16				无机化合物实验题（其中涉及化学平衡）	32	17
设计探究实验	实验方案设计	33	16	实验方案设计	33	17			
化学反应及能量变化	图表应用	9	4						

（2）2007—2009年高考涉及的内容特点及分析。

在2007—2009这三年的高考中选择题涉及的内容就比较多，但这三年有不少共同点。如表2所示，在选择题上同位素及元素周期表、海洋资源、阿伏伽德罗常数、离子方程式、弱电解质的物料守恒、电化学、有机物的一些常见的性质、氧化还原等都有涉及。在大题上探究化学反应的速率及化学平衡、实验的设计和步骤的描述、有机物的推断和性质都有涉及，而这些大题也多涉及金属和非金属及盐、矿石等知识点（见表2）。

表2　2007—2009年高考广东卷知识模块与分值表

知识模块	2007年广东省高考化学试题			2008年广东省高考化学试题			2009年广东省高考化学试题		
	考查点	题号	分值	考查点	题号	分值	考查点	题号	分值
元素周期表	同位素、元素知识应用、元素周期表	1、13、17	3、4、4	同位素与质量数概念应用、元素周期表	1、13	3、4	同位素与质量数概念应用、元素周期表	1、11	3、4
化学与生活的联系及海洋资源	海洋资源	4	3	海洋资源的利用	2	3	海洋资源的利用、化学与生活的联系、节能减排	2、5、8	3、3、3

（续上表）

知识模块	2007年广东省高考化学试题			2008年广东省高考化学试题			2009年广东省高考化学试题		
	考查点	题号	分值	考查点	题号	分值	考查点	题号	分值
基础实验操作	pH测定、化学实验绿色化、实验操作、实验内容与实验目的是否符合、化学物质的分类	2、8、10、18、19	3、3、3、4、4	实验能否达到目的	4	3	判断实验操作的正误	3	3
化学计量数	物质的量	3	3	阿伏伽德罗常数	10	4	阿伏伽德罗常数	6	3
弱电解质				弱电解质的物料守恒、电导率	17、18	4、4	弱电解质的物料守恒	9	3
化学物质及其变化	离子方程式、氧化还原	11、5	4、3	离子方程式、物质的判断	11、7	3、3	离子方程式、氧化还原	12、17	3、4
金属及其化合物				铝及化合物与氢氧化钠的反应、金属化合物的提纯、金属氧化物的探究实验、矿石铜	6、19、21、22	3、11、12、11	金属的提纯、合金与金属的性质比较、金属铜的空间结构、金属的提纯实验	7、10、27、22	3、4、10、12
有机化合物	有机反应、典型有机物转化、有机结合图表分析及基本性质的应用	7、17、28	3、9、10	有机化合物性质与应用的判断、实验与性质运用以及官能团的应用	3、25、26	3、9、10	有机化合物反应式及组成的判断、基本性质、制备、推断及性质的运用；材料题考查性质结构、叠氮化合物的合成	4、13、16、24、26、25	3、4、4、9、10、9
电化学及化学反应与能量关系	原电池的电极、金属防护、电解池、实验中的电化学知识、中和热的实验、热化学方程式	9、12、20、24、14、16	3、4、4、10、4、4	原电池、金属的腐蚀及保护	5、12	3、4	电化学反应原电池、热化学及方程式配平、原电池的性质	14、23	4、11

（续上表）

知识模块	2007年广东省高考化学试题			2008年广东省高考化学试题			2009年广东省高考化学试题		
	考查点	题号	分值	考查点	题号	分值	考查点	题号	分值
化学反应速率及化学平衡	利用“碘钟”实验探究化学反应速率、利用金属矿石探究化学反应的速率及化学平衡、物料守恒	22、25、15	8、10、4	化学平衡的转化率、化学反应速率、化学能量转化、化学反应平衡、电化学平衡、因素探究、化学反应速率及化学平衡	8、9、14、15、16、20、24	3、3、4、4、4、11、12	化学反应速率、沉淀溶解平衡、探究化学反应速率及化学平衡常数	15、18、20	4、4、10
实验	金属实验探究及实验设计、制备方案的比较	23、26	11、12				制备二氧化碳、探究实验及实验方案设计	19、21	12、12
非金属及其氧化物	硅及其化合物、无机实验、碳族的空间结构	6、21、29	3、10、10	非金属硅的提纯、性质的应用	23	11			

（3）近六年高考内容分析。

从这六年的高考题来看，笔者认为在学习的同时不能忘记化学与生活联系的一些内容，学完这个性质后要懂得怎么去用。因为完完全全考书本上的概念是不可能的，它更多的是从一些材料入手，将知识点蕴含在里面，这考查学生的细心程度。另外，能力考查仍然是这六年广东化学卷的主要形式，其中，对实验探究能力的考查主要体现在实验方案的设计或评价、实验现象的预测、实验结果的归纳与表达上面；对信息获取与应用能力的考查主要体现在阅读、分析生产流程图及反应速率变化图、表格中数据的分析推导、绘制曲线图形等上面。所以笔者对2007—2012年化学卷中的实验试题进行统计分析与比较（见表3），由表3可知2010—2012年实验题目分值占38%～39%，而2007—2009年实验题目分值占25.33%～28.67%，说明理科综合中化学实验题比重比单科化学比重高10.33%～12.67%，由此可见，2010—2012年高考对化学实验题考查力度更大。

另外，STSE是科学素养的重要主题，而且一直以来都是理科课程改革的热点。从这个方面来说，STSE无疑成为新课程高考考查的重点。根据笔者统计，近四年来，各省市的新课程高考卷中，与STSE相联系的试题分值占化学卷总分的比重在14%～65%之间，且呈现出不断上升的趋势，如2010年广东卷为54%[①]。

表3　2007—2012年广东高考化学卷中实验题分数比例

年份	实验题合计（分）	比例（%）	试题总分	年份	实验题合计（分）	比例（%）	试题总分
2007	43	28.67	150	2010	38	38	100
2008	38	25.33	150	2011	39	39	100
2009	39	26	150	2012	38	38	100

二　基于近六年广东省高考化学卷对高中化学教学提出几点建议

1. 重视教材，从基础抓起

紧扣教材，加强对基础知识的理解。近六年的高考化学卷对中学化学的基本概念、基本原理，氧化还原、离子反应、元素周期表、原电池等的概念考查得不少。教学过程中应以这类基础知识为重点，稳中求高。

2. 注重引导学生理解教材

在有机化学与无机化学中，学生单靠死记硬背无法应付高考的大题，教师要在落实化学基础知识与基本技能的基础上，突出化学科学方法、相关思维方法的教学重点，利用对物质的鉴别及分离与提纯、物质的制备、物质组成测定、物质结构分析、环境污染的防治等化学具体问题的解决培养学生的探究能力。

3. 多进行启发式实验教学

“新课标”说到化学课程改革的重点是“以提高学生的科学素养为主旨”。化学实验教学的重点不应只是传授基础知识和训练基本技能，更重要的是在教中有意识地对学生进行科学素质的训练和培养。促使学生动手动脑、启发思维、提高科学素养，是化学实验教学所要达到的更高目标[②]。为培养学生的实验兴趣和独立动手做实验的能力，在做实验时，可以让学生自己先书写实验的步骤及产生的化学变化，这样可以让学生熟悉探究实验的模式，也可以为以后的考试打下基础。

4. 重视化学计算题的考查形式

新课程高考化学考试大纲没有将“化学计算”单独列出来，而是将其分散到“化学基本概念和基本理论”、“常见无机物及其应用”、“常见有机物及其应用”、“化学实验基础”四块内容中。2007—2012年高考化学卷都涉及计算题，而新课程背景下化学试卷的计算题均以选择题和填空题为主，分值比重都较高（大部分都在20%以上），符合新课程

① 张世勇，高杰，李玲．2010年11套新课程高考化学卷的特点及启示［J］．教育测量与评价（理论版），2011（3）：54～58.

② 宁会娟．通过2010年北京高考化学实验试题浅谈新课程理念下的化学实验教学［J］．中国现代教育装备，2010（20）：49～51.

高考考试大纲对计算题的要求。而且，试卷中所设计的化学计算题大都以生产生活实际为背景，在探究或解决实际问题的过程中考查考生的化学计算技能，突出一般方法、通用计算技能的掌握和运用。因此，教师在讲解计算题的同时，更应注重培养学生的科学探究能力和科学素养，强调关注社会生活实际的理念，突显 STSE 精神，而不刻意追求计算技巧。

三 结 语

广东省近六年高考化学试题对化学新材料研制、新工艺设计、新合成路径、新的实验等方面考查力度加大，这些内容基本上游离于化学教科书、日常教学和学生实验之外，但其考查主旨都是围绕着新课程目标。《普通高中化学课程标准（实验）》明确指出，“着眼于提高 21 世纪公民的科学素养，构建‘知识与技能’、‘过程与方法’、‘情感态度与价值观’相融合的高中化学课程标准体系”，“设置多样化的化学课程，这是化学教师进行新课程实践的指导思想，并以此指导思想培养学生的实验探究能力，获取、理解和整合化学信息的能力，关注社会生活实际的理念”。为此，教师应认真研读课程标准，领会新课程理念，而不应该一味锻炼学生的解题能力，过分重视考试成绩。培养学生科学探究能力和科学素养乃是化学教师教学工作的重中之重。

参考文献

[1] 陆军. 2007 年全国高考课程标准化学卷的特点与启示 [J]. 中学化学教学参考，2007 (9)：54 ~ 57.

[2] 中华人民共和国教育部. 普通高中化学课程标准（实验）[M]. 北京：人民教育出版社，2003.

高考新招——化学跨学科综合题①

2010 级本科生：王俊玲

指导教师：袁明华

【摘　要】随着新课程改革，各省为了呼应“设置综合学科”这一宗旨，近年来无论中考还是高考都在试题的编制上有所改变，出现了一类跨学科试题，力求逐步适应该宗旨。本论文主要讨论高中化学跨学科综合题，探究化学和各学科知识之间的联系以及各种类型综合题的解题思路与技巧。

【关键词】高考；化学；跨学科综合题；解题思路

随着新课程的改革，基础教育课程改革的具体目标也有所调整，其中最引起教育界专家关注的是提倡设置综合课程，以适应不同地区和学生发展的需求，体现课程结构的均衡性、综合性和选择性。基于我国中学教育的实际情况，各省基本上还是按照“综合学科中各学科试题仅涉及本学科内容，原则上不跨学科综合”的原则。毋庸置疑，这个原则与国家设置“综合学科”的宗旨和要求还有一定的差距。随着新课程改革的深入实施和“综合学科”命题技术的逐步成熟，部分省份为了适应这一具体目标的要求，逐渐提出“中高考将出跨学科综合题”。近年来中考中出现了一类跨学科试题，高考中的文科综合和理科综合也在逐步尝试中，虽然高考中还没出现过综合学科的考查，但在一些测试题中已经存在着趋势。本论文主要讨论化学跨学科综合题，探究化学和各学科知识之间的联系。

化学跨学科综合题是以培养学生分析问题、解决问题的能力为宗旨，突出各学科知识之间相互渗透的综合类化学试题，考查内容至少涉及两门学科知识的综合，有机地渗透了各门学科知识内容，具有较强的综合性。这类试题能够充分考查学生的综合分析能力和解决实际问题的能力，有利于考查学生的整体水平、基本技能等。

学生解答化学跨学科综合题要善于以化学变化为支撑点，以语文、历史、地理知识为依据，以数学知识为载体，以物理、生物知识为工具，找出各学科知识的结合点，弄清思维的方向和着力点，从而达到知识间的相互渗透。

① 该文刊于《江西化工》2013 年第 4 期第 296 页。

一 化学与文科类综合题

1. 化学与语文综合类试题

该类题主要是利用成语、诗句或名著等文学知识作为基础，巧妙地将化学考点渗透其中。

【例题1】用元素符号给相关成语或俗语填空。

(1) 只要功夫深，______杵磨成针；　(2) 雪中送______；

(3) 千里送鹅毛，礼______情意重；　(4) 黄______万两；

(5) 大快人______；　(6) ______泊名利；

(7) 感慨万______；　(8) 突飞______进；

(9) 高山______水；　(10) 人杰地______；

(11) ______丽可爱；　(12) 功高______世；

(13) 高贵______雅；　(14) 花红柳______；

(15) ______群之马。

【参考答案】(1) Fe；(2) C；(3) H；(4) Cu；(5) Zn；(6) N；(7) Pb；(8) Mn；(9) S；(10) P；(11) Mg；(12) Ca；(13) I；(14) Cl；(15) He

【解题思路】先根据语文知识判断空格所填的字，再用元素符号填空，成语或俗语中被填的元素名称应与所填的字谐音。

【例题2】大家知道太上老君不能将孙悟空炼化的真正原因吗？话说古时候的炼丹炉是煤炭炉，最高只能达到1 200℃左右，而孙悟空是石猴，主要成分是二氧化硅，熔点在1 600℃左右，所以炼不化！而且二氧化硅在八卦炉1 200℃的高温下发生了玻璃化，具备了类似照妖镜之类的作用，所以孙悟空可以看出妖精鬼怪。那么炼丹炉又为什么会坏掉呢？原来孙悟空的组成远非二氧化硅那么简单，还有一部分碳酸钙，在炼丹炉1 200℃高温的作用下，碳酸钙发生分解产生二氧化碳，导致炼丹炉内压力增大而最终爆炸，所以孙悟空破炉而出！那么孙悟空破炉而出之后为何变得狂暴呢？因为他身上的氧化钙，吸收空气中的水分发生化学反应会发热，故而狂暴。西天取经之路风吹日晒，孙悟空身上的氧化钙都变成了氢氧化钙，所以性情也就变得温和了。后来孙悟空为什么能够成佛呢？原来在西行的路上，孙悟空身上的氢氧化钙又在不断吸收二氧化碳变成了碳酸钙，所以练就了坚硬的金身。请大家根据资料写出所有化学方程式吧。

【参考答案】涉及的化学方程式有：

$CaCO_3 \xlongequal{} CaO + CO_2\uparrow$；$CaO + H_2O \xlongequal{} Ca(OH)_2$；$Ca(OH)_2 + CO_2 \xlongequal{} CaCO_3\downarrow + H_2O$

【解题思路】这类综合题主要是以语文知识作为基础来提供解题线索。学生的阅读能力和理解能力是解题的大前提，所以学生必须仔细阅读题干，准确把握内容，最后用化学知识进行判断并用化学符号表示。

2. 化学与历史综合类试题

该类题较多的是以历史事件作为背景材料，让学生对历史背景进行分析后，再对其中的化学知识进行推理解释。

【例题3】拿破仑用铝碗，士兵用银碗。结合历史背景说说这一现象表明了金属的什么性质？

【参考答案】在差不多200年前的拿破仑时代，冶炼和使用金银已经有很长的历史，宫廷中的银器比比皆是。可是，在那个时候，人们才刚刚懂得如何从铝矾土中炼出铝来，冶炼铝的技术还非常落后，炼铝十分困难。所以，当时铝是非常稀罕的东西，价格比银还贵，不要说平民百姓用不起，就是大臣贵族也用不上。拿破仑让士兵们用银餐具，自己用铝碗，是为了显示自己的高贵和尊严。

这件事可以表明活泼金属的化合态很难制取出游离态的金属，因为铝很活泼，所以制取单质铝很难。从当时铝比银更贵的认识中可以看出自然界中的银多以游离态存在，而铝多以化合态存在。

【解题思路】这类题目多以历史事件作为材料，学生对历史知识要足够熟悉，并懂得从历史事件中捕捉与题干相关的化学要点，最后从化学的角度对历史现象进行解释。

3. 化学与地理综合类试题

该类题多集中在地质学和土壤学方面，其中包含的化学知识也是高考的考点之一。

【例题4】为什么空气中粉尘多了，容易导致酸雨的形成？请结合地理和化学知识解释。

【参考答案】一方面粉尘为降雨提供了凝结核，有利于降雨；另一方面SO_2与O_2在粉尘的催化下反应生成SO_3。在空气中粉尘的催化作用和光照下SO_2能被空气中的O_2氧化成SO_3。SO_3与H_2O结合形成H_2SO_4，其酸性比SO_2与H_2O结合形成的H_2SO_3强得多，所以导致酸雨的形成。

【例题5】广西桂林山水和阳朔风光主要是以石芽、石林、峰林、天生桥等地表喀斯特景观著称于世，并且是山中有洞，“无洞不奇”。简述喀斯特地貌的形成原因，并写出相应的化学方程式。

【参考答案】喀斯特地貌是石灰岩地区地下水长期溶蚀的结果。石灰岩的主要成分是碳酸钙（$CaCO_3$），在有水（H_2O）和二氧化碳（CO_2）时发生化学反应生成碳酸氢钙[$Ca(HCO_3)_2$]，后者可溶于水，于是空洞形成并逐步扩大。涉及的方程式：$CaCO_3 + H_2O + CO_2 = Ca(HCO_3)_2$。

【解题思路】中学的地理与化学在知识层面上的交集并不是很大，主要体现在酸雨、喀斯特地貌、红土及三角洲等这些地理现象的形成原理上。这类综合题较多的是要学生写出地理现象并用化学语言描述其形成原理。

二　化学与理科类综合题

1. 化学与数学综合类试题

该类试题主要是以数学中的数列、空间几何、函数图像、计算方法等知识点作为载体，解题的关键是学会运用数学的思想去处理化学中的数据和理论。

【例题6】对于反应 A_2（g）+ $2B_2$（g）$\rightleftharpoons$ $2AB_2$（g）（正反应为放热反应），下列各图所表示的变化符合勒夏特列原理的是（ ）。

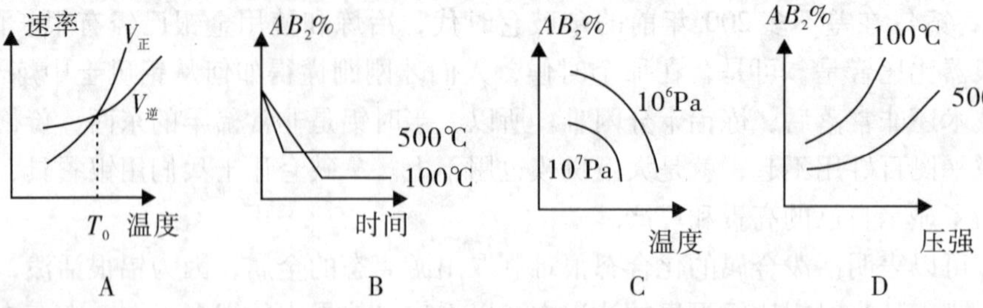

【参考答案】D。随温度升高，正、逆反应速率均增大，该反应为放热反应，逆反应速率随温度升高而增大的速率应比正反应增大得快，A 项不符合题意；升高温度，平衡向逆反应方向移动，AB_2的百分比含量减少，B 项不符合题意；该反应为气体体积减小的反应，增大压强，AB_2的百分比含量应增大，C 项不符合题意。

【解题思路】数学是所有理科的基础，所以学生对于含有数学元素的化学综合题并不陌生。学生应该将这些数学符号当作解题工具，学会利用工具来获取信息、处理问题，并懂得将抽象的数学问题转化为具体、简单的化学原理。

2. 化学与物理、生物综合类试题

较多的是以化学变化和反应作为支撑点，以物理中的浮力、压强等考点或生物中的脱水缩合反应、呼吸作用、光合作用等重、难点作为解题工具，找出彼此之间的交集，从而达到知识的相互渗透。

【例题7】在一密闭的容器中，有一盆花和一只盛有水的烧杯，水上有一铁球，放在太阳光下一段时间后，观察到铁球将______（上浮或下沉）。

【参考答案】下沉。原因：植物光合作用释放氧气，加速铁球生锈，铁锈疏松，吸收水分，质量增大。

【解题思路】化学、物理、生物都是以实验为基础的自然科学，化学与物理、生物知识联系比较紧密和广泛，所以这类综合题可能同时涉及两个或三个学科的内容。例如例题7 中主要涉及化学中铁生锈的反应、生物中的光合作用以及物理中的浮力等知识。通过这道题看出综合题的构成离不开若干个知识点，每一个知识点都是平时的一些重点知识的原型或重组，所以学生不仅要掌握基本的学科知识，还要有一定的整合多学科知识的能力。

三 展望

化学是一门比较贴近自然、贴近生活的学科，它与大部分学科的联系都比较密切，所以化学跨学科综合题是高考的一种必然趋势。

化学跨学科综合题能够充分考查学生的综合分析能力和解决实际问题的能力。但大部分学生觉得这类题目偏难，主要存在两个原因，第一是高中阶段已分文理科，平时的学科教学封闭性太强、排他性太强，学科间知识的有机结合做得不到位，遇到综合问题分析得不够全面，这样的现状与“设置综合学科”的宗旨背道而驰；第二是“填鸭式”、“满堂灌”的传统教学模式让学生只注重牢记知识内容，而忽略应该如何去分析和求证。针对这两个原因，笔者认为一方面要从教师角度出发，加强学科间的横向联系，有机渗透学科间的知识，即使由于学科间的差异，教师讲不清，也不能回避，要给学生指明，引导和鼓励学生自己去探索；另一方面要从学生角度出发，在学科教学中注重培养学生主动思考的积极性，培养学生综合运用所学知识解决实际问题的能力。

参考文献

［1］周文华. 化学跨学科综合题的解法［EB/OL］. http：//www. pep. com. cn/czhx/jshzhx/kshmt/jtzhd/20100825_740459. htm，2010－03－23.

［2］彭冠军. 高中新课程改革背景下的高考改革研究［D］. 山东师范大学硕士学位论文，2008.

［3］马泰彬. 浅谈化学教学与其他学科的联系［J］. 中学教学参考，2013（2）：72.

［4］邱亮. 高中化学新教材与其他学科之间的联系［J］. 成都教育学院学报，2003（5）：29～30.

浅谈化学开放性试题的类型①

2010级本科生：肖晓君
指导教师：袁明华

【摘　要】自新课程改革实施以来，开放性试题开始成为高考命题的一个新趋势。本文从开放性试题的概念出发，详细介绍了开放性试题的类型及其技巧，旨在培养学生的创造性思维及发散性思维，提高学生的综合能力。

【关键词】化学开放性试题；综合能力；发散性思维

化学新课程改革的主旨是提高学生的科学素养，主要目的是改变学生的学习方式。为了适应课程改革发展的需要，近年来，开放性试题作为一种新型的题型，在高考化学试题中所占比例稳中有升，打破了传统试题中重知识轻能力的模式，从而培养学生的发散性思维以及创新能力。

一　化学开放性试题的概念

化学开放性试题这一概念是与传统的封闭性试题相对而言的，是指条件确定而结论不唯一的试题。这类试题要求学生在解答问题的过程中不必拘泥于单一思维，可充分利用题设条件对问题进行大胆的思考，给予学生以自己喜欢的方式解答问题的机会，由过去唯一答案的定向思维拓展为多角度、多层次、多方位的发散思维，有利于培养学生运用所学化学知识解决问题的综合能力。

二　化学开放性试题的类型

化学新课程改革的宗旨是培养学生的学习能力和科学素养，而化学开放性试题在以后的高考中会逐渐加大比例。但是，在如今的"应试教育"背景下，广大化学教师编制开放性试题的经验尚缺乏，方法体系也不够成熟。笔者对化学开放性试题的类型作了一些研

①　该文刊于《江西化工》2013年第4期第289页。

究，现介绍如下。

1. 条件开放性试题

这一类型试题主要表现在满足结论的条件往往不唯一，条件不足或多余，学生通过设定不同条件可以得出不同的答案。

【例题 1】（2011 海南单科，13，9 分）四种短周期元素在周期表中的相对位置如下所示，其中 Z 元素原子核外电子总数是其最外层电子数的 3 倍。

X	Y	
	Z	W

请回答下列问题：

（1）元素 Z 位于周期表中第____周期，______族；

（2）在这些元素的氢化物中，水溶液碱性最强的是__________（写化学式）；

（3）XW_2的电子式为__________；

（4）Y 的最高价氧化物的化学式为__________；

（5）W 和 Y 形成的一种二元化合物具有色温效应，其相对分子质量在 170 ~ 190 之间，且 W 的质量分数约为 70%，化合物的化学式为______________。

题目所给条件不唯一，一定程度上能培养学生的逻辑推理能力。要想正确解答这类题目，学生需要牢固掌握化学的基础知识，形成知识网络，才能灵活运用相关的知识点进行解题，并且在解题时要懂得如何抓住关键信息点，排除干扰信息，通过观察、分析等方法进行推理，从而得出结论。

2. 结论开放性试题

这一类型题主要表现在并不指定某一具体答案，结论具有多样性，只要理由与结论达成一致就符合要求，也即平时所说的“言之有理”。

【例题 2】（2003 江苏高考，19，7 分）无水乙酸又称冰醋酸（熔点 16℃）。在室温较低时，无水乙酸就会凝结成像冰一样的晶体。请简单说明在实验中若遇到这种情况，你将如何从试剂瓶中取出无水乙酸。

这类题型没有固定的答案，结论也具有多样性，只要学生答得有道理即可。这种题型思维开阔，就算是学习成绩不优秀的学生也可以尝试解决，从而体会到化学的乐趣，充分体现了新课改中“教育要面向全体学生”的教学理念。

3. 略开放性试题

这一类型题主要表现在解题过程中方法不唯一，或者说解题路径不特定，在解题策略上需要学生从多个角度或正反方向进行多方位的分析与综合考虑，活用解题方法，虽然一题多解，但最后是“殊途同归”，即“条条道路通罗马”。

【例题 3】（2007 广东高考，23，11 分）已知某混合金属粉末，除铝外还含有铁、铜中的一种或两种，所含金属的量都在 5% 以上。请设计合理实验探究该混合物金属粉末中铁、铜元素的存在。仅限选择的仪器有烧杯、试管、玻璃棒、量筒、容量瓶、滴管、药匙，试剂有 1 $mol \cdot L^{-1}$硫酸、2 $mol \cdot L^{-1}$硝酸、2 $mol \cdot L^{-1}$ NaOH 溶液、20% KSCN 溶液。

完成以下实验探究过程：

(1) 提出假设。

假设1：该混合金属粉末中除铝外还含有________元素；

假设2：该混合金属粉末中除铝外还含有________元素；

假设3：该混合金属粉末中除铝外还含有 Fe、Cu 元素。

(2) 设计实验方案。

基于假设3，设计出实验方案（不需要作答）。

(3) 实验过程。

根据（2）的实验方案，叙述实验操作、预期现象和结论。

编号	实验操作	预期现象和结论

该题的开放性体现在问题（2）及（3），主要考查学生对元素化合物性质的掌握、检验物质的相关实验技能和对实验室常用仪器的主要用途及使用方法的熟悉程度，学生需要对整道题进行分析、综合，从而运用正确的化学术语和文字表达设计出可行的实验方案，并对预期的现象作出合理的解释。对应的实验可以依据不同思维策略来进行设计和展开，进而得出多元化的答案。

4. 综合开放性试题

这一类型题主要表现在题设只给出一定的情境，对解题条件、策略、结论全都没有限制，呈现出极大的开放性，有时需要学生自己发现并提出问题，这类题多为实验性探究试题，学生自行进行实验的探究及设计。

【例题 4】（2011 广东高考，33，17 分）某同学进行试验探究时，欲配制 $1.0\ mol \cdot L^{-1}$ $Ba(OH)_2$溶液，但只找到在空气中暴露已久的 $Ba(OH)_2 \cdot 8H_2O$ 试剂（化学式量：315）。在室温下配制溶液时发现所取试剂在水中仅部分溶解，烧杯中存在大量未溶物。为探究原因，该同学查得 $Ba(OH)_2 \cdot 8H_2O$ 在 283K、293K 和 303K 时的溶解度 ($g/100g\ H_2O$) 分别为 2.5、3.9 和 5.6。

(1) 烧杯中未溶物仅为 $BaCO_3$，理由是什么？

(2) 假设试剂由大量 $Ba(OH)_2 \cdot 8H_2O$ 和少量 $BaCO_3$ 组成，设计试验方案，进行成分检验，在答题卡上写出实验步骤、预期现象和结论（不考虑结晶水的检验；室温时 $BaCO_3$ 饱和溶液的 pH 值为 9.6）。

限选试剂及仪器：稀盐酸、稀硫酸、NaOH 溶液、澄清石灰水、pH 计、烧杯、试管、带塞导气管、滴管。

实验步骤	预期现象和结论
步骤1：取适量试剂于洁净烧杯中，加入足量蒸馏水，充分搅拌，静置，过滤，得滤液和沉淀	
步骤2：取适量滤液于试管中，滴加稀硫酸	
步骤3：取适量步骤1中的沉淀于试管中	
步骤4：	

（3）将试剂初步提纯后，准确测定其中 $Ba(OH)_2 \cdot 8H_2O$ 的含量。实验如下：

① 配制250 mL约0.1 $mol \cdot L^{-1}$ $Ba(OH)_2 \cdot 8H_2O$ 溶液：准确称取 w g试样，置于烧杯中，加适量蒸馏水，__________，将溶液转入________，洗涤，定容，摇匀。

② 滴定：准确量取25.00 mL所配制的 $Ba(OH)_2$ 溶液于锥形瓶中，滴加指示剂，将__________（填“0.020”、“0.05”、“0.198 0”或“1.5”）$mol \cdot L^{-1}$ 盐酸装入50 mL酸式滴定管，滴定至终点，记录数据。重复滴定2次。平均消耗盐酸 V mL。

③ 计算得 $Ba(OH)_2 \cdot 8H_2O$ 的质量分数为__________________（只列出算式，不作运算）。

（4）在室温下，______（填“能”或“不能”）配制1.0 $mol \cdot L^{-1}$ $Ba(OH)_2$ 溶液。

这种题对于学生而言是较为陌生、开放程度大、综合程度高且能力要求全面的复杂实验题，能培养学生的思维方式和综合能力。

三　总　结

开放性试题立意新颖，答案多元化，有利于激发学生的求知欲，提高学习的兴趣，因此应当引起化学教师足够的重视。作为老师，要真正做到为了提升学生的综合能力而教学，并巧妙引导学生、鼓励学生敢于用发散性的思维进行思考，从而有效地培养学生解答开放性试题的能力。

参考文献

［1］王秀杰. 中学化学开放性试题教学的研究［J］. 新课程研究（下旬刊），2009（7）：36~37.

［2］瞿兵. 化学开放型试题的特点探讨［J］. 化学教学，2001（7）：33~36.

［3］赵富宽，杨桂仙. 化学开放性试题的分类及思维策略［J］. 教育研究与评论·中学教育教学，2010（8）：48~53.

［4］彭红英. 中学化学开放性试题的教学策略［J］. 理科考试研究，2012（20）：60~61.

氧化还原反应知识梳理与习题研究①

2010级本科生：李绍庭

指导教师：衷明华

【摘　要】氧化还原反应是高中化学的核心内容，是高考的热点和重点。氧化还原反应在生产实践中应用极为广泛，它贯穿于中学化学的全过程，在命题中经常涉及。本文梳理了氧化还原反应的重要知识点、规律及题型应用。

【关键词】氧化还原；知识小结；习题研究

一　知识梳理

1. 有关概念及相互关系

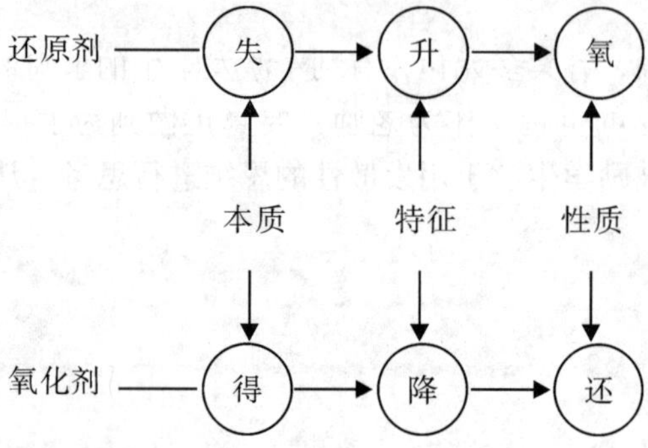

（1）还原剂失去电子，化合价升高，发生氧化反应。

（2）氧化剂得到电子，化合价降低，发生还原反应。

---

① 该文刊于《江西化工》2013年第4期第346页。

2. 氧化还原反应与四大基本反应的关系

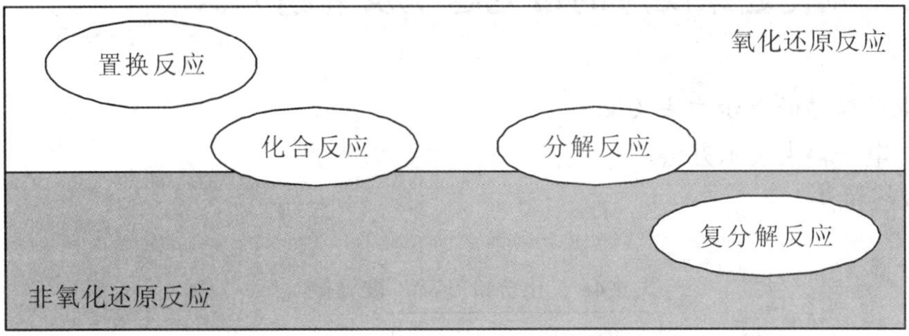

（1）置换反应一定是氧化还原反应。

（2）有单质参加的化合反应是氧化还原反应，没有单质参加的化合反应是非氧化还原反应。

（3）有单质生成的分解反应是氧化还原反应，没有单质生成的分解反应是非氧化还原反应。

（4）复分解反应一定是非氧化还原反应。

3. 常见的氧化剂、还原剂

（1）氧化剂。

① 活泼非金属单质：O_2、S、X_2（卤族单质气体，如 Cl_2、Br_2）；

② 含有较高价态元素的含氧酸：H_2SO_4、HNO_3；

③ 含有较高价态元素的盐：$KMnO_4$、$KClO_3$、$K_2Cr_2O_7$；

④ 高价态金属离子：Fe^{3+}、Cu^{2+}、Pb^{4+}、Ag^{+}；

⑤ 过氧化物：Na_2O_2、H_2O_2。

（2）还原剂。

① 活泼金属单质：Na、Al、Zn、Fe；

② 某些非金属单质：H_2、C、Si；

③ 含有较低价态元素的化合物：CO、SO_2、HI、HBr、H_2S、H_2SO_3、$FeSO_4$。

二　氧化还原反应的常见题型及解题方法

1. 电子转移的表示方法及配平

（1）电子得失表示方法。

①双线桥法。

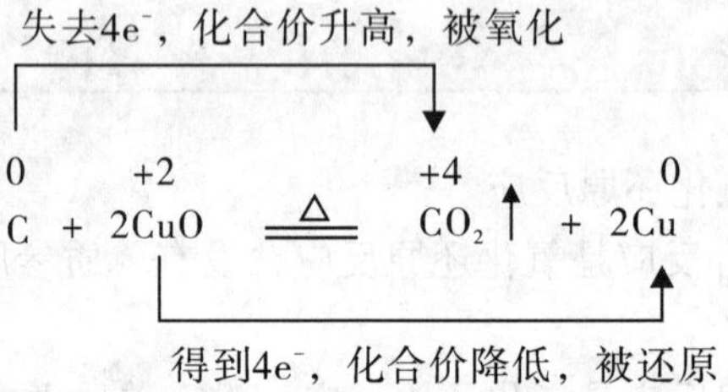

②单线桥法。

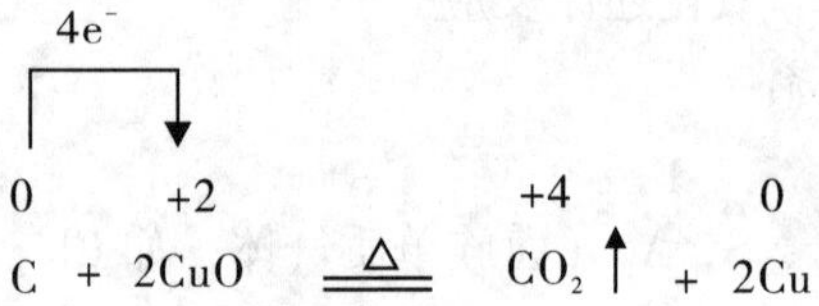

箭头从还原剂中失去电子的元素原子指向氧化剂中得到电子的元素原子。

（2）氧化还原方程式的配平。

①待定系数法。

设某一反应物或生成物（一般选组成元素较多的物质作为基准物）的化学计量数为1，其他与之无联系的物质可设未知数解方程（根据原子守恒原理列方程），若解得分数则化成最简整数。

例：配平氧化还原方程式 $P_4O + Cl_2 \longrightarrow POCl_3 + P_2Cl_5$。

解析：设 P_4O 的系数为1，令 $P_4O + xCl_2 \longrightarrow yPOCl_3 + zP_2Cl_5$，根据原子守恒原理得：

$$\begin{cases}4 = y + 2z \\ y = 1 \\ 2x = 3y + 5z\end{cases} \quad \text{解得：} \quad \begin{cases}x = 21/4 \\ y = 1 \\ z = 3/2\end{cases}$$

代入整理得：$4P_4O + 21Cl_2 = 4POCl_3 + 6P_2Cl_5$。

② 化合价升降法。

a. 标出氧化反应和还原反应各元素化合价。

$$\overset{0}{Cu} + H\overset{+5}{N}O_3\text{（稀）} \longrightarrow \overset{+2}{Cu}(NO_3)_2 + \overset{+2}{N}O\uparrow + H_2O$$

b. 列出反应前后化合价变化情况。

化合价升高2

$$\overset{0}{Cu}+H\overset{+5}{N}O_3（稀）\longrightarrow \overset{+2}{Cu}(NO_3)_2+\overset{+2}{N}O\uparrow+H_2O$$

化合价降低3

c. 求最小公倍数，使化合价升高和降低总数相等，并确定氧化剂、还原剂、氧化产物、还原产物系数。

化合价升高2×3

$$3\overset{0}{Cu}+H\overset{+5}{N}O_3（稀）\longrightarrow 3\overset{+2}{Cu}(NO_3)_2+2\overset{+2}{N}O\uparrow+H_2O$$

化合价降低3×2

d. 观察法确定其他物质系数。

化合价升高2×3

$$3\overset{0}{Cu}+8H\overset{+5}{N}O_3（稀）=3\overset{+2}{Cu}(NO_3)_2+2\overset{+2}{N}O\uparrow+4H_2O$$

化合价降低3×2

e. 根据电子守恒、原子守恒、电荷守恒检查方程式。

③逆向配平法（适用自身氧化还原反应；反应物中部分被氧化或还原）。

化合价升高5×1

$$\overset{0}{Cl_2}+KOH（热、浓）\longrightarrow K\overset{+5}{Cl}O_3+5K\overset{-1}{Cl}+H_2O$$

化合价降低1×5

先确定氧化产物和还原产物系数，再根据观察法确定其他物质系数。

化合价升高5×1

$$3\overset{0}{Cl_2}+6KOH（热、浓）=K\overset{+5}{Cl}O_3+5K\overset{-1}{Cl}+3H_2O$$

化合价降低1×5

2. 氧化性、还原性强弱的判断

氧化性、还原性强弱的判断

根据化学方程式判断	同一反应中： 氧化性：氧化剂 > 氧化产物 还原性：还原剂 > 还原产物
依据物质活动性顺序进行比较判断	① 金属活动顺序： K　Ca　Na……Zn　Fe……Cu　Hg　Ag $\longrightarrow$ 单质还原性逐渐减弱 K^+　Ca^{2+}　Na^+……Zn^{2+}　Fe^{2+}……Cu^{2+}　Hg^{2+}　Ag^+ $\longrightarrow$ 对应金属阳离子氧化性逐渐增强 ② 非金属活动顺序： F_2　Cl_2　Br_2　I_2 $\longrightarrow$ 单质氧化性逐渐减弱 F^-　Cl^-　Br^-　I^- $\longrightarrow$ 对应阴离子的还原性逐渐增强
依据元素周期表判断	① 同周期元素，随着核电荷数的递增，单质的氧化性逐渐增强，还原性逐渐减弱 ② 同主族元素，随着核电荷数的递增，单质的氧化性逐渐减弱，还原性逐渐增强
根据反应条件判断	当不同的氧化剂作用于同一还原剂时，如果氧化产物价态相同，可依据反应条件的难易判断 $2KMnO_4 + 16HCl$（浓）$=\!=\!= 2KCl + 2MnCl_2 + 8H_2O + 5Cl_2\uparrow$ $MnO_2 + 4HCl$（浓）$\overset{\triangle}{=\!=\!=} MnCl_2 + Cl_2\uparrow + 2H_2O$ 故氧化性：$KMnO_4 > MnO_2$
根据电化学原理判断	① 两种不同的金属构成原电池的两极，一般情况下，还原性：负极金属 > 正极金属 ② 用惰性电极电解混合溶液时，在阴极先放电的阳离子的氧化性较强，在阳极先放电的阴离子的还原性较强
根据产物价态高低判断	相同还原剂与不同氧化剂反应时，氧化产物价态越高，氧化剂的氧化性越强。如：$2Fe + 3Cl_2 \overset{\triangle}{=\!=\!=} 2FeCl_3$，$Fe + S \underset{隔绝空气}{\overset{\triangle}{=\!=\!=}} FeS$，则氧化性：$Cl_2 > S$

【例题 1】（2006 北京）已知：① 向 $KMnO_4$ 晶体中滴加浓盐酸，产生黄绿色气体；② 向$FeCl_2$溶液中通入少量实验①产生的气体，溶液变黄色；③ 取少量实验②生成的溶液滴在淀粉 KI 试纸上，试纸变蓝色。下列判断正确的是(　　)。

A. 上述实验证明氧化性：$MnO_4^- > Cl_2 > Fe^{3+} > I_2$

B. 上述实验中，共有两个氧化还原反应

C. 实验①生成的气体不能使湿润的淀粉 KI 试纸变蓝

D. 实验②证明 Fe^{2+} 既有氧化性又有还原性

【解析】A 项，依据题意写出三个过程中的反应物、产物（无须配平），再根据氧化性、还原性强弱判断方法，根据化学方程式判断，可以得出 A 正确；B 项，上述三个都是氧化还原反应；C 项，实验①生成的气体是 Cl_2，氧化性 $Cl_2 > I_2$，所以能把 KI 中的碘氧化成 I_2，使试纸变蓝；D 项，实验②证明 Fe^{2+} 有还原性，不能证明有氧化性。

3. 氧化还原反应的重要规律

（1）反应先后规律。

同一种氧化剂与多种还原剂（浓度相同）的溶液反应，首先被氧化的是还原性较强的物质；同一种还原剂与多种氧化剂（浓度相同）的溶液反应，首先被还原的是氧化性较强的物质。

（2）价态规律。

①同种元素处于最高价时只有氧化性，处于最低价时只有还原性，处于中间价态时既有氧化性又有还原性。

【例题 2】下列粒子中既有氧化性又有还原性的是（　　）。

A. Fe^{2+}　　B. F^-　　C. Fe^{3+}　　D. Al

【解析】Fe^{2+} 处于中间价态，既有氧化性又有还原性；F^- 处于最低价态，只有还原性；Fe^{3+} 处于最高价态，只有氧化性；Al 的化合价是 0，金属无负价，处于最低价，只有还原性，故选 A。

②归中律：同种元素的不同价态之间发生氧化还原反应，遵循“相邻价态不反应，只靠拢、不交叉”规律。

【例题 3】a. H_2SO_4(浓) $+ SO_2 \longrightarrow$ 相邻价态不会发生反应。

b. 在反应 $KClO_3 + 6HCl(浓) = KCl + 3Cl_2\uparrow + 3H_2O$ 中，氧化产物是________，还原产物是________。

【解析】误解：氧化产物是 Cl_2，还原产物是 KCl。

Cl 元素的化合价在 $KClO_3$ 中是 +5，在 HCl 中是 −1，在 KCl 中是 −1，在 Cl_2 中是 0，如果氧化产物是由 HCl 被氧化生成 Cl_2，还原产物则是由 $KClO_3$ 被还原生成 KCl。反应中化合价变化如图：

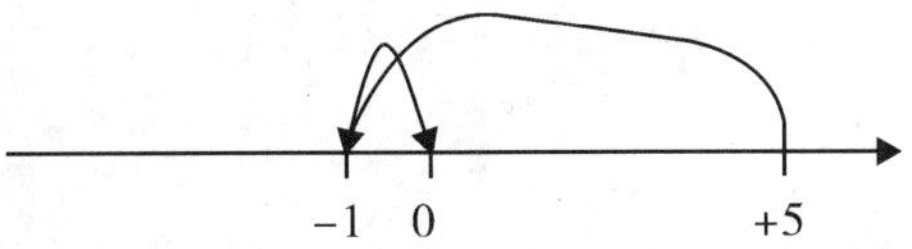

化合价发生交叉，不遵循只靠拢、不交叉规律，所以这道题的氧化产物和还原产物都是 Cl_2。

【巩固练习】在反应 $H_2S + H_2SO_4$（浓）$= S\downarrow + SO_2\uparrow + 2H_2O$ 中，氧化剂是________；还原剂是________；氧化产物是________；还原产物是________。

③歧化规律：元素自身发生氧化还原反应时，价态变化有升有降，升的比原来高，降的比原来低，如反应：$3S + 6KOH \xlongequal{\triangle} 2K_2S + K_2SO_3 + 3H_2O$。

【例题4】G、Q、X、Y、Z 均为氯的含氧化合物，它们在一定条件下具有如下的转换关系：① $G \longrightarrow Q + NaCl$；② $Q + H_2O \longrightarrow X + H_2$；③ $Y + NaOH \longrightarrow G + Q + H_2O$；④ $Z + NaOH \longrightarrow Q + X + H_2O$。在这 5 个化合物中氯元素的化合价由低到高的排列顺序是：__________。

【解析】a. 歧化反应：产物氯化钠中的 -1 价氯，是氯的最低价态，所以它是由 G 中的氯还原得来的，而 Q 中的氯被氧化成比 G 中氯价态更高的氯。所以，从①得到的结论是：$Q > G$。

b. 水中的氢被还原成氢气，则 Q 中的氯被氧化成更高价态的氯存在于 X 中。所以，从②得到的结论是：$X > Q$。

c. 歧化反应：Y 中氯的价态应该界于 G 和 Q 之间。

d. 歧化反应：Z 中氯的价态应该界于 Q 和 X 之间。

综合上述四个反应所得的结论为：G、Q、X、Y、Z 中氯的价态由高到低的顺序是 $X > Z > Q > Y > G$。

浅谈氧化还原反应的规律[①]

2012 级本科生：许　楠

指导教师：袁明华

【摘　要】本课题研究的是高中化学之氧化还原反应的规律，以新课标《化学（必修 1）》（人民教育出版社）为基础，主要结合命题方向、规律以及解题思考这三个方面来进行分析。

【关键词】高中化学；氧化还原反应；规律

氧化还原反应是高考必考的一个知识点，如今的化学课本传授给学生的只是知识点的脉络大纲，内容越来越简单，但试题越来越难。现在学生的学习主要是“学答”，而不是“学问”，这违背了现代教育对人才培养的要求，与此同时“规律总结”应运而生，学生只有全面掌握每一个知识点的规律，才能实现学以致用，达到事半功倍的效果。

一　命题方向

氧化还原反应在生产实践中应用极为广泛，它贯穿于整个高中化学的学习，是高考命题的热点之一。一般的题型包括：①从氧化还原的角度来分析反应类型；②判断氧化还原反应中的氧化剂、还原剂、氧化产物、还原产物、得失电子数、氧化还原性的大小；③电子守恒法在氧化还原反应配平、计算中的应用等。展望未来几年，题型会稳中有变，以选择、填空居多。

二　氧化还原反应的规律

1. 守恒规律

在一个氧化还原反应中，氧化剂得到电子的数目等于还原剂失去电子的数目，或者说氧化剂化合价降低总数等于还原剂化合价升高总数。根据这个规律，我们可以进行氧化还

① 该文刊于《江西化工》2014 年第 2 期第 290 页。

原反应方程式的配平以及有关氧化还原反应的计算。

【例题1】(2011 试题调研) 实验室将 $NaClO_3$和 Na_2SO_3按物质的量之比2∶1 倒入烧瓶中，用水浴加热，同时滴入 H_2SO_4，产生棕黄色气体 X，反应后测得 $NaClO_3$和 Na_2SO_3恰好完全反应，则 X 为（　　）。

A. Cl_2　　B. Cl_2O　　C. ClO_2　　D. Cl_2O_3

【答案】C。

【点拨】根据化合价的变化：$Na_2SO_3 \longrightarrow Na_2SO_4$中 S 元素的化合价由 +4 升高到 +6；根据氧化还原反应规律，则 $NaClO_3$中 Cl 元素的化合价必降低，可设降低到 x 价，根据得失电子守恒可得关系式：$2\times1\times(5-x)=1\times1\times(6-4)$，解得 $x=4$。

本题关键是根据得失电子守恒列等式：n（氧化剂）×变价原子个数×化合价变化值=n（还原剂）× 变价原子个数× 化合价变化值。

2. 强弱规律（两强→两弱）

在一个氧化还原反应中，各物质的氧化性强弱：氧化剂 > 氧化产物 > 还原剂；还原性强弱：还原剂 > 还原产物 > 氧化剂。

根据这个规律，可判断各微粒的氧化性或还原性强弱，选择合适的氧化剂或还原剂，还可以判断一个氧化还原反应能否发生。

【例题2】(2011 试题调研) 已知反应：

① $2FeCl_3 + 2KI = 2FeCl_2 + 2KCl + I_2$

② $2FeCl_2 + Cl_2 = 2FeCl_3$

③ $I_2 + SO_2 + 2H_2O = H_2SO_4 + 2HI$

判断下列物质的还原性由大到小的顺序是（　　）

A. $I^- > Fe^{2+} > Cl^- > SO_2$　　B. $Cl^- > Fe^{2+} > SO_2 > I^-$

C. $Fe^{2+} > I^- > Cl^- > SO_2$　　D. $SO_2 > I^- > Fe^{2+} > Cl^-$

【答案】D。

【点拨】根据氧化还原反应的规律，还原剂的还原性强于还原产物的还原性，可以判断题中物质的还原性强弱，由反应①可知：$I^- > Fe^{2+}$；由反应②可知：$Fe^{2+} > Cl^-$；由反应③可知：$SO_2 > I^-$，因此与还原性由大到小的顺序是 $SO_2 > I^- > Fe^{2+} > Cl^-$。

3. 价态变化规律

（1）中间变两头——歧化反应，如：$3Cl_2 + 6KOH = 5KCl + KClO_3 + 3H_2O$。

（2）两头变中间——归中反应，不同价态的同种元素之间的反应，如 H_2SO_4（浓）+ $H_2S = SO_2\uparrow + S\downarrow + 2H_2O$。

若无中间价态不反应，如 H_2SO_4（浓）与 SO_2则不反应，根据这个规律，我们可以判断氧化产物和还原产物，标明电子转移关系。

4. 跳位转移规律

当氧化剂为强的氧化剂或者氧化剂过量时，还原剂可转化成比其邻位价态更高的产物，反之亦然，如：$3H_2SO_4$（浓）+ $H_2S = 4SO_2\uparrow + 4H_2O$。

5. 先后规律

一种氧化剂与多种还原剂相遇时，总是依还原性强弱顺序先氧化还原性强的还原剂，

如往 $AgNO_3$ 溶液里加入 Zn 与 Fe 的混合物，先发生 $Zn + 2Ag^{+} = 2Ag + Zn^{2+}$。

一种还原剂与多种氧化剂相遇时，总是依氧化性强弱顺序先还原氧化性强的氧化剂，如往 $FeCl_3$ 与 $CuCl_2$ 混合溶液里投入 Fe，先发生 $Fe + 2Fe^{3+} = 3Fe^{2+}$。

根据这个规律，可判断氧化还原反应发生的先后次序，写出相应的化学方程式。

6. 性质规律

（1）某元素处于最高价态时，该元素只具有氧化性。因为在氧化还原反应中，该元素的化合价只能降低，不可能再升高，如 $KMnO_4$、H_2SO_4、F_2 等。

（2）某元素处于最低价态时，该元素只具有还原性。因为在氧化还原反应中，该元素的化合价只能升高，不可能再降低，如 Cl^-、Na 等。

（3）某元素处于中间价态时，该元素既具有氧化性又具有还原性。因为在一定条件下，该元素的化合价可能升高也可能降低，如 C、S、SO_2 等。

（4）金属单质只具有还原性，非金属单质多数既具有氧化性又具有还原性，少数只具有还原性。

（5）含同种元素相邻价态的两物质之间不发生氧化还原反应，如 C 与 CO、CO 与 CO_2、Cl_2 与 HCl 等均不能发生氧化还原反应。

三　解题思考

新课程标准确定的教学理念是要使学生的“知识与技能”、“过程与方法”、“情感态度与价值观”这三个目标相融合。可是，我们发现在实际教学中，“应试教育”思想对教师的影响根深蒂固，导致教师无法透彻理解新课程改革的教学理念，往往忽略了“过程与方法”、“情感态度与价值观”的培养目标，从而影响了学生科学素养的全面发展。如果我们在学习与认识的基础上总结出规律，通过这些规律可以加深对知识的理解，在教学方向和难度的把握上会更加切合新课程标准的要求，同时也符合新课程教学的三维目标。

总的来说，老师讲解和学生学习，应能做到以下三点。

1. 知识与技能

通过教师的讲解，学生能了解氧化还原反应的本质是电子的转移和了解常见的氧化还原反应，认识氧化还原反应的基本概念，理解氧化还原反应的规律；运用氧化还原反应的规律，掌握配平氧化还原反应的常用方法和电子守恒法在解氧化还原反应的题目中的应用；探讨氧化还原反应与生活有关现象之间的联系，能综合运用有关的知识、技能与方法分析和解决一些生活常见问题。

2. 过程与方法

教师要善于培养学生科学探究的意识，提高学生科学探究的能力；学生要有较强的问题意识，能够发现和提出有探究价值的化学问题，敢于质疑，勤于思索，逐步形成独立思考的能力，在学习中，学会运用观察、实验、查阅资料等多种手段获取知识，并运用比较、分类、归纳、概括等方法对相关知识进行加工。同时，学生能对自己的学习过程进行计划、反思、评价和调控，提高自主学习化学的能力；教师也应对自己的教学方法、教学质量、教学目标作出评价与反思。

3. 情感态度与价值观

教师要发展学生学习化学的兴趣，让学生体验科学探究的艰辛和喜悦，感受化学世界的奇妙与和谐，以及培养学生参与化学科技活动的热情，将氧化还原反应应用于生产、生活实践，对与氧化还原反应有关的社会和生活问题作出合理的判断。

四 结束语

氧化还原反应的规律是帮助学生更好地掌握和运用氧化还原反应知识的一个重要手段，在考生答题过程中，它往往比理论知识更实际和更有价值，因此，作为教师的我们应该重视每一个知识点的规律，加深对它的理解，才能有效地减轻学生的负担，使我们的课堂教学真正促进学生的全面发展。

氧化还原反应的教学策略①

2010 级本科生：李丽娜
指导教师：袁明华

【摘　要】本课题研究的是中学化学之氧化还原反应的教学策略。新课标教学强调以学生为主体的探究式教学，学生由过去的被动接受转化为主动学习，学习方式和授课方法发生了质的变化，这就要求我们对其基本概念、考纲要求、教学策略分别进行分析。本课题研究目的在于指导教师有针对性地设计教学，让学生更好地理解课本知识；有利于师范生对新课标要求的适应，提高教学能力，为以后的工作奠定基础。

【关键词】中学化学；氧化还原反应；教学策略

化学新课程秉持全新的课程改革理念，在课程目标、功能、结构、内容、实施、评价和管理等方面都发生了重大变革，较原来的化学课程有了重大的创新和突破，这就要求教师要能创造性地组织教学活动，也就是说在教学中要创设真实问题情境，通过学生主体参与、同伴互帮互助等形式进行知识建构，使学生获得知识、技能、方法，同时关注学生情感、态度、价值观的发展，提高教学效率②。通过教学方法的改变从而改变学生以往的“讲记背练”的被动学习方式，以知识、技能掌握的熟练程度作为衡量教学水平的标准，以学生考试分数的高低来衡量教学效果。基于这一目的，笔者以氧化还原反应为例，进行教学策略研究。

一　营造“民主的课堂”，让学生有“疑”敢“问”

在新课程改革下，我们教师首先应该更新教育理念，努力营造一种民主、和谐、宽松的氛围，对学生提出的问题不挑剔，使学生消除顾虑③。如上“氧化还原反应”部分内容时，刚开始结合具体例子“苹果切开放久会变黄”、“铁会生锈”等生活情境导出氧化还

① 该文刊于《江西化工》2013 年第 4 期第 336 页。
② 李福生．教育实践探究文萃［M］．开封：河南大学出版社，2008.
③ 陈秀珍．中学化学教学中激发学生质疑的教学策略［J］．丽水学院学报，2006（2）：108～110.

原反应，接着举出几个氧化还原反应的例子：$C + O_2 \xlongequal{点燃} CO_2$；$2CuO + C \xlongequal{高温} 2Cu + CO_2\uparrow$；$H_2O + C \xlongequal{高温} H_2\uparrow + CO\uparrow$；$Fe + CuSO_4 \xlongequal{} FeSO_4 + Cu$；$CuCl_2 + Fe \xlongequal{} FeCl_2 + Cu$。提问：以上这几个方程式都属于氧化还原反应，大家观察讨论，然后归纳出它们的共同特点。大家立即七嘴八舌，争着发表自己的见解。当时我没有急于解释，把时间和机会留给了学生，让他们自己去讨论、纠正。突然有一个男生大声说："初中时候教的氧化反应就是有氧的反应，为什么最后那两个方程式也是氧化还原反应呀？难道初中教的是错的吗？"我笑着点点头，边引导他们说除了得氧失氧还有没有其他的共性，接着我点头示意学生继续发表自己的见解，课堂气氛和谐融洽，同学们的参与面也广了。当同学们尽情地说出自己的看法后，我再总结学生讨论中的疑问：初中确实教过有氧的就是氧化反应，但这是不全面的，之所以这么教，是考虑到初三刚接触化学才将问题简单化的。如此长期坚持训练，学生的思维活跃了，学习化学的兴趣也慢慢浓厚起来。

二　引导学生自主归纳，想疑善问，将知识点化散为整

化学知识点比较琐碎，很多时候学生学了这忘了那，不能将知识点系统地结合起来，所以教师在教学过程中要有意识地引导学生归纳知识点，建立新旧知识点的联系枢纽，如在学习氧化还原反应与四大基本反应类型的关系这一部分内容时，我让学生每四个人分为一个小组，组内成员合作一起回忆四大基本反应类型的概念并分析与氧化还原反应的关系。我觉得让学生自己讨论得出答案比直接告诉他们答案更加有趣、更加让人记忆深刻。为了掌握氧化还原反应的内容并激发学生的探究欲望，我布置了一个作业，即让学生讨论铁生锈的原理，并设计实验加以验证，然后以小组为单位汇报思考过程，让学生积极主动地参与教学，从中体会到"做学问"的奥妙。

另外，引导学生在生活中找问题，比如为什么用少量的水泼到红热的煤球上反而会燃烧得更旺？每天在用的白纸是什么方法让它这么白的？谚语"雷雨发庄稼"怎样解释等。经常引导学生质疑，不但能提高他们发现问题的能力，而且能进一步提高他们自主学习的能力。此外，还可以到实验中找"问题"。我认为，做实验并不仅仅是"验证"什么，更重要的是让学生"发现"什么，因此，在每一次实验之前或之后，都要让同学们想一想：这种方法是唯一的吗？跟预期的有差别吗？关于本实验还有好点子吗？要求学生不但要想，而且要把"想"的结果写进实验报告。日积月累，学生的思路广了，学习的兴趣浓厚了，发现问题的能力强了，更能体会到学以致用的喜悦，知识点自然掌握得更系统牢固了。

三　将时下热点词语与化学教学相结合，让教学与时俱进

化学知识点比较零散不连贯，理论性强，需要记忆的内容多，加之当下很多老师上课

都是照本宣科，课堂枯燥无味，学生听了昏昏欲睡，丝毫没有学习的乐趣。如果能够将时下热点词语与化学教学相结合，利用学生对热点词语比较感兴趣的特性，在教学过程中适当运用流行语来解释化学知识，更容易被学生接受。学生学习兴趣高涨了，知识点听懂了，成绩自然也就上来了。如在解释钠与氧气反应这类氧化还原反应的本质是电子的得失时，我将钠比喻成土豪，将氧比喻成土匪，钠这个土豪财大气粗，在第三层多出一个电子，而氧这个土匪又需要电子来达到稳定结构，所以当钠和氧气发生反应，也就是说当土匪遇上土豪，就发生了“抢劫事件”，也就是电子的得失。事实证明，用“土豪”、“土匪”这两个热点词语编故事来解释钠与氧气反应的实质，学生的反应非常热烈，学习气氛浓厚，学习效果非常理想。

四　以简短顺口的口诀代替理论性文字总结，让归纳更生动形象

一节课的内容有重点和难点，教师一般会要求学生标示出课本中的相应文字，课后去理解、背诵，然而理论性的文字总结一般篇幅比较长，难以记忆，学生每天的学习任务很重，看到这么长的文字也会选择跳过，所以化学知识点一落再落，以至于最后想学却不知从何入手，只能选择性放弃。以简短顺口的口诀代替理论性文字有助于学生更快捷地掌握和巩固知识点。如在讲完氧化还原反应的氧化剂与还原剂部分内容后，总结归纳得出口诀：失升氧化还原剂，得降还原氧化剂。一句口诀囊括了氧化还原反应的基本概念、基础内容、基本要点等，方便学生记忆。通过这种方法，引导学生在平时的学习中运用口诀法加深对知识的记忆。

五　总　结

随着新课程的实施以及教师教育理念的转变，教师的教学方式和学生的学习方式都将发生根本性的变化。教师要在新课标的指导下，不断转变观念，努力学习化学学科的前沿知识，把学科知识和能源利用、工农业生产等领域联系起来，在没有现成经验可借鉴的情况下，要勇于实践、勤于实践、严于实践，在实践中不断反思、改进自己的教育教学策略，与时俱进，从而积累丰富的实践性知识，并以自身的实践性知识优化整合理论知识，确保新课程的顺利实施和教师自身在新课程实施中得到更大的发展①。

---

①　柴凤英．浅谈有效实施中学化学新课程的策略［J］．甘肃联合大学学报（自然科学版），2006（2）：91～93．

聚焦氧化还原反应在高考中的应用[①]

2012 级本科生：林丽澎
指导教师：袁明华

【摘　要】氧化还原反应理论在高中化学中有着十分重要的地位，它贯穿于整个高中化学教学。要熟练地应用此理论，其关键是要对基本概念有深刻的理解。氧化还原反应中对还原剂与氧化剂的判别以及反应中的电子得失是重点。凡是涉及元素化合价变化的反应都是与氧化还原反应息息相关的。高考试题中氧化还原反应也是频繁出现，所以对氧化还原反应规律的研究迫在眉睫。

【关键词】氧化还原；还原剂；氧化剂；电子得失；化合价

一　引　言

高中的化学知识甚多，每个领域都有其精妙之处，而氧化还原反应考查学生的细心与对知识掌握的牢固程度。

二　氧化还原反应的简介

所谓氧化还原反应，是氧化反应和还原反应的总和，在一个反应中二者同时发生同时结束，其本质就是电子的转移。氧化反应就是还原剂失去电子化合价升高变成氧化产物的反应，还原反应就是氧化剂得到电子化合价降低变成还原产物的反应。

我们要学好氧化还原反应，必须准确地判断哪类反应是氧化还原反应，哪个是氧化物，哪个是还原物。那怎样才能准确判断呢？我们在中学的时候学过几种基本的反应类型，分别是置换反应、化合反应、分解反应、复分解反应。其中属于氧化还原反应的是置换反应，以及有单质参加的化合反应和有单质生成的分解反应，而复分解反应由于是阴阳离子互相交换，而没有化合价的变化，所以不属于氧化还原反应。

① 该文刊于《江西化工》2014 年第 2 期第 234 页。

三　氧化还原反应的判断

氧化还原反应的本质就是元素在发生反应后化合价发生变化，有两种表现。一是元素失去电子，化合价升高，被氧化，此元素作为还原剂；二是元素得到电子，化合价降低，被还原，此元素为氧化剂。

【例题1】下列氧化还原反应中，水作为氧化剂的是（　　）。

A. $CO + H_2O = CO_2 + H_2$

B. $3NO_2 + H_2O = 2HNO_3 + NO$

C. $2Na_2O_2 + 2H_2O = 4NaOH + O_2\uparrow$

D. $2F_2 + 2H_2O = 4HF + O_2$

【答案】A。从此题的选项中可见，A选项水中的H^+化合价降低生成H_2，即水是氧化剂，故A正确；B选项氧化剂与还原剂均是NO_2，故B错误；C选项中Na_2O_2既是氧化剂也是还原剂；D选项中O^{2-}化合价升高生成O_2，即水是还原剂。

四　氧化性与还原性的强弱规律

（1）在元素周期表中，金属族中从上到下因为金属活泼性加强所以还原性渐强，氧化性渐弱；非金属中从上到下氧化性渐强，还原性渐弱。

（2）常见的氧化剂：Cl_2、H_2SO_4、$KMnO_4$、O_2、I_2、$K_2Cr_2O_7$等。

（3）常见的还原剂：K、Na、Mg、Fe、H_2、SO_2等。

五　氧化还原反应中的基本规律

（1）在一个氧化还原反应中，电子的转移总数是一定的，氧化反应转移的电子总数等于还原反应转移的电子总数。

（2）氧化还原反应中可以使用单线桥表示法，即找出化合价升高的元素，化合价升高的指向化合价降低的，标出失去的价数，或者用双线桥表示法计算出电子转移的数目。

（3）在反应中，元素只有一个性质，最高价态的元素有氧化性，可被还原（$KMnO_4$、$K_2Cr_2O_7$）；最低价态的元素具有还原性，可被氧化（S^{2-}、O^{2-}）；处于中间价态的元素既有氧化性又有还原性（Cl_2、Fe^{2+}）。

（4）强氧化性的氧化剂跟强还原性的还原剂反应产生弱还原产物跟弱氧化产物。

（5）歧化反应：同种元素的同种价态一部分发生氧化反应，一部分发生还原反应，如：$2Na_2O_2 + 2CO_2 = 2Na_2CO_3 + O_2$。

【例题2】（2012上海，20）火法炼铜首先要焙烧黄铜矿，其反应为$2CuFeS_2 + O_2 =$

Cu_2S + 2FeS + SO_2，下列说法正确的是（　　）。

A. SO_2既是氧化产物又是还原产物

B. $CuFeS_2$仅作还原剂，硫元素被氧化

C. 每生成 1 mol Cu_2S，有 4 mol 硫被氧化

D. 每转移 1.2 mol 电子，有 0.2 mol 硫被氧化

【答案】AD。题目中的 $CuFeS_2$中的 Cu、Fe 是 +2 价，S 是 -2 价，而 SO_2中的 S 是 +4 价，O 是 -2 价，即可知 SO_2是氧化产物又是还原产物，A 正确；B，由方程式可知 +2 价的 Cu 发生还原反应生成 +1 价的 Cu，即 $CuFeS_2$也作氧化剂被还原，B 错误；C 每生成 1 mol Cu_2S时只有 1 mol S 被氧化，C 错误；D，反应中总共转移 6 mol 电子，只有 1 mol S 被氧化，则比例为 6 : 1，即转移 1.2 mol 电子时，有 0.2 mol S 被氧化。

【例题 3】（2010 东城区模拟）三氟化氮（NF_3）是微电子工业中优良的等离子刻蚀气体，它在潮湿的环境中能发生反应 $3NF_3 + 5H_2O \longequal 2NO + HNO_3 + 9HF$，下列有关说法正确的是（　　）。

A. NF_3是氧化剂，H_2O 是还原剂

B. 还原剂与氧化剂的物质的量之比为 2 : 1

C. 若生成 0.2 mol HNO_3，则转移 0.2 mol 电子

D. NF_3在潮湿的空气中泄漏会产生红棕色气体

【答案】D。由反应方程式可知，NF_3中 +3 价的 N 发生氧化反应生成 HNO_3中 +5 价的 N，还有生成 +2 价的 NO，即 NF_3既是还原剂又是氧化剂，故 A 错误；还原剂与氧化剂的物质的量之比应该为 1 : 2，B 错误；每生成 0.2 mol 的 HNO_3应转移 0.4 mol 电子，C 错误；NO 在空气中与 O_2反应生成红棕色的 NO_2，NO_2再生成 N_2O_4，故 D 正确。

六　氧化能力与还原能力的判断

（1）氧化剂的氧化能力判断。根据元素周期表，碱金属从上到下的还原性减弱，氧化性增强。

（2）根据反应方程式判断。

氧化剂 + 还原剂 ══ 还原产物 + 氧化产物

氧化性：氧化剂 > 氧化产物。

还原性：还原剂 > 还原产物。

（3）根据反应条件判断。

当变价的还原剂在相似条件下作用于不同氧化剂时，根据氧化产物的氧化价态可判断氧化剂的强弱。

例如：$2Fe + 3Cl_2 \longequal 2FeCl_3$，$Fe + S \longequal FeS$，可判断氧化性：$Cl_2 > S$。

（4）根据反应物的浓度、反应的温度、酸性强弱进行判断。反应物浓度越高，反应温度越高，反应溶液的酸性越强，氧化性越强。

【例题 4】（2010 潍坊模拟）根据反应：$2H_2S + O_2 \longequal 2S\downarrow + 2H_2O$，$4NaI + O_2 +$

$2H_2SO_4 = 2I_2 + 2Na_2SO_4 + 2H_2O$，$Na_2S + I_2 = 2NaI + S\downarrow$，下列物质的氧化性强弱判断正确的是（　　）。

A. $O_2 > I_2 > S$　　　　B. $H_2S > NaI > H_2O$

C. $S > I_2 > O_2$　　　　D. $H_2O > NaI > H_2S$

【答案】A。反应式1中氧化性 $O_2 > S$，反应式2中 $O_2 > I_2$，反应式3中 $I_2 > S$，故可得知 $O_2 > I_2 > S$，即A正确。

七　总　结

如今氧化还原反应在高考中频繁出现，而且题型千变万化，但是万变不离其宗，只要学生能够掌握氧化还原反应的基本知识，就可以在考场上畅通无阻，只要多用心学习，多总结，氧化还原反应并不难。

参考文献

[1] 卢国锋，卢敬萱．突破氧化还原三重门 [J]．新高考（高三理化生），2013 (9)：33 ~ 37.

[2] 黄静，郑柳萍．高一学生问题表征特点的比较分析——以氧化还原反应相关问题为例 [J]．教学仪器与实验，2014（1）：11 ~ 14.

[3] 杨金文．浅谈氧化还原反应 [J]．才智，2012（21）：84 ~ 85.

电解质溶液在广东高考选择题方面的主要考点及解题研究①

2012 级本科生：周思敏

指导教师：衷明华

【摘　要】电解质溶液知识历来是广东高考化学的教学重点，也是高考的重点，其涉及的主要考点有：电解质溶液导电性的比较；强电解质和弱电解质的概念；水的电离和弱电解质的电离平衡；pH 的概念及计算；盐类水解的原理；离子浓度大小的比较等。对于这些经常考的知识点，我们要格外重视，并掌握其解题要领。

【关键词】高考命题；电解质溶液；主要考点

一　电解质的概念及强弱电解质的判断

（1）电解质：在水溶液或熔融状态下能导电的化合物。

（2）非电解质：在水溶液或熔融状态下不能导电的化合物。

判断强弱电解质的方法较多，可以从强弱电解质的定义角度分析，即强电解质溶于水完全电离，弱电解质不能完全电离，所以弱电解质溶液中存在溶质分子和电离平衡，故可以采用与同浓度的强电解质溶液来对比的方法判断导电性、酸碱性的强弱；也可以通过溶液稀释（或添加含有同种离子的固体物质）后溶液酸碱性的变化与否来判断电离平衡是否存在；也可直接采用测定其对应强盐溶液的酸碱性的方法来判断酸或碱的强弱。注意，尽管弱电解质的稀释会促进电离，但不会改变溶液的酸碱性，只是酸性（或碱性）变弱，接近中性而已。

【例题 1】（2011 全国 II 卷，6）等浓度的系列稀溶液：①乙酸②苯酚③碳酸④乙醇，它们的 pH 由小到大排列正确的是（　　）。

A. ④②③①　　B. ③①②④　　C. ①②③④　　D. ①③②④

【答案】D。

①　该文刊于《江西化工》2014 年第 2 期第 248 页。

【解析】乙酸、碳酸和苯酚的酸性依次降低，故 pH 依次增大。乙醇属于非电解质，pH 最大。

二　有关溶液酸碱性判断及 pH 计算

若判断酸碱性时，溶液中只有一种溶质，应根据溶质的类别来判断，即酸显酸性，碱显碱性，盐需分析是否能水解（盐类水解规律是“有弱才水解，无弱不水解，越弱越水解，谁强显谁性”）来判断。若为混合液时，则需分析两种溶液能否反应；若能反应时，则需分析是否恰好反应；若恰好反应时则需分析生成盐的水解特点。酸与碱混合发生反应时，一般是谁过量显谁性。有关 pH 计算的问题，一般是涉及强酸、强碱稀释或强酸与强碱反应的问题，计算时则应遵守“酸按酸，碱按碱，同强混合在之间，异强混合看过量”的原则。

【例题 2】（2012 广东）对于常温下 pH 为 2 的盐酸，描述正确的是（　　）。

A. $c(H^+)=c(Cl^-)+c(OH^-)$

B. 与等体积 pH 为 12 的氨水混合后所得溶液显酸性

C. 由 H_2O 电离出的 $c(H^+)=1.0\times10^{-12}\ mol\cdot L^{-1}$

D. 与等体积 0.01 $mol\cdot L^{-1}$ 乙酸钠溶液混合后所得溶液中：$c(Cl^-)=c(CH_3COO^-)$

【答案】AC。

【解析】根据电荷守恒 A 项对；B 项中氨水过量，显碱性;；C 项中 $c(H^+)_{水}=c(OH^-)_{水}=Kw/c(H^+)=1.0\times10^{-12}\ mol\cdot L^{-1}$；D 项中反应后生成乙酸和氯化钠，水溶液为酸性。

本题考查的是有关溶液酸碱性判断及 pH 计算、电荷守恒。

三　溶液中离子浓度大小比较

溶液中各离子浓度的大小主要决定于离子来源物质的浓度、电离程度、水解程度等，一般来讲，盐类水解、弱电解质的电离程度都很弱。在解答此类问题时，首先要分析溶液中存在哪些平衡体系（千万不能忘记水的电离），明确存在哪些粒子，然后根据平衡的特点及三个（电荷、物料、质子）守恒来判断即可，其中物料守恒是根据除氢、氧原子之外的其他原子之间的个数关系列出等式。

【例题 3】（2010 广东）HA 为酸性略强于醋酸的一元弱酸。在 0.1 $mol\cdot L^{-1}$ NaA 溶液中，离子浓度关系正确的是（　　）。

A. $c(Na^+)>c(A^-)>c(H^+)>c(OH^-)$

B. $c(Na^+)>c(OH^-)>c(A^-)>c(H^+)$

C. $c(Na^+)+c(OH^-)=c(A^-)+c(H^+)$

D. $c(Na^+)+c(H^+)=c(A^-)+c(OH^-)$

【答案】D。

【解析】NaA 属于强碱弱酸盐，水溶液显碱性，根据电荷守恒可知 D 答案正确。

本题考查的是溶液中离子浓度大小的比较和电荷守恒。

【例题4】（2013 广东）50℃时，下列各溶液中，离子的物质的量浓度关系正确的是（　　）。

A. 在 pH 为 4 的醋酸中：$c(H^+)=4.0\ mol \cdot L^{-1}$

B. 在饱和小苏打溶液中：$c(Na^+)=c(HCO_3^-)$

C. 在饱和食盐水中：$c(Na^+)+c(H^+)=c(Cl^-)+c(OH^-)$

D. 在 pH 为 12 的纯碱溶液中：$c(OH^-)=1.0\times10^{-2}\ mol \cdot L^{-1}$

【答案】C。

【解析】50℃时，水的离子积常数大于 1×10^{-14}。在 pH 为 4 的醋酸中，$c(H^+)=1\times10^{-4}\ mol \cdot L^{-1}$，A 错误；在饱和小苏打溶液中，$HCO_3^-$ 会发生水解反应导致浓度减小，$c(Na^+)>c(HCO_3^-)$，B 错误；在饱和食盐水中，$c(Na^+)+c(H^+)=c(Cl^-)+c(OH^-)$符合电荷守恒的关系，C 正确；在 pH 为 12 的纯碱溶液中，$c(OH^-)=Kw/1\times10^{-12}>1.0\times10^{-2}\ mol \cdot L^{-1}$，D 错误。

本题考查的是水溶液中的离子浓度大小、电荷守恒。

四　溶液中平衡移动及平衡常数的影响因素

溶液中弱电解质的电离平衡、水的电离平衡、盐类水解平衡、难溶电解质的溶解平衡都是动态平衡，因此平衡状态都受温度、浓度及溶液酸碱性的影响，尤其要注意弱电解质、盐类溶液稀释时，其平衡均正向移动。平衡常数仅受温度影响，其中电离常数、水的离子积、水解常数都随温度的升高而增大，大多数难溶电解质的溶度积随温度的升高而增大。同时在解答图像问题时，一定要明确横轴、纵轴及变化曲线各自表示的含义。

【例题5】（2010 山东）某温度下，$Fe(OH)_3$（s）、$Cu(OH)_2$（s）分别在溶液中达到沉淀溶解平衡后，改变溶液 pH，金属阳离子浓度的变化如图所示。据图分析，下列判断错误的是（　　）。

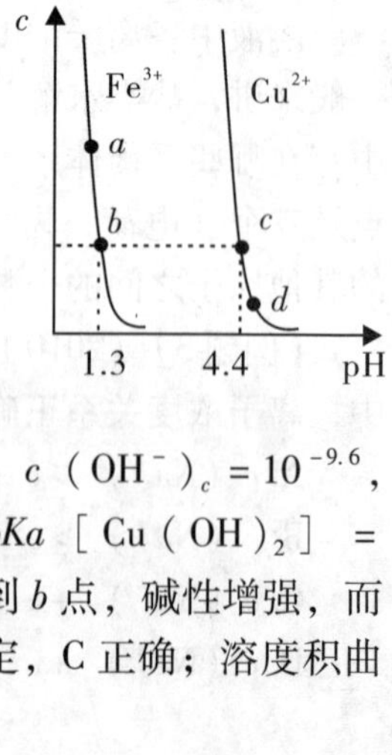

A. $pKa[Fe(OH)_3]<pKa[Cu(OH)_2]$

B. 加适量 NH_4Cl 固体可使溶液中的离子浓度由 a 点变到 b 点

C. c、d 两点代表的溶液中 $c(H^+)$ 与 $c(OH^-)$ 乘积相等

D. $Fe(OH)_3$、$Cu(OH)_2$ 分别在 b、c 两点代表的溶液中达到饱和

【答案】B。

【解析】b、c 两点的金属阳离子的浓度相等，设浓度都为 x，$c(OH^-)_c=10^{-9.6}$，$c(OH^-)_b=10^{-12.7}$，则 $pKa[Fe(OH)_3]=x\times(10^{-12.7})^3$，$pKa[Cu(OH)_2]=x\times(10^{-9.6})^2$，故 $pKa[Fe(OH)_3]<pKa[Cu(OH)_2]$；由 a 点变到 b 点，碱性增强，而 NH_4Cl溶于水后，溶液呈酸性，故 B 错误；只要温度一定，Kw 就一定，C 正确；溶度积曲

线上的点表示溶液达到饱和，曲线左下方表示不饱和，右上方 $Q > K$，表示沉淀要析出，故 D 正确。

【例题 6】（2011 广东）对于 0.1 mol · L^{-1} Na_2SO_3 溶液，正确的是（　　）。

A. 升高温度，溶液的 pH 降低

B. $c(Na^+) = 2c(SO_3^{2-}) + c(HSO_3^-) + c(H_2SO_3)$

C. $c(Na^+) + c(H^+) = 2c(SO_3^{2-}) + 2c(HSO_3^-) + c(OH^-)$

D. 加入少量 NaOH 固体，$c(SO_3^{2-})$ 与 $c(Na^+)$ 均增大

【答案】D。

【解析】A 项中水解为吸热，升高温度，溶液的 pH 升高；B 项中根据物料守恒应为 $c(Na^+) = 2c(SO_3^{2-}) + 2c(HSO_3^-) + 2c(H_2SO_3)$；C 项中根据电荷守恒应为 $c(Na^+) + c(H^+) = 2c(SO_3^{2-}) + c(HSO_3^-) + c(OH^-)$。

本题考查的是溶液中的平衡移动、物料守恒及电荷守恒。

五　水的电离程度及其影响因素

由于 $H_2O \rightleftharpoons H^+ + OH^-$ 的存在，无论是酸性、碱性或中性溶液，H^+ 和 OH^- 是同时存在的，因此溶液的酸碱性是由 $c(H^+)$ 和 $c(OH^-)$ 的相对大小决定的，而不取决于 $c(H^+)$ 或 $c(OH^-)$ 的数值大小。

【例题 7】（2011 广州综合测试）将纯水加热至 80℃，下列叙述正确的是（　　）。

A. 水的离子积不变

B. 水的 pH 变小，呈酸性

C. 水的 pH 变大，呈中性

D. 水中 $c(H^+) = c(OH^-) > 1 \times 10^{-7}$ mol · L^{-1}

【答案】D。

【解析】温度的升高，有利于水的水解，Kw 增大，故会使纯水中 pH 减小，但纯水中 $c(H^+) = c(OH^-)$。

六　涉及的三大守恒关系

1. 电荷守恒

电解质溶液呈电中性，即溶液中所有阳离子所带正电荷总数与所有阴离子所带负电荷总数相等。这类题的解题思路是先把涉及的电离方程式、水解方程式全部写出，然后找出所有的阴、阳离子，再写出等式。但需要注意的是离子浓度前的系数。

2. 物料守恒

电解质溶液中因溶质的电离或水解，溶质电离出的离子会变成其他离子或分子，但离子或分子中某种特定元素原子的总数不变。例如，0.1 mol · L^{-1} Na_2CO_3 溶液，$n(Na^+)$:

n（CO_3^{2-}）=2∶1，可推导出：c（Na^+）=2［c（HCO_3^-）+c（CO_3^{2-}）+c（H_2CO_3）］，也可以根据碳元素守恒推出：c（HCO_3^-）+c（CO_3^{2-}）+c（H_2CO_3）=0.1 mol·L^{-1}。

3. 质子守恒

在电解质溶液中，由于电离、水解等过程的发生，往往存在质子（H^+）的转移，但转移过程中质子数量保持不变，称为质子守恒。例如，Na_2CO_3 溶液中 c（H^+）+c（HCO_3^-）+2c（H_2CO_3）=c（OH^-）。实际上，质子守恒也可根据电荷守恒和物料守恒联立求解。

总之，电解质溶液的考查角度较多，除上述考点之外，还可以与电化学等其他知识相融合来综合命题，这就需要我们在学习过程中慢慢体会与总结，以提高学习效率。

离子反应知识梳理与习题研究①

2012 级本科生：黄迦勒
指导教师：衷明华

【摘　要】离子反应是高中化学的一个重要内容，是高考的一个热门考点。离子反应在工业生产中也发挥着极为重要的作用，它几乎涉及中学化学的全过程。在考题中也经常涵盖这方面的内容，本文梳理了离子反应重要的知识点、规律，总结了各类题型的应用。

【关键词】中学化学；离子反应；知识梳理；习题研究

一　知识梳理

1. 离子反应

电解质在溶液中的反应实质上是离子之间的反应，这样的反应称作离子反应。

2. 电解质与非电解质

（1）电解质：在溶液里或熔融状态下能够导电的化合物（例如酸、碱、盐、金属氧化物等）。

（2）非电解质：在溶液里或熔融状态下不能导电的化合物（例如非金属氧化物和大部分有机物）。

3. 离子反应的类型及其发生的条件

（1）复分解反应类型：反应生成难溶、难电离或挥发性物质。

（2）氧化还原反应类型：强氧化性物质和强还原性物质反应生成弱氧化性物质和弱还原性物质。

（3）络合反应类型：反应生成稳定的络合物或络合离子。

4. 离子反应方程式的书写规则

（1）遵守客观规律，写出正确的反应方程式。

（2）将强酸、强碱、可溶性盐进行拆分，写成离子形式。

① 该文刊于《江西化工》2014 年第 2 期第 277 页。

（3）删去方程式两边相同的离子。

（4）检查方程式两边原子、电荷是否守恒。

5. 离子共存

观察在特定条件下的混合离子间是否发生反应。离子之间不发生任何反应，这几种离子在同一溶液中就能大量共存；若离子之间能发生反应，则不能大量共存。

以下情况离子不能共存：

（1）离子间相互结合生成难溶物或微溶物。

Ba^{2+}、Ca^{2+}与SO_4^{2-}、SO_3^{2-}、CO_3^{2-}；Ag^+与Cl^-、CO_3^{2-}、SO_4^{2-}。

（2）离子间相互结合生成气体或挥发性物质。

H^+与CO_3^{2-}、HCO_3^-、S^{2-}、HS^-、SO_3^{2-}、HSO_3^{2-}；OH^-与NH_4^+。

（3）离子间相互结合生成弱电解质。

弱酸：H^+与CH_3COO^-、CO_3^{2-}、S^{2-}、SO_3^{2-}、F^-。

弱碱：OH^-与NH_4^+、Al^{3+}、Mg^{2+}、Cu^{2+}、Fe^{3+}。

水：OH^-与H^+。

（4）离子间发生氧化还原反应。

Fe^{3+}、NO_3^-（H^+）、ClO^-、MnO_4^-与S^{2-}、I^-、SO_3^{2-}、Fe^{2+}（注：Fe^{2+}与Fe^{3+}可以共存）。

（5）离子间发生双水解反应。

Al^{3+}与CO_3^{2-}、HCO_3^{2-}、S^{2-}、HS^-、AlO_2^-、SiO_3^{2-}；NH_4^+与AlO_2^-、SiO_3^{2-}；Fe^{3+}与AlO_2^-、CO_3^{2-}、HCO_3^-。

（6）离子间形成络合物。

Fe^{3+}与SCN^-；Ag^+与$NH_3 \cdot H_2O$。

6. 反应涉及量的问题

（1）酸式盐和碱［如：$NaHCO_3$与$Ca(OH)_2$］。

过量的$NaHCO_3$：$Ca^{2+} + 2OH^- + 2HCO_3^- = CaCO_3\downarrow + 2H_2O + CO_3^{2-}$；

过量的$Ca(OH)_2$：$HCO_3^- + Ca^{2+} + OH^- = CaCO_3\downarrow + H_2O$。

（2）酸性氧化物和碱（如：CO_2与$NaOH$）。

碱过量：$CO_2 + 2OH^- = CO_3^{2-} + H_2O$；

酸性氧化物过量：$OH^- + CO_2 = HCO_3^-$。

（3）互滴法（主要有四种：Al^{3+}与OH^-、AlO_2^-与H^+、CO_3^{2-}与H^+、Ag^+与$NH_3 \cdot H_2O$）。

以Ag^+与$NH_3 \cdot H_2O$为例：

Ag^+过量：$Ag^+ + NH_3 \cdot H_2O = AgOH\downarrow + NH_4^+$；

氨水过量：$Ag^+ + 2NH_3 \cdot H_2O = [Ag(NH_3)_2]^+ + 2H_2O$。

（4）氧化还原（如：$FeBr_2$与Cl_2）。

Cl_2不足：$2Fe^{2+} + Cl_2 = 2Fe^{3+} + 2Cl^-$；

Cl_2过量：$2Fe^{2+} + 4Br^- + 3Cl_2 = 2Fe^{3+} + 2Br_2 + 6Cl^-$；

1∶1 混合：$2Fe^{2+} + 2Br^- + 2Cl_2 = 2Fe^{3+} + Br_2 + 4Cl^-$。

二　离子反应的常见题型及解题方法

1. 离子方程式的正误判断

（1）是否符合客观规律。

（2）化学式拆写是否正确。

（3）是否遵循原子、电荷、得失电子守恒定律。

（4）分析过量与不足量的关系。

（5）是否符合题设条件的要求。

【例题1】下列离子方程式书写正确的是（　　）。

A. 碳酸钡与硫酸反应：$Ba^{2+} + SO_4^{2-} = BaSO_4\downarrow$

B. 氧化铁溶于氢碘酸：$Fe_2O_3 + 6H^+ = 2Fe^{3+} + 3H_2O$

C. 过量的 $NaHSO_4$ 与 $Ba(OH)_2$ 溶液反应：$Ba^{2+} + 2OH^- + 2H^+ + SO_4^{2-} = BaSO_4\downarrow + 2H_2O$

D. 用惰性电极电解饱和氯化镁溶液：$2Cl^- + 2H_2O \xlongequal{\text{电解}} 2OH^- + H_2\uparrow + Cl_2\uparrow$

【答案】C。

【解析】A. 碳酸钡不溶于水，应该写成 $BaCO_3$，而不能写成 Ba^{2+}。

B. Fe_2O_3 能够溶于强酸氢碘酸，Fe^{3+} 具有强氧化性将 I^- 氧化成 I_2，正确的写法为：$Fe_2O_3 + 6H^+ + 2I^- = 2Fe^{3+} + I_2 + 3H_2O$。

C. 由于 $NaHSO_4$ 过量，所以 $Ba(OH)_2$ 没有剩余，反应的化学方程式是：$2NaHSO_4 + Ba(OII)_2 = BaSO_4\downarrow + 2II_2O + Na_2SO_4$，所以 C 是正确答案。

D. 在电解过程中由于产生 OH^- 与 Mg^{2+} 生成 $Mg(OH)_2$ 沉淀，正确的写法为：$Mg^{2+} + 2Cl^- + 2H_2O \xlongequal{\text{电解}} Mg(OH)_2\downarrow + H_2\uparrow + Cl_2\uparrow$。

2. 写出离子反应方程式

根据“一写二拆三删四查”的步骤写出离子方程式。其中，“查”包括检查反应是否符合客观规律，质量、电荷、得失电子是否守恒，离子拆写是否正确，反应是否连续，以及过量与不足量分析。

离子方程式的类型包括复分解、氧化还原、络合、电离和水解等。

【例题2】（1）写出碳酸钠与足量盐酸反应的离子方程式。

（2）写出 $FeBr_2$ 溶液与过量 Cl_2 反应的离子方程式。

（3）写出水的电离方程式。

（4）写出 NH_4Cl 的水解离子方程式。

（5）写出 $FeCl_3$ 的水解离子方程式。

（6）写出 $NaHCO_3$ 与 $AlCl_3$ 混合溶液的反应离子方程式。

【答案】（1）$CO_3^{2-} + 2H^+ = H_2O + CO_2\uparrow$

（2）$2Fe^{2+} + 4Br^- + 3Cl_2 = 2Fe^{3+} + 6Cl^- + 2Br_2$

(3) $H_2O \rightleftharpoons H^+ + OH^-$

(4) $NH_4^+ + H_2O \rightleftharpoons NH_3 \cdot H_2O + H^+$

(5) $Fe^{3+} + 3H_2O \rightleftharpoons Fe(OH)_3\downarrow + 3H^+$

(6) $3HCO_3^- + Al^{3+} = 3CO_2\uparrow + Al(OH)_3\downarrow$

3. 离子共存问题

这类问题主要出现在选择题和少部分的填空题之中。做这类题目应注意题中给出的附加条件或隐含条件，还要注意题目的要求，如“大量共存”、“不能大量共存”、“一定”还是“可能”等。

特别要注意溶液的酸碱性的影响：NO_3^-在溶液呈酸性时才有强氧化性，ClO^-、MnO_4^-在酸性、碱性、中性条件下都有氧化性；SO_3^{2-}和S^{2-}在碱性条件下可以共存，但在酸性条件下会发生归中反应。

透明溶液可以有颜色，如：蓝色的Cu^{2+}、棕黄色的Fe^{3+}、浅绿色的Fe^{2+}、紫红色的MnO_4^-等。

在酸性或碱性条件下都不能存在的有：Al、Al_2O_3、$Al(OH)_3$、弱酸弱碱盐、弱酸酸式盐。

说明溶液含有大量H^+的隐含条件有：酸性溶液、pH＜7、紫色石蕊试剂变红、甲基橙变红等。

说明溶液含有大量OH^-的隐含条件有：碱性溶液、pH＞7、紫色石蕊试剂变蓝、酚酞变红等。

可能是酸也可能是碱的条件：酚酞无色、甲基橙变黄、与Al反应生成H_2、水电离出的H^+或OH^-浓度为10^{-14} mol·L^{-1}。

【例题3】在水电离出的$c(H^+) = 10^{-14}$ mol·L^{-1}的溶液中，一定能大量共存的离子组是（　　）。

A. K^+、Na^+、CO_3^{2-}、Cl^-　　B. K^+、AlO_2^-、Br^-、Cl^-

C. Na^+、Cl^-、NO_3^-、SO_4^{2-}　　D. Fe^{2+}、NH_4^+、Cl^-、NO_3^-

【答案】C。

【解析】A. 溶液中水电离出的$c(H^+) = 10^{-14}$ mol·L^{-1}，可能是酸性也可能是碱性环境，在酸性环境中，CO_3^{2-}不能大量存在。

B. 在酸性环境中，AlO_2^-不能大量存在。

C. 四种离子在酸性或碱性条件下都能大量存在。

D. Fe^{2+}、NH_4^+在碱性条件下不能大量存在。

【例题4】常温下，下列各组离子在指定溶液中能大量共存的是（　　）。

A. pH为1的溶液中：Fe^{2+}、NO_3^-、SO_4^{2-}、Na^+

B. 由水电离的$c(H^+) = 10^{-14}$ mol·L^{-1}的溶液中：Ca^{2+}、K^+、Cl^-、HCO_3^-

C. $c(H^+)/c(OH^-) = 10^{12}$的溶液中：NH_4^+、Al^{3+}、NO_3^-、Cl^-

D. $c(Fe^{3+}) = 0.1$ mol·L^{-1}的溶液中：K^+、ClO^-、SO_4^{2-}、SCN^-

【答案】C。

【解析】A. pH 为 1，强酸环境中 NO_3^- 具有强氧化性，Fe^{2+} 具有强还原性，二者不能共存。

B. 溶液中水电离出的 $c(H^+)=10^{-14}\ mol\cdot L^{-1}$，可能是酸性也可能是碱性环境，在碱性环境中，$Ca^{2+}$ 不能大量存在，HCO_3^- 在酸性或碱性环境中都不能大量存在。

C. $c(H^+)/c(OH^-)=10^{12}$ 是酸性环境，四种离子在酸性环境中能大量共存。

D. Fe^{3+} 和 SCN^- 会发生络合反应，因此不能大量共存。

高考命题热点——离子共存①

2012 级本科生：吴蜜璇
指导教师：衷明华

【摘　要】几种离子在同一溶液中能大量共存是指离子之间不发生任何反应；若离子溶液中发生的反应有复分解反应、双水解反应、氧化还原反应、络合反应等，只要我们能准确判断离子间发生什么反应，这类考题就能轻而易举解决。纵观近几年高考我们不难发现，离子共存在命题上又有了进一步的创新，难度有所增大，命题者在隐含条件的设置上打破常规，题干变化多样。本文结合近几年高考试题，对离子共存常见题型进行归纳分析，供读者参考。

【关键词】离子共存；高考；热点

常见题型

1. “无色透明”条件型

若题目限定溶液“无色”，则不含有色离子，即不含 Fe^{2+}（浅绿色）、Fe^{3+}（棕黄色）、Cu^{2+}（蓝色）、MnO_4^-（紫色）等离子；若“透明”，则溶液不形成混浊或沉淀（与溶液有无颜色无关），如 Ag^+ 与 Cl^-、Br^-、I^-、SO_4^{2-}；Ca^{2+} 与 CO_3^{2-}、SO_3^{2-}；Ba^{2+} 与 CO_3^{2-}、SO_3^{2-}、SO_4^{2-} 等在水溶液中会发生反应，有混浊或明显的沉淀生成，它们不能大量共存。

【例题 1】下列各组离子，在无色透明溶液中能大量共存的离子组是（　　）。

A. Cu^{2+}、Ag^+、NO_3^-、Cl^-　　B. H^+、Mg^{2+}、NO_3^-、Cl^-

C. Ca^{2+}、Na^+、Cl^-、SO_4^{2-}　　D. Fe^{3+}、Na^+、SO_4^{2-}、NO_3^-

【答案】B。

【解析】正确选项应满足无色、透明、大量共存三个条件。

2. “酸性”条件型

常见的叙述有酸性溶液、pH 值为 1 的溶液、能使 pH 试纸变红的溶液、紫色石蕊试剂

① 该文刊于《江西化工》2014 年第 2 期第 164 页。

呈红色的溶液、甲基橙呈红色的溶液、加入镁粉反应后能释放出氢气的溶液。若题目中限定溶液呈酸性，则溶液中有 H^+ 存在，其中不能大量含有 OH^-、弱酸根离子（如 CO_3^{2-}、SO_3^{2-}、S^{2-}、F^-、ClO^-、CH_3COO^-、$C_6H_5O^-$、AlO_2^-、SiO_3^{2-} 等）以及弱酸的酸式根离子（如 HCO_3^-、HS^-、$H_2PO_4^-$ 等）。

【例题2】下列各组离子，在酸性无色透明溶液中能大量共存的是（　　）。

A. Fe^{2+}、Na^+、NO_3^-、Cl^-　　B. H^+、Mg^{2+}、NO_3^-、Cl^-

C. K^+、Na^+、Cl^-、CO_3^{2-}　　D. OH^-、Na^+、SO_4^{2-}、NO_3^-

【答案】B。

【解析】正确选项应满足酸性、无色透明、大量共存这三个条件。

3. “碱性”条件型

常见的叙述有碱性溶液、pH 为 14 的溶液、能使 pH 试纸呈蓝色的溶液、红色石蕊试纸呈蓝色的溶液、酚酞呈粉红色的溶液、甲基橙呈黄色的溶液、加入铝粉反应后生成 AlO_2^- 的溶液、既能溶解 $Al(OH)_3$ 又能溶解 H_2SiO_3 的溶液等。若题目中限定溶液呈碱性，则溶液中有 OH^- 存在，其中不能大量含有 H^+、弱碱的阳离子（如 NH_4^+、Mg^{2+}、Ag^+、Al^{3+}、Zn^{2+}、Cu^{2+}、Fe^{2+}、Fe^{3+} 等）以及弱酸的酸式根离子。

【例题3】下列各组离子，在碱性无色透明溶液中能大量共存的是（　　）。

A. Ba^{2+}、NO_3^-、Cl^-、H^+　　B. CO_3^{2-}、Mg^{2+}、NO_3^-、Cl^-

C. K^+、Na^+、Cl^-、CO_3^{2-}　　D. H^+、Na^+、SO_4^{2-}、NO_3^-

【答案】C。

【解析】正确选项应满足碱性、无色透明、大量共存三个条件。

4. “氧化还原反应”条件型

一般情况下，具有较强还原性的离子不能与具有较强氧化性的离子大量共存，如 I^-、S^{2-}、HS^- 和 Fe^{3+} 不能大量共存。还有在酸性或碱性的介质中由于发生氧化还原反应而不能大量共存。如 NO_3^- 和 I^- 在中性或碱性溶液中可以共存，但在有大量 H^+ 存在情况下不能共存；SO_3^{2-}、$S_2O_3^{2-}$ 和 S^{2-} 在碱性条件下可以共存，但在酸性条件下由于发生反应不能共存。

【例题4】下列离子在溶液中因发生氧化还原反应而不能大量共存的是（　　）。

A. H^+、NO_3^-、Fe^{2+}、Na^+　　B. Ag^+、NO_3^-、Cl^-、K^+

C. K^+、Ba^{2+}、OH^-、SO_4^{2-}　　D. Cu^{2+}、NH_4^+、Br^-、OH^-

【答案】A。

【解析】正确选项应满足发生氧化还原反应、不能大量共存两个条件。A 项中 H^+、NO_3^-、Fe^{2+} 能发生氧化还原反应，故答案为 A 项。

5. “双水解反应”条件型

若题目中出现因发生双水解反应而不能大量共存这样的条件时，要考虑各离子组中是否存在会发生双水解反应的阴、阳离子，如 Fe^{2+} 与 CO_3^{2-}、HCO_3^-；Al^{3+} 与 CO_3^{2-}、HCO_3^-、S^{2-}、HS^-、AlO_2^-、NH_4^+ 等会发生双水解反应而不能大量共存。

6. “络合反应”条件型

若题目中出现因发生络合反应而不能大量共存这样的条件时，要考虑各离子组中是否存在会发生络合反应的离子，如 Fe^{3+} 与 SCN^-、Fe^{3+} 与 $C_6H_5O^-$ 等会发生络合反应而不能大量共存。

参考文献

普通高中课程标准实验教科书化学 1（必修）[M]．北京：人民教育出版社，2007．

离子反应中“量”的解题研究①

2012级本科生：许佳淳
指导教师：袁明华

【摘　要】离子反应是每年高考必考的一个内容，其难点主要有常见离子的鉴别、离子共存和反应物用量不同的离子方程式的书写等问题。本文着重研究反应物用量不同的离子方程式的书写的相关题型，总结书写相关离子方程式的解题技巧，有助于学生提高解题速度和质量。

【关键词】化学；解题技巧；“量”

从历年高考题看，离子反应是重点专题之一，知识范围比较广，涉及的题型也比较多，所占的分值更是不容小觑，因此，学好此专题的内容极为重要。由于离子反应的知识容量大，很多学生不能得心应手地解题，对于反应中存在的“量”的问题，更是头疼。这里主要以高考题中离子反应“量”的题目为例，总结题目特点，归纳解题技巧。

一　典例分析

【例题1】（2007江苏，9）下列离子方程式书写正确的是（　　）。

A. 过量的SO_2通入NaOH溶液中：$SO_2 + 2OH^- = SO_3^{2-} + H_2O$

B. $Fe(NO_3)_3$溶液中加入过量的HI溶液：$2Fe^{3+} + 2I^- = 2Fe^{2+} + I_2$

C. $NaNO_2$溶液中加入酸性$KMnO_4$溶液：$2MnO_4^- + 5NO_2^- + 6H^+ = 2Mn^{2+} + 5NO_3^- + 3H_2O$

D. $NaHCO_3$溶液中加入过量的$Ba(OH)_2$溶液：$2HCO_3^- + Ba^{2+} + 2OH^- = BaCO_3\downarrow + 2H_2O + CO_3^{2-}$

【答案】C。

【解析】A选项中的离子方程式应为少量SO_2通入NaOH溶液的方程式，因为若SO_2过量，SO_2会进一步与SO_3^{2-}反应生成HSO_3^-，所以正确的离子方程式是$OH^- + SO_2 =$

---

① 该文刊于《江西化工》2014年第2期第297页。

HSO_3^-。B 选项中离子方程式是 $Fe(NO_3)_3$ 恰好与 HI 完全反应的方程式，其忽略了 HI 的"过量"的 H^+ 与 NO_3^- 作用，又可将 Fe^{2+} 氧化成 Fe^{3+}，故 B 错误。D 选项中的方程式是 $NaHCO_3$ 溶液与少量的 $Ba(OH)_2$ 溶液反应的离子方程式，而对于过量的 $Ba(OH)_2$ 溶液，$NaHCO_3$ 溶液即为少量，其没有多余的 HCO_3^- 与 OH^- 反应，故正确的离子方程式是 $HCO_3^- + OH^- + Ba^{2+} \xlongequal{} BaCO_3\downarrow + H_2O$。C 选项是一个氧化还原反应，离子方程式书写正确。

【例题 2】(2011 江苏) 下列表示对应化学反应的离子方程式正确的是（　　）。

A. $FeCl_3$ 溶液与 Cu 的反应：$Cu + Fe^{3+} \xlongequal{} Cu^{2+} + Fe^{2+}$

B. NO_2 与水的反应：$3NO_2 + H_2O \xlongequal{} 2NO_3^- + NO + 2H^+$

C. 醋酸溶液与水垢中的 $CaCO_3$ 反应：$CaCO_3 + 2H^+ \xlongequal{} Ca^{2+} + H_2O + CO_2\uparrow$

D. 向 $NaAlO_2$ 溶液中通入过量 CO_2：$2AlO_2^- + CO_2 + 3H_2O \xlongequal{} 2Al(OH)_3\downarrow + CO_3^{2-}$

【答案】B。

【解析】A 选项中离子方程式没有配平。C 选项中醋酸是弱酸，在离子反应中不应该"拆"，即应保留化学式。D 选项向 $NaAlO_2$ 溶液中通入过量的 CO_2 的离子反应为 $AlO_2^- + CO_2 + 2H_2O \xlongequal{} Al(OH)_3\downarrow + HCO_3^-$，因为过量的 CO_2 会与 CO_3^{2-} 反应：$CO_3^{2-} + CO_2 + H_2O \xlongequal{} 2HCO_3^-$。B 选项中 NO_2 与水的反应生成硝酸和 NO，方程式书写正确。

【例题 3】(改编题) 洪灾过后，对饮用水消毒杀菌成为抑制大规模传染性疾病暴发的有效方法之一。漂白粉是常用的消毒剂。

(1) 工业上将氯气通入石灰乳 $Ca(OH)_2$ 制取漂白粉，化学反应方程式为__________。

(2) 漂白粉的有效成分是（填化学式）____________________。

(3) 漂白粉溶于水后，受空气中的 CO_2 作用，会产生有漂白、杀菌作用的次氯酸，因其"量"的不同而有不同的方程式：

① $Ca(ClO)_2$ 过量：______________________________。

② CO_2 过量：__________________________________。

【解析】这种结合现实生活的题型很常见，解这种题要注意在平时积累相关知识，再结合课本知识点。

(1) 工业上将氯气通入到石灰乳中制取漂白粉，氯气与碱反应生成金属氯化物和次氯酸盐，其方程式为 $2Cl_2 + 2Ca(OH)_2 \xlongequal{} Ca(ClO)_2 + CaCl_2 + 2H_2O$。

(2) 次氯酸盐是漂白杀毒剂的有效成分，本题中是 $Ca(ClO)_2$。

(3) 漂白粉的漂白原理是：次氯酸钙与空气中的水和 CO_2 作用生成的次氯酸是一种很好的杀菌消毒剂，①当 $Ca(ClO)_2$ 过量时，发生的反应是：$Ca^{2+} + 2ClO^- + CO_2 + H_2O \xlongequal{} CaCO_3\downarrow + 2HClO$；②当 CO_2 过量时，发生的反应是：$ClO^- + CO_2 + H_2O \xlongequal{} HCO_3^- + HClO$，因 CO_2 过量，CO_2 与水反应生成 HCO_3^-，故没有沉淀产生，因此答案是 $ClO^- + CO_2 + H_2O \xlongequal{} HCO_3^- + HClO$。

【例题 4】若将过量的 Cl_2 通入 $FeBr_2$ 溶液中，其离子方程式为：______________；若将少量的 Cl_2 通入 $FeBr_2$ 溶液中，其离子方程式又是：______________________。

【解析】本题涉及氧化还原反应中量的问题，考查知识较为综合，不仅要考虑到各反应物的氧化性和还原性的强弱，还要考虑“量”的问题。在 $FeBr_2$ 溶液中，Fe^{2+} 和 Br^- 都可以作为还原剂与 Cl_2 反应，这就要考虑反应的先后问题，由于还原性：$Fe^{2+} > Br^-$，因此还原性强的 Fe^{2+} 会先与 Cl_2 反应，而后 Br^- 再与 Cl_2 反应，因此，当 Cl_2 少量时，发生的反应为 $Cl_2 + 2Fe^{2+} = 2Fe^{3+} + 2Cl^-$；当 Cl_2 过量时，发生的反应为 $2Fe^{2+} + 4Br^- + 3Cl_2 = 2Fe^{3+} + 2Br_2 + 6Cl^-$。

二 解题技巧

离子反应中涉及“量”的问题常有以下两种情况：一是多元酸、多元碱及酸式盐在溶液中发生的反应（包括“中和类反应”、“沉淀类反应”和“中和与沉淀平行反应”）；二是涉及多种氧化剂或还原剂的反应。

（1）多元酸、多元碱及酸式盐在溶液中发生的反应。

多元酸、多元碱及酸式盐在溶液中发生反应时，往往因用量不同而导致离子方程式不同，书写这类离子方程式的方法是“少定多变法”。

“少定多变法”是指将量少的反应物定为 1 mol，要使这 1 mol 少量物质电离出的相应离子完全反应，需要多少过量物中的相应离子就拿入多少离子参与反应即可。其中，过量反应物离子的化学计量数不受化学式中的比例制约，是可变的，如例题 1 中的 D 项，以少量的 $NaHCO_3$ 为 1 mol，则需要 1 mol OH^- 与之完全反应，生成 1 mol H_2O 和 1 mol CO_3^{2-}，1 mol CO_3^{2-} 需要 1 mol Ba^{2+} 生成 1 mol $BaCO_3$，故 $Ba(OH)_2$ 的离子系数比例发生了变化；又如例题 2 中的 D 项，首先应该熟悉 Al 的相关反应，然后根据题目所给的条件写出相应的方程式，条件是 CO_2 过量，同样可设定少量的 $NaAlO_2$ 为 1 mol，过量的 CO_2 以 $NaAlO_2$ 为依据，该用多少用多少，可准确地写出离子方程式。

（2）涉及多种氧化剂或还原剂的反应。

氧化还原反应是高中化学的重难点，涉及多种氧化剂和还原剂的离子反应的题目对学生来说就显得比较复杂难解，不过，解这样的题目，亦有规律可循。首先，要熟练掌握氧化还原反应的原理。其次，要熟记一些常见离子的氧化性及还原性的强弱顺序，如氧化性：$F_2 > Cl_2 > Br_2 > Fe^{3+} > I_2 > SO_2 > S$；还原性：$S^{2-} > SO_3^{2-} > I^- > Fe^{2+} > Br^- > Cl^- > F^-$。最后，根据具体题目中的相关的“量”的要求写方程式，如一种氧化剂，它会先与还原性强的还原剂反应，若氧化剂“过量”，它会进一步与还原性弱一点的还原剂反应，若氧化剂为“少量”，则与还原性最强的反应，如例题 4 中还原性：$Fe^{2+} > Br^-$，故 Cl_2 少量时与 Fe^{2+} 反应，Cl_2 过量时与 Fe^{2+} 和 Br^- 都发生反应。

（3）当然，也有很多不存在“量”的问题的反应，如在苯酚钠溶液中通入 CO_2、$Ca(HCO_3)_2$ 与 $Ca(OH)_2$ 反应、$Ba(OH)_2$ 与 H_2SO_4 反应等。因此，涉及“量”的问题时，要仔细分析，综合运用所学的知识，才能解出正确的答案。

三 总 结

离子反应是高中化学的一个难点，反应中“量”的问题更是难点中的难点，因此，克服这个难点很重要。牢固掌握反应原理，熟练运用解题技巧，学会轻松应对这个难点，可以大大提高学生的学习兴趣和解题的自信心，从而更好地提高学习效率。

参考文献

[1] 王书斌．高考热点——“离子反应过量问题”的探究［DB/OL］．http：//www. docin. com/p－456563929. html，2010－08－30.

[2] 陈娇．“少定多变法”——快速书写酸式盐与碱反应的离子方程式的方法［DB/OL］．http：//www. doicn. com/p－562265825. html，2012－04－17.

离子反应的解题研究及解题技巧[①]

2010级本科生：张艾嘉　肖晓君
指导教师：衷明华

【摘　要】纵观高考，可以发现每年的高考化学都会考查离子反应的相关知识，本文着重研究了这个专题的相关考题，通过解析与高频考点相对应的典型例题，总结出成功解答这类题目的技巧，给予学生解题的启发，进而掌握正确的学习方法，激发学习的兴趣。

【关键词】离子反应；高考；解题；技巧

为了适应时代和社会发展的要求，新课程改革提出以学生发展为本、注重提高学生的科学素养为教育的目的。如今的化学课本传授给学生的只是知识点的脉络大纲，内容越来越简单，试题难度却越来越大。学生往往是为了得分而解出标准答案，因此他们的学习主要是在“学答”，而不是“学问”，这违背了现代教育对人才培养的要求。与此同时，“解题研究”应运而生，它研究最有效的方法，教会学生必要的解题技巧，让学生能自我学习，不仅懂得为什么要这样学，更主要是学会怎样学，即“授之以渔”，从而培养学生的创新精神和自我实践的能力。

这里主要以高考题中的“离子反应”为例，归类解析所涉及的知识点。离子反应在中学化学中占有较重要的地位，知识范围广且综合性强，在高考中的考查方式灵活多样，主要涉及的高频考点有：①离子方程式的书写与正误判断；②离子共存；③离子的性质与检验。

一　例题解析

1. 离子方程式的书写与正误判断

【例题1】（2009广东，12）下列离子方程式正确的是（　　）。

A. 向盐酸中滴加氨水：$H^+ + OH^- = H_2O$

B. $Fe(OH)_3$溶于氢碘酸：$Fe(OH)_3 + 3H^+ = Fe^{3+} + 3H_2O$

---

① 该文刊于《江西化工》2013年第4期第305页。

C. 铜溶于稀硝酸：$3Cu + 8H^+ + 2NO_3^- \xlongequal{} 3Cu^{2+} + 2NO\uparrow + 4H_2O$

D. 向 $Na_2S_2O_3$ 溶液中通入足量氯气：$S_2O_3^{2-} + 2Cl_2 + 3H_2O \xlongequal{} 2SO_3^{2-} + 4Cl^- + 6H^+$

【答案】C。

【解析】A 项，单质、弱电解质、非电解质、气体及难溶性盐这些物质是不可以拆的，要用化学式表示，而氨水是一种弱碱，弱电解质，故不可拆；B 项不符合客观事实，应发生的是氧化还原反应，而不是简单的中和反应，正确的离子方程式为 $2Fe(OH)_3 + 2I^- + 6H^+ \xlongequal{} 2Fe^{2+} + I^2 + 3H_2O$；C 项书写正确；D 项中因为氯气具有强氧化性，将 $S_2O_3^{2-}$ 氧化成 SO_4^{2-}，所以正确的离子方程式应为 $S_2O_3^{2-} + 4Cl_2 + 5H_2O \xlongequal{} 2SO_4^{2-} + 8Cl^- + 10H^+$，故 D 错。

2. 离子共存

【例题2】（2011 江苏，4）常温下，下列各组离子在指定溶液中一定能大量共存的是（　　）。

A. $1.0\ mol \cdot L^{-1}$ 的 KNO_3 溶液：H^+、Fe^{2+}、Cl^-、SO_4^{2-}

B. 甲基橙呈红色的溶液：NH_4^+、Ba^{2+}、AlO_2^-、Cl^-

C. pH 值为 12 的溶液：K^+、Na^+、CH_3COO^-、Br^-

D. 与铝反应产生大量氢气的溶液：Na^+、K^+、CO_3^{2-}、NO_3^-

【答案】C。

【解析】离子能否共存，关键看离子间能否发生反应。A 项中，NO_3^- 在酸性条件下具有氧化性，能将 Fe^{2+} 氧化成 Fe^{3+}，故不能共存；B 项中，能使甲基橙呈红色的溶液显酸性，而 AlO_2^- 在酸性条件下容易生成 Al^{3+}，故不能大量共存；C 项中，pH 值为 12 的溶液呈碱性，所给离子一定能大量共存；D 项中，根据条件所给的，与铝反应产生大量氢气的溶液可以显强碱性，也可以显强酸性，所以分两种情况分析，若溶液显强碱性，所给离子能大量共存，若溶液显强酸性，所给离子不能大量共存。

3. 离子的检验与推断

【例题3】有一无色透明溶液，欲确定是否含有下列离子：K^+、Mg^{2+}、Al^{3+}、Fe^{2+}、Ba^{2+}、NO_3^-、SO_4^{2-}、Cl^-、I^-、HCO_3^-。

进行如下实验：

实验步骤	实验现象
①取少量该溶液，加入几滴甲基橙	溶液变红
②取少量该溶液，加入 Cu 片和浓硫酸，加热	有无色气体产生，气体遇空气可以变成红棕色
③取少量该溶液，加入 $BaCl_2$ 溶液	有白色沉淀生成
④取上一步中反应后的上层清液，加入 $AgNO_3$ 溶液	有稳定的白色沉淀生成，且不溶于稀硝酸
⑤取少量该溶液，加入 NaOH 溶液	有白色沉淀生成，当 NaOH 过量时，沉淀部分溶解

由此判断：

（1）溶液中一定存在的离子是__________；溶液中肯定不存在的离子是__________。

（2）为了进一步确定其他离子，应该补充的实验及对应欲检验离子的名称（如为溶液反应，说明使用试剂的名称，不必写详细步骤）____________________。

【答案】（1）NO_3^-、SO_4^{2-}、Mg^{2+}、Al^{3+}；Fe^{2+}、HCO_3^-、I^-、Ba^{2+}。

（2）K^+的检验可以用焰色反应；Cl^-的检验：向溶液中加足量的$Ba(NO_3)_2$溶液，过滤后向滤液中加$AgNO_3$溶液，再加稀硝酸，白色沉淀不溶解。

【解析】① 能使甲基橙溶液变红的溶液显酸性，故HCO_3^-不能大量存在；② 说明有NO_3^-，在酸性条件下NO_3^-有强氧化性，因此与还原性的离子Fe^{2+}、I^-发生氧化还原反应，故不能大量存在；③ 说明有SO_4^{2-}，Ba^{2+}与之能生成白色沉淀$BaSO_4$，故不能大量存在；④ 不足以说明有Cl^-，因为③引入了Cl^-；⑤ 说明有Mg^{2+}和Al^{3+}。

二　解题技巧

1. 离子方程式的正误判断技巧

（1）看是否符合客观事实，如 Fe 和稀盐酸反应生成Fe^{2+}，而不是Fe^{3+}。

（2）看化学式拆写是否正确。

①易溶于水的强电解质（如强酸、强碱和大多数可溶性盐）均写成离子形式，而其他物质（如单质、弱电解质、非电解质、气体及难溶性盐）均用化学式表示；

②可溶性多元弱酸的酸式酸根一律写成酸式酸根离子的形式，如HCO_3^-；

③非溶液状态下的反应一般不用离了方程式表示，如实验室制备氨气的反应，虽然是离子反应，但不能用离子方程式表示；

④微溶物的写法：一般来说，强电解质微溶物如$Ca(OH)_2$的澄清溶液写成离子形式，而浑浊或沉淀则写成化学式。

（3）看符号使用是否正确，注意可逆符号、气体符号等的正确使用。

（4）看是否遵循原子守恒、电荷守恒和得失电子守恒。

（5）看是否漏掉某些离子反应，如$Ba(OH)_2$溶液与H_2SO_4溶液，既要写Ba^{2+}与SO_4^{2-}反应生成$BaSO_4$沉淀，也不能漏掉OH^-与H^+反应生成H_2O。

（6）看是否符合题设条件的要求，如少量、过量等关键字眼以及滴加顺序等对反应产物的影响。

2. 离子共存技巧总结：一色、二性、三特殊、四反应

（1）“一色”即溶液颜色。若限定溶液无色，则Fe^{3+}（棕黄色）、Fe^{2+}（浅绿色）、Cu^{2+}（蓝色）、MnO_4^-（紫色）等有色离子均不能存在。

（2）“二性”即溶液的酸性和碱性。

① 在强酸性溶液中，OH^-和弱酸根离子如CO_3^{2-}等均不能大量共存；

② 在强碱性溶液中，H^+和弱碱阳离子如Mg^{2+}、NH_4^+等均不能大量共存；

③ 弱酸的酸式酸根离子如 HCO_3^-、$H_2PO_4^-$ 等在强酸性或强碱性溶液中均不能大量存在。

（3）“三特殊”指三种特殊情况。

① AlO_2^- 与 HCO_3^- 不能大量共存：$AlO_2^- + HCO_3^- + H_2O = Al(OH)_3\downarrow + CO_3^{2-}$；

② “$NO_3^- + H^+$”和“ClO^-”等代表的是强氧化性，能与 S^{2-}、HS^-、Fe^{2+}、I^- 等发生反应，所以不能大量共存；

③在 NH_4^+ 与 CH_3COO^-、CO_3^{2-}，Mg^{2+} 与 HCO_3^- 等组合中，虽然存在相互促进的弱的双水解，但因水解程度很低，所以在溶液中它们仍然可以大量共存（但在加热条件下就不同了）。

（4）“四反应”指的是离子间通常进行的四种反应类型，能相互反应的离子显然不能大量共存。

① 复分解反应：a. 离子间能否反应生成难溶物（沉淀）；b. 离子间能否反应生成挥发性物质（气体）；c. 离子间能否反应生成难电离的物质（弱酸、弱碱、水），如 Ba^{2+} 与 SO_4^{2-}、NH_4^+ 与 OH^-、CH_3COO^- 与 H^+ 等。

② 氧化还原反应：Fe^{3+} 与 I^-、H^+ 与 SiO_3^{2-} 等。

③ 双水解反应：如 Al^{3+} 与 HCO_3^-、CO_3^{2-} 等。

④ 络合反应：如 Fe^{3+} 与 SCN^- 等。

3. 离子的检验与推断技巧

（1）常见离子的检验。

① Na^+、K^+：利用焰色反应，它们的火焰分别是黄色、浅紫色（K^+ 透过蓝色钴玻璃观察）。

② NH_4^+：a. 与 NaOH 溶液反应，加热，释放出刺激性气味的气体，能使湿润的红色石蕊试纸变蓝；b. 用蘸有浓盐酸的玻璃棒靠近时冒白烟。

③ Ba^{2+}：与稀硫酸或可溶性硫酸盐产生白色沉淀，且沉淀不溶于稀盐酸或稀硝酸。

④ Al^{3+}：与适量的 NaOH 溶液反应，生成白色沉淀，该沉淀能溶于过量 NaOH 溶液。

⑤ Fe^{3+}：加入 KSCN 溶液，立即显红色，或与 NaOH 溶液反应，生成红褐色沉淀。

⑥ Fe^{2+}：与少量 NaOH 溶液反应，先生成白色沉淀，迅速变成灰绿色，最后变成红褐色沉淀，或在亚铁盐的溶液中加入 KSCN 溶液，不显红色，加入少量新制氯水后，立即显红色。

⑦ CO_3^{2-}：与 $BaCl_2$ 溶液反应生成白色沉淀，该沉淀溶于盐酸，产生无色无味气体，能使澄清的石灰水变浑浊。

⑧ SO_3^{2-}：浓溶液与强酸反应，产生无色有刺激性气味的气体，能使品红褪色。

⑨ SO_4^{2-}：加入盐酸无明显现象后再加入 $BaCl_2$ 溶液，有白色沉淀生成。

⑩ Cl^-：与用硝酸酸化的硝酸银反应，有白色沉淀生成。

（2）离子推断。

解答离子推断题时要仔细审题，充分考虑离子的性质（如颜色等）、实验现象和离子共存（重要的隐含条件）等相关因素，并应特别注意在实验中加入某试剂时，是否引入或生成了原溶液中可能存在的离子，还要懂得灵活地依据溶液中的电荷守恒等原理来确定某些离子是否存在。

三　总　结

每年的高考都会涉及考查离子反应相关知识的考题，如熟悉高频考点，掌握对应的解题技巧，在平常的学习中有目的地挑选习题进行练习，能快速且巧妙地得出正确的答案，可以给予学生学习化学知识的信心，激发学生对解题的浓厚兴趣，从而培养学生的创造性思维及综合能力，使其全面发展，成为现代社会所需要的人才。

参考文献

[1] 吴庆林. 浅谈高考题中的离子反应 [J]. 数理化解题研究（高中版），2013 (5)：56 ~ 58.

[2] 黄儒兰. 化学试题解析与模拟 [M]. 北京：高等教育出版社，1998.

[3] 张莉娜. 新课程背景下的高考化学试题研究及其启示 [J]. 北京教育学院学报（自然科学版），2012 (1)：49 ~ 56.

离子守恒题目解题策略①

2012 级本科生：谭　璐
指导教师：衷明华

【摘　要】离子守恒是高考的必考点，同时也是难点易错点，但其出题方式单一，万变不离其宗，只要掌握离子守恒题目解题的方法，便能轻松得分，在考试中取得优势。本文给大家梳理了一下离子守恒知识点，并提出了解题的策略方法。

【关键词】离子守恒；高考；高频考点；解题方法；高考预测

一　离子守恒的分类

对于离子守恒的有关知识点，相信各位同学都不会陌生，它分为三大类：电荷守恒、物料守恒和质子守恒。

（1）电荷守恒：即溶液永远是电中性的，所以阳离子带的正电荷总量 = 阴离子带的负电荷总量。

例如：NH_4Cl 溶液中 $c(NH_4^+) + c(H^+) = c(Cl^-) + c(OH^-)$。

（2）物料守恒：即加入的溶质组成中存在的某些元素之间的特定比例关系，由于水溶液中一定存在水的 O、H 元素，所以物料守恒中的等式一定是非 O、H 元素的关系。

例如：Na_2CO_3溶液中 Na：C = 2：1，即得到：$c(Na^+) = 2c(CO_3^{2-} + HCO_3^- + H_2CO_3)$。

（3）质子守恒：即 H^+ 守恒，溶液中失去 H^+ 的总数等于得到 H^+ 的总数，利用物料守恒和电荷守恒推出。

例如：NH_4Cl 溶液。

电荷守恒：$c(NH_4^+) + c(H^+) = c(Cl^-) + c(OH^-)$

物料守恒：$c(NH_4^+) + c(NH_3 \cdot H_2O) = c(Cl^-)$

将两式相减，可得：$c(H^+) = c(OH^-) + c(NH_3 \cdot H_2O)$

① 该文刊于《江西化工》2014 年第 2 期第 201 页。

二　2009—2013 年离子守恒在广东高考卷中所占比重汇总

2009—2013 年离子守恒在广东高考卷中所占比重汇总

年份	题号	所占比例	考查内容
2009	第 9 题单选	3 分（总分 150 分）	通过三种平衡来分析离子浓度的大小，从而作出比较
2010	第 12 题单选	4 分（总分 100 分）	$0.1\ mol \cdot L^{-1}$ NaAc 溶液中各离子浓度的大小比较
2011	第 11 题单选	4 分（总分 100 分）	在 $0.1\ mol \cdot L^{-1}\ Na_2SO_3$ 溶液中进行一系列实验后各离子浓度的大小比较
2012	第 23 题双选	6 分（总分 100 分）	分析常温下 pH 值为 2 的盐酸与其他溶液混合后离子浓度的大小比较
2013	第 12 题单选	4 分（总分 100 分）	判断 50℃时各溶液离子浓度的大小

由上面的表格可以了解 2009—2013 年广东高考卷将这个知识点放在选择题来考查考生。选择题是一类易得分又易失分的题目，正所谓“得选择题者得天下”，高考中几分的差距就会影响几万人的排名，因此我们必须重视选择题。由于离子守恒是一个重点难点，出于对离子守恒知识点的恐惧，很多高中生都会因为心理上的抵触而缺乏适当的练习和科学的归纳，因而导致在高考中容易失分。

三　离子守恒题目的解题策略

（1）第一次审题时，一定要抓住题目的主干。如一种碱溶液和一种酸溶液混合，标着“强”的那种物质，混合后溶液一定显示其物质的性质，知道了这个解题关键后，题目就迎刃而解了。

【例题 1】等体积、等浓度的 MOH 强碱溶液和 HA 弱酸溶液混合后，混合液中有关离子浓度应该满足的关系是（　　）。

A. $c(M^+) > c(OH^-) > c(A^-) > c(H^+)$

B. $c(M^+) > c(A^-) > c(H^+) > c(OH^-)$

C. $c(M^+) > c(A^-) > c(OH^-) > c(H^+)$

D. $c(M^+) + c(H^+) = c(OH^-) + c(A^-)$

【答案】AD。

【解析】因为题目上面写着等体积和等浓度而且都是一元的溶液，根据“谁强显谁性”的口诀，完全反应生成强碱弱酸盐 MA，可判断 $c(OH^-) > c(H^+)$，因此可排除 B

选项。因为 A^- 水解显碱性，而且 OH^- 和 H^+ 是弱电离的，因此 A 选项是正确的。根据电荷守恒，D 选项也是正确的，故答案为 AD。

（2）做题时可以先把最简单的电子守恒式列出来，这样会对下面分析离子的相对大小有很大的帮助。还有一些小细节是需要记住的，如 pH 值相加为 14 的酸和碱混合，通常弱的酸或碱是过量的，溶液显示它的性质；强酸弱碱盐或强碱弱酸盐电离后会水解，要留意水解离子与 H^+ 和 OH^- 离子浓度的大小比较。

【例题 2】下列溶液中离子浓度关系的表示正确的是（　　）。

A. $NaHCO_3$ 溶液中：$c(H^+) + c(Na^+) = c(OH^-) + 2c(CO_3^{2-}) + c(HCO_3^-)$

B. pH 值为 3 的 CH_3COOH 溶液与 pH 值为 11 的 NaOH 溶液等体积混合后的溶液中：$c(OH^-) > c(H^+) + c(CH_3COO^-)$

C. $0.1\ mol \cdot L^{-1}$ 的 NH_4Cl 溶液中：$c(Cl^-) > c(H^+) > c(NH_4^+) > c(OH^-)$

D. 物质的量浓度相等的 CH_3COOH 和 CH_3COONa 溶液等体积混合后的溶液中：$2c(Na^+) = c(CH_3COOH) + c(CH_3COO^-)$

【答案】AD。

【解析】根据电荷守恒可得 A 是正确的。B 中混合后乙酸是过量的，因此溶液显酸性，$c(H^+) > c(OH^-)$，所以 B 是错误的。NH_4Cl 溶液中 NH_4^+ 会发生水解，$c(NH_4^+) > c(H^+)$，所以 C 错误。由物料守恒可得 $c(Na^+)$ 是 $c(CH_3COOH)$ 和 $c(CH_3COO^-)$ 之和的 1/2，所以 D 正确，故答案为 AD。

（3）题目出现的离子浓度大小比较和左右的等式关系是通过三个守恒定律变形和水解平衡而得出的，因此为了更加有效地解题，我们可以把题目涉及的守恒列出来，然后通过比较题目的每一个选项，把式子相加减，同时考虑水解平衡导致溶液酸碱性的改变，就可以准确而又迅速地选出正确的答案。

【例题 3】在 Na_2S 溶液中存在的下列关系不正确的是（　　）。

A. $c(Na^+) = 2c(S^{2-}) + 2c(HS^-) + 2c(H_2S)$

B. $c(Na^+) + c(H^+) = 2c(OH^-) + c(HS^-) + c(S^{2-})$

C. $c(OH^-) = c(H^+) + c(HS^-) + 2c(H_2S)$

D. $c(Na^+) > c(S^{2-}) > c(OH^-) > c(HS^-)$

【答案】B。

【解析】根据物料守恒可得 A 选项是正确的。根据电荷守恒，可知道 $2c(OH^-)$ 在这里是错误的，因此 B 选项是错误的。我们把列出来的电荷守恒和物料守恒相减可以得到 C 选项是正确的。因为 S^{2-} 和 HS^- 会水解，同时水解显碱性，因此 D 选项也是正确的。

四　两种电解质溶液混合后离子浓度大小的比较

（1）两种物质混合不反应。这时我们需要通过电荷守恒和题目的已知条件来判断溶液的酸碱性，再进一步判断是电离强还是水解强，最后通过物料守恒对题目的选项逐个进行分析。

（2）两种物质恰好完全反应。这时候两种物质刚好反应完全，等同于存在一种或两种溶质的溶液，我们也可以采用先写出电荷守恒的方法，有时候题目选项会出现两个正离子都大于两个负离子，这肯定是错误的，因为这样电荷就不会守恒，因此我们可以通过这个方法来排除选项。

（3）两种物质反应，其中一种有剩余。此时我们要看清楚题目所给的是物质“物质的量浓度”还是“pH”，要抓住两溶液混合后剩余的弱酸或者弱碱的电离程度和生成的盐的水解程度这一关键来判断。

五　解题中的小窍门

在解题中，我们需要注意一些小窍门，这样能使我们的解题效率大大提高。

1. 电荷守恒

（1）弱酸弱碱会发生水解，在产物中要把水解产物列举出来。

（2）一个离子所带的电荷数是多少，离子前面就标多少。

2. 物料守恒

（1）含特定元素的粒子（离子或分子）守恒。

（2）不同元素间形成的特定微粒比守恒。

（3）特定的微粒来源守恒。

3. 质子守恒

（1）将电荷守恒和物料守恒的式子写出来，相减即可得到。

（2）由酸碱质子理论，写出原始物种、消耗质子产物和产生质子产物，再列出关系式。

六　2015 年高考预测

经过对近几年广东卷的归纳和整理，我认为今年高考的出题形式和所占比分不会出现太大的变动，仍然会按照前几年的出题形式，离子守恒可能会考查 Na_2CO_3、$NaHCO_3$、NH_4Cl、Na_3PO_4、Na_2S、CH_3COONa、CH_3COOH、氨水、氯水等弱电解质溶液，并以溶液为主。希望同学们在平时做题和考试中养成良好的习惯，能熟练地写出 3 种守恒式子，把经常遇到的离子溶液关系理清，把重要或易错的题目记录下来，以利于日后复习！

盘点离子共存规律　解析高考真题①

2012 级本科生：陈泽玲
指导教师：衷明华

【摘　要】离子共存问题是一个久考不衰的问题，是历年高考中的必考点。所谓离子共存，实质上就是看离子间是否发生反应的问题，若在溶液中发生反应，就不能共存。而看能否发生反应，不仅要考虑有无沉淀、气体、水、难电离的物质产生，还涉及溶液酸碱性、颜色，能否进行氧化还原反应等，归纳起来就是一句话：一色，二性，三特殊，四反应。此归纳是为提高大家的综合应用和辨析能力，相信对大家做题会有一定的帮助。

【关键词】离子共存；高考真题；规律

一　"一色"

"一色"即指溶液的颜色，若题目限定溶液"无色"，则不含有色离子，如 Fe^{2+}（浅绿色）、Fe^{3+}（棕黄色）、Cu^{2+}（蓝色）、MnO_4^-（紫色）等离子；若"透明"，则溶液不形成混浊或沉淀（切记与溶液有无颜色无关，不要认为透明就一定是无色的），如 Ag^+ 与 Cl^-、Br^-、I^-、SO_4^{2-}；Ca^{2+} 与 CO_3^{2-}、SO_4^{2-}；Ba^{2+} 与 CO_3^{2-}、SO_3^{2-}、SO_4^{2-} 等在水溶液中会发生反应，有混浊或明显的沉淀生成，它们不能大量共存。

【例题 1】在某无色透明的溶液中，下列各组离子能大量共存的是（　　）。

A. H^+、Cl^-、Ba^{2+}、CO_3^{2+}　　B. Ag^+、I^-、K^+、NO_3^-

C. K^+、OH^-、Cl^-、Na^+　　D. Fe^{3+}、Cl^-、NO_3^-、Na^+

【答案】C。

【解析】A 项中 Ba^{2+} 与 CO_3^{2-} 会形成 $BaCO_3$ 白色沉淀，B 项中 Ag^+ 与 I^- 形成 AgI 黄色沉淀，D 项中 Fe^{3+} 使溶液呈黄色，故答案为 C 项。

① 该文刊于《江西化工》2014 年第 2 期第 193 页。

二　"二性"

"二性"指溶液的酸碱性。

（1）酸性。常见的叙述有强酸性溶液、pH 值为 1 的溶液、能使 pH 试纸变红的溶液、紫色石蕊试剂呈红色的溶液、甲基橙呈红色的溶液、加入镁粉能释放出氢气的溶液等。

若题目中限定溶液呈酸性，则溶液中有 H^+ 存在，其中不能大量含有 OH^-、弱酸根离子（如 $CO_3{}^{2-}$、$SO_3{}^{2-}$、S^{2-}、F^-、ClO^-、CH_3COO^-、$PO_4{}^{3-}$、$AlO_2{}^-$、$SiO_3{}^{2-}$ 等）以及弱酸的酸式根离子（如 $HCO_3{}^-$、$HSO_3{}^-$、HS^-、$HPO_4{}^{2-}$、$H_2PO_4{}^-$ 等）。

（2）碱性。常见的叙述有强碱性溶液、pH 值为 14 的溶液、能使 pH 试纸变蓝的溶液、红色石蕊试纸变蓝的溶液、酚酞呈红色的溶液、甲基橙呈黄色的溶液、加入铝粉反应后生成 $AlO_2{}^-$ 的溶液、既能溶解 $Al(OH)_3$ 又能溶解 H_2SiO_3 的溶液等。

若题目中限定溶液呈碱性，则溶液中有 OH^- 存在，其中不能大量含有 H^+、弱碱的阳离子（如 $NH_4{}^+$、Mg^{2+}、Ag^+、Al^{3+}、Cu^{2+}、Fe^{2+}、Fe^{3+} 等）以及弱酸的酸式根离子（如 $HCO_3{}^-$、$HSO_3{}^-$、HS^-、$HPO_4{}^{2-}$、$H_2PO_4{}^-$ 等）。

【例题 2】在酸性溶液中能大量共存且形成无色透明溶液的一组物质是（　　）。

A. Na_2CO_3、$NaCl$、$NaOH$　　B. $FeCl_3$、KNO_3、KCl

C. Na_2SO_4、KCl、$NaCl$　　D. Na_2SO_4、$NaNO_3$、$BaCl_2$

【答案】C。

【解析】酸性溶液中含有大量 H^+，A 项中 $CO_3{}^{2-}$ 和 H^+ 反应生成 CO_2 和 H_2O，OH^- 与 H^+ 反应生成 H_2O；B 项中 $FeCl_3$ 溶液为黄色，而本题要求为无色；D 项中 Na_2SO_4 和 $BaCl_2$ 反应生成 $BaSO_4$ 白色沉淀。故选 C 项。

【例题 3】下列各组离子中，在碱性溶液中能大量共存，且溶液为无色透明的是（　　）。

A. K^+、$MnO_4{}^-$、$SO_4{}^{2-}$、Cl^-　　B. Ca^{2+}、$HCO_3{}^-$、$NO_3{}^-$、$SO_4{}^{2-}$

C. Na^+、$AlO_2{}^-$、$NO_3{}^-$、$CO_3{}^{2-}$　　D. $NH_4{}^+$、$SO_4{}^{2-}$、S^{2-}、Cl^-

【答案】C。

【解析】溶液呈碱性，则溶液中一定有 OH^- 存在。A 项中 $MnO_4{}^-$ 为紫红色，B 项中 $SO_4{}^{2-}$ 与 Ca^{2+} 形成 $CaSO_4$ 沉淀，D 项中 $NH_4{}^+$ 与 OH^- 在溶液中形成氨水（加热则放出 NH_3）。故只有 C 选项满足题意。

【例题 4】下列各组离子一定能大量共存的是（　　）。

A. 在含有大量 Fe^{3+} 的溶液中：$NH_4{}^+$、Na^+、Cl^-、SCN^-

B. 在强碱溶液中：Na^+、K^+、$AlO_2{}^-$、$CO_3{}^{2-}$

C. 在 $c(H^+) = 10^{-13}\ mol \cdot L^{-1}$ 的溶液中：$NH_4{}^+$、Al^{3+}、$SO_4{}^{2-}$、$NO_3{}^-$

D. 在 pH 值为 1 的溶液中：K^+、Fe^{2+}、Cl^-、$NO_3{}^-$

【答案】B。

【解析】此题关键是“一定”二字。A 中 Fe^{3+} 与 SCN^- 不能共存，C 中若为强酸溶液，离子可以共存，若为强碱性溶液，NH_4^+、Al^{3+} 不能大量共存；D 中 Fe^{2+} 与 NO_3^-、H^+ 不能大量共存。

三 “三特殊”

“三特殊”指的是除一些普遍规律外，还有以下三种特殊情况。

（1）由于水解和电离的相互影响而不能大量共存。AlO_2^- 与 HCO_3^- 虽然均属于弱酸根离子，水溶液因水解呈碱性，但 H_3AlO_3 的酸性太弱，AlO_2^- 的水解能力太强，含有 AlO_2^- 的水溶液中［OH^-］浓度较大，能直接与 HCO_3^- 作用生成 $Al(OH)_3$ 沉淀和 CO_3^{2-}，故 AlO_2^- 与 HCO_3^- 不能共存于同一溶液中。与其类似的还有 AlO_2^- 与 HSO_3^-、HS^-、HPO_4^{2-}、$H_2PO_4^-$ 等。

（2）具有氧化性的某些含氧酸根离子（如 NO_3^-）若不是在酸性溶液中，则能与某些还原性较强的离子（如 S^{2-}、I^-、Fe^{2+} 等）共存，因为这些含氧酸根离子只有在酸性条件下才能表现出强氧化性。又如 MnO_4^- 在碱性条件下能氧化 SO_3^{2-}、$S_2O_3^{2-}$、S^{2-}、I^-，但不能氧化 Cl^-、Br^-；在酸性条件下，MnO_4^- 的氧化性很强，常温下就能氧化 Cl^-、Br^-。

（3）水解能力弱的弱碱阳离子与弱酸根离子（如 Mg^{2+} 与 HCO_3^-、Mg^{2+} 与 HSO_3^- 等），可以不考虑它们之间的双水解，能共存于同一溶液中。

【例题 5】下列各组离子在溶液中能大量共存的是（　　）。

A. Fe^{2+}、NO_3^-、Cl^-、K^+　　B. Al^{3+}、AlO_2^-、OH^-、Na^+

C. Fe^{3+}、I^-、K^+、SO_4^{2-}　　D. Fe^{3+}、SCN^-、CO_3^{2-}、NH_4^+

【答案】A。

【解析】A 项中各离子相互之间不反应（NO_3^- 只有在酸性条件下才能表现出强氧化性，才可以氧化 Fe^{2+}），可以大量共存；B 项中 Al^{3+} 和 OH^- 不能大量共存；Al^{3+} 和 AlO_2^- 不能大量共存（双水解反应：$Al^{3+} + 3AlO_2^- + 6H_2O = 4Al(OH)_3\downarrow$）；C 项中 Fe^{3+} 和 I^- 不能大量共存；而 D 项中 Fe^{3+} 和 SCN^- 形成络合物，不能大量共存，Fe^{3+} 和 CO_3^{2-} 发生双水解，不能大量共存。

四 “四反应”

“四反应”指离子间若能发生下列四种反应中的任一种，则均不能共存。

（1）发生复分解反应。

若离子直接相互结合会生成难溶物（如 AgCl、AgBr、$BaSO_4$ 等）、气体（如 NH_3、CO_2 等）或弱电解质（如 H_2O、HF、H_2S 等），则均不能大量共存于同一溶液中。

（2）发生氧化还原反应。

两离子相遇若发生氧化还原反应，则不能共存。如 Fe^{3+} 与 S^{2-}、Fe^{3+} 与 I^-、Fe^{2+} 与 NO_3^-（H^+）等；MnO_4^-、NO_3^-（H^+）、ClO^-（H^+）、$Cr_2O_7^{2-}$ 与 S^{2-}、I^-、SO_3^{2-}、Fe^{2+} 不共存；酸性条件下 SO_3^{2-} 与 S^{2-} 不共存。

【例题 6】下列离子在溶液中因发生氧化还原反应而不能大量共存的是（　　）。

A. H^+、NO_3^-、Fe^{2+}、Na^+　　B. Ag^+、NO_3^-、Cl^-、K^+

C. K^+、Ba^{2+}、OH^-、SO_4^{2-}　　D. Cu^{2+}、NH_4^+、Br^-、OH^-

【答案】A。

【解析】正确选项应满足发生氧化还原反应、不能大量共存两个条件。A 项中 H^+、NO_3^-、Fe^{2+} 能发生氧化还原反应，故答案为 A 项。其余三个选项都是因为发生复分解反应（生成难溶物）而不能大量共存。

（3）发生双水解反应。

弱碱阳离子与弱酸阴离子间因发生双水解反应，故它们不能共存，如 Al^{3+} 与 CO_3^{2-}、SO_3^{2-}、HCO_3^-、HSO_3^-、HS^-、AlO_2^- 不共存；AlO_2^- 与 Fe^{3+}、Fe^{2+}、Zn^{2+}、Cu^{2+}、Ag^+、NH_4^+ 不共存；SiO_3^{2-} 与 NH_4^+ 不共存（前面习题中有提及，故不再举例）。

（4）发生络合反应。

若离子间发生络合反应生成络离子，则这些离子不能共存，如 Fe^{3+} 与 SCN^- 不共存，Ag^+ 与 $NH_3 \cdot H_2O$ 分子不共存，Ag^+ 与 CN^- 不共存。

五　“五注意”

（1）审题时要注意的细节：注意题目要求如“一定大量共存”、“可能大量共存”还是“不能大量共存”等。

（2）审题时应注意题中给出的附加条件，如酸性溶液（H^+）、碱性溶液（OH^-）、加入铝粉后释放出可燃性气体的溶液、由水电离出的 $c(H^+)$ 或 $c(OH^-)$ 浓度为 $1\times10^{-10}\ mol\cdot L^{-1}$ 的溶液等；注意某溶液与铝反应可以生成氢气，则在该溶液中不一定存在与 H^+ 或者 OH^- 可以共存的离子。

（3）$Al(OH)_3$ 有酸式电离和碱式电离：增加 OH^-、Al^{3+} 浓度或者增加 H^+、AlO_2^- 离子浓度，都可以使平衡朝生成沉淀的方向移动。因此 OH^- 与 Al^{3+}、H^+ 与 AlO_2^- 不能共存，但 OH^- 与 AlO_2^-、Al^{3+} 与 H^+ 可以共存。

（4）常温下，某溶液中由水电离出的 H^+ 为 $0.01\ mol\cdot L^{-1}$，则该溶液可能是 pH 值为 2 或者 12 的溶液。该溶液为酸性或碱性，有 H^+ 或者 OH^-。

（5）某种溶液中有多种阳离子，则阴离子一般有 NO_3^-。

六　知己知彼，实战演练

【例题 7】（2013 重庆）在水溶液中能大量共存的一组离子是（　　）。

A. Na^+、Ba^{2+}、Cl^-、NO_3^-　　B. Pb^{2+}、Hg^{2+}、S^{2-}、SO_4^{2-}

C. NO_3^-、H^+、S^{2-}、PO_4^{3-}　　D. Ca^{2+}、Al^{3+}、Br^-、CO_3^{2-}

【答案】A。

【例题8】(2013 广东）在水溶液中能大量共存的一组离子是（　　）。

A. Na^+、Al^{3+}、Cl^-、CO_3^{2-}　　B. H^+、Na^+、Fe^{2+}、MnO_4^-

C. K^+、Ca^{2+}、Cl^-、NO_3^-　　D. K^+、NH_4^+、OH^-、SO_4^{2-}

【答案】C。

【例题9】(2013 江苏）常温下，下列各组离子在指定溶液中一定能大量共存的是（　　）。

A. 使甲基橙变红色的溶液：Mg^{2+}、K^+、SO_4^{2-}、NO_3^-

B. 使酚酞变红色的溶液：Na^+、Cu^{2+}、HCO_3^-、NO_3^-

C. $0.1\ mol \cdot L^{-1}$ $AgNO_3$溶液：H^+、K^+、SO_4^{2-}、I^-

D. $0.1\ mol \cdot L^{-1}$ $NaAlO_2$溶液：H^+、Na^+、Cl^-、SO_4^{2-}

【答案】A。

浅谈阿伏伽德罗常数题①

2012 级本科生：黎碧存　黄雅康
指导教师：袁明华

【摘　要】阿伏伽德罗常数题是历年广东高考的必考内容。本文从考点剖析、解题锦囊和备战高考三方面对阿伏伽德罗常数题进行阐述。
【关键词】广东高考；阿伏伽德罗常数；考点剖析；解题锦囊

阿伏伽德罗常数是中学化学中重要的基本概念，其作用是建立宏观物理量与微观粒子之间的关系，主要考查考生对物质的量、阿伏伽德罗常数、气体摩尔体积、物质的量浓度等概念的了解；考查考生根据物质的量、质量、微粒数目、气体体积之间的相互关系进行有关计算的能力；考查考生对常见氧化还原反应及其电子转移数的了解以及是否熟悉常见物质的聚集状态等，侧重于知识点的覆盖。该题较为基础，难度较小，历年考查内容基本不变，是考生必得分的题目之一。

一　考点剖析

通过近四年高考真题的对比，我们发现其中阿伏伽德罗常数题考点基本不变，难度较低，选项也十分相似。其共同点如下：

（1）考查学生根据质量求粒子数。

（2）判断强、弱电解质电离的离子数。

（3）考查气体摩尔体积的使用条件。

（4）根据氧化还原反应计算电子转移数目。

二　解题锦囊

（1）对于涉及气体体积的选项，一定要注意是否是标准状态，物质是否是气体。如标

① 该文刊于《江西化工》2014 年第 2 期第 179 页。

准状况下，HF 为液体，SO_3是固体（通常状况是液体），CCl_4 和 $CHCl_3$ 都是液体。

（2）对于溶液中离子个数的问题，一要注意是否有体积，物质的量必须通过浓度与体积之积才能求出；二要注意物质或离子是否电离或水解，如弱酸部分电离，弱酸根离子、弱碱的阳离子均能水解，离子的浓度会发生一些变化。

（3）常见物质的结构。Na_2O_2 中存在过氧根离子（阴、阳离子之比为 1∶2），NaCl 等离子化合物中不存在分子等。

（4）混合物（O_2和 O_3、NO_2和 N_2O_4、C_2H_4和 C_3H_6）的质量问题。该问题可利用相同的最简式进行计算，如46 g NO_2和 N_2O_4混合气体的最简式为 NO_2，最简式的相对分子质量为 46，N 原子的物质的量等于 1 mol，O 原子的物质的量等于 2 mol，46 g 混合气体含 N 原子数量为 N_A，含 O 原子数量为 $2N_A$。

（5）常见反应的电子转移问题。例如 Na_2O_2 与 H_2O、CO_2 的反应（1 mol Na_2O_2 参与反应转移 1 mol 电子）；NO_2 与 H_2O 反应（3 mol NO_2 参与反应转移 2 mol 电子）；Fe 与 Cl_2 反应（1 mol Fe 与足量 Cl_2 反应转移 3 mol 电子，1 mol Cl_2 与足量 Fe 反应转移 2 mol 电子）。

（6）粒子个数可以是分子数，也可以是原子数、电子数、质子数、中子数，如 H_2O 中含分子数为 N_A，氢原子数为 $2N_A$，原子总数为 $3N_A$，电子数和质子数均为 $10N_A$。常见分子中均含有 10 个电子的物质还有 HF、NH_3、CH_3。

三 备战高考

阿伏伽德罗常数题实质上是以物质的量为中心的各种物理量之间的换算问题，在复习时一定要弄清以物质的量为中心的计算关系网络，正确理解概念，准确掌握它们之间的计算关系，这是解决这类问题的基础。

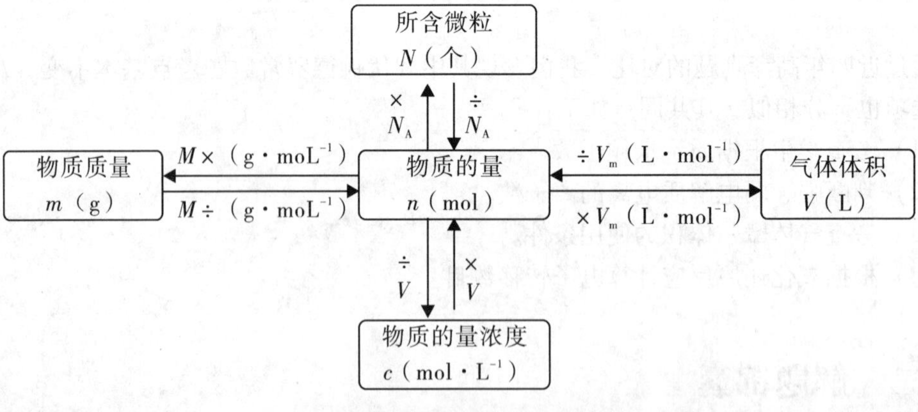

以物质的量为中心的计算关系网络

另外，要熟悉一些常见元素及化合物的化学性质和电解质、弱电解质、非电解质与溶质粒子（分子或离子）数之间的关系。搞清“两个无关”，一是物质的量、质量、粒子数的多少均与温度、压强的高低无关，二是物质的量浓度的大小与所取该溶液的体积多少无关（但溶质粒子数的多少与溶液体积有关）。

对阿伏伽德罗常数的考查，在试题中往往出现多种限制条件或迷惑性条件，考生在做题时要胆大心细，解题的策略是认真读题，检查题目所给条件，把迷惑性条件一一标出，仔细分析后再作出正确判断。在备考复习时应多加注意，强化训练，并在平时的复习中注意知识的积累和总结。

浅析广东省必考点之一——阿伏伽德罗常数[①]

2010级本科生：曾　芳
指导教师：袁明华

【摘　要】阿伏伽德罗常数是广东省高考改革后化学科命题的必考点之一，该题型所涉及的内容丰富，四个选项可以考查不同的知识点，涵盖范围广，能力要求高，因此是高三复习的重点内容。本文重点分析了广东省2010—2013年高考对阿伏伽德罗常数的四个考点，供2015年的考生参考。

【关键词】高考命题；阿伏伽德罗常数；考点

阿伏伽德罗常数在2010年广东省实行高考改革后，一直到2013年的单项选择题都有考，题目一般为“设 N_A 表示阿伏伽德罗常数，下列说法正确（或错误）的是……”由于这类题目的特点在于知识包容性强、涵盖范围广、能力要求高，尤其现在高考采用的是文理分科，虽然每科试题量相对较少，但是考查学生知识比较全面，对于这类题经常有学生不知从何处着手，甚至有一部分学生屡战屡败，而且高考对于阿伏伽德罗常数的考查常常设置“陷阱”，考生一不留神便会成为命题设定者的“猎物”，因而这类题目是难度系数较高、学生较惧怕的。本文总结了近年来阿伏伽德罗常数问题的四个主要考点，希望对2015年的考生有所帮助。

一　考点：气体摩尔体积的使用条件

气体摩尔体积的概念是：在标准状况（0 ℃、101 kPa）或（273 K、101 kPa）下，1摩尔任何气体所占的体积都约为22.4 L，这个体积叫作该气体的摩尔体积，单位是 $L \cdot mol^{-1}$（升每摩尔），即标准状况下（STP）气体摩尔体积为22.4 $L \cdot mol^{-1}$。因此，在选项中遇到体积是与22.4相关的数据时要注意以下两种情况，以免误入陷阱。

（1）看是否在标准状况（0 ℃、101 kPa）下。题目经常会设置为在常温常压下（即25 ℃、101 kPa），值得注意的是，温度和压强影响气体的体积，但不影响气体的质量和物质的量，因此，如果讨论物质的量、质量与微粒数目的关系时，则与是否处于标准状况

① 该文刊于《江西化工》2013年第4期第56页。

无关。

（2）看物质是否为气体。首先要记住以下物质在标准状态下的状态，如 H_2O、H_2O_2、Br_2为液态，SO_3、冰醋酸为固态等；其次，在常见有机物中 C 的个数小于或等于 4 的烃、CH_3Cl、甲醛为气态，其他一般为非气体；同时注意任意气体是指单一气体，或者不发生化学反应的混合气体①。

例如：

①（2010 广东，8）D. 常温常压下，22.4 L CO_2中含有 N_A个 CO_2分子（解析：常温常压下，22.4 L CO_2不是 1 mol，故错误）；

②（2011 广东，9）C. 常温常压下，22.4 L CCl_4含有 N_A个 CCl_4分子（解析：CCl_4为液体，两个条件都不满足，故错误）；

③（2012 广东，11）D. 常温常压下，22.4 L 的 NO_2和 CO_2混合气体含有 $2N_A$个 O 原子（解析：条件错误，应为标准状况下）；

④（2013 广东，9）C. 标准状况下，22.4 L 盐酸含有 N_A个 HCl 分子（解析：标准状况下，盐酸为液态混合物，无法换算，故错误）。

二　考点：物质中的粒子数

当考查一定量的物质中含有的微粒数（分子、原子、质子、中子、电子等）时，一定要明确物质的结构，需把握以下问题。

1. 有关电子数、中子数、质子数、质量数的计算

（1）质子数 = 各元素的原子序数 × 原子个数之和

（2）中性粒子：电子数 = 质子数

（3）电子数—阳离子：电子数 = 质子数 − 所带电荷数

（4）电子数—阴离子：电子数 = 质子数 + 所带电荷数

（5）质量数 = 质子数 + 中子数②

2. 某些物质中的原子个数的判断

（1）要注意特殊的物质，如稀有气体 He、Ne 等单原子分子，Cl_2、O_2、N_2等双原子分子及臭氧（O_3）、白磷（P_4）等多原子分子。

（2）具有相同最简式的物质（如 NO_2和 N_2O_4、乙烯与丙烯、同分异构体、乙炔与苯、乙酸与葡萄糖等），只要总质量一定，则其中所含原子数与两者比例无关。

3. 某些物质的摩尔质量比较特殊

要注意引入同位素时，同位素原子的中子数变化对质量数变化的影响，核电荷数和核外电子数未发生变化，如 D_2O、T_2O、$^{18}O_2$、$^{14}CO_2$、D_2等物质。

4. 离子数目的判断

（1）特殊物质：Na_2O_2（阳离子与阴离子之比为 2∶1），CaC_2（阳离子与阴离子之比

① 王海华. 高考热点阿伏伽德罗常数［J］. 中国校外教育，2012（17）：124.

② 康晓娟. 高考选择题热点——阿伏伽德罗常数判断［J］. 试题与研究（教学论坛），2013（17）：66.

为1∶1)，BaO_2（阳离子与阴离子之比为1∶1)。

（2）在盐的水溶液中，我们要考虑盐中的弱酸的酸根离子或者弱碱的阳离子的水解，是否知道溶液的体积等。

例如：

①（2010广东，8）B. 1 mol · L^{-1}NaCl溶液含有N_A个Na^+（解析：没有告诉溶液的体积，无法知道NaCl的物质的量，故错误)；

②（2011广东，9）A. 常温下，23 g NO_2含有N_A个氧原子（解析：23 g NO_2为0.5 mol NO_2，氧原子个数为2×0.5 N_A，即23 g NO_2含有N_A个氧原子，故正确)；

B. 1 L 0.1 mol · L^{-1}的氨水含有0.1N_A个OH^-（解析：$NH_3 \cdot H_2O$是弱碱，弱电解质部分电离，小于0.1N_A个，故错误)；

③（2012广东，11）C. 1 L 0.1 mol · L^{-1} $NaHCO_3$溶液中含有0.1N_A个HCO_3^-（解析：HCO_3^-是弱酸跟，会水解，水解后，溶液中HCO_3^-小于0.1N_A个，故错误)；

④（2013广东，9）A. 常温常压下，8 g O_2含有4N_A个电子（解析：1个O_2分子含有的电子数为16个，8 g O_2的物质的量为0.25 mol，所以8 g O_2含有的电子数为0.25 mol ×16 =4 mol，故正确)；

B. 1 L 0.1 mol · L^{-1}的氨水中有N_A个NH_4^+（解析：氨水为部分电离的弱电解质，所以1 L 1 mol · L^{-1}的氨水中NH_4^+的数目会小于N_A个，故错误)。

由此可见，近四年来广东省考查物质中的粒子数时，多是以溶液中离子是否会发生水解来当作陷阱，因此，要多注意这方面的复习。

三　考点：氧化还原（电化学）反应中电子转移数目

解决此类问题应正确分析氧化还原反应、电解反应及电极反应中电子转移与反应物或生成物之间的关系，以及熟悉常见元素的化合价，要注意某些物质在反应中遇到不同氧化剂（或还原剂）可生成不同产物导致电子转移数目的不同。歧化反应、归中反应、有变价金属参与的反应是考查的热点。物质的常见化合价、平时重要知识点的强化等容易使学生在解题时形成思维定式。此时，需要提醒学生以下几个问题：

（1）Cl_2与碱或水反应时，1 mol Cl_2转移1 mol电子；Cl_2与还原性的物质反应时，1 mol Cl_2转移2 mol电子。

（2）Cu、Fe等是变价金属，在与强氧化剂反应时分别为+2、+3价（如Cl_2、HNO_3等)，而在与弱氧化剂反应时分别为+1、+2价（如H^+、S等)。

（3）Na_2O_2与水、CO_2反应时转移电子：1 mol Na_2O_2转移1 mol电子。

（4）H_2O_2分解时，1 mol H_2O_2转移1 mol电子；H_2O_2与强氧化剂反应时，1 mol H_2O_2转移2 mol电子①。

① 康晓娟. 高考选择题热点——阿伏伽德罗常数判断［J］. 试题与研究（教学论坛)，2013（17)：66.

例如：

①（2010 广东，8）C. 1 mol Cu 和足量稀硝酸反应产生 N_A个 NO 分子（解析：根据关系式，1 mol Cu—2 mol NO，故错误）；

②（2011 广东，9）D. 1 mol Fe^{2+}与足量的 H_2O_2溶液反应，转移 $2N_A$个电子（解析：1 mol Fe^{2+}化为 Fe^{3+}时，失去 1 mol e^-，1 mol Fe^{2+}与足量的 H_2O_2溶液反应，转移 N_A个电子，故错误）；

③（2012 广东，11）B. 1 mol Fe 与足量稀 HNO_3反应，转移 $2N_A$个电子（解析：稀硝酸是强氧化剂，可以完全把 Fe 氧化成 Fe^{3+}，则 1 mol Fe 与足量稀 HNO_3反应，转移 $3N_A$个电子，故错误）；

④（2013 广东，9）D. 1 mol Na 被完全氧化生成 Na_2O_2，失去 $2N_A$电子（解析：1 mol Na 完全氧化为 Na_2O_2转移的电子数为 1 mol，即失去的电子数为 N_A个，故错误）。

四　考点：特殊物质中的化学键的数目

1. 要熟记某些无机物中的化学键

SiO_2（1 mol 含 4 mol Si—O）、Si、石墨、CH_4、P_4（1 mol 含 6 mol P—P）、CO_2等较为复杂的物质的化学键数目。

2. 要熟记某些有机物中的化学键，且此类题现在多考查有机物

（1）烷烃（C_nH_{2n+2}）中：C—H 键为 $2n+2$（与 H 原子数相同），C—C 键为 $n-1$（比 C 原子数少 1），总键数为 $3n+1$；

（2）烯烃或环烷烃（C_nH_{2n}）中：C—H 键为 $2n$，C—C（视双键为两条单键）为 n，总键数为 $3n$；

（3）炔烃（C_2H_2）中：C—H 键为 $2n-2$，C—C（视三键为三条单键）为 $n+1$，总键数为 $3n-1$①。

例如：

①（2010 广东，8）A. 16 g CH_4中含有 $4N_A$个 C—H 键［解析：每个 CH_4中含有 4 个 C—H 键，故 16 g（1 mol）CH_4中含有 $4N_A$个 C—H 键，故正确］；

②（2012 广东，11）A. 常温下，4 g CH_4含 N_A个 C—H 共价键［解析：每个 CH_4中含有 4 个 C—H 键，故 4 g（0.25 mol）CH_4中含有 $4\times0.25N_A$个 C—H 键，故正确］。

总之，虽然阿伏伽德罗常数涉及的内容多，但多为基本概念和基础知识，因此只要加强对基本知识的归纳总结，在练习中不断反思，就能提高自己解答有关阿伏伽德罗常数问题的能力。

---

① 张莉. 高考中阿伏伽德罗常数的六点突破［J］. 考试周刊，2013（2）：7～8.

浅析广东高考热点之一——阿伏伽德罗常数①

2012 级本科生：谢意纯

指导教师：衷明华

【摘　要】阿伏伽德罗常数作为广东高考改革后的一个重要的知识点，其考查的知识面广，对能力的要求也较高。本文总结了这类题的 10 个知识点，旨在帮助高考考生备考。

【关键词】高考命题；阿伏伽德罗常数；热点

阿伏伽德罗常数是中学化学一个比较重要的概念，用于建立宏观物理量与微观粒子之间的关系。它作为广东高考改革后的一个重要的知识点，从 2010 年广东高考分文理科以来，每年的高考卷都会出现，一般是以单项选择题的形式出现。而在近几年广东高考卷中，其主要考查的内容有：考生对物质的量、阿伏伽德罗常数、气体摩尔体积、物质的量浓度等概念的含义的理解；考生根据物质的量、质量、微粒数目、气体体积之间的相互关系进行有关计算的能力；考生对常见氧化还原反应及其电子转移数的了解以及是否熟悉常见物质的聚集状态等。这类题型涉及的知识面广，几乎整个高中化学每一个模块都有所涉及，这就要求考生要有较全面的能力。特别是自从 2010 年广东高考分文理科以来，试题题量虽然减少了，但是知识面的考查还是比较全面的，很多考生对此无从下手。为此，本文通过对近几年广东的高考卷以及模拟题的研读总结了 10 个常考点，旨在帮助高考考生备考。

一　考点：物质的状态

考生要特别注意一些特殊物质在标准状况下的状态，例如：标准状况下，H_2O 为液态；SO_3 为固态；烃类有机物中碳的个数小于或等于 4 的为气态；HF 为液态；CH_3Cl、HCHO 为气态等。

例如：

①（2007 广东高考）D. 标准状况下，33.6 L H_2O 含有 9.03×10^{23} 个 H_2O 分子（×，

① 该文刊于《江西化工》2014 年第 2 期第 219 页。

标准状况下 H_2O 为液态）；

②（2013 中山一模）B. 标准状况下，22.4 L 辛烷中分子数目为 N_A个（×，标准状况下辛烷为液态）；

③（2014 广州一模）D. 标准状况下，2.24 L 乙醇含有 $0.1N_A$个 CH_3CH_2OH 分子（×，标准状况下乙醇分子为液态）；

④（2014 茂名二模）D. 标准状况下，22.4 L 的 CCl_4含有 $4N_A$个 Cl 原子（×，标准状况下 CCl_4 为液态）。

二　考点：标准状况下的气体摩尔体积

只有在标准状况下的气体摩尔体积为 $V_m=22.4\ L\cdot mol^{-1}$，其余情况下气体摩尔体积不一定为 $V_m=22.4\ L\cdot mol^{-1}$，这是近几年来高考的一个热点。

例如：

①（2010 广东高考）D. 常温常压下，22.4 L CO_2中含有 N_A个 CO_2分子（×，常温常压下，气体的摩尔体积不一定为 $22.4\ L\cdot mol^{-1}$）；

②（2011 广东高考）C. 常温常压下，22.4 L CCl_4含有 N_A个 CCl_4分子（×，摩尔体积 $V_m=22.4\ L\cdot mol^{-1}$只适用于标准状态下的气体）；

③（2013 广东高考）C. 标准状况下，22.4 L 盐酸含有 N_A个 HCl 分子（√，HCl 分子在标准状况下为气体）；

④（2014 湛江一模）A. 标准状况下，22.4 L 汽油含有 N_A个分子（×，标准状况下，汽油为液态）。

三　考点：物质的微粒数

（1）分子中的原子数：①单原子数：Ne 等稀有气体；②双原子数：O_2、N_2等；③三原子数：O_3等；④四原子数：P_4等。

（2）10 电子结构：NH_4^+、CH_4、NH_3、H_2O、H_3O^+、OH^-。

（3）Na_2O_2 的阴、阳离子的个数比为 1∶2。

例如：

①（2014 汕头一模）D. 1 mol CH_5^+所含电子数为 $8N_A$（×，该物质所含的电子数为 6 + 5 − 1 = 10 mol）；

②（2013 东莞一模）A. 2.24 L NO_2含有氧原子数 $0.2N_A$（×，若为标准状况下则此选项成立）；

③（2013 广州一模）C. 7.8 g Na_2O_2中含有的阳离子数目为 $0.1N_A$（×，该物质所含的阳离子数目为 $0.2N_A$）。

四 考点：特殊物质摩尔质量

特殊物质如H（1 g·mol^{-1}）、D（2 g·mol^{-1}）、T（3 g·mol^{-1}）、D_2O（20 g·mol^{-1}）等。

例如：

（2014深圳一模）D. 20 g重水（D_2O）中所含电子总数为8N_A（×，重水跟水一样为10电子结构）。

五 考点：物质或离子的水解以及不完全电离

在水溶液或熔融状态下，Mg^{2+}、Fe^{3+}、Fe^{2+}、Al^{3+}、$SO_3{}^{2-}$、$CO_3{}^{2-}$、S^{2-}、Cu^{2+}、$NH_4{}^+$等，CH_3COOH、$NH_3\cdot H_2O$等水解或不完全电离。

例如：

①（2013广东高考）B. 1 L 0.1 mol·L^{-1}的氨水中有N_A个$NH_4{}^+$（×，NH_4^+会发生部分水解）；

②（2011广东高考）B. 1 L 0.1 mol·L^{-1}的氨水含有0.1N_A个OH^-（×，氨水为弱电解质，只发生部分电离）；

③（2014韶关一模）A. 1 L 1 mol·L^{-1}氯化铜溶液中含有N_A个Cu^{2+}（×，Cu^{2+}会发生部分水解）；

④（2014广州一模）C. 1 L 0.1 mol·L^{-1} $NaHCO_3$溶液中含有0.1N_A个$HCO_3{}^-$（×，$HCO_3{}^-$为弱酸根，可发生水解及部分电离）。

六 考点：氧化还原反应中转移的电子数目

（1）1 mol Cl_2与NaOH反应转移1 mol电子。

（2）Na_2O_2与CO_2或H_2O反应转移的电子数等于Na_2O_2前的系数。

（3）1 mol Cu与S反应转移1 mol电子。

（4）1 mol Fe与I_2反应转移2 mol电子。

（5）1 mol S与O_2反应转移4 mol电子（一般生成SO_2，只有催化剂的存在才会生成SO_3）。

（6）1 mol Fe与少量Cl_2反应转移2 mol电子。

（7）1 mol Fe与足量Cl_2反应转移3 mol电子。

例如：

①（2014汕头一模）B. 标准状况下，22.4 L Cl_2参加任何化学反应转移的电子数都是2 N_A（×，1 mol Cl_2与NaOH反应转移1 mol电子）；

②（2008 广东高考）C. 标准状况下，氯气与足量氢氧化钠溶液反应转移的电子数为 N_A（√）；

③（2013 潮州一模）B. 1 mol Na_2O_2 与水完全反应时转移的电子数为 $2N_A$（√，$2Na_2O_2+2H_2O = 4NaOH+O_2\uparrow$）；

④（2013 茂名一模）B. 1 mol Cl_2与足量 Fe 反应，转移的电子数为 3 N_A（×，1 mol Fe 与足量 Cl_2反应转移 3 mol 电子）。

七　考点：化学键的数目

（1）P_4（空间正四面体结构）—— 6 mol 共价键。

（2）CH_4（正四面体结构）—— 4 mol 共价键。

（3）SiO_2（原子晶体）——（1 mol Si 中含有 4 mol Si—O 键）。

（4）Si（原子晶体）——（1 mol Si 中含有 2 mol Si—Si 键）。

（5）金刚石（原子晶体）——（1 mol C 中含有 2 mol C—C 键）。

（6）1 mol 烷烃（C_nH_{2n+2}）中含有的共价键为（$3n+1$）mol。

例如：

①（2010 广东高考）A. 16 g CH_4中含有 4 N_A个 C—H 键（√）；

②（2012 广东高考）A. 常温下，4 g CH_4含有 N_A个 C—H 共价键（√）；

③（2013 东莞一模）C. 1 mol C_2H_6分子中含有极性键为 7 N_A（×，因为乙烷分子中 $n=2$，故该分子中含有的共价键为 7 N_A，极性键为 6 N_A）。

八　考点：NO_2 的可逆反应

在有 NO_2存在的体系中一定存在着可逆反应 $2NO_2 \rightleftharpoons N_2O_4$。

例如：

①（2011 广东高考）A. 常温下，23 g NO_2含有 N_A个氧原子（√）；

②（2007 广东高考）B. 常温常压下，4.6 g NO_2气体含有 1.81×10^{23}个 NO_2分子（×，该体系中一定存在着可逆反应 $2NO_2 \rightleftharpoons N_2O_4$）；

③（2008 广东高考）C. 常温常压下，46 g NO_2 和其混合气体含有的原子数为 $3N_A$（√，说其混合气体即包括了 NO_2和 N_2O_4）。

九　考点：胶体微粒数

在 $FeCl_3+3H_2O \rightleftharpoons Fe(OH)_3$（胶体）$+3HCl$ 反应中，多个胶体分子才能形成一个胶粒。

例如：

①（2008 广东高考）D. 将 0.1 mol 氯化铁溶于水中，所得溶液含有 $0.1N_A$ Fe^{3+}（×，在这里存在反应 $FeCl_3+3H_2O \rightleftharpoons Fe(OH)_3$（胶体）$+3HCl$，$Fe(OH)_3$为胶体分子，不能拆成 Fe^{3+}和 OH^-）；

②（2013 茂名一模）C. 0.1 $mol \cdot L^{-1}$的 $FeCl_3$溶液中含 $Fe(OH)_3$微粒的数目是 0.1 N_A（×，多个胶体分子才能形成一个胶粒）。

十 考点：对于存在混合气体的物质的量的计算

这种题一般只出现两种不同的物质。首先采用“定一法”，把所有已知的量看成是全部是某一物质的量，再求出该物质的物质的量，对于第二种物质也采用同样的方法。最后，看得出的两种物质的量是否相等，若相等则取平均值，否则该题一定判断为错误。

例如：

①（2012 广东高考）D. 常温常压下，22.4 L 的 NO_2和 CO_2混合气体含有 $2N_A$个 O 原子（×，常温下，NO_2和 CO_2不一定为 1 mol）；

②（2013 东莞一模）B. 常温常压下，乙烯和环丙烷（C_3H_6）组成的 28 g 混合气体中含氢原子 $4N_A$［√，$n_{乙烯}=(28/28)\times 4=4$ mol，$n_{环丙烷}=(28/42)\times 6=4$ mol］；

③（2013 肇庆一模）C. 2.24 L CO 和 CO_2 混合气体中含有的碳原子数目为$0.1N_A$（√）；

④（2013 中山一模）D. 氧气和臭氧组成的 4.8 g 混合气体中含有 $0.3N_A$ 个氧原子（√）。

总之，有关阿伏伽德罗常数的知识仍为高考的热点之一，而且综合性更强，要特别注意考查的新特点：由纯净物到混合物，由无机物到有机物，由单一到综合的考查特点。在进行判断时，首先要以“物质的量”为中心；以“标准状况”和“气体”这两个前提为基本条件（混合气体也适用）。明确“三个关系”：直接构成物质的粒子与间接构成物质的粒子（原子、电子）数目间的关系；摩尔质量与相对分子质量的关系；强电解质、弱电解质、非电解质与溶质粒子（分子或离子）数之间的关系。搞清“两个无关”：物质的量、质量、粒子数的多少均与温度、压强的高低无关；物质的量浓度的大小与所取该溶液的体积多少无关（但溶质粒子数的多少与溶液体积有关）①。

① 王海华. 高考热点阿伏伽德罗常数［J］. 中国校外教育，2012（17）：124.

解析广东高考中的阿伏伽德罗常数的出题形式与易错点①

2012 级本科生：叶国标　张威荧

指导教师：袁明华

【摘　要】在严格意义上说，在广东高考中，阿伏伽德罗常数的知识点的考查所占的分数并不多，纵观最近四年的广东高考真题，都是以一道单选题考查。但是，作为广东高考的必考点之一，阿伏伽德罗常数也是一个高考易错点，如何简单、快速、有效地复习阿伏伽德罗常数成为一个值得研究的课题。

【关键词】广东高考；阿伏伽德罗常数；易错点

在历年广东高考中，阿伏伽德罗常数作为广东高考的必考知识点之一，近年来都是以选择题的形式考查，难度也普遍不高，但是关于阿伏伽德罗常数的考题都有一些特点，在题目中常会出现一些隐藏条件，还有一些简单的计算，甚至需要结合元素周期律、离子反应、化学平衡等其他高考知识点。从某种程度上说，阿伏伽德罗常数的考查也是对考生的简单的物理知识和化学知识的综合考查。

接下来我们就以 2010—2013 年的广东高考真题为例，将选择题化为普通的判断题，一步一步剖析广东高考中阿伏伽德罗常数的考题，总结命题规律，以达到快速复习的效果。

一　题干中提出的外界条件不恰当或者欠缺

这是在高考中经常设置陷阱的地方之一，每年都有许多不细心的考生在这里栽了跟头。其实设置陷阱的地方大同小异，只要我们细心观察，仔细分析，就可以找出缺漏之处。

例如：

①（2010.8）D. 常温常压下，22.4 L CO_2中含有 N_A个 CO_2分子；

① 该文刊于《江西化工》2014 年第 2 期第 182 页。

②（2011. 9）A. 常温下，23 g NO_2含有 N_A个氧原子；

③（2011. 9）C. 常温常压下，22. 4 L CCl_4含有 N_A个 CCl_4分子；

④（2012. 11）A. 常温下，4 g CH_4含有 N_A个 C—H 共价键；

⑤（2012. 11）D. 常温常压下，22. 4 L 的 NO_2和 CO_2混合气体含有 $2N_A$个 O 原子；

⑥（2013. 9）A. 常温常压下，8 g O_2含有 $4N_A$个电子。

在这些题目中，我们可以看出，题干中都有一个明显的外部条件：常温、常压或者标准状况下。在这样一个外部条件下推算气体相关粒子的数目，我们应当注意，只有在标准状况下（0 ℃和 101 kPa），气体的摩尔体积才约为 22. 4 L · mol^{-1}。但是我们审题时要注意，并不是写了常温常压就一定是错误的，还要看气体量所带的单位是体积还是质量，气体的摩尔体积会随着温度的改变而改变，但是摩尔质量是由气体本身的分子或原子的质量所决定的。

所以，我们重新审视上面的几个选项，可以发现，只有（2011.9）A、（2012.11）A、（2013.9）A 是正确的，其余选项都是错误的。

二 物质的粒子数

这是阿伏伽德罗常数考查的重点之一，一般会考查一定量的物质中含有的微粒数（分子、原子、质子、中子、电子等），其中还会涉及一些计算，而一些特殊的物质便成了考生容易忽视之处。

例如：

①（2010.8）B. 1 mol · L^{-1} NaCl 溶液含有 N_A个 Na^+；

②（2011.9）A. 常温下，23 g NO_2含有 N_A个氧原子；

③（2011.9）B. 1 L 0. 1 mol · L^{-1}的氨水含有 0. $1N_A$个 OH^-；

④（2012.11）C. 1 L 0. 1 mol · L^{-1} $NaHCO_3$溶液中含有 0. $1N_A$个 HCO_3^-；

⑤（2013.9）A. 常温常压下，8 g O_2含有 $4N_A$个电子；

⑥（2013.9）B. 1 L 0.1 mol · L^{-1}的氨水中有 N_A个 NH_4^+。

从上面列举的几道例题看，当需要计算粒子数时，必须同时具备质量，或者浓度和体积；比如在（2010.8）B 中，由于缺少溶液的体积，所以无法进行计算；（2013.9）A 中直接给出了质量便可以进行计算了。而对于某些物质，由于本身的性质，可以在空气中或者溶液中发生反应，比如在（2011.9）A 中，NO_2会发生反应：$2NO_2 \rightleftharpoons N_2O_4$；但所求的氧原子数目并没有发生改变，所以正确；$NH_3 \cdot H_2O$、$NaHCO_3$属于弱电解质，并不能完全电离，故错误。

因此，我们在做题的时候应当注意到：

（1）要注意区分单分子和多分子的物质，如稀有气体 He、Ne 等单原子分子，Cl_2、O_2、N_2等双原子分子及臭氧（O_3）、白磷（P_4）等多原子分子。

（2）具有相同最简式的物质（如 NO_2和 N_2O_4、乙烯与丙烯、同分异构体、乙炔与苯、乙酸与葡萄糖等），只要总质量一定，则其中所含原子数与两者比例无关。

（3）要注意具有同位素的物质。当同位素引入时，只有中子数发生变化，这类物质有 D_2O、T_2O 等。

（4）要注意物质是否能完全以所求的粒子形式存在。在盐的水溶液中，我们要考虑盐中的弱酸的酸根离子或者弱碱的阳离子的水解，以及是否知道溶液的体积等。

三　由化学反应引起的电子数目的转移和粒子数目的改变

正如上面的许多选项里所看到的，在考查阿伏伽德罗常数时，常常会用化学反应来设置陷阱和增加计算的难度，给考生带来心理压力。接下来我们看一下近四年广东高考在这方面的出题形式。

例如：

①（2010.8）C. 1 mol Cu 和足量稀硝酸反应产生 N_A 个 NO 分子；

②（2011.9）D. 1 mol Fe^{2+} 与足量的 H_2O_2 溶液反应，转移 $2N_A$ 个电子；

③（2012.11）B. 1 mol Fe 与过量的稀 HNO_3 反应，转移 $2N_A$ 个电子；

④（2012.11）C. 1 L 0.1 mol · L^{-1} $NaHCO_3$ 溶液中含有 $0.1N_A$ 个 HCO_3^-；

⑤（2013.9）D. 1 mol Na 被完全氧化生成 Na_2O_2，失去 $2N_A$ 个电子。

这就是阿伏伽德罗常数在其他化学知识上的迁移与应用，也是阿伏伽德罗常数的难点之一，不仅考查简单的外界条件和物质的性质，还要考查相应化学方程式的书写、电离平衡的计算等，通过列出反应式进行正确的配平，并计算其中的电子转移数目。

例如，铜与稀硝酸的化学反应方程式：$3Cu + 8HNO_3 = 3Cu(NO_3)_2 + 2NO\uparrow + 4H_2O$，离子方程式：$3Cu + 8H^+ + 2NO_3^- = 3Cu^{2+} + 2NO\uparrow + 4H_2O$，1 mol Cu 会生成 2/3 mol 的 NO 分子，其中转移的电子数可以用 $2N_A$ 来表示。以此类推其他选项，这考查的是考生的综合能力。

虽然阿伏伽德罗常数涉及的分数不多，但是其中考查的知识点确实不少，多为基本概念和基础知识，只要考生们平时做题多留意题中的一些信息，养成良好的审题习惯，加强对基本知识的归纳和总结，就能提高自已解答关于阿伏伽德罗常数的问题的能力，祝愿各位考生金榜题名，马到功成。

参考文献

[1] 曾芳，衷明华．浅析广东省必考点之一——阿伏伽德罗常数［J］．江西化工，2013（4）：56～58.

[2] 祁海娟．攻克高考化学选择题之阿伏伽德罗常数［J］．才智，2012（33）：129，24.

浅析广东高考离子浓度大小比较的解题研究[①]

2012 级本科生：王小玲
指导教师：衷明华

【摘　要】自2010年高考改革方案实施后，通过对近几年广东高考试题及2014年各地一模试题的研究可以发现溶液中离子浓度的比较是高考的一个必考热点问题。学生要解决好这一类问题，需要掌握一定的方法。下面介绍解决这类题的方法，希望可以帮助广大考生。

【关键词】广东高考；离子浓度大小比较；解题方法

从近几年的高考题及各地一模试题来看，"离子浓度大小比较"的考查形式是以选择题为主，试题难度不大，但这类题型，所涉及的知识点比较多，灵活性、综合性强，主要涉及的高频考点有弱电解质的电离平衡、盐类的水解、电解质之间的反应，以及溶液的三大守恒等。

一　相关知识点梳理

（1）酸和碱都抑制水的解离，能水解的盐促进水的电离。

（2）pH 值相同的溶液，加水稀释时，pH 值变化大的为强酸，弱酸弱碱的 pH 值变化小。

（3）温度不变的时候，电离常数、水的离子积常数均不发生改变，升温可促进弱电解质的电离和盐类的水解。

（4）理解"微弱"。弱电解质只是微弱电离，产生少量的离子；弱酸阴离子（弱碱阳离子）也只是微弱水解。

（5）多元弱酸分步电离以第一步电离为主，多元弱酸根分步水解以第一步水解为主。

（6）盐类的水解规律：无弱不水解，有弱就水解；越弱越水解，都弱都水解；谁强显谁性，双弱水解程度定（阴、阳离子都水解时，溶液的酸碱性由水解程度大的离子决定）。

（7）酸的［H^+］和碱的［OH^-］相等的溶液等体积混合时，谁弱谁过量，谁弱显

① 该文刊于《江西化工》2014 年第 2 期第 205 页。

谁性。

（8）物料守恒。物料守恒即元素守恒，变化前后原子个数守恒。

（9）电荷守恒。溶液中阳离子所带正电荷数总数等于阴离子所带负电荷总数。

（10）质子守恒。水电离出的 $c(H^+)_{水}$ 与 $c(OH^-)_{水}$ 始终相等，溶液中水电离出的 H^+（或 OH^-）与其他离子结合，但其总量保持不变。

二　离子浓度关系的题型及解题方法

一般情况下，可以看溶液是属于哪种情况，再根据具体情况进行解答。

（1）单一溶液型：若溶液为酸或碱，则考虑其电离情况；若溶液为盐溶液，则考虑其水解情况。

（2）混合溶液型：①不发生化学反应：同时考虑电离和水解。②发生化学反应：若不过量，生成酸或碱时，考虑电离；生成盐溶液时，则考虑水解；若过量，根据过量程度考虑电离或水解。

离子浓度关系题型有以下这两种类型，对于这两类题型来说，解决问题的办法和思路是相同的，不同的只是表达形式，一般的解题步骤是：先看清并理解题干，然后找出题干给的关键词，分析选项信息，再得出答案。在这个过程中要紧扣主要的知识点，抓住题干信息，运用相关的知识分析解答。

1. 文字类型

【例题1】（2012广东高考）对于常温下pH值为2的盐酸，叙述正确的是（　　）。

A. $c(H^+) = c(Cl^-) + c(OH^-)$

B. 与等体积pH值为12的氨水混合后所得溶液显酸性

C. 由 H_2O 电离出的 $c(H^+) = 1.0 \times 10^{-12}\ mol \cdot L^{-1}$

D. 与等体积 $0.01\ mol \cdot L^{-1}$ 乙酸钠溶液混合后所得的溶液中：$c(Cl^-) = c(CH_3COO^-)$

【答案】AC。

【解析】看题干，找关键词：常温、pH值为2、正确。分析各选项，A选项：属于单一溶液型，符合电荷守恒，A正确；B选项等体积混合后，氨水过量，所以所得溶液显碱性，故B错；C选项中 $c(H^+)_{水} = c(OH^-)_{水} = Kw/c(H^+) = 1.0 \times 10^{-12}\ mol \cdot L^{-1}$，所以C正确；D选项为混合溶液型，混合后发生化学反应生成乙酸和氯化钠，由于乙酸为弱酸，发生电离，电离是微弱的，所以只电离出极少的 CH_3COO^-，所以D错误。

【例题2】（2013广东高考）50℃时，下列各溶液中，离子的物质的量浓度关系正确的是（　　）。

A. pH值为4的醋酸中：$c(H^+) = 4.0\ mol \cdot L^{-1}$

B. 饱和小苏打溶液中：$c(Na^+) = c(HCO_3^-)$

C. 饱和食盐水中：$c(Na^+) + c(H^+) = c(Cl^-) + c(OH^-)$

D. pH值为12的纯碱溶液中：$c(OH^-) = 1.0 \times 10^{-2}\ mol \cdot L^{-1}$

【答案】C。

【解析】命题意图：pH 值的计算、电荷守恒。首先，看清题干，找出关键词：50℃、正确。分析各选项：A 选项中，50℃，水的离子积常数大于 1×10^{-14}，所以 A 错误；B 选项的饱和小苏打溶液中，HCO_3^- 会发生水解反应导致浓度降低，所以 B 错误；C 选项符合电荷守恒，所以 C 正确；D 选项，50℃，pH 值为 12 的碳酸钠溶液中，c（OH^-）$=Kw/1\times10^{-12}>1\times10^{-2}\ mol\cdot L^{-1}$，故 D 错误。

【例题 3】（2014 广州一模）对于常温下 $0.1\ mol\cdot L^{-1}$ 氨水和 $0.1\ mol\cdot L^{-1}$ 醋酸，下列说法正确的是（　　）。

A. $0.1\ mol\cdot L^{-1}$ 氨水，溶液的 pH 值为 13

B. $0.1\ mol\cdot L^{-1}$ 氨水加水稀释，溶液中 c（H^+）和 c（OH^-）都减少

C. $0.1\ mol\cdot L^{-1}$ 醋酸溶液中：c（H^+）$=c$（CH_3COO^-）

D. $0.1\ mol\cdot L^{-1}$ 醋酸与 $0.1\ mol\cdot L^{-1}$ NaOH 溶液等体积混合所得溶液中：c（Na^+）$>c$（CH_3COO^-）$>c$（OH^-）$>c$（H^+）

【答案】D。

【解析】命题意图：电解质之间的反应、电荷守恒、弱电解质（弱酸根离子）的微弱电离。理解题干，找出关键词：常温、正确。A 选项中氨水是弱碱，只是微弱的电离，溶液中的 c（OH^-）$<0.1\ mol\cdot L^{-1}$，所以 A 错误；B 选项中氨水加水稀释，促进氨水的电离，c（OH^-）增大，所以 B 错误；C 选项中醋酸溶液中存在电荷守恒，即 c（CH_3COO^-）$+c$（OH^-）$=c$（H^+），故 C 错误；D 选项，等体积混合后所得的溶液是 CH_3COONa 溶液（强碱弱酸盐，显碱性），由于 CH_3COONa 完全电离，并且所电解出的 CH_3COO^- 会发生微弱的水解，所以 D 正确。

2. “文字＋图”类型

对于这类题，主要是要先看清图的两个坐标轴分别代表什么，然后还要看清曲线上的点代表什么意思，是否发生了反应等。

【例题 4】（2012 佛山二模）下图为常温下用 $0.100\ 0\ mol\cdot L^{-1}$ NaOH 溶液滴定 20.00 mL $0.100\ 0\ mol\cdot L^{-1}$ 盐酸和 20.00 mL $0.100\ 0\ mol\cdot L^{-1}$ 醋酸的曲线。若以 HA 表示酸，下列判断和说法正确的是（　　）。

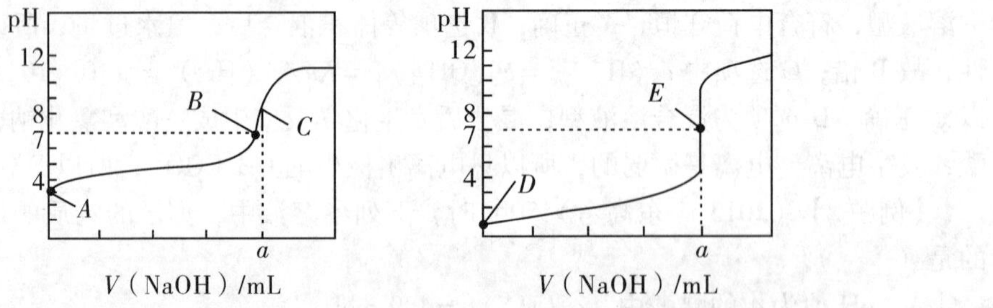

图1　　图2

A. 图 1 是滴定盐酸的曲线

B. B、E 状态时，两溶液中离子浓度为 $c(Na^+) = c(A^-)$

C. C、E 状态时，反应消耗的酸 $n(CH_3COOH) = n(HCl)$

D. 当 $0 < V(NaOH) < 20.00$ mL 时，对应溶液中各离子浓度大小顺序一定为 $c(A^-) > c(Na^+) > c(H^+) > c(OH^-)$

【答案】BC。

【解析】命题意图：电解质之间的反应、电荷守恒、由图判断物质的组成。由图可以判断出：图 1 为醋酸的滴定曲线，图 2 为盐酸的滴定曲线，所以 A 错误；由图可见，B、E 是 pH 值为 7 的点，由电荷守恒可知，$c(Na^+) = c(A^-)$，所以 B 正确；对于 C、E 来说，所消耗的 NaOH 的量是相同的，并且可以判断出 $a = 20.00$ mL，由反应方程式可得反应消耗的酸 $n(CH_3COOH) = n(HCl)$，所以 C 正确；对于 D 选项，当 $0 < V(NaOH) < 20.00$ mL 时，酸相对于碱来说是过量的，所得溶液是生成的盐和酸的混合物，当加入的 NaOH 极少量时，生成了极少量的钠盐（NaCl 或 CH_3COONa），剩余大量的酸，此时 $c(A^-) > c(H^+) > c(Na^+) > c(OH^-)$，故 D 错误。

三　总　结

虽然离子浓度大小比较涉及的知识点较多，较为灵活并且综合性较强，但是不管将来题型怎么变换，都是万变不离其宗，只要掌握这些相关的知识，加强对这些知识的理解和运用，在练习中不断进行归纳和总结，必能提高解这类题的能力。

参考文献

[1] 刘振国．离子浓度比较的解析途径［J］．高中数理化，2011（19）：56～57.

[2] 梁双霞．离子浓度大小的比较技巧与方法［J］．中学生数理化（高考版），2012（7—8）：57～58.

高中化学基本概念解题研究及突破方法——物质的量①

2010 级本科生：肖晓君

指导教师：衷明华

【摘　要】解题是学好化学的前提，也是扎实化学基础的必经之路，是学习化学的重要组成部分。然而，如何掌握技巧，更有效率地解题却成了学生不可回避的难题。纵观高考题，可以发现每年都会考查物质的量的相关知识。本文着重解析这方面的典型例题，总结出了成功解答这类题目的方法，希望给予学生启发，帮助学生在平常的学习中把精力投入主要知识点的强化训练和解题方法的培养上，从而提高解题速度与正确率。

【关键词】物质的量；高考；解题；方法

从近几年新课标地区的高考题来看，本专题考查以选择题为主，试题难度不大，但由于知识点容量大，学生较易出错。本专题涉及的高频考点有：① 物质的量及相关概念的辨析；②与阿伏伽德罗常数（N_A）有关的正误判断；③阿伏伽德罗常数及其推论的应用；④根据化学方程式的计算。

一　典型例题解析

【例题 1】下列说法中正确的是（　　）。

A. 摩尔既是物质的数量单位又是物质的质量单位

B. 阿伏伽德罗常数是 12 kg ^{12}C 中所含有的碳原子数

C. 1 mol 水中含有 2 mol 氢原子和 1 mol 氧原子

D. 氯化氢的摩尔质量就是它的相对分子质量

【答案】C。

【解析】A 错，物质的量是表示含有一定数目粒子的集体的物理量，符号是 n；其单位为摩尔，符号是 mol，使用该单位时，需指明对象是微观粒子（如分子、原子、离子、电子等）；注意物质的量不等同于物质的数量或者物质的质量。B 错，1 mol 粒子集体所含的

① 该文刊于《江西化工》2013 年第 4 期第 283 页。

粒子数是阿伏伽德罗常数，与0.012 kg ^{12}C 中所含有的碳原子数相同，约为6.02×10^{23}。D错，摩尔质量以 $g\cdot mol^{-1}$ 为单位时，只在数值上等于相对原子质量。

【例题2】（2012 广东理综，11，4 分）设 N_A为阿伏伽德罗常数的数值，下列说法正确的是（　）。

A. 常温下，4 g CH_4含有 N_A个 C—H 共价键

B. 1 mol Fe 与足量的稀 HNO_3反应，转移$2N_A$个电子

C. 1 L 0.1 $mol\cdot L^{-1}$ $NaHCO_3$溶液含有 $0.1N_A$个 HCO_3^-

D. 常温常压下，22.4 L 的 NO_2和 CO_2混合气体含有 $2N_A$个氧原子

【答案】A。

【解析】B 错，Fe 与稀 HNO_3（具有强氧化性）反应，Fe 会被 HNO_3氧化为 Fe^{3+}，而不是 Fe^{2+}，所以转移的电子数是 $3N_A$。C 错，HCO_3^-在溶液中会发生电离和水解，含有的 HCO_3^-个数少于 $0.1N_A$个。D 错，常温常压下，气体的摩尔体积要大于 $22.4\ L\cdot mol^{-1}$，所以含有的氧原子数目要少于 $2N_A$。

【例题3】（2012 河北石家庄二模，7，6 分）在两个密闭容器中，分别充有质量相同的甲、乙两种气体，若两容器的温度和压强均相同，且甲的密度大于乙的密度，则下列说法正确的是（　）。

A. 甲的分子数比乙的分子数多

B. 甲的物质的量比乙的物质的量少

C. 甲的摩尔体积比乙的摩尔体积小

D. 甲的相对分子质量比乙的相对分子质量小

【答案】B。

【解析】分析题意：$m_甲=m_乙$，$\rho_甲>\rho_乙$，得到 $V_甲<V_乙$，根据阿伏伽德罗定律：$PV=nRT$（“三同”推“一同”）。A 错，同温度同压强，$V_甲<V_乙$，得到 $n_甲<n_乙$；C 错，同温度同压强，气体摩尔体积相同，即 $V_{m甲}=V_{m乙}$；D 错，由 $M=m/n$，$m_甲=m_乙$，$n_甲<n_乙$得到$M_甲>M_乙$。

【例题4】（2010 全国卷Ⅱ）在一定的温度、压强下，向 100 mL CH_4和 Ar 的混合气体中通入 400 mL O_2，点燃并使其完全反应，最后在相同条件下得到干燥气体 460 mL，则反应前混合气体中 CH_4和 Ar 的物质的量之比为（　）。

A. 1∶4　　B. 1∶3　　C. 1∶2　　D. 1∶1

【答案】A。

【解析】本题可以灵活采用差量法计算。设反应前混合气体中 CH_4的体积为 V。

$$CH_4+2O_2\xlongequal{点燃}CO_2+2H_2O$$

1　2　　1　　2　　100 mL + 400 mL ⟶ 460 mL

V　　　　　　　　　　$\Delta V=40$ mL

即$\dfrac{1}{V}=\dfrac{2}{\Delta V}$，解得　$V=20mL$

$V_{Ar}=100\ mL-20\ mL=80\ mL$

所以，体积比为1∶4，因此选 A。

二 突破方法

1. 以物质的量及相关概念的考查

准确理解物质的量、摩尔质量、气体摩尔体积、物质的量浓度、阿伏伽德罗常数的含义，注意对有关概念进行梳理总结，深刻理解其内涵及不同知识点之间的联系。

2. 以 $N = m \cdot N_A / M$ 为中心的有关基本粒子的计算

注意看清所求粒子的种类以及物质分子的构成（是单原子分子，还是双原子分子或多原子分子）。

3. 以气体物质为中心的计算

（1）若题目给出物质的体积，一要看是否为标准状况，若不是标准状况，则 1 mol 气体的体积一般不为 22.4 L；二要看该物质在标准状况下是不是气体（如 H_2O、SO_3、CCl_4、己烷、辛烷、苯、酒精等在标准状况下非气体）。

（2）若题目给出气体的质量或物质的量，则粒子数目与外界条件无关。

（3）若题目是求稀有气体的粒子数目，要注意它们是单原子分子。

4. 与物质结构基本知识进行联系

考查所含的电子数、质子数、中子数等，解答此类题应弄清物质的构成，正确运用原子中质子数等于电子数，质子数加中子数等于质量数这两大关系式。

5. 与氧化还原反应知识进行结合

着重考查氧化还原反应过程中电子转移的数目，注意把握氧化还原反应的实质和电子守恒规律。

6. 与电离、水解相关

考查电解质溶液中粒子数目或浓度时常设置弱电解质的电离、盐类水解方面的陷阱，因此在做题的时候要注意审题，周密地思考。

7. 化学键数目计算

涉及一些物质中化学键数目的计算，如晶体硅、石墨、二氧化硅、白磷、Na_2O_2、CH_4、C_2H_2、CO_2等。

8. 阿伏伽德罗定律的应用

（1）阿伏伽德罗定律及其推论适用于任何气体，也包括混合气体，但不适用于非气体。

（2）在阿伏伽德罗定律 $PV = nRT$ 中，同温、同压、同体积和同物质的量，四“同”共同存在，相互制约，只要有三个“同”成立，第四个“同”则必定成立，在实际应用中往往是“三同”推“一同”。

三 启 示

（1）学会正确理解有关的概念，“物质的量”这部分涉及的概念比较多，应用性比较强，学生对于这些概念及其适用条件要有一个整体的认识，明确应用时应注意的问题，在做题的时候要谨慎小心且考虑周全。

（2）要熟练掌握物质的量与其他化学计量间的相互转化关系［换算恒等式 $n = m/M = V/V_m = N/N_A = cV_{(aq)}$］，懂得举一反三，借助中间量求得结果。

（3）在理解有关概念和掌握以物质的量为中心的各化学计量间关系的基础上，有目的、有针对性地做题，通过解答分析，抓住解题规律，掌握计算的关键，形成正确的解题思路。

参考文献

［1］黄儒兰. 化学试题解析与模拟［M］. 北京：高等教育出版社，1998.

［2］祁和平. 夯实基础　延伸视野　讲究策略——浅谈新课程高考复习策略［EB/OL］.［2008-09-08］. 中国化学课程网.

［3］温凤梅. 通俗易懂地讲解“物质的量”的概念［J］. 中国环境管理干部学院学报，2005（3）：129~130.

广东高考化学“位”、“构”、“性”的关系考点解析①

2012级本科生：邱莲勤
指导教师：衷明华

【摘　要】本课题研究的是广东高考化学“位”、“构”、“性”的关系考点解析。物质结构及元素周期律是中学化学的基本理论之一，也是高考的必考内容之一。要求理解并熟记主族元素的原子结构，同周期、同主族元素的性质递变规律及元素周期表的结构，理解三者之间的内在联系。高考题中此考点主要以元素推断题形式出现，旨在考查考生的分析推断能力。
【关键词】广东高考；“位”、“构”、“性”关系；主族元素

一　“位”、“构”、“性”的关系及图表说明

元素的原子结构，即核外电子排布，主要是其电子层数和最外层电子数，决定了元素在周期表中的位置，从而也就决定了元素及其化合物的物理性质和化学性质以及性质的递变。而元素及其化合物的物理性质和化学性质以及性质的递变，反映了元素在周期表中的位置，也反映了元素的原子结构，特别是反映了核外电子排布中的电子层数和最外层电子数的特征。概括地说，结构决定位置和性质，位置和性质反映结构：位置决定性质，性质反映位置。

① 该文刊于《江西化工》2014年第2期第281页。

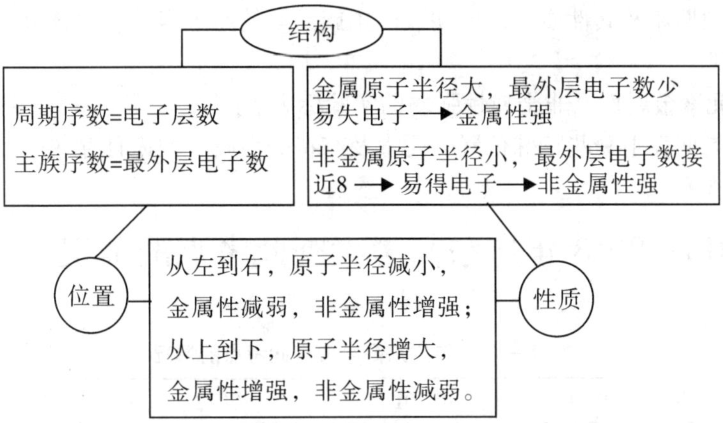

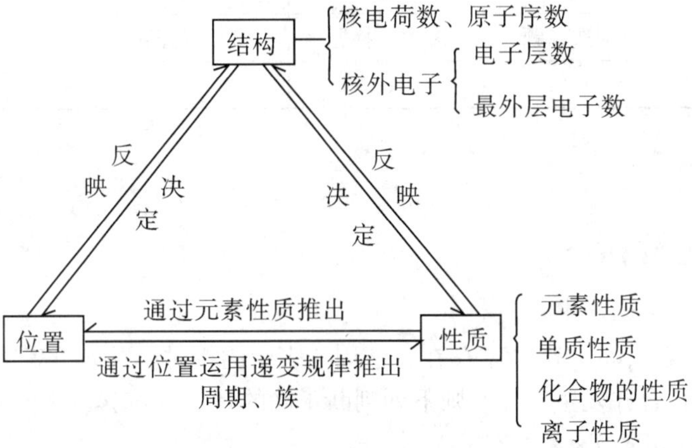

元素“位”、“构”、“性”三者关系

二　考点点拨

物质结构及元素周期律是中学化学的基本理论之一，也是高考的必考内容之一，要求学生理解并熟记主族元素的原子结构，同周期、同主族元素的性质递变规律及元素周期表的结构，理解三者之间的内在联系。高考题中此考点主要以元素推断题形式出现，旨在考查学生的分析推断能力。

三　主要知识点

(1) 元素周期表的结构（包括各周期各族元素种数、各族左右相对顺序、各周期稀有气体元素原子序号等）：主族元素原子核外电子排布的相似点和递变性；主族元素原子序数、元素符号、名称。

（2）元素周期律及其性质：同周期、同主族元素的原子半径、化合价、金属性、非金属性的递变规律。

（3）判断元素金属性、非金属性强弱的实验标志。

（4）元素周期表中一些特殊位置的元素及有特殊性质、用途且存在的元素。

四　2010—2013 年广东高考考查此考点的情况

2010—2013 年广东高考考查此考点的情况

年份	2010	2011	2012	2013
题号	10	22	22	22
题型	单项选择题	多项选择题	多项选择题	多项选择题
分值	4	6	6	6

五　例题解析

【例题 1】元素 R、X、T、Z、Q 在元素周期表中的相对位置如下表所示，其中 R 单质在暗处与 H_2 剧烈化合并发生爆炸。则下列判断正确的是（　　）。

	R	
X	T	Z
	Q	

A. 非金属性：$Z < T < X$

B. R 与 Q 的电子数相差 26

C. 气态氢化物的稳定性：$R < T < Q$

D. 最高价氧化物的水化物的酸性：$T > Q$

【答案】BD。

【解析】由 R 单质在暗处与 H_2 剧烈化合并发生爆炸，可知 R 为 F，由周期表的相对位置可以确定 X 为 S、T 为 Cl、Z 为 Ar、Q 为 Br。由于 Z（Ar）为稀有气体，不能比较其非金属性，所以 A 错误；R（F）的电子数（原子序数）为 9，Q（Br）的电子数（原子序数）为 35，$35-9=26$，B 正确；F、Cl、Br 三种元素位于同主族，同主族元素从上到下非金属性依次减弱，氢化物的稳定性依次减弱，最高价氧化物对应水化物酸性减弱，故 C 错误，D 正确。

命题意图：考查元素周期律与元素周期表。考查了学生对元素周期表的编排的熟悉程度，是否知道每个周期的元素种类数、元素周期的递变性。

【例题 2】短周期元素甲～戊在元素周期表的相对位置如下表所示，下面判断正确的是（　　）。

甲	乙	
丙	丁	戊

A. 原子半径：丙 < 丁 < 戊　　B. 金属性：甲 > 丙

C. 氢氧化物碱性：丙 > 丁 > 戊　　D. 最外层电子数：甲 > 乙

【答案】C。

【解析】同周期元素从左往右原子半径是减小的，故 A 错；同主族元素金属性自上而下是增强的，故 B 错；同周期元素的金属性从左往右越来越弱，故对应碱性也是减弱的，C 正确；同周期元素的最外层电子数从左往右越来越多，故 D 错。

【例题 3】短周期元素甲、乙、丙、丁的原子序数依次增大，甲和乙形成的气态氢化物的水溶液呈碱性，乙位于第ⅤA 族，甲和丙同主族，丁的最外层电子数和电子层数相等，则(　　)。

A. 原子半径：丙 > 丁 > 乙

B. 单质的还原性：丁 > 丙 > 甲

C. 甲、乙、丙的氧化物均为共价化合物

D. 乙、丙、丁的最高价氧化物对应的水化物能相互反应

【答案】AD。

【解析】甲为 H，乙为 N，丙为 Na，丁为 Al，所以 AD 正确。C 中丙的氧化物为离子化合物。

【例题 4】下图是短周期元素化合价与原子序数的关系图，下列说法正确的是(　　)。

A. 原子半径：$Z > Y > X$

B. 气态氢化物的稳定性：$R > W$

C. WX_3 和水反应形成的化合物是离子化合物

D. Y 和 Z 两者最高价氧化物对应的水化物能相互反应

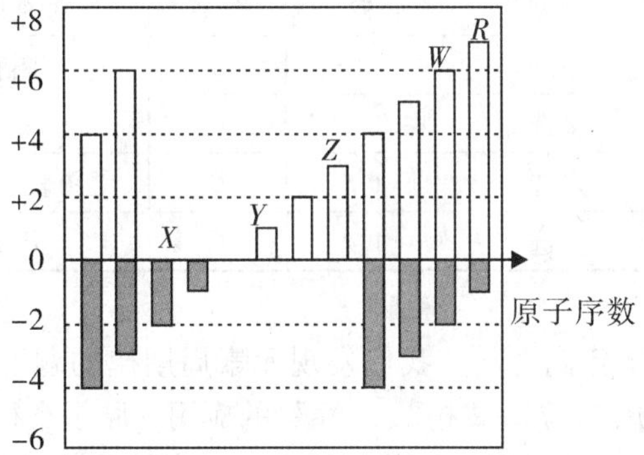

【答案】BD。

【解析】从图可知，X 为 O，Y 为 Na，Z 为 Al，W 为 S，R 为 Cl。A 项中应该是 $Y > Z > X$，C 项中硫酸为共价化合物。

点击广东高考对元素周期律（表）的考查[①]

2012 级本科生：曾子茹
指导教师：袁明华

【摘　要】元素周期律是高考热门考点。元素“位”、“构”、“性”间的相互推断是考查物质结构、元素周期律（表）、元素性质的重要题型，同时也是培养学生综合分析、逻辑推理、迁移应用等思维能力的常用手段。该类题型涉及知识面广，综合性强，除了考查以“位”、“构”、“性”关系推断元素外，还易与元素化合物的知识、化学计算、基本理论问题等结合起来综合考查。此类题型在2010—2013年的高考中均占4%～6%的分值。同时，元素周期律也是梳理元素化合物性质的重要工具，在复习中应加倍重视。

【关键词】元素周期表；元素周期律；位、构、性

首先我们来看看广东高考自2010年改革以来对元素周期律（表）考查的情况。

表1　2010—2013年高考题

年份	题型	题数	分数	考查形式
2010	单选	1	3	图表
2011	多选	1	6	文字
2012	多选	1	6	图表、文字
2013	多选	1	6	图表

通过分析2010—2013年高考题，我们发现元素周期律的题型主要为选择题，考查的主要知识点为：元素推断，“位”、“构”、“性”的应用，原子半径大小的比较，元素及其化合物的性质。基本模式为“推断元素种类→推断元素性质递变规律”，因此同学们除了梳理元素递变规律的核心内容外，还要学会如何利用题干信息，快速推断元素的种类。由于本部分内容是对元素化合物知识的概括和总结，同时对元素化合物性质的学习和归纳又具有积极的指导意义，所以我们在复习本部分知识时一定要注意总结规律，找出特例，明确失分点及其产生的原因，有目的、有针对性地进行复习。

① 该文刊于《江西化工》2014年第2期第310页。

一 推断未知元素的题型与方法

1. 通过文字描述，推断未知元素

【例题1】（2011 广东化学，22）短周期元素甲、乙、丙、丁的原子序数依次增大，甲和乙形成的气态氢化物的水溶液呈碱性，乙位于第ⅤA族，甲和丙同主族，丁的最外层电子数和电子层数相等，则（　　）。

A. 原子半径：丙 > 丁 > 乙

B. 单质的还原性：丁 > 丙 > 甲

C. 甲、乙、丙的氧化物均为共价化合物

D. 乙、丙、丁的最高价氧化物对应的水化物能相互反应

【答案】AD。

【解析】通过文字信息可知，甲、乙、丙、丁的原子序数依次增大，甲和乙形成的气态氢化物的水溶性呈碱性，乙位于第ⅤA族，可推知甲为氢元素，乙为氮元素，甲和丙同主族，可知丙为钠元素，丁的最外层电子数和电子层数相等，可知丁为铝元素。由元素周期律可知，同周期原子半径从左往右逐渐变小，同主族元素原子半径从上往下逐渐增大，可知原子半径丙（钠）>丁（铝）>乙（氮），A 正确；单质还原性，钠强于铝，B 错误；钠的氧化物为离子化合物，C 错误；硝酸、氢氧化钠、氢氧化铝能互相反应，D 正确。

这类题目，重点在于推断元素，在推知元素的基础上，结合元素周期律、原子结构、元素性质、化合物的性质的递变规律，通常能较为轻松地解决。但如何快速推断，同学们除了要熟知 1 ~20 号元素外，同时应了解 1 ~20 号元素的常见特殊性质，以便快速找到解题突破口。

2. 通过元素周期表的片段，推断未知元素

【例题2】（2013 广东化学，22）元素 R、X、T、Z、Q 在元素周期表中的相对位置如下表所示，其中 R 单质在暗处与 H_2 剧烈化合并发生爆炸。则下列判断正确的是（　　）。

A. 非金属性：$Z < T < X$

B. R 与 Q 的电子数相差 26

C. 气态氢化物的稳定性：$R < T < Q$

D. 最高价氧化物的水化物的酸性：$T > Q$

	R	
X	T	Z
	Q	

【答案】BD。

【解析】由 R 单质在暗处与 H_2 剧烈化合并发生爆炸，可知 R 为 F，由周期表的相对位置可以确定 X 为 S、T 为 Cl、Z 为 Ar、Q 为 Br。非金属性氯强于硫，A 错误；R 的电子数为 9，Q 的电子数为 35，35 − 9 = 26，B 正确；F、Cl、Br 三种元素位于同主族，同主族元素从上到下非金属性依次减弱，氢化物的稳定性依次减弱，最高价氧化物对应的水化物酸性依次减弱，故 C 错误，D 正确。

【例题3】（2010 广东化学，10）短周期金属元素甲 ~ 戊在元素周期表中的相对位置

如下表所示，下面判断正确的是（　　）。

A. 原子半径：丙＜丁＜戊　　B. 金属性：甲＞丙

C. 氢氧化物碱性：丙＞丁＞戊　　D. 最外层电子数：甲＞乙

甲	乙	
丙	丁	戊

【答案】C。

【解析】由元素周期表1～3周期的特征可知，第一周期有左右两个角（氢和氦），而上表不符合第一周期的特征，因此可以快速判断该片段处于第二、第三周期，再推断C正确。

这类题型主要考查同学们对元素周期表的掌握，由元素在周期表中的位置推断元素的性质。做此类题要求同学们对元素周期律较为熟悉。

3. 通过半径、化合价的数据推断位置元素

【例题4】（2012广东化学，22）下图是短周期元素化合价与原子序数的关系图，下列说法正确的是（　　）。

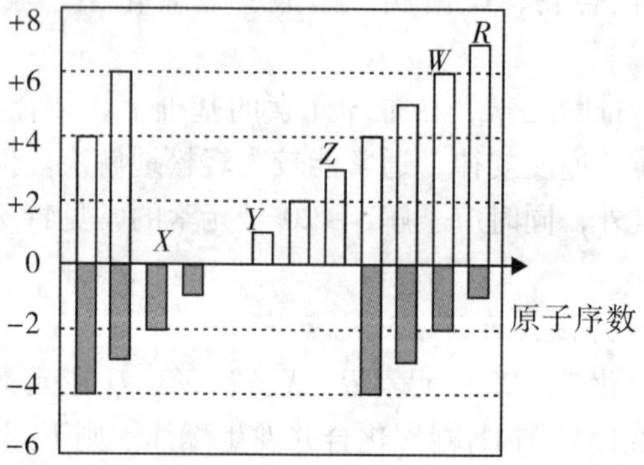

A. 原子半径：$Z>Y>X$

B. 气态氢化物的稳定性：$R>W$

C. WX_3和水反应形成的化合物是离子化合物

D. Y和Z两者最高价氧化物对应的水化物能相互反应

【答案】BD。

【解析】由图可知，X为O，Y为Na，Z为Al，W为S，R为Cl。A选项应该是$Y>Z>X$；C选项硫酸为共价化合物，故正确答案为BD。

这类题型的突破口是通过元素的最高正价或最低负价确定元素的主族序数，再通过同主族元素的半径大小判断元素所处的周期，达到确定元素种类的目的，再推断性质的规律。

二　广东高考常考点及复习要点小结

1. 考点：原子结构与元素周期表的关系

考点解读：此考点主要考查原子构成、表示方法及核外排布。

①电子层数 = 周期数

②最外层电子数 = 主族序数 = 最高正价数 = 价电子数

③核内质子数 = 原子序数

④负化合价 = 主族序数 − 8

2. 考点：元素周期律

考点解读：此考点主要考查元素的化合价变化、原子半径或离子半径的大小、金属性与非金属性的强弱、最高价氧化物对应水化物的酸碱性的强弱和气态氢化物的稳定性等递变规律。

表 2　元素周期律

项目	同周期（从左到右）	同主族（从上到下）
价电子数（最外层电子数）	由 1 逐渐增到 7	相同
主要化合价	最高正价由 +1 到 +7 负价由 −4 到 −1	最高正价相同
原子半径	逐渐减小（惰性气体除外）	逐渐增大
金属性与非金属性	金属性减弱 非金属性增强	金属性增强 非金属性减弱
最高价氧化物对应水化物的酸碱性	碱性减弱 酸性增强	碱性增强 酸性减弱
非金属的气态氢化物	生成由难到易 稳定性由弱到强	生成由易到难 稳定性由强到弱
得失电子能力	失电子由大→小 得电子由小→大	得电子由大→小 失电子由小→大

3. 考点：元素周期表

考点解读：此考点主要考查元素周期表的结构、主族元素、短周期元素的原子结构特点，要求能掌握短周期元素的名称、元素符号、核外电子排布和元素在周期表中的位置及确定方法，并能据此确定一些未知元素的位置。

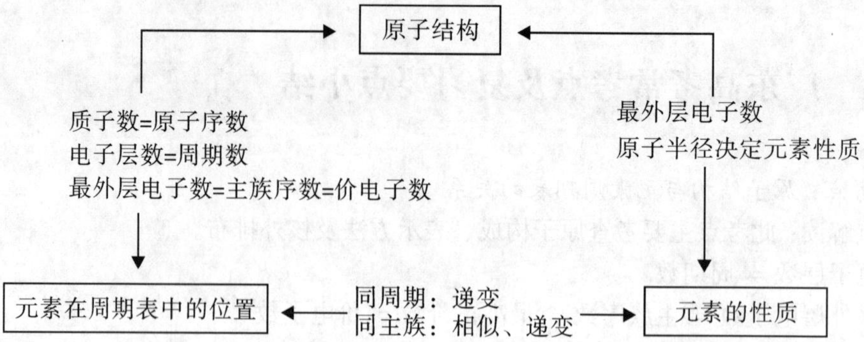

“位”、“构”、“性”关系

4. 考点：“位”、“构”、“性”的应用

考点解读：此考点主要考查短周期元素的位置、结构、性质之间的关系。

浅析广东省化学高考的重要考点之化学反应速率①

2012 级本科生：林佳丽
指导教师：袁明华

【摘　要】化学反应速率是广东省近年来必考知识点之一，该题涉及的内容范围广泛，涉及的考点也较多。高考以选择题和简答题居多，通过实验探究温度、浓度、压强和催化剂对反应速率的影响，使学生认识其一般的规律，也让学生进一步了解化学反应速率在生活、生产和科学研究领域中的重要作用。

【关键词】化学反应速率；广东高考

近年来化学反应速率的高考题，一般都会分三个方面来考查。第一，影响反应速率的计算；第二，考查影响反应速率的因素；第三，有关化学反应速率的图像题。

化学反应速率考查的知识有以下三个方面。

一　数学表达式：$v=\Delta c/\Delta t$ [mol/（L·s）或 mol/（L·min）]

同一个化学反应中以不同物质（各物质为气体）表示的反应速率之比一定等于它们的化学计量数之比，如对于反应：aA（g）$+bB$（g）$=\!=\!=$ cC（g）$+dD$（g），有 v（A）：v（B）：v（C）：v（D）$=a:b:c:d$。

这类题目比较简单，只要学生掌握 aA（g）$+bB$（g）$=\!=\!=$ cC（g）$+dD$（g），v（A）：v（B）：v（C）：v（D）$=a:b:c:d$ 这一数学式，通过比较各物质就能得出哪个速率最大。这类考题虽然比较简单，但是也有一定的“陷阱”，如果学生粗心大意，很容易会失分的。

【例题 1】对于反应 $A_2+3B_2=\!=\!=2AB_3$，以下表示的反应速率中，速率最大的是(　　)。

A. $v_{A_2}=0.4$ mol/（L·min）　　B. $v_{B_2}=0.8$ mol/（L·min）

C. $v_{AB_3}=0.6$ mol/（L·min）　　D. $v_{A_2}=0.01$ mol/（L·s）

【答案】D。

---

① 该文刊于《江西化工》2014 年第 2 期第 241 页。

【解析】此类型的题目一般是根据同一个反应中，虽然用不同的物质表示速率时数值可能不同，但意义相同，并且根据各物质的化学反应速率之比等于它们的化学计量数之比的原理，把每个选项转化成用同一种物质表达的反应速率，然后比较。本题可都转化成用A表示的速率。B中 $V_{A_2}:V_{B_2}=1:3$，所以 $V_{A_2}=0.27$ mol/（L·min），C中 $V_{A_2}:V_{AB_3}=1:2$，所以 $V_{A_2}=0.3$ mol/（L·min）

注意D选项的单位，经过换算 $V_{A_2}=0.6$ mol/（L·min），比较得出D选项用 A_2 表示的反应速率最大。

二 影响化学反应速率的因素

1. 有效碰撞、活化分子和活化能

（1）有效碰撞：本身具有较高能量的分子之间发生了化学反应的碰撞。

（2）活化分子：能够发生有效碰撞的分子。

（3）活化能：活化分子的平均能量与所有分子的平均能量之差。

2. 影响因素

（1）内因：物质的结构和性质是决定化学反应速率的重要因素

（2）对于同一个反应，改变外界的条件也可以改变化学反应速率。

① 浓度：在其他条件不变时，增大浓度，反应速率加快；反之，反应速率则减慢。

② 压强：对于有气体参加的反应，如果缩小体积增大压强，反应速率加快，那么增大体积降低压强，则反应速率减慢（固体、纯液体浓度是常数，不可改变）。

③ 温度：其他条件不变时，升高温度则反应速率加快；反之，则减慢。

④ 催化剂：使用催化剂能改变化学反应速率，催化作用具有选择性。

⑤ 其他因素：光、电磁波、超声波、反应物颗粒的大小、溶剂的性质等。

（注：固体用量的多少，对反应速率无影响，而固体表面积大小却影响反应速率。）

【例题2】（2009广东高考）甲酸甲酯水解反应方程式为：

$HCOOCH_3$（l）+ H_2O（l）$\rightleftharpoons$ HCOOH（l）+ CH_3OH（l）　$\Delta H>0$

某小组通过实验研究该反应（反应过程中体积变化忽略不计）。反应体系中各组分的起始如下表：

组分	$HCOOCH_3$	H_2O	HCOOH	CH_3OH
物质的量/mol	1.00	1.99	0.01	0.52

甲酸甲酯转化率在温度 T_1 下随反应时间（t）的变化见下图：

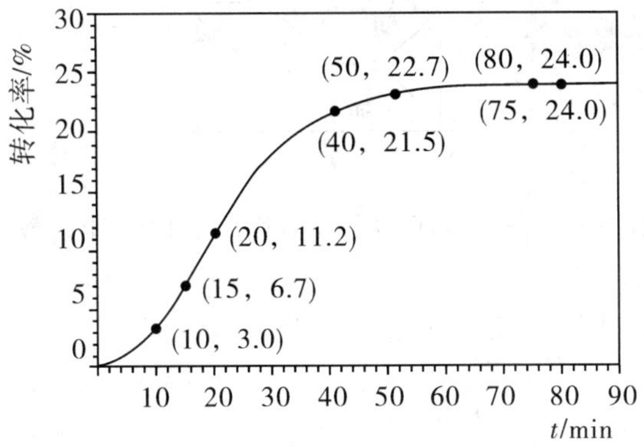

根据上述条件，计算不同时间范围内甲酸甲酯的平均反应速率，结果见下表：

反应时间范围/mol	0～5	10～15	20～25	30～35	40～45	50～55	75～80
平均反应速率/（10^{-3}mol/min）	1.9	7.4	7.8	4.4	1.6	0.8	0.0

（1）请计算 15～20 分钟范围内甲酸甲酯的减少量为＿＿＿＿＿＿ mol。甲酸甲酯的平均反应速率为＿＿＿＿＿＿ mol/min。

（2）依据以上的数据，写出该反应的反应速率在不同的阶段的变化规律及其原因：

＿＿＿＿＿＿＿＿＿＿＿＿＿＿＿＿＿＿＿＿＿＿＿＿＿＿＿＿＿＿＿＿＿＿＿＿＿＿

＿＿＿＿＿＿＿＿＿＿＿＿＿＿＿＿＿＿＿＿＿＿＿＿＿＿＿＿＿＿＿＿＿＿＿＿＿＿

【答案】（1）0.045；　　9.0×10^{-3}。

（2）该反应中甲酸有催化作用。

①反应初期：虽然甲酸甲酯的量较大，但甲酸的量很少，催化效果不明显，反应速率较慢。

②反应中期：甲酸的量逐渐增多，催化效果显著，反应速率明显加大。

③反应后期：甲酸的量增加到一定的程度后，浓度对反应速率的影响成主导因素，特别是逆反应速率的增大，使总反应速率逐渐减小，直至为零。

三　化学反应速率的图像分析

（1）增大反应物浓度。v（正）突变，v（逆）渐变。

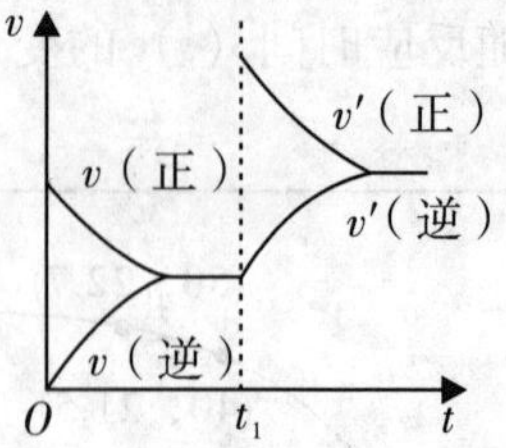

（2）增大压强。ΔV（g）表示生成物中气体物质的化学计量数之和减去反应物中气体物质的化学计量数之和。

①若 ΔV（g）<0，则 v（正）强变，v（逆）弱变。

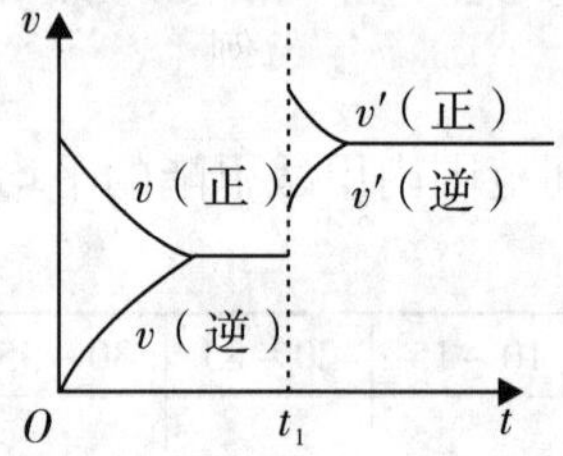

②若 ΔV（g）>0，则 v（正）弱变，v（逆）强变。

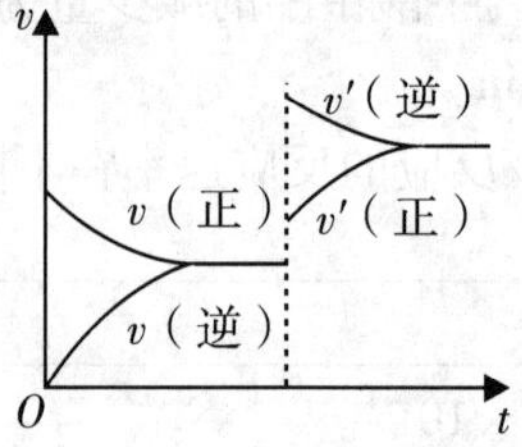

（3）升高温度。

①若 $\Delta H<0$，则 v（正）弱变，v（逆）强变。

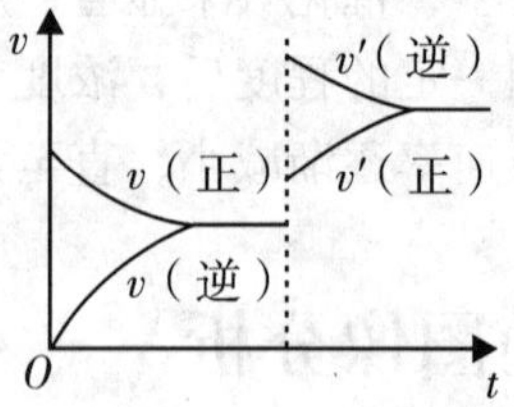

②若 $\Delta H>0$，则 v（正）强变，v（逆）弱变。

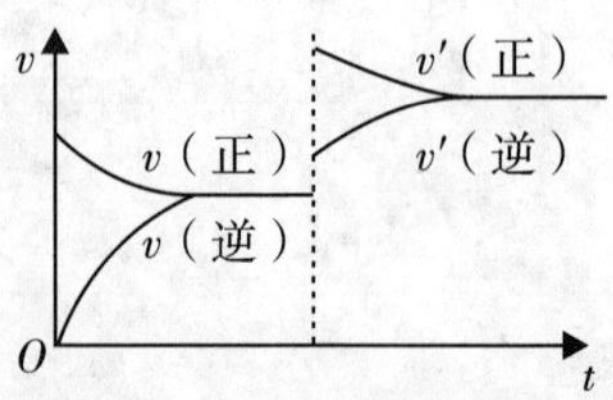

(4) 使用催化剂或对 ΔV (g) $=0$ 的反应加压，v (正) $=v$ (逆)。

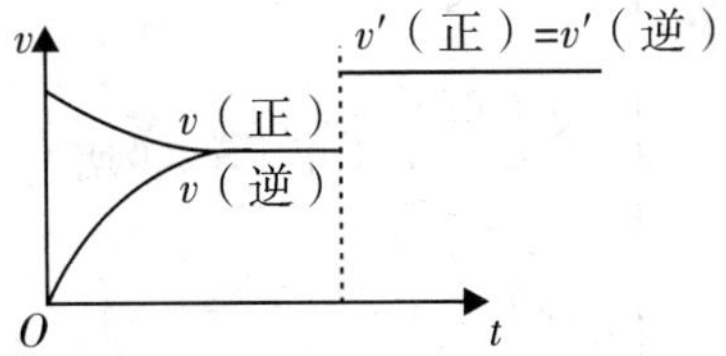

(5) 若加入固体反应物或产物，又或者向恒容反应器内充入惰性气体，则 v (正) 与 v (逆) 不变。

以 N_2 (g) $+3H_2$ (g) $\rightleftharpoons 2NH_3$ (g) 为例，在一定容积的反应器中，当反应已经达到平衡后，分别在下列速率时间图中画出 t 改变后的速率变化图：

①充入 N_2 或 H_2 或减少体积。

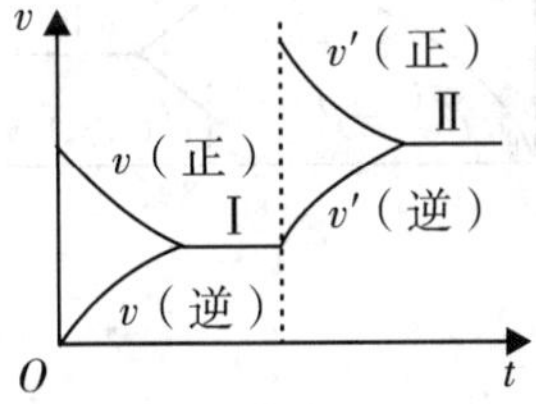

②充入 NH_3。

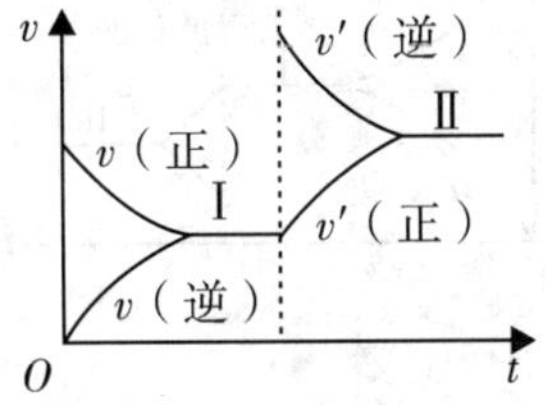

③ 分离一些 NH_3。

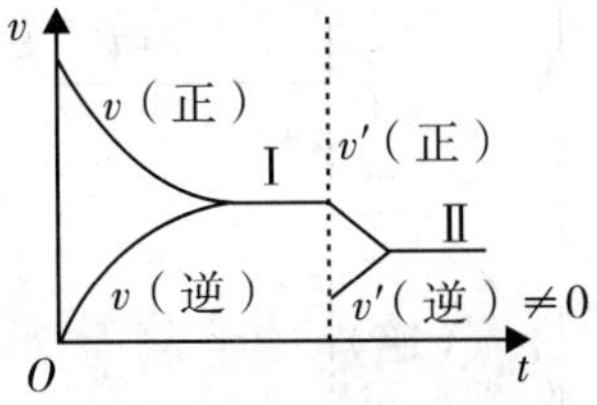

④ 保持体积不变通入氦气。

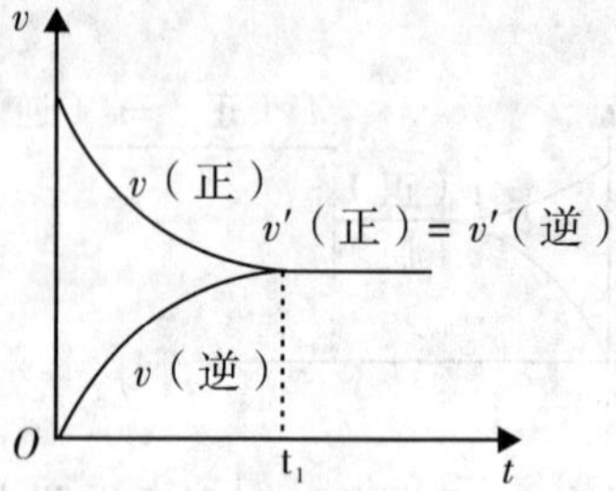

⑤ 保持压强不变通入氦气。

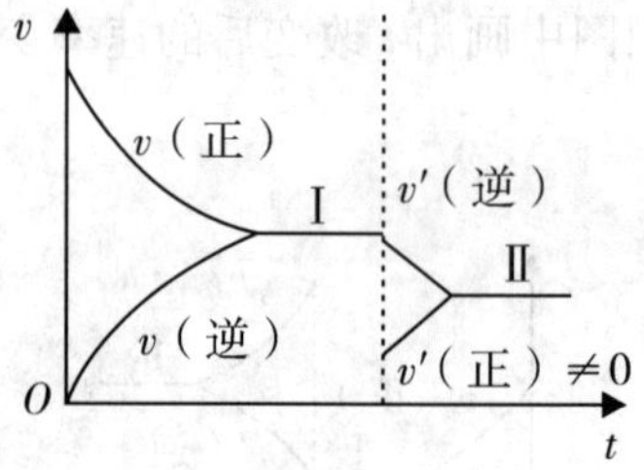

⑥升温。

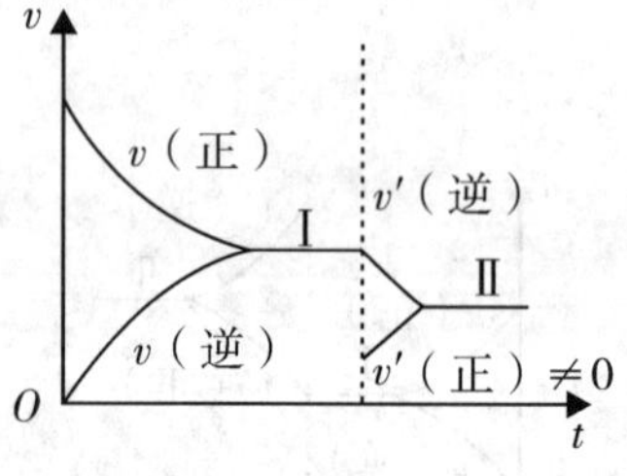

⑦加入催化剂。

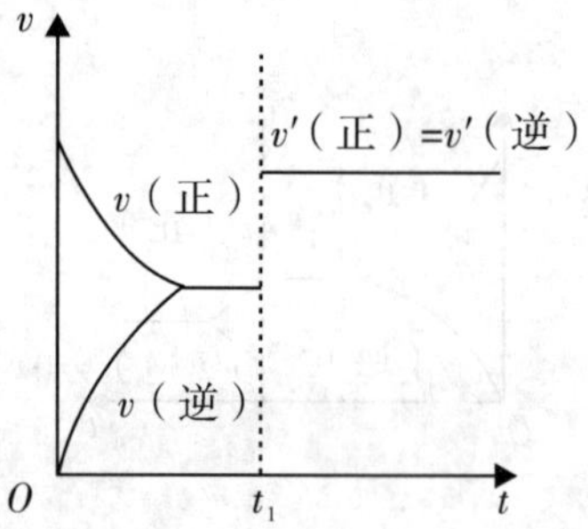

解题方法：由于这类题目知识点太多，很多考生会混乱，所以考生一定要先弄清考题的要求，是有关压强、温度还是催化剂等的影响，还是增压、减压或者是由于加入无关气

体导致的增压或者减压。考生应当熟悉知识点，学会分析画图，这样不论考到哪个知识点都能得心应手。由于后面还有较多知识点，所以考生首先应该学会这些知识点，这样才能更好地掌握后面化学平衡的知识，以免混淆。

总之，虽然化学反应速率涉及的内容多，但多为基础，只要加强对基本知识的学习以及对图像的分析、总结，并在练习中不断地反思，就能提高自己解答化学反应速率问题的能力。

四　总　结

在练习中不断地反思，就能提高自己解答化学反应速率问题的能力。

高考重难点——化学平衡[①]

2012 级本科生：陈梓钗

指导教师：衷明华

【摘　要】化学平衡是高中化学教材中的重难点，这部分内容烦琐复杂，历年来备受高考命题者的青睐，频频出现在高考试题中。通过浅析近几年全国各地高考化学试题，本文归纳了有关化学平衡的高考考点以及对学生的能力要求，再通过对这部分知识点的梳理，希望帮助考生更好地学习化学平衡。

【关键词】高考；化学平衡；考点聚焦；能力要求；知识梳理

一　考点聚焦

（1）考查化学平衡与化学反应速率的联系。

（2）考查化学平衡与溶液中的离子平衡的联系。

（3）考查化学平衡与热化学（盖斯定律）的联系。

（4）根据勒夏特列原理判断可逆反应移动的方向。

（5）考查化学平衡常数 K 的表示方法等。

二　能力要求

（1）要求考生掌握可逆反应的概念和特征，正确区分可逆反应与不可逆反应。

（2）要求考生能准确判断可逆反应在所给定条件下是否达到化学平衡。

（3）要求考生能准确判断各个反应条件对化学平衡的影响，以及当该反应条件改变时平衡移动的方向。

（4）要求考生正确掌握化学平衡常数 K 的含义及表示方法。

（5）要求考生掌握平衡转化率的基本计算。

① 该文刊于《江西化工》2014 年第 2 期第 301 页。

三　知识梳理

1．可逆反应

（1）定义：在同一条件下，同时向正、反两个方向进行的化学反应称为可逆反应。

（2）可逆反应的特征：难以进行到底、存在平衡状态。

（3）可逆反应与不可逆反应的区别：不可逆反应只能向正方向进行。

2．化学平衡状态

（1）化学平衡状态：在一定条件下，当正逆两个方向的反应速率相等时，反应体系中所有参加反应的物质的质量可以保持恒定的状态。

（2）化学平衡状态的六个特征。

①逆：只有可逆反应才有平衡状态。

②动：在平衡状态时，反应仍在不断进行，是一种动态平衡。

③定：条件不变，反应体系中各组分浓度保持不变。

④等：在平衡状态时，正逆反应速率相等。

⑤变：当反应条件改变时，化学平衡可能会发生移动。

⑥同：可逆反应无论是从正方向还是逆方向开始反应建立平衡，若平衡时各物质的含量相同，则所建立的平衡是等效的。

（3）可逆反应达到平衡的标志

①正反应速率和逆反应速率相等。

②可逆反应达到平衡时，反应物的转化率、产物的产率、平衡体系的颜色、绝热的恒容体系的温度均保持不变。

③在某些特定情况下，若反应体系中混合气体的总质量、总物质的量、平均相对分子质量、总压强或密度不再发生改变，则反应达到平衡状态。

3．反应条件对化学平衡的影响

（1）浓度对化学平衡的影响。

①在其他条件不变的情况下，增大反应物浓度或减小生成物浓度，化学平衡向正反应方向移动；减小反应物浓度或增大生成物浓度，化学平衡向逆反应方向移动。

②固体或纯物质的浓度为常数，所以增大其量，化学平衡不改变。

③在离子反应中，只有改变实际参加反应的离子浓度，化学平衡才会改变。

（2）温度对化学平衡的影响。

①在其他条件不变的情况下，升高温度，化学平衡向吸热反应的方向移动；降低温度，化学平衡向放热反应的方向移动。

② 对于同一化学反应，升高温度，正反应速率和逆反应速率都会增大，只是吸热反应速率增大的程度更大；降低温度，正反应速率和逆反应速率都会减小，只是放热反应速率减小的程度更大。

③ 若某反应的正反应为放（吸）热反应，则逆反应必为吸（放）热反应，且吸收的热

量与放出的热量数值相等，符号相反。

（3）压强对化学平衡的影响。

①在其他条件不变的情况下，增大压强，化学平衡向着气体体积减小的反应方向移动；减小压强，化学平衡向着气体体积增大的反应方向移动。

②对于只涉及固体或液体的反应，改变压强不会改变反应速率。值得一提的是，对于可逆符号两边的化学计量数之和相等的可逆反应，虽然体系存在气态物质，但当压强改变时，正、逆反应速率同时、同程度地发生改变，因此增大或减小压强不能使其化学平衡发生移动。

③在体积不变的密闭容器中，当气体反应已达到平衡时，若向该容器中加入一种不能发生反应的气体，化学平衡不移动，原因是气态反应物和生成物的浓度没有发生变化；在体积可变的恒压容器中，若加入一种不发生反应的气体，此时虽然体系总压强不变，但各气态物质的浓度发生了改变，此时则应考虑平衡发生移动的问题。

（4）催化剂对化学平衡的影响。

①催化剂不影响化学平衡的移动。原因在于催化剂对正反应速率和逆反应速率的催化程度是等同的。

②虽然催化剂不能使化学平衡移动，但使用催化剂可影响可逆反应达到平衡的时间。

③并不是所有的催化剂都可以缩短反应达到平衡的时间，催化剂有正催化剂和负催化剂之分。在中学教材中，如不作特别说明，一般是指正催化剂。

（5）在使用勒夏特列原理判断反应移动的方向时，必须注意，该原理仅适用于已经达到平衡的反应体系，对于不可逆反应或者未达到平衡的可逆反应过程均不适用。

4. 有关化学平衡常数 K 的注意点

（1）化学平衡常数 K 只与温度有关，与反应物或生成物的浓度无关。

（2）化学平衡常数 K 是可逆反应进行程度的标志，K 值越大，表示可逆反应进行的程度越大；反之亦然。

（3）书写化学平衡常数 K 时，反应物或生成物中若有固体或纯液体存在，由于其浓度可以看作“1”而不代入计算公式。

（4）化学平衡常数 K 是指某一具体反应的平衡常数，若反应方向发生改变，K 值的大小也会随之改变。而且，只要化学方程式的书写不同，K 值就不同。

四 结束语

化学平衡知识点多且难度较大，对于初次涉及这部分学习的学生来说，一开始可能难以完全理解。但学生只要通过掌握化学平衡的知识点，再结合平时的习题练习，化学平衡将不再是难点。

浅析沉淀溶解平衡教学方法①

2012 级本科生：韦伟敏
指导教师：袁明华

【摘　要】沉淀溶解平衡是新考纲中的新设考点，主要以选择题形式考查学生对沉淀的溶度积以及对沉淀的生成、溶解和转化的了解。为了让学生更好地掌握这些知识，熟悉解题方法，或因使用题海战术使学生对学习厌烦，本文研究了这类考题的解题方法，帮助学生掌握解题技巧，从而激发学生的学习兴趣。

【关键词】沉淀溶解平衡；解题；方法

为了顺应新课改的要求，让学生轻松学习，培养学生的自主学习能力，让学生学到知识，注重学生的学习过程，营造良好的学习氛围，同时关注学生的情感、态度、价值观的发展，提高教学效果，笔者以沉淀溶解平衡的解题为例，进行教学策略研究。

一　先由生活中的例子引入课题，带动学生的思维

现在的教育是应试教育，很多老师为了让学生考个好分数，不管学生的学习任务有多重，而一味地给学生布置作业，上课又枯燥无味，单纯地将知识点讲给学生，让他们去记那么多的理论知识，显然，这对学习没有好处，会让他们厌倦，从而不想读书。面对这样的情况，我们应该注意学生的吸收能力，尽量让他们在理解中去记忆，这样不仅记得快，而且记忆效果也好。透过像“我们往水里加食盐，食盐会溶解到水里，当加了一定量时，食盐不再溶解，而是以颗粒状存在于水中；另外，沙子加到水里却是不溶的；同样是加到水里的东西，为什么食盐溶解了，而沙子却不会溶解”等生活中的例子，让学生发挥自己的想象力，开拓思维，进行思考，而不是单纯地把知识按照课本的顺序，一成不变地教给学生。教师应先看学生通过思考会得到什么样的答案，是否正确，再给他们解答，告诉他们食盐溶解了是因为食盐是 NaCl，而 NaCl 是溶于水的；但是沙子的主要成分是 $CaCO_3$，$CaCO_3$ 是不溶于水的，至于食盐加到一定量却不溶解了，那便是溶度积的问题，这时给学生介绍溶度积的概念，学生更容易理解。

① 该文刊于《江西化工》2014 年第 2 期第 223 页。

二 知识点系统化，可串成歌诀

学生的学习压力很大，学习任务繁重，要想让他们学得又好又轻松，并不是不可能。心理学提到的记忆术中有一个是“歌诀记忆法”，这种记忆效果很好，不仅记得快，而且记得牢。老师可以把溶解平衡的特征用“逆、等、定、动、变”五个字来概括，分别代表可逆反应；溶解和沉淀速率相等；达到平衡时溶液中离子浓度保持不变；动态平衡；当外界条件改变时，溶解平衡将发生移动，达到新的平衡。这样子学生就不用等到课后花太多的时间去记住这些特征，不仅为学生减轻了压力，而且使他们记得好，记得牢。

【例题 1】（2008 广东卷）已知 Ag_2SO_4 的 Kw 为 2.0×10^{-3}，将适量 Ag_2SO_4 固体溶于 100 mL水中至刚好饱和，该过程中 Ag^+ 和 SO_4^{2-} 浓度随时间变化关系如下图［饱和 Ag_2SO_4 溶液中 c（Ag^+）$=0.034\ mol\cdot L^{-1}$］。若 t_1 时刻在上述体系中加入 100 mL $0.020\ mol\cdot L^{-1}$ Na_2SO_4 溶液，下列示意图中能正确表示 t_1 时刻后 Ag^+ 和 SO_4^{2-} 浓度随时间变化关系的是（　　）。

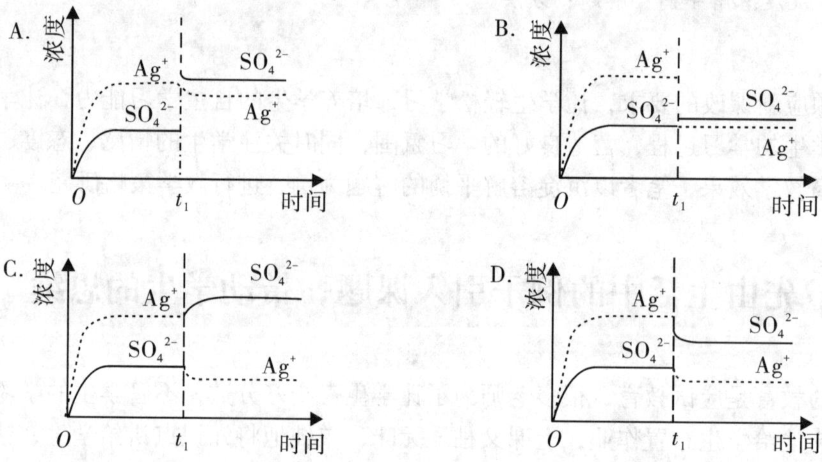

【答案】B。

【解析】Ag_2SO_4 刚好为 100 ml 的饱和溶液，因为 c（Ag^+）$=0.034\ mol\cdot L^{-1}$，所以 c（SO_4^{2-}）$=0.017\ mol\cdot L^{-1}$；当加入 100 ml $0.020\ mol\cdot L^{-1}$ Na_2SO_4 溶液后，c（SO_4^{2-}）$=0.0185\ mol\cdot L^{-1}$，c（Ag^+）$=0.017\ mol\cdot L^{-1}$（此时 $Q<Ksp$）。由计算可知选 B。

【例题 2】（2008 山东卷）某温度时，$BaSO_4$ 在水中的沉淀溶解平衡曲线如图所示。下列说法正确的是（　　）。

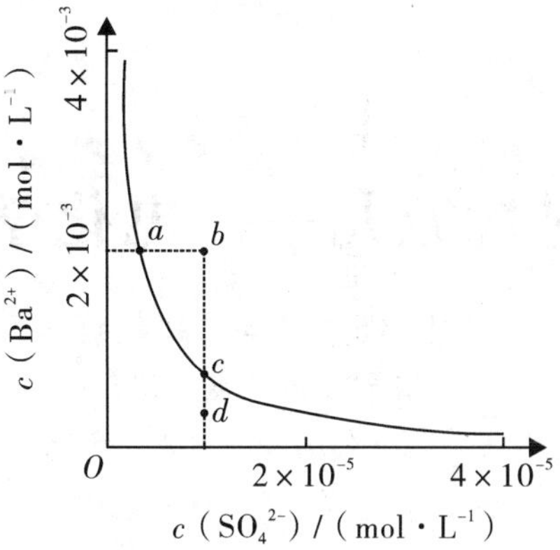

提示：$BaSO_4(s) \rightleftharpoons Ba^{2+}(aq) + SO_4^{2-}(aq)$的平衡常数$Ksp = c(Ba^{2+}) \cdot c(SO_4^{2-})$，称为溶度积常数。

A. 加入Na_2SO_4可以使溶液由a点变到b点

B. 通过蒸发可以使溶液由d点变到c点

C. d点无$BaSO_4$沉淀生成

D. a点对应的Ksp大于c点对应的Ksp

【答案】C。

三　归纳总结，改革创新

社会在不断进步，科学技术不断更新，对学生的要求也不一样，如果还是按照以往的方式来进行教学，就不会有进步，不仅对自己无益，更是误导学生，耽误学生的前程，所以在教学过程中，老师也要不断总结，发现不足，根据我们的教育方针和课标的改革，及时地改进教学方法。

参考文献

［1］李丽娜，衷明华．浅谈氧化还原反应的教学策略［J］．江西化工，2013（4）：336～337.

［2］曲一线．5年高考3年模拟·高考化学［M］．北京：首都师范大学出版社，教育科学出版社，2011.

时代宠儿——电化学①

2012 级本科生：郑佳敏
指导教师：衷明华

【摘　要】随着数码时代的到来，大量移动数码产品的涌现，必须要有强大的可充电电池作基础。因此对原电池原理及电解池原理的相关知识的理解是高考的一个考查方向。

【关键词】高考；电化学；题型综合

本部分知识与时代联系密切，近几年的高考试题都考查了相关的电化学知识。然而很多学生对该类题型甚为苦恼，觉得太杂乱，不易把握。其实这是因为在不进行知识的归纳梳理的情况下容易把原电池和电解池混为一谈，故而解答该类题型必须先进行分类归纳。

学习方法及相关解题策略也是重中之重。一般要做到两点，一是透彻理解化学基础，即不要停留在听起来都懂，做起来都不会的层面上，必须用适当的练习将其内化为自己的知识；二是把握相关的综合应用知识，即与元素化合物知识的联系综合，与化学基本实验的联系，电解池与物理电路知识的联系等。

一　常见考点的归纳

（1）电池的两极反应式及电极名称的确定，电极名称与电极反应类型的关系（巧记：原电池——负氧正还；电解池——阳氧阴还）。

（2）原电池、电解池的电子转移问题。原电池——电子从负极流向正极；电解池——阴极从电池负极得到电子。

（3）电极产物的判断，溶液浓度的变化或酸碱性（pH）的变化。

（4）电极反应方程式的书写。

（5）原电池的主要运用途径：制造化学电池，防止化学腐蚀，加快化学反应速率。

（6）电解池主要用于电解饱和食盐水、精炼铜和电镀等。

（7）抓住典型的特征反应、特征现象推知产物及其性质。

---

① 该文刊于《江西化工》2014 年第 2 期第 227 页。

二　习题研究

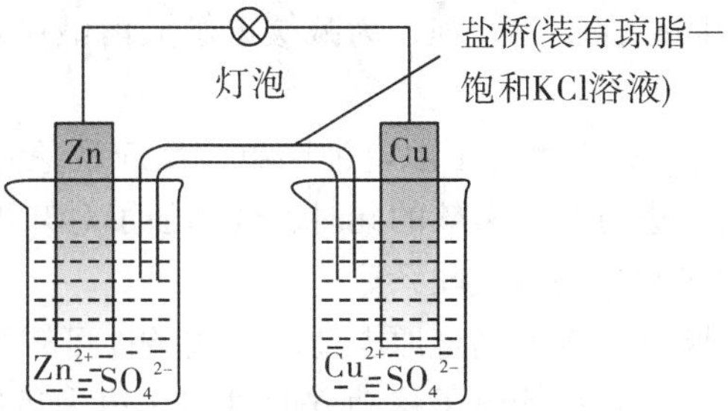

图1　铜锌原电池

【例题1】铜锌原电池（如图1）工作时，下列叙述正确的是（　　）。

A. 正极反应为：$Zn - 2e^- = Zn^{2+}$

B. 电池反应为：$Zn + Cu^{2+} = Zn^{2+} + Cu$

C. 在外电路中，电子从负极流向正极

D. 盐桥中的 K^+ 移向溶液 $CuSO_4$

【出题背景】本题要求考生掌握原电池两电极的电极反应方程式的书写、电子转移方向、盐桥中的离子转移方向。该原电池比较常见，其目的是希望考生在复习过程中要夯实基础知识。

【解题思路】根据“负氧正还”可知发生氧化反应的是负极，在外电路中，电子是从正极流向负极的，由于正极 Cu^{2+} 不断生成 Cu，溶液 $CuSO_4$ 中正离子不断减少，盐桥中的 K^+ 就会移向溶液进行补充。

【例题2】化学实验有助于理解化学知识，形成化学观念，提高探究与创新能力，提升科学素养。

能量之间可以相互转化：电解食盐水制备 Cl_2 是将电能转化为化学能，而原电池可将化学能转化为电能。设计两种类型的原电池，探究其能量转化效率。

限选材料：$ZnSO_4$（aq）、$FeSO_4$（aq）、$CuSO_4$（aq）；铜片、铁片、锌片和导线。

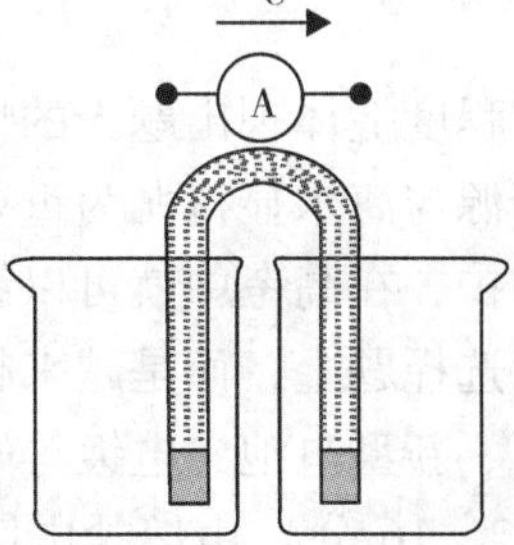

图2　原电池的装置示意图

（1）完成原电池的装置示意图（见图2），并作相应标注。

要求：在同一烧杯中，电极与溶液含相同的金属元素。

（2）铜片为电极之一，$CuSO_4$（aq）为电解质溶液，只在一个烧杯中组装原电池乙，工作一段时间后，可观察到负极____。

（3）根据牺牲阳极的阴极保护法原理，为减缓电解质溶液中铁片的腐蚀，在（2）的材料中应选____作阳极。

【出题背景】本题依托教材，考查了原电池图解、反应现象且融合了无机物等相关知识，对中学化学的主体内容进行全面考核的同时，也加强了对知识的理解及综合应用能力的考查，体现的是化学学科知识的内在联系。

【解题思路】（2）由题给试剂，结合原电池的形成条件可知可以组合的原电池是：锌铜、锌铁、铁铜原电池。由图示所给电子移动方向可知左边为负极（活泼金属）、右边为正极（不活泼金属），则组装的原电池可以如下：

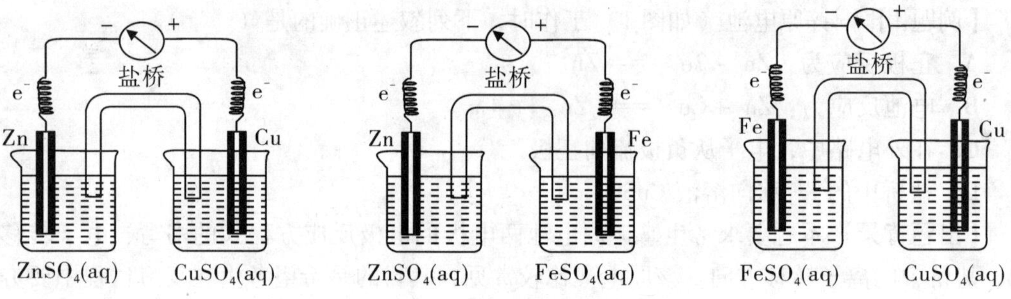

图3　组装的原电池

由所给的电极材料可知，当铜片作电极时，铜片一定是正极，则负极是活泼的金属（失电子发生氧化反应）。

反应的现象是电极逐渐溶解。以 Zn 和 Cu 作电极为例，如果不用盐桥则 Zn 与 $CuSO_4$ 反应置换出的 Cu 附着在 Zn 表面，阻碍了 Zn 与 $CuSO_4$ 的接触，不能提供稳定电流。

（3）本题中根据牺牲阳极的阴极保护法，可知被保护的金属作阴极，即 Zn 作为阳极。

三　命题趋势

电化学知识的考查可以在一定程度上体现出题人的情感价值观。因为随着能源的日趋紧张，合理开发、综合利用陆地资源与海水显得尤为重要，而金属矿物和海水资源的开发利用过程主要涉及金属的冶炼和防护，在高考中就可以结合氧化还原反应、电化学知识进行考查。考试题型就不会只局限在选择题上，而是越来越趋向于与化工流程题相结合的命题类型，考查金属精炼、电解海水、新型电池、电镀等知识点。

【例题3】（2011 广东高考，32，16 分）由熔盐电解法获得的粗铝含有一定量的金属钠和氢气，这些杂质可采用吹气精炼法除去，产生的尾气经处理后可用钢材镀铝。工艺流程示意图如下：

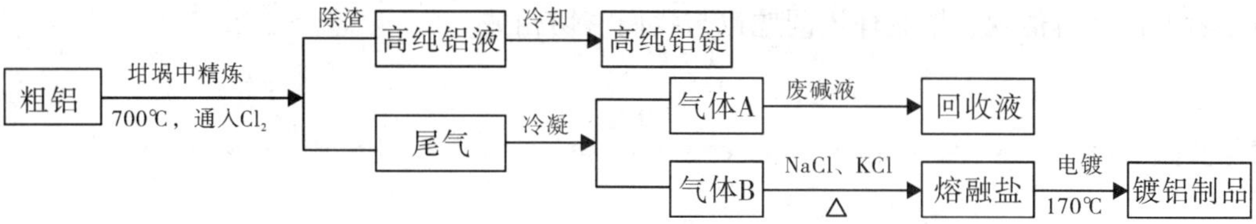

图4　工艺流程

（注：NaCl 熔点为 801℃；$AlCl_3$ 在 181℃升华。）

（1）精炼前，需清除坩埚表面的氧化铁和石英砂，防止精炼时它们分别与铝发生置换反应产生新的杂质，相关的化学方程式为①________；②________。

（2）将 Cl_2 连续通入坩埚中的粗铝熔体，杂质随气泡上浮除去。气泡的主要成分除 Cl_2 外还含有________；固态杂质粘附于气泡上，在熔体表面形成浮渣，浮渣中肯定存在________。

（3）在用废碱液处理 A 的过程中，所发生反应的离子方程式为________。

（4）镀铝电解池中，金属铝为________极，熔融盐电镀中铝元素和氯元素主要以 $AlCl_4^-$ 和 $Al_2Cl_7^-$ 形式存在，铝电极的主要电极反应式为________。

（5）钢材镀铝后，表面形成的致密氧化铝膜能防止钢材腐蚀，其原因是________。

【例题4】（1998 上海，31）氯碱厂电解饱和食盐水制取 NaOH 的工艺流程示意图如下：

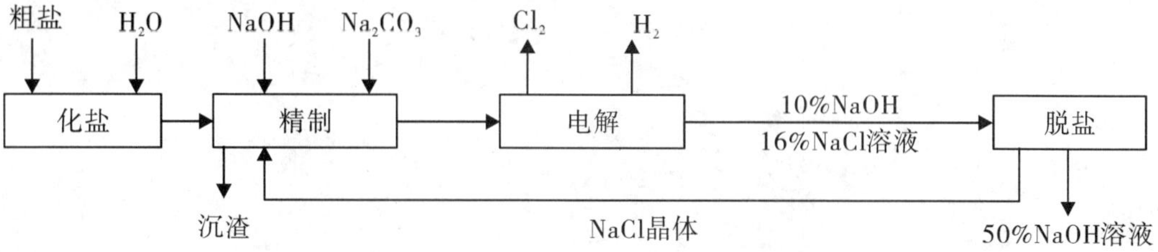

图5　电解饱和食盐水工艺流程示意图

依据上图，完成下列填空：

（1）在电解过程中，与电源正极相连的电极上所发生反应的化学方程式为________________，与电源负极相连的电极附近，溶液 pH 值______（选填：不变、升高或下降）。

四　电化学中的情感价值观的体现

电化学在我们日常生活中越来越重要，随着能源的不断减少，开发新能源成为时代热点，出题者要求考生对此有一定了解，因此学生除了牢固掌握课本知识外，还应了解时事，例如航空事业中电池的问题等都可能作为高考素材。另外，如何防护金属也能体现出命题者的情感价值观，毕竟环境问题也与我们密切相关。

参考文献

[1] 王秀杰. 中学化学开放性试题教学的研究 [J]. 新课程研究（下旬刊），2009(7)：36~37.

[2] 彭冠军. 高中新课程改革背景下的高考改革研究 [D]. 山东师范大学硕士学位论文，2008.

2010 年至 2013 年连续四年广东高考理综电化学试题统计分析[①]

2010 级本科生：蔡奕红
指导教师：衷明华

【摘　要】2010 年广东高考进行改革，改革后化学学科归入理科综合的范畴内，电化学知识作为化学学科的重要教学内容，是历年高考的重点所在。笔者针对改革后的 2010—2013 年的广东高考电化学试题进行统计分析，以期及时、准确地帮助考生把握“大文大理”主流下高考电化学试题的内容、考查形式及命题动态。
【关键词】电化学；广东高考；高考改革

2010 年，根据《广东省普通高校招生考试改革调整方案》，广东高考取消争议最大的 *X* 科，采用“3 + 文/理综合”的形式进行高考选拔，涉及的考试科目从原来的 9 科减少到 6 科。高考考查形式发生变化，化学科目的考查也随之发生变化。化学这一科目被归入理科综合的范畴。在化学的各知识点中，电化学是重要的教学内容，也是历年高考的考查重点。笔者对 2010—2013 年广东高考化学试题进行统计分析，具体情况如下所述。

一　改革后化学试题结构

化学试题部分总分 100 分（其中单项选择题 6 道，每题 4 分，共 24 分；双项选择题 2 道，每题 6 分，共 12 分；综合题 4 道，每题 16 分，共 64 分），分别考查有机化学、反应原理、无机工业流程和实验设计及探究四个方面内容。

从 2010—2013 年这四年里，电化学的试题结构如下表所示：

① 该文刊于《江西化工》2014 年第 1 期第 269 页。

表1　2010—2013 年广东高考理综电化学试题结构

试题	试卷总分	电化学题数	题号	题型	分值	占学科总分比例
2010 年广东高考卷	100	1	23	双项选择题	6	6%
2011 年广东高考卷	100	2	12、32（4）	单项选择题、综合题	8	8%
2012 年广东高考卷	100	1	31（4）	综合题	4	4%
2013 年广东高考卷	100	2	32（1）、33（2）、33（3）	综合题	12	12%

从表1我们可以看出，2010—2013 年广东高考卷对电化学知识的考查题量为 1 ~ 2 道，分值比例在 4% ~ 12% 之间，题型以综合题为主，且除 2010 年外，2011—2013 年均有在综合题中进行考查。2013 年，广东高考卷对电化学的考查剧增，所考试题分值占到 12%，而且均在综合题中进行考查，对考生的电化学的掌握程度要求较高，由此可见，新课改对电化学的关注明显加强。

二　试题内容

近几年广东高考理综对电化学知识的考查侧重于基础知识的综合运用，多次在综合题中出现，其考查的要点也相对比较稳定，下表是 2010—2013 年广东高考理综电化学考查要点分布。

表2　2010—2013 年广东高考理综电化学考查要点分布

试题	题号	考查要点	考查形式
2010 年广东高考卷	23	原电池	判断电极反应、判断电极离子和电子转移情况
2011 年广东高考卷	12	原电池 电解池	判断电极反应、判断电极反应时电极的现象和溶液的变化，判断电极离子转移情况
	32（4）	电解池	判断电极极性、写出电极反应
2012 年广东高考卷	31（4）	原电池	判断电极极性、计算电池反应的焓变
2013 年广东高考卷	32（1）	电解池	写出电池阴极的反应式
	33（2）	原电池	完成原电池的装置示意图、判断电极极性、比较原电池
	33（3）	电解池	比较原电池装置的优劣

从表2我们可以看出，近四年来广东高考卷注重电化学基础知识，主要考查学生对电化学工作原理的理解和掌握，考查内容主要为电化学知识的“电极反应”、“电极极性”以及“判断电极离子和电子转移情况”。值得注意的是，近几年的广东高考电化学题多出

现在综合题中，电化学知识常与其他的知识点一起出现在同一题目当中，主要考查学生综合运用知识的能力。例如，在 2012 年的广东高考理科综合卷中电化学的题目以“碘可用作心脏起搏器电源——锂碘电池的材料”为背景知识，要求学生计算电池反应的焓变，并判断碘电池作为该电池的哪一极。在这类题型中，不仅要求学生具备扎实的电化学知识，还需理论联系实际。另外，近几年广东高考理综电化学考查知识多偏向于基础知识，体现新课改“注重基础，全面考查”的教育思想，其中对电化学知识的全面考查，要求学生注重基础知识的构建，并在此基础上突出重点，要求考生区别主次、筛选重点。

三　命题趋势预测

纵观 2010—2013 年广东高考理综电化学知识的命题特征，笔者认为，高考化学试题对电化学知识的考查有如下趋势。

（1）题量题型方面：广东高考理综卷将基本保持稳定（从 2010 年改革之后，加之近几年的实操检验，广东高考卷格式基本保持稳定）。由此，可以推测对电化学知识的考查将偏向于在综合题中体现，当然，并不能排除在选择题中出现的可能性。笔者预测其分值在 8% 左右。

（2）考点分布方面：广东高考自 2010 年改革后，考查重点有“注重基础，涵盖全面”的特点，在对电化学知识的考查上，依然是侧重于基础知识，如书写电极的反应式，判断电极的极性等方面，在此基础上又涵盖了综合能力的运用，如常与其他的知识点综合考查，取材于生活和生产，强调生活与电化学知识之间的息息相关性。

（3）考查目的方面：多考查考生的综合运用能力。近四年对电化学知识的考查多以综合题的形式出现，这说明了新课改要求考生具备综合运用能力和串联知识点的能力，采用与其他相关的知识点进行综合考查的形式是命题的趋势。除此之外，电化学知识与科技生活知识息息相关，命题者也偏向于在考查电化学知识时结合科技前沿动态，将 STSE 理念贯穿于试题之中，在考查学生对知识的掌握程度的同时加强学生学以致用的意识。

参考文献

李金海．2007—2012 年高考理综全国卷电化学试题统计分析［J］．教育测量与评价（理论版），2013（5）．

浅析新课程高考电化学试题的特点及解题策略①

2012级本科生：陈海燕

指导教师：衷明华

【摘　要】随着我国中学化学课程的改革，高考电化学试题的考查方式和内容也在不断发生变化，在保持重点考查基础知识、基本理论原则的同时，又突出了“新”和“活”的特点。本文将重点解析在新课程背景下，高考电化学试题的特点及解题策略，为广大考生提供正确的备考指导。

【关键词】新课程高考；电化学；特点；解题策略

电化学是高中化学课程中重要的理论部分，该试题往往紧密联系生活，与学科内及学科外的知识点有机结合，从而考查学生的能力，易于落实新课程理念，因此是每年高考必考的重点与热点内容之一，下面将为学生阐述在新课程背景下高考电化学试题的特点。

一　试题命题趋向于新材料、新科技产品的取材，考查学生分析问题、解决问题的能力

【例题1】（2011新课标全国卷）铁镍蓄电池又称爱迪生电池，放电时的总反应为：$Fe + Ni_2O_3 + 3H_2O = Fe(OH)_2 + 2Ni(OH)_2$，下列有关该电池的说法不正确的是（　　）。

A. 电池的电解液为碱性溶液，正极为 Ni_2O_3、负极为 Fe

B. 电池放电时，负极反应为 $Fe + 2OH^- - 2e^- = Fe(OH)_2$

C. 电池充电过程中，阴极附近溶液的 pH 降低

D. 电池充电时，阳极反应为 $2Ni(OH)_2 + 2OH^- - 2e^- = Ni_2O_3 + 3H_2O$

【答案】C。

【解析】本题考查学生利用原电池知识分析问题、解决问题的能力。根据放电反应方程式，铁镍蓄电池放电时 Fe 作负极，发生氧化反应，为还原剂，失电子生成 Fe^{2+}，最终生成 $Fe(OH)_2$，Ni_2O_3 作正极，发生还原反应，为氧化剂，得电子，最终生成 $Ni(OH)_2$，选项 A、B 对；电池放电时，负极反应为 $Fe + 2OH^- - 2e^- = Fe(OH)_2$，则充电时，阴

① 该文刊于《江西化工》2014年第2期第269页。

极发生 $Fe(OH)_2 + 2e^- = Fe + 2OH^-$，阴极附近溶液的 pH 升高，选项 C 错误；电池充电时，阳极发生的反应为 $2Ni(OH)_2 + 2OH^- - 2e^- = Ni_2O_3 + 3H_2O$，选项 D 对。

二　了解电化学原理在实际生活、生产中的应用，培养学生的知识迁移能力

【例题 2】（2011 承德高三检测）下列有关金属腐蚀与防护的说法正确的是（　　）。

A. 纯银器表面在空中因化学腐蚀渐渐变暗

B. 当镀锡铁制品的镀层破损时，镀层仍能对铁制品起保护作用

C. 在海轮外壳连接锌块保护外壳不受腐蚀是采用了牺牲阴极的阳极保护法

D. 可将地下输油钢管与外加直流电源的正极相连以保护它不受腐蚀

【答案】A。

【解析】试题要求学生能运用已学的知识解决新情境中的问题，综合考查学生接受新信息及应用新信息解决问题的能力。银器在空气中久置会被 O_2 氧化变黑，为化学腐蚀，A 对；当镀层破损时，Sn 与 Fe 可形成原电池，Fe 为负极被氧化，不再起到保护作用，B 错；与 Zn 块形成原电池，Zn 作负极（阳极），从而保护 Fe 正极（阴极），所以 C 错误；外加电流保护法应该与直流电源的负极相连，故 D 错。

三　将绿色化学融入试题，强化学生的绿色化学理念

【例题 3】（2012 北京，25）直接排放含 SO_2 的烟气会形成酸雨，危害环境。利用钠碱循环法可脱除烟气中的 SO_2

（1）用化学方程式表示 SO_2 形成硫酸型酸雨的反应：________________。

（2）在钠碱循环法中，Na_2SO_3 溶液作为吸收液，可由 NaOH 溶液吸收 SO_2 制得，该反应的离子方程式是________________。

（3）吸收液吸收 SO_2 的过程中，pH 随 $n(SO_3^{2-}) : n(HSO_3^-)$ 变化关系如下表：

$n(SO_3^{2-}) : n(HSO_3^-)$	91 : 9	1 : 1	9 : 91
pH	8.2	7.2	6.2

①判断 $NaHSO_3$ 溶液显______性，用化学平衡原理解释：________________。

②当吸收液呈中性时，溶液中离子浓度关系正确的是（选填字母）：______。

a. $c(Na^+) = 2c(SO_3^{2-}) + c(HSO_3^-)$

b. $c(Na^+) > c(HSO_3^-) > c(SO_3^{2-}) > c(H^+) = c(OH^-)$

c. $c(Na^+) + c(H^+) = c(SO_3^{2-}) + c(HSO_3^-) + c(OH^-)$

（4）当吸收液的 pH 降至约为 6 时，送至电解槽再生。再生示意图如下：

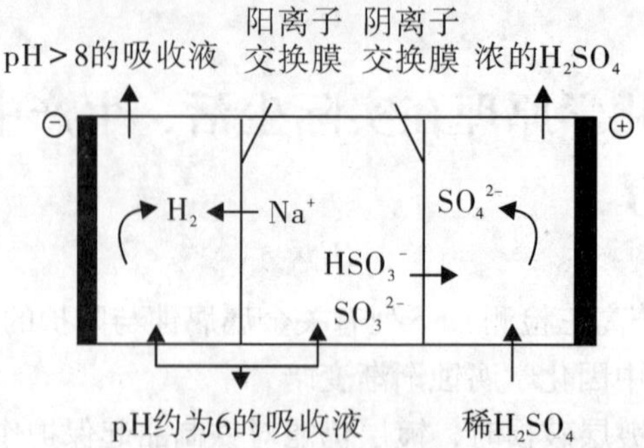

图 1 再生示意图

①HSO_3^-在阳极放电的电极反应式是__________。②当阴极室中溶液 pH 升至 8 以上时，吸收液再生并循环利用。简述再生原理：__________。

【解析】（1）（2）（3）略，（4）① 在阳极发生的是氧化反应，故HSO_3^-在阳极的电极反应式为：$HSO_3^- + H_2O - 2e^- = 3H^+ + SO_4^{2-}$；② 再生，就是再生成$SO_3^{2-}$，由图 1 可知是在阴极区生成的，阴极发生的是还原反应，电极反应式为：$2H^+ + 2e^- = H_2\uparrow$，使阴极区溶液呈碱性，则会发生反应：$HSO_3^- + OH^- = SO_3^{2-} + H_2O$，且$Na^+$进入阴极室，从而使$Na_2SO_3$再生。STSE 教育理念下的化学新课程改革强调课程要重视从社会实际问题出发组织学习，使学生从科学、技术和社会相互联系的视角去认识化学问题，思考社会问题。本题主要考查学生电化学有关的知识，从而与绿色化学有机地结合在一起，有助于强化学生的绿色化学理念，让学生关注人类面临的与化学相关的社会问题，增强学生的社会责任感。

四 电化学与实验结合，考查学生的创新能力和计算能力

【例题 4】（2013 东北三省四市联考二）粗铜中一般含有锌、铁、银、金等杂质。在如图所示的实验装置中，甲池的总反应方程式为 $2CH_3OH + 3O_2 + 4KOH = 2K_2CO_3 + 6H_2O$，接通电路一段时间后，纯 Cu 电极质量增加了 3.2g。在此过程中，下面的说法正确的是（　　）。

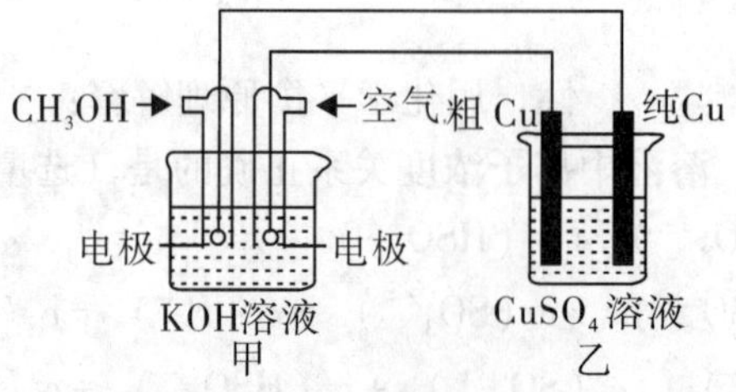

图 2 实验装置

A. 甲池是电能转化为化学能的装置，乙池是化学能转化为电能的装置

B. 甲池中理论上消耗标准状况下空气的体积是 2.8 L（空气中 O_2体积分数以 20% 计算）

C. 乙池中 $CuSO_4$溶液的浓度不变

D. 甲池通入 CH_3OH 一极的电极反应为 $CH_3OH - 6e^- + 2H_2O \xlongequal{} CO_3^{2-} + 8H^+$

【答案】B。

【解析】激发学生的创新能力，提高学生的实践能力是新课标改革的目标。通过设计实验装置，不仅考查学生运用化学实验解决问题的能力，同时也考查了学生的实验设计与创新能力。试题中涉及有关电解的计算，计算时需要遵循得失电子守恒的规律，也突出了考查学生通过处理数据来解决化学问题的能力。甲为燃料电池，化学能转化为电能，乙为电解池，电能转化为化学能，A 错；析出铜 3.2 g 即电路中电子转移 0.1 mol，根据电子得失守恒可求出参加反应的氧气为 0.025 mol，则空气为 0.125 mol，标准状况下空气的体积是 2.8 L，B 对；因粗铜含锌和铁，比铜更易失去电子，当阳极溶解锌、铁时，阴极析出铜，故铜离子浓度减小，C 错；溶液为碱性，不能生成氢离子，D 错。

五　电化学解题策略

电化学在近几年的高考中是一个重要的考点，然而学生在这方面频频出错，所以下面归纳出几点解题策略。

（1）清楚地了解电化学中的四个极（正极、负极、阳极、阴极）各自的含义。

（2）学会分辨电化学中的四个池：原电池、电解池、电镀池、电解精炼池。

（3）原电池电极有四种判断方法：①根据构成原电池的电极材料判断；②根据电子流向或电流流向判断；③根据电极反应进行判断；④根据两极现象判断。

（4）掌握电解的四种类型（根据电解时生成物的情况）：①电解水型：含氧酸、强碱、活泼金属的含氧酸盐溶液的电解；②分解电解质型：无氧酸（如 HCl）、不活泼金属的无氧酸盐（如 $CuCl_2$）溶液的电解；③放氢生碱型：活泼金属的无氧酸盐（如 NaCl、$MgBr_2$等）溶液的电解；④放氧生酸型：不活泼金属的含氧酸盐（如 $CuSO_4$、$AgNO_3$等）溶液的电解。

（5）掌握书写电极反应的四个原则：① 加减原则：根据得失电子守恒，总反应式为两个电极反应式之和。若已知一个电极反应式，可用总反应式减去已知的反应式，得另一电极反应式。②共存原则：因为物质得失电子后在不同介质中的存在形式不同，所以电极反应式的书写必须考虑介质环境。碱性溶液中 CO_2 不可能存在，也不可能有 H^+参加反应；当电解质溶液呈酸性时，不可能有 OH^-参加反应。③得氧失氧原则：得氧时，在反应物中加 H_2O（电解质为酸性时）或 OH^-（电解质为碱性或中性时）；失氧时，在反应物中加 H_2O（电解质为碱性或中性时）或 H^+（电解质为酸性时）。④中性吸氧反应成碱原则：在中性电解质溶液中，通过金属吸氧建立起来的原电池反应，其反应的最后产物是碱。

（6）理解电解的基本原理，记住电解反应中常见离子在阴、阳极的放电顺序。阳极上

失电子顺序为：$Al > Zn > Fe > Sn > Pb >$（H）$> Cu > Hg > Ag > S^{2-} > I^- > Br^- > Cl^- > OH^- >$含氧酸根离子$> F^-$。阴极上得电子顺序为：$O_2 > Cl_2 > Br_2 > I_2 > S > Ag^+ > Hg^{2+} > Cu^{2+} >$（$H^+$）$> Pb^{2+} > Fe^{2+} > Zn^{2+} > Al^{3+} >$ ……

在新课程改革的背景下，电化学题目逐渐成了热门的考点，其内容和形式千变万化，但万变不离其宗，考生只有清楚懂得电化学的命题特点和解题策略，掌握属于自己的一套学习方法，勤加苦练，才能在高考中取得理想成绩。

参考文献

［1］龙威．电化学高考命题的探究［J］．数理化学习（高中版），2011（10）：49~51.
［2］刘英．例析高中“电化学”的解题策略［J］．数理化解题研究（高中版），2009（6）：63~66.

高考化学解题策略之电化学①

2012 级本科生：刘思琪
指导教师：衷明华

【摘　要】纵观历年高考化学题目，我们可以发现，电化学试题是高考的一大热点，在高考卷中电化学部分所占的比例较大，一般在10%左右。难度适中，但试题的计算量较大，得高分不容易。其高考知识点包括电极反应的书写、电极产物的判断、电解前后溶液的pH变化、电解质溶液的恢复、根据电极产物的量的大小推断物质的相对原子质量、有关电化学的综合实验题等。

【关键词】电化学；高考；化学

一　电化学中四个极

（1）正负极：多用于原电池。正极电极电势高，是流入电子（外电路）的电极；负极电极电势低，是流出电子（外电路）的电极。

（2）阴阳极：多用于电解池或电镀池。阳极是指与电源正极相连，发生氧化反应的电极；阴极是指与电源负极相连，发生还原反应的电极。

二　电化学中的四个池

（1）原电池：化学能转化为电能的装置，除燃料电池外，一般由活泼金属作负极。

（2）电解池：电能转化为化学能的装置。

（3）电镀池：应用电解原理在某些金属表面镀上一层新金属的装置。通常镀层金属接电源正极，待镀金属的物件接电源负极，含有镀层金属离子的溶液作电镀液。

（4）电解精炼池：应用电解原理提纯某些金属的装置，通常提纯的金属接电源正极，

---

① 该文刊于《江西化工》2014 年第 2 期第 261 页。

该金属的纯净固体接电源负极，电解液含有待提纯金属的阳离子。

三　原电池电极的六种判断方法

（1）根据构成原电池的电极材料判断：活泼金属作负极，较不活泼金属或导电的非金属及金属氧化物作正极。

（2）根据电子流向或电流流向判断：电子流出或电流流入的电极为负极，反之为正极。

（3）根据电极反应进行判断：发生氧化反应的为负极，发生还原反应的为正极。

（4）根据离子的转移判断：阳离子移向的一边为正极，阴离子移向的一边为负极。

（5）根据两极现象判断：通常溶解或质量减少的一极为负极，质量增加或有气泡产生的一极为正极。

（6）根据 pH 的变化判断：电极附近的 pH 增大为负极，另一边为正极。

四　原电池电极反应式的书写

负极：$M - ne^- = M^{n+}$。

正极：（1）在酸性溶液中：$2H^+ + 2e^- = H_2\uparrow$；

（2）在不活泼金属的盐溶液中：$K^{n+} + ne^- = K$；

（3）在中性、弱碱性条件下：$2H_2O + O_2 + 4e^- = 4OH^-$。

五　电解产物的判断

（1）阴极产物的判断。

电极不参加反应，溶液中的阳离子向阴极移动，较易得电子的阳离子而获得电子。阳离子得电子顺序：$Ag^+ > Hg^+ > Fe^{3+} > Cu^{2+} > H^+ > Pb^{2+} > Sn^{2+} > Fe^{2+} > Zn^{2+} > Al^{3+} > Mg^{2+} > Na^+ > Ca^{2+} > K^+$。

（2）阳极产物的判断。

活性电极（如 Fe、Zn、Cu、Ag 等）阳极自身失电子被氧化成阳离子进入溶液，溶液中的阴离子不易在电极上失电子；惰性电极（如 Pt 、Au、石墨）溶液中的阴离子优先在阳极失电子。顺序：$S^{2-} > I^- > Br^- > Cl^- > OH^- >$ 含氧酸根离子（如 NO_3^-、SO_4^{2-}）$> F^-$。

六　四大电解类型

（1）电解电解质型。（如：HCl、$CuCl_2$）

$2HCl \xlongequal{电解} H_2\uparrow + Cl_2\uparrow$

（2）电解水型。（如：NaOH、H_2SO_4、Na_2SO_4）

$2H_2O \xlongequal{电解} 2H_2\uparrow + O_2\uparrow$

（3）放H_2生碱型。（活泼金属无氧酸盐，如：NaCl）

阳极：$2Cl^- - 2e^- \xlongequal{} Cl_2$（氧化反应）

阴极：$2H^+ + 2e^- \xlongequal{} H_2$（还原反应）

总：$2NaCl + 2H_2O \xlongequal{电解} 2NaOH + H_2\uparrow + Cl_2\uparrow$

（4）放氧生酸型。（不活泼金属含氧酸盐，如：$CuSO_4$）

阳极：$4OH^- - 4e^- \xlongequal{} 2H_2O + O_2\uparrow$（氧化反应）

阴极：$2Cu^{2+} + 4e^- \xlongequal{} 2Cu$（还原反应）

总：$2CuSO_4 + 2H_2O \xlongequal{电解} 2Cu + O_2\uparrow + 2H_2SO_4$

观察近年来高考中命题人对于电化学这一部分的出题，一般来说，只考选择题，单项和双项均有可能，而在大题中一般不会单独出现，多是与其他的知识点一起出现。电化学的题目一般都是看图作答，所以不仅考查学生对知识的掌握，也考查学生对图片的分析能力。下面就各自列举电化学曾在高考选择题和综合题中出现的题目。

七　题型解读

【例题1】（单项）某小组为研究电化学原理，设计如图1装置。下列叙述不正确的是(　　)。

A. a和b不连接时，铁片上会有金属铜析出

B. a和b用导线连接时，铜片上发生的反应为：$Cu^{2+} + 2e^- \xlongequal{} Cu$

C. 无论a和b是否连接，铁片均会溶解，溶液从蓝色逐渐变成浅绿色

D. a和b分别连接直流电源正、负极，电压足够大时，Cu^{2+}向铜电极移动

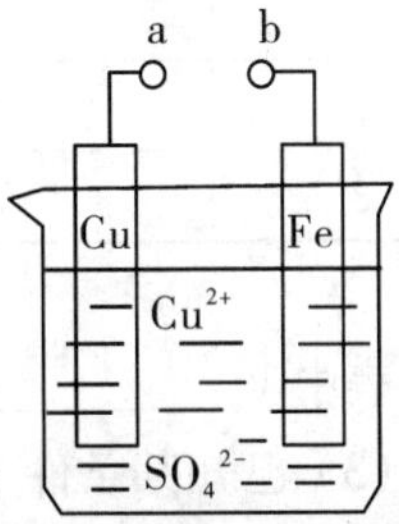

图1　电化学原理设计装置

【答案】D。

【解析】两个电极分别为Fe和Cu，a，b不相连时，会发生置换反应，所以A正确；连接后，形成原电池，铜片作正极，溶液中Cu^{2+}先放电，B正确；C中铁片作负极失去电

子，形成 Fe^{2+}，溶液从蓝色逐渐变成浅绿色，C 正确；a、b 分别连接直流电源正、负极，a 作阳极，铜片失去电子形成 Cu^{2-}，Cu^{2-} 向铁电极移动，故 D 错误。

【例题2】（双项）铜锌原电池（如图2）工作时，下列叙述正确的是（　　）。

A. 正极反应为：$Zn-2e^- \xlongequal{} Zn^{2+}$

B. 电池反应为：$Zn+Cu^{2+} \xlongequal{} Zn^{2+}+Cu$

C. 在外电路中，电子从负极流向正极

D. 盐桥中的 K^+ 移向 $ZnSO_4$ 溶液

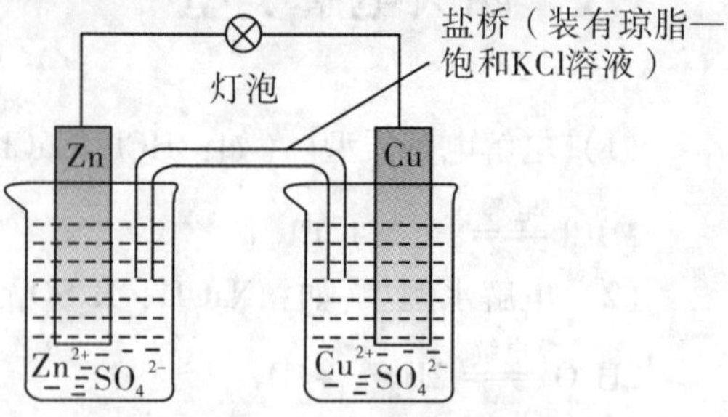

图2　铜锌原电池

【答案】BC。

【解析】我们知道 Zn 的活泼性比 Cu 强，所以 Zn 是负极，故 A 错；电池总反应和没有形成原电池时的氧化还原反应相同，故 B 正确；根据闭合回路的电流方向，在外电路中，电子由负极流向正极，故 C 正确；在溶液中，阳离子往正极移动，阴离子往负极移动，故 D 错误。

【例题3】碘在科研与生活中有重要应用。某兴趣小组用 0.50 $mol \cdot L^{-1}$ KI、0.2% 淀粉溶液、0.20 $mol \cdot L^{-1}$ $K_2S_2O_8$、0.10 $mol \cdot L^{-1}$ $Na_2S_2O_3$ 等试剂，探究反应条件对化学反应速率的影响。

已知：

$S_2O_8{}^{2-}+2I \xlongequal{} 2SO_4{}^{2-}+I_2$（慢）　　　　$I_2+2S_2O_3{}^{2-} \xlongequal{} 2I^-+S_4O_6{}^{2-}$（快）

（1）向 KI、$Na_2S_2O_3$ 与淀粉的混合溶液中加入一定量的 $K_2S_2O_8$ 溶液，当溶液中的__________耗尽后，溶液颜色将由无色变为蓝色。为确保能观察到蓝色，$S_2O_3{}^{2-}$ 与 $S_2O_8{}^{2-}$ 初始的物质的量需满足的关系 n（$S_2O_3{}^{2-}$）：n（$S_2O_8{}^{2-}$）为：__________。

（2）为探讨反应物浓度对化学反应速率的影响，设计的实验方案如下表：

设计的实验方案

实验序号	体积 V/mL				
	$K_2S_2O_8$ 溶液	水	KI 溶液	$Na_2S_2O_3$ 溶液	淀粉溶液
1	10.0	0.0	4.0	4.0	2.0
2	9.0	1.0	4.0	4.0	2.0
3	8.0	V_x	4.0	4.0	2.0

表中 V_x = __________ mL，理由是__________。

（3）已知某条件下，浓度 c（$S_2O_8{}^{2-}$）与反应时间 t 的变化曲线如图3，若保持其他条件不变，请在答题卡坐标图中，分别画出降低反应温度和加入催化剂时 c（$S_2O_8{}^{2-}$）$-t$ 的变化曲线示意图（进行相应的标注）。

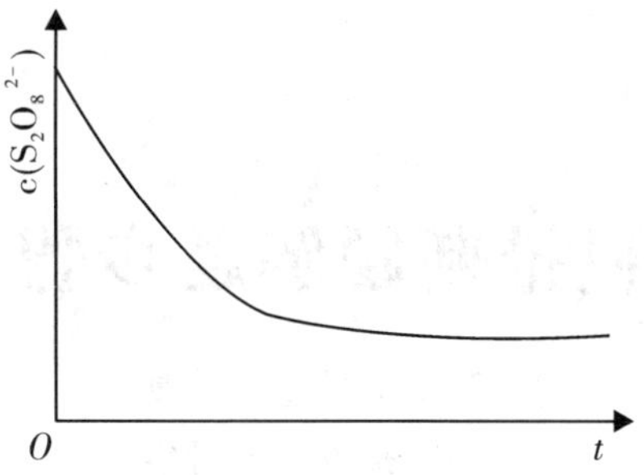

图 3　反应时间 t 的变化曲线

（4）碘也可用作心脏起搏器电源——锂碘电池的材料。该电池反应为：

$$2Li（s）+I_2（s）\qquad \Delta H$$

已知：$4Li（s）+O_2（g）=\!=\!=2Li_2O（s）\qquad \Delta H_1$

$4Li（s）+O_2（g）=\!=\!=2I_2（s）+2Li_2O（s）\qquad \Delta H_2$

则电池反应的 ΔH =____________；碘电极作为该电池的____________极。

【解析】(1)、(2)、(3) 略；(4) 碘电极作为该电池的负极。

八　总　结

我们知道对所有基础知识的掌握及运用要熟悉，在高考中不可失分，只要熟悉考点，掌握解题技巧，就可以拿到高分。所以，在平时的学习中要多注意对基础的掌握，对基础知识要进行一些必要的整理，这样更容易记住，也能让自己在做题时更顺利。

高考化学无机推断题解题步骤与答题技巧①

2012级本科生：肖雪玲
指导教师：衷明华

【摘　要】无机化学推断题是高考中常考的题型之一，该题型具有知识覆盖面广、综合性强等特点，从试题形式来看有文字描述推断、文字描述与反应式结合推断和框图题等，既能检验考生对基础知识的掌握程度，又能考查考生灵活运用知识、分析解决问题的能力以及逻辑思维能力，解决此类题型的关键就是寻找“题眼”，顺藤摸瓜，各个击破。

【关键词】无机推断；题眼；步骤

一　无机推断题的特点

无机推断题的知识非常丰富，往往能覆盖元素及其化合物的多个考点，能很好地考查学生灵活运用知识的能力及抽象、求异、发散等思考能力。

二　解题思路

（1）解题关键：找准题眼，顺藤摸瓜，各个击破。

（2）推断方法：顺推法、逆推法、尝试法、筛选法。

三　常见题眼

（1）物质的特征性质：色、态、味、酸碱性、氧化性、还原性、变价等。

（2）特征反应现象：产生沉淀、气体、颜色变化。

① 该文刊于《江西化工》2014年第2期第254页。

（3）特征反应及变化关系：置换反应、歧化反应、归中反应、连续氧化等。

（4）特殊反应条件：水浴加热、试用温度计。

（5）某些特殊“生”、“冷”的化学反应，特殊信息，特殊数据。

四　解题要求

（1）熟悉各类化合物的性质、反应规律。

（2）熟悉各类物质相互转化的关系。

（3）熟悉各种反应的条件和反应现象。

（4）通过计算，确定组成。

五　无机推断题的分类及解题技巧与方法

1. 限定范围推断

该类题目主要适用于气体或离子的推断，主要特点是在一定范围内，根据题目给出的实验现象（或必要的数据）进行分析，作出正确判断。解题关键：①审明题意，明确范围，注意题目所给的限定条件；②紧扣现象，正确判断；③要注意数据对推断结论的影响。

2. 不定范围推断

该类题目常见于元素化合物的推断，主要特点是依据元素化合物之间相互转化时所产生的一系列实验现象，进行推理判断，确定有关的物质。题目往往综合性较强，具有一定的难度。从试题形式来看，有叙述型、图表型等。解题关键：见题后先迅速浏览一遍，由这一遍“扫描”，可以在头脑中产生一个关于该题所涉及知识范围等方面的整体印象，然后从题中找出特殊现象或特殊性质的描述，作为解题的突破口，进而全面分析比较，作出正确判断。

3. 给出微粒结构等的微粒（或元素）推断题

该类题目解题关键：①熟记元素符号，直接导出；②掌握几种关系，列式导出；③利用排布规律，逐层导出；④弄清带电原因，分析导出；⑤抓住元素特征，综合导出；⑥根据量的关系，计算导出。

【例题1】有 A、B、C、D 四种短周期元素，它们的原子序数由 A 到 D 依次增大，已知 A 和 B 原子有相同的电子层数，且 A 的 L 层电子数是 K 层电子数的两倍，C 燃烧时呈现黄色火焰，C 的单质在高温下与 B 的单质充分反应，可以得到与 D 单质颜色相同的淡黄色固态化合物，试根据以上叙述回答：

（1）元素名称：A ________；B ________；C ________；D ________。

（2）写出 AB_2 的电子式为________。

（3）画出 D 的原子结构简图________，用电子式表示化合物 C_2D 的形成过程________。

4. 给出混合物可能组成的框图型（或叙述型）推断题

该类题目解题关键：解框图型（或叙述型）推断题一般是根据物质的转化关系，从其中一种来推知另一种（顺推或逆推），或找出现象明显、易于推断的一种物质，然后左右展开；有时需试探求解，最后验证。

【例题2】有下列物质之间的相互转化。

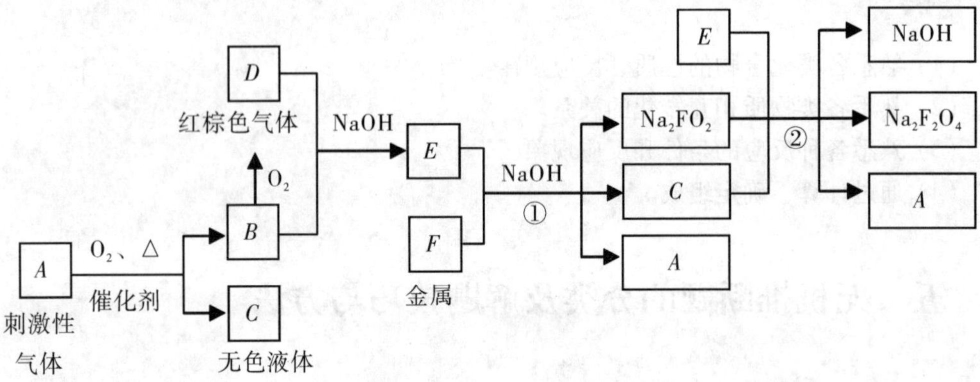

已知 E 是具有还原性的含氧酸钠盐，回答下列问题（方程式中的物质用对应的元素符号或化学式表示）：

（1）写出 A 和 O_2 反应生成 B 和 C 的方程式：________________。

（2）Na_2FO_2 和 $Na_2F_2O_4$ 均为易溶于水的盐。Na_2FO_2 溶于过量的新制氯水后形成黄色溶液，向该溶液中滴入 KSCN 溶液出现血红色。分别写出反应②以及 Na_2FO_2 溶于过量氯水的离子方程式：

________________________________；

________________________________。

（3）事实上，金属 F 放置于一定浓度 NaOH 和 E 混合溶液中一段时间，发生反应①、②，生成的 Na_2FO_2 和 $Na_2F_2O_4$ 能发生可逆反应，在 F 表面生成一层致密的氧化物保护层。试写出 Na_2FO_2 和 $Na_2F_2O_4$ 相互反应生成保护层的化学反应方程式为：________________________________。

（4）为防止金属 F 的腐蚀，将 F 制品放置于一定浓度 NaOH 和 E 混合溶液中时，NaOH 的浓度不宜________（填“太小”或“太大”）。

5. 给出物质间转化关系的代码型推断题

该类题目解题关键：此类推断题的特点是用代号表示各物质的转化关系，要求“破译”出各物质的分子式或名称等，看起来较复杂，其实在解题时，只要挖掘题眼，顺藤摸瓜，便可一举攻破。

【例题3】已知化合物 A 与 B、丙与丁的元素组成相同，且四种物质中都含有同一种元素。A 与 B 在常温下均呈液态。D 与 F 都为固体单质，且 D、F 与甲的浓溶液在常温下作用都无明显现象，加热时有大量气体产生。（相关转化部分反应条件和生成物未标出）

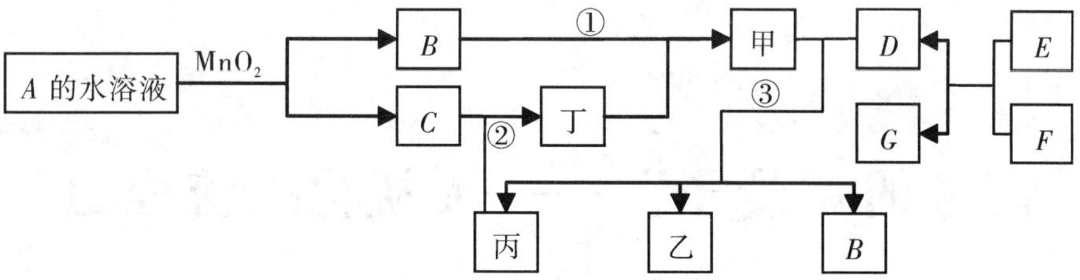

（1）A 的结构式__________，E 与 F 的反应是____________（填反应名称），在工业生产中此反应有什么用途？__________________、__________________。

（2）若反应 ①除生成甲外，还生成丙，回答 a、b 小题：

a. 写出过量 D 与甲稀溶液反应的离子方程式：__________________________。

b. 以 D、F 为电极，NaOH 溶液为电解质溶液可以组成原电池，原电池正极的电极反应为：____。

（3）若 A 与丙可以化合生成甲；甲与 D 加热条件下可以生成三种化合物乙、丙、B，乙、丙、B 常温下又可以反应生成甲和另一化合物 X。据此回答 c 小题：

c. 写出下列方程式 ②：________________________ ③：________________________

6. 给出物质范围的表格型推断题

该类题目解题关键：列表分析，对号入座；直观明快，谨防漏解。

【例题 4】现有五种离子化合物 A、B、C、D 和 E，都是由下列离子形成的：

阳离子：Ag^{+}　Ba^{2+}　Al^{3+}

阴离子：OH^{-}　Cl^{-}　SO_4^{2-}

为鉴别他们，分别完成以下实验，其结果是：

a. B 和 D 都不溶于水，也不溶于酸。

b. A 溶于水后，与上述某阳离子反应生成 B，且 A 溶液与过量氨水反应生成白色沉淀。

c. C 溶于水后，与上述某阳离子反应生成 D，且 C 溶液与过量氨水反应生成白色沉淀。

d. E 溶于水后，与上述某阴离子反应可生成 B。

e. A 溶液与适量 E 溶液反应生成沉淀，再加过量 E 溶液，沉淀量减少，但不消失。

由此，可推断 A ~ E 分别为____。

六　总结以上六类方法得出解无机推断题一般思路

首先，读、审——仔细读题、审清题意，即弄清题意和要求，明确已知和未知条件，找出明显条件和隐蔽条件。

其次，找突破口或“题眼”——通过分析结构特征、性质特征、反应特征和现象特征及特征数据等，确定某一物质或成分的存在，以此作为解题突破口。

最后，推理——从突破口向外扩展，通过顺推法、逆推法、假设法得出初步结论，最后全面检查，验证推论是否符合题意。

高考的“爱子”——无机化工流程题[①]

2012级本科生：郑少绵
指导教师：袁明华

【摘　要】化工流程题最早见于广东和上海的高考卷中，现逐渐发展完善，成为热点题型。近年来化工流程题在广东考卷中所占比例已很稳定，为15～17分，所以化工流程题对每个考生来说都是不可丢失的阵地。这类题目能够以真实的工业生产过程为背景，体现能力立意命题的指导思想，能够综合考查学生各方面的基础知识及将已有知识灵活应用的能力，充分体现化学学科知识的实用性。解这类题，学生既要熟知工业生产的基本原理，又要对流程题中所给出的信息进行提取和筛选。

【关键词】高考；广东；化工流程题

一　了解化工流程题和解题步骤

1. 化工流程题的结构特点

化工流程题的结构一般分题头、题干和题尾三部分，题头一般简单介绍该生产工艺的原料和生产的目的（包括副产品），题干主要用流程图的形式将从原料到产品的主要生产工艺流程表示出来，题尾则是将生产过程中涉及的化学知识设计成系列问题。

2. 化工流程题考查的知识

从历届高考看，化工流程题考查的元素主要为短周期中的典型金属和非金属元素以及第四周期中的金属元素、碱土金属；从考查的知识点看主要涉及元素化合物、实验操作、反应原理及化学计算。

从考查的知识体系看，流程题具有范围广、容量大的特点，综合性比较强，这也是许多学生对解答流程题具有一定心理恐惧的原因；但从考查的热点看也不是那么难的，如果熟悉相关知识，结合题意，可以把握大概，所以相关知识体系的建立是解决流程题的重要基础。

结合流程题的化工生产背景，要熟悉和理解流程中的一些关键词的作用，做题时才可

① 该文刊于《江西化工》2014年第2期第230页。

以事半功倍。常见的可归纳如下：

（1）浸出：固体加水或酸溶解得到离子。

（2）酸浸：在酸溶液中反应使金属离子进入溶液，不溶物过滤除去的溶解过程。

（3）水洗：通常是为了除去水溶性的杂质（有机物洗涤：减少晶体损失）。

（4）灼烧或煅烧：原料的预处理，不易转化的物质转为容易提取的物质，如从海带中提取碘。

（5）加酸：溶解，去氧化膜，调节 pH。

（6）加碱：去油污，去铝片氧化膜，溶解铝、二氧化硅，调节 pH。

（7）氧化剂：氧化某物质为易被除去的离子。

（8）控制溶液的 pH：部分离子水解沉淀，便于分离。

（9）煮沸：促进水解聚沉，除去溶解在溶液中的氧气等。

（10）趁热过滤：减少结晶损失或提高纯度。

3. *解答步骤及方法*

（1）初步快速读题：将题目从头到尾粗读一遍，了解大意。

（2）仔细分析试题：题干部分是分析研究的重点，抓住其主线和核心，对于问题的解决有事半功倍的效果。

此过程应理清下列关系：

①原料与产品：从原料到产品，需除去或引入的元素。

②步骤与目的：结合提问理解加入某种试剂，采取某种方法的目的。

③感觉与结果：非核心步骤若不能读懂，主要看这一步的结果，先“跟着感觉走”，最后结合全流程用已学过的知识来“圆”这个结果。

④信息与迁移：所给信息一定有用，且一定用到，有时还需分解、重组、迁移到本题中来。

（3）大胆回答：结合题意运用所学知识进行回答，注意化工流程题的特点，多考虑产物的纯度、环保、产量、成本等因素。

（4）细心检查。

二　聚焦广东省近五年高考，预测 2015 年化工流程题方向

广东省近五年高考题

年份	2009	2010	2011	2012	2013
主考元素	硼砂 Mg	锂辉石 Li	粗铝 Al、Na	杂卤石 K	（银铜合金废料）Ag、Cu
分值	12	16	16	17	15

（续上表）

年份	2009	2010	2011	2012	2013
考点	（1）提高浸出率方法；（2、3）流程图中物质、成分；（4）沉淀溶解平衡，即 *Ksp* 大小	（1）物体表面积大小对反应速率的影响；（2、3）考查沉淀溶解平衡，其中（2）调节 pH 值使杂质离子沉淀，（3）［氧化还原反应］加氧化性物质使杂质离子沉淀；（4）离子方程式书写；（5）可循环利用物质	（1）考查化学方程式的书写；（2）根据物质的物理、化学性质得出物质；（3）离子方程式书写；（4）电解原理的应用；（5）铝及其氧化物的特性	（1）根据氧化还原反应得出滤渣成分；（2）化学平衡移动原理；（3）根据氧化还原反应除杂；（4）温度对化学平衡移动的影响；（5）求平衡常数	（1）电解原理的应用和化学方程式的书写；（2）离子方程式书写；（3）根据氧化还原反应配平化学方程式；（4）求摩尔质量；（5）考查实验的基本操作［十字箴言：蒸发浓缩、冷却结晶、过滤］

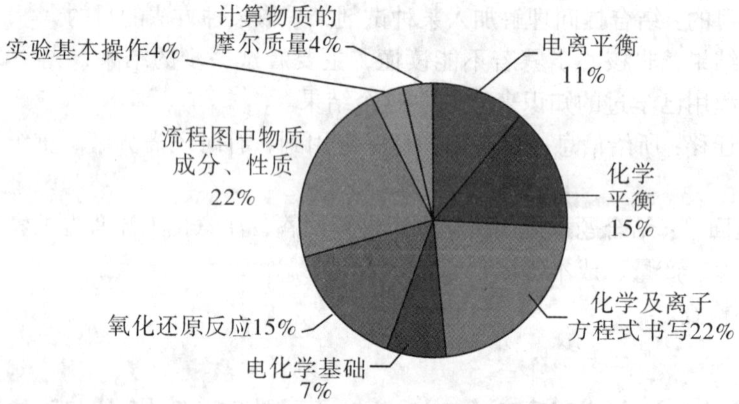

广东省近五年高考题

由文中的图表不难得出化工流程题主要考查学生对几种重要金属及其化合物和卤族元素的掌握程度。自从 2009 年考题有涉及一点 Fe 的知识点后，连着 4 年都没有考查 Fe 金属，Si 连着 5 年考题都没有涉及，而 Fe 又是高中无机化学一个重要的知识点。所以我觉得 2015 年的化工流程题极有可能考查有关 Fe 或 Si 的知识点。故考生可以在冲刺阶段多做关于 Fe 和 Si 的化工流程题，对 Fe 元素的性质也要非常熟悉。

小结：无机化工流程题离不了［18 元素］：Li、Na、K、Mg、Al、Zn、Ca、Ba、Fe、Cu、Ag、Cr、Mn、Si、F、Cl、Br、I；跑不掉［8 知识点］：电离平衡、化学平衡、化学及离子方程式书写、电化学基础、氧化还原反应、重要金属及其化合物的物理和化学性质、实验基本操作、计算物质的量。

三 总 结

化工流程题考查学生对所有基础知识的掌握及运用，是高考中不可失分的阵地。熟悉考查的高频考点，掌握对应的解题技巧，在平常的学习中有目的地挑选习题进行练习，快速且巧妙地得出正确答案，给予学生学习化学知识的信心，激发学生去寻找解题的乐趣，从而培养学生的创造性思维及综合能力，使其全面发展，成为现代社会所需要的人才。

高考必考题——有机推断题①

2012级本科生：蔡晓熙
指导教师：衷明华

【摘　要】近年来有机推断题是高考必考的题型，也是高考中对有机化学考查的重点题型，同时又是分值比较高的热点题型，所以有机推断题对每个考生来说都是不可失分的阵地。这类题目能够以合成有机物为背景，体现能力立意命题的指导思想，能够综合考查学生有机方面的基础知识及将已有知识灵活应用的能力，充分体现化学学科知识的实用性。有机推断题可分为送分题、基础题以及知识迁移题，难度其实并不是很大，只是学生需要细心看题，学会知识迁移。解这类题，学生既要熟知有机合成的基本原理，又要对推断题中所给出的信息进行提取筛选。
【关键词】有机推断；送分题；基础题；知识迁移题

一　了解有机推断题和解题步骤

1. 有机推断题的出题类型

近几年来，这类题出题的一般形式是推导有机物的结构，写同分异构体、化学方程式、反应类型及判断物质的性质，而且试题提供的条件一般有两类。一类是有机物的性质及相互关系，也可能有数据；另一类则通过化学计算也通过一些物质性质进行推断。很多试题还提供一些新知识，让学生现场学习再迁移应用，即所谓信息给予试题，并且试题经常围绕乙烯、苯及其同系物、乙醇等这些常见物质的转化和性质来考查。

2. 有机推断题的解题步骤及方法

（1）审清题意，分析题意、弄清题目的来龙去脉，掌握意图。

（2）通常前几道小题都是送分题，一般考查的都是最基础的有机知识，这些小题的分数必须拿下。

（3）接下来考查的是比较基础的有机知识，对于这类题要仔细看好题干中所给的条件，从中找出突破口。

---

① 该文刊于《江西化工》2014年第2期第244页。

此过程中可以从以下几点来找突破口：

①根据有机物的特征反应推出官能团的类型；

②根据性质和有关数据推出官能团的数目；

③根据某些产物推出官能团的位置；

④根据反应条件推出反应的类型；

⑤根据分子式中碳、氢、氧等原子个数与各类有机物的通式比较，判断有机物的结构简式。

（4）最后考查的一般都是知识迁移题，这类题一般都是观察题干给的反应式的反应类型，并且联系学过的知识进行解答。

二　聚焦广东近四年高考，预测2015年有机推断题方向

广东近四年高考有机推断题

年份	2010	2011	2012	2013
分值	16分（6个空）	16分（8个空）	14分（6个空）	16分（8个空）
考点	（1）分子式、耗氧量；（2）卤代烃的消去反应；（3）酯化反应；（4）知识迁移（加成反应，O═C═O断开一个碳氧键，有机物也断开碳氧键加成）；（5）由官能团特征反应推结构简式	（1）分子式、酯的水解反应；（2）醇与HX的反应；（3）二元醛与羧酸互为同分异构体；（4）酮基的还原反应；（5）知识迁移（苯环的取代基上的α－H被取代）	（1）分子式；（2）碳碳双键的加成反应；（3）卤代烃的水解反应；（4）醇的消去、取代反应；（5）同分异构体、知识迁移（醛被还原成醇后，与羟基相连的H被取代）	（1）分子式、耗氧量；（2）碳碳双键和羟基的颜色反应；（3）卤代烃的水解反应；（4）卤代烃的消去反应；（5）醇的氧化反应；（6）知识迁移（羟基被取代）

从这个表格不难看出，分子式是每年必考的知识点，也是送分题，是必须拿下的题。耗氧量也是高考的热点问题，这种题也是送分题，是必须拿下的题目。在近四年的考题中，醇的知识点每年都有出现，由此可见，醇的知识点是高考的高频考点。卤代烃的知识点在近四年高考中出现了四次，可见卤代烃这个知识点也是高考的高频考点。同分异构体也是有机推断题中必考的考点，有时会让学生写出同分异构体，有时是直接写出同分异构体反应后的产物。官能团的特征反应是解有机推断题的关键，是一个解题的突破口。知识迁移题目其实就是学生学过的知识点的变形，如连续四年考的题目中有一道是加成题目和三道是取代题目，可见知识迁移题目万变不离其宗，知识点都是从书上来的，所以学生不需要害怕这类题目。通过对近四年来有机推断题的研究，我觉得分子式、耗氧量、卤代烃、同分异构体是2015年有机推断题极有可能考查的知识点，故学生可以在冲刺阶段多做关于这几个知识点的习题，对这几个知识点也要非常熟悉。

三 小 结

考生还需记住的知识点有：

1. 有明显颜色变化的有机反应

（1）苯酚与三氯化铁溶液反应呈紫色。

（2）$KMnO_4$酸性溶液的褪色。

（3）溴水的褪色。

（4）淀粉遇碘单质变蓝色。

（5）蛋白质遇浓硝酸呈黄色（颜色反应）。

2. 耗氧量

（1）等物质的量（等 V）：C 越多耗氧越多。

（2）等质量：C 的含量越高耗氧越少。

3. 同分异构体

（1）种类：碳链异构、位置异构、官能团异构、顺反异构。

（2）书写方法：主链由长变短，支链由整变散，位置由心到边，排布邻、间、对。

4. 能使高锰酸钾酸性溶液褪色的物质

（1）含有碳碳双键、碳碳三键的烃和烃的衍生物、苯的同系物。

（2）含有羟基的化合物如醇和酚类物质。

（3）含有醛基的化合物。

（4）具有还原性的无机物（如 SO_2、$FeSO_4$、KI、HCl、H_2O_2等）。

5. 能使溴水褪色的物质

（1）含有碳碳双键和碳碳三键的烃和烃的衍生物（加成）。

（2）苯酚等酚类物质（取代）。

（3）含醛基物质（氧化）。

（4）碱性物质（如 NaOH、Na_2CO_3）（氧化还原——歧化反应）。

（5）较强的无机还原剂（如 SO_2、KI、$FeSO_4$等）（氧化）。

（6）有机溶剂（如苯和苯的同系物、四氯甲烷、汽油、己烷等，属于萃取，使水层褪色而有机层呈橙红色）。

四 总 结

有机推断题考查学生的是对有机物基础知识的掌握，是高考中不可失分的阵地。学生要熟悉考查的高频考点，掌握对应的解题技巧，培养创造性思维及综合能力，才能使自己在考试中取得优异成绩。

浅析广东高考化学有机推断题特点及解题技巧①

2012级本科生：郑晓华
指导教师：袁明华

【摘 要】有机推断题全面考查学生对有机物的结构、性质、合成方法、反应条件的选择等知识掌握的程度和应用水平，又能考查学生的自学能力、观察能力、综合分析能力、逻辑思维能力等，同时可与所给信息紧密结合，要求迁移应用，因此成了高考的热点。近年来化学有机推断题在广东考卷中所占比例趋于稳定，所以化学有机推断题对每个考生来说都是不可丢失的阵地。

【关键词】广东高考；化学；有机推断题

一 有机推断题的结构、特点及类别

1. 有机推断题的结构

有机推断题的结构一般分题引、题干和题设三部分，题引一般简单介绍该有机合成的原料和有机合成的目的（包括副产品），题干主要用流程图或者有机合成方程式的形式或元素组成及性质将原料到产品的主要合成流程表示出来，题设则是将合成过程中涉及的化学有机知识设计成系列问题，要求考生依据化学原理进行分析解答。

2. 有机推断题的考查特点

有机推断是一类综合性强，思维容量大的题型，其一般形式是推物质、写用语、判性质。当然，有的只要求推出有机物，有的则要求根据分子式推同分异构体，确定物质的结构，有的还要求写出有机化学方程式。

3. 有机推断题的两大类别

有机推断题所提供的条件一般有两类，一类是有机物的性质及相互关系（也可能有数据），这类题要求直接推断物质的名称，并写出结构简式；另一类则通过化学计算（也告诉一些物质性质）进行推断，一般是先求出相对分子质量，再求分子式，根据性质确定物质，最后写化学用语。有机推断应以特征点为解题突破口，按照已知条件建立的知识结

① 该文刊于《江西化工》2014年第2期第152页。

构，结合信息和相关知识进行推理、计算、排除干扰，最后作出正确推断。

二 提高有机推断题得分率的技巧

1. 注意平时知识的积累与归纳

在平时的有机化学知识学习中，学生要养成对每章节知识的积累与归纳的习惯，对有机化学的基础知识要熟记于心，并且进行归纳与比较，例如有机物的分类与结构（官能团的种类、位置）、物质的系统命名法、物理性质（溶解度、沸点、熔点、颜色、气味、挥发性、熔点等）、各类有机物反应的颜色变化、有机物的化学性质等。

2. 挖掘解题技巧及培养解题能力

学生要提升自己的解题能力，一定量的解题训练还是必要的。他们可以通过有针对性的解题训练，提高自己的审题、析题能力，巩固解题策略，同时，提高思维的敏捷性，在解题中逐渐强化化学语言表达的规范性。

3. 建立思维模式，提高解题规范性

化学有机合成题在广东高考中，试题年年新颖，但是始终紧紧围绕着课本中的知识点，这就要求考生具备扎实的知识基础，通过建立相应的思维模式，总结出经验，以特征点为解题突破口，能按照已知条件建立知识结构，结合信息和相关知识进行推理、计算、排除干扰，最后作出正确推断。一般可采用顺推法、逆推法、多法结合推断，顺藤摸瓜，问题就迎刃而解了。

三 化学有机推断题的解题策略

有机推断题解题顺序是：

（1）审题——仔细读题，审清题意，明确已知条件，挖掘未知条件。通过读题，搞清有机推断题的目的是什么，提供哪些原料（成分、含量），制取哪些产品（成分、性质、用途），条件是什么。

（2）找出突破口——分析结构特征、性质特征、反应条件、实验现象，确定某物质或官能团的存在。

（3）推断——用顺推法、逆推法、双推法、假设法等得出初步结论，再检查、验证推论是否符合题意。

（4）规范表达——正确书写有机物的结构简式、化学方程式等。

（5）对信息中已知反应的应用。

（6）饱和度的应用。

四　找出化学有机合成推断题突破口

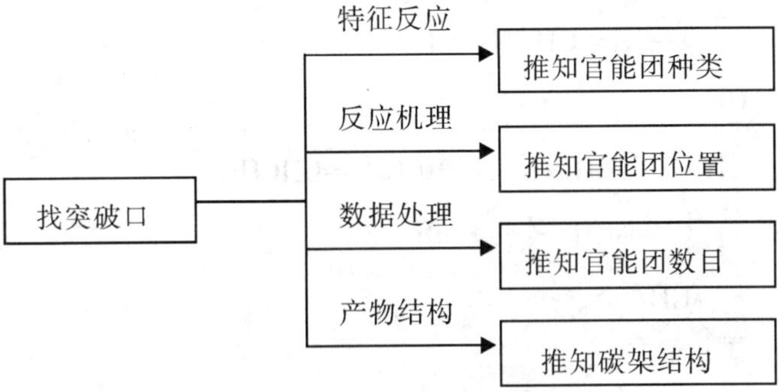

化学有机合成推断题突破口

【例题】（2013 广东，16 分）脱水偶联反应是一种新型的直接烷基化反应，例如：

反应①：

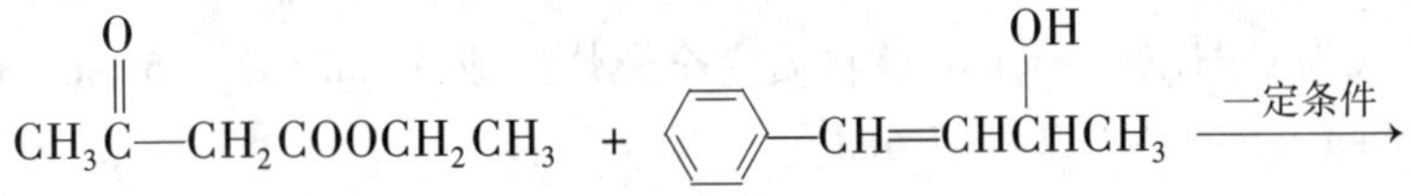

Ⅰ　　　　Ⅱ

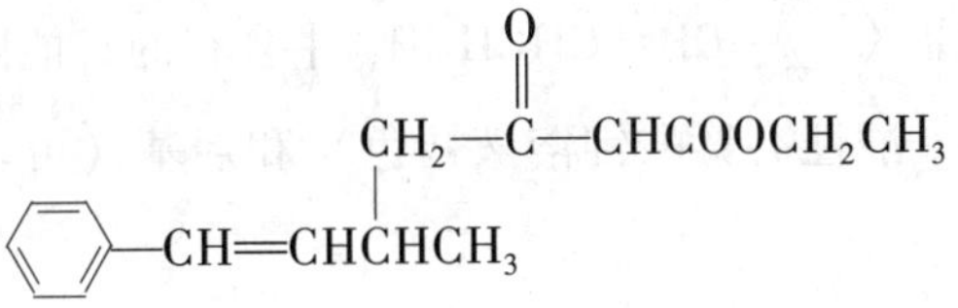

Ⅲ

（1）化合物Ⅰ的分子式为________，1 mol 该物质完全燃烧最少需要消耗________ mol O_2。

（2）化合物Ⅱ可使________溶液（限写一种）褪色；化合物Ⅲ（分子式为 $C_{10}H_{11}Cl$）可与 NaOH 水溶液共热生成化合物Ⅱ，相应的化学方程式为________________________。

（3）化合物Ⅲ与 NaOH 醇溶液共热生成化合物Ⅳ，Ⅳ的核磁共振氢谱除苯环峰外还有四组峰，峰面积之比为 1∶1∶1∶2，Ⅳ的结构简式为________。

（4）由 $CH_3COOCH_2CH_3$ 可合成化合物Ⅰ，化合物Ⅴ是 $CH_3COOCH_2CH_3$ 的一种无支链同分异构体，碳链两端呈对称结构，且在 Cu 催化下与过量 O_2 反应生成能发生银镜反应的化合物Ⅵ。Ⅴ的结构简式为________，Ⅵ的结构简式为________。

（5）一定条件下，也可以发生类似反应①的反应，有机产物的结构简式为________。

【答案】（1）$C_6H_{10}O_3$，7；

（2）酸性高锰酸钾溶液，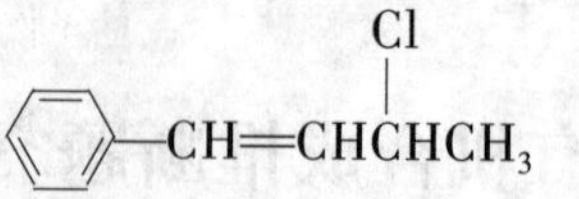 + NaOH $\xrightarrow{\triangle}$

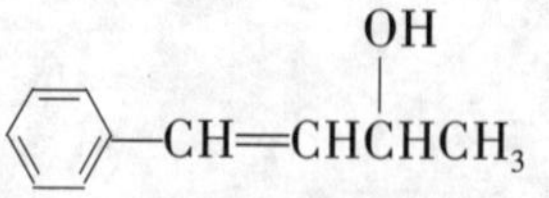 + NaCl；

（3）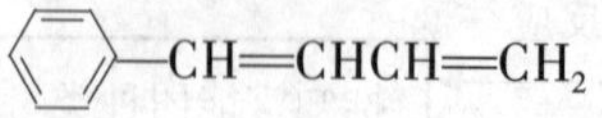；

（4）$HOCH_2CH=CHCH_2OH$，$OHCCH=CHCHO$；

（5）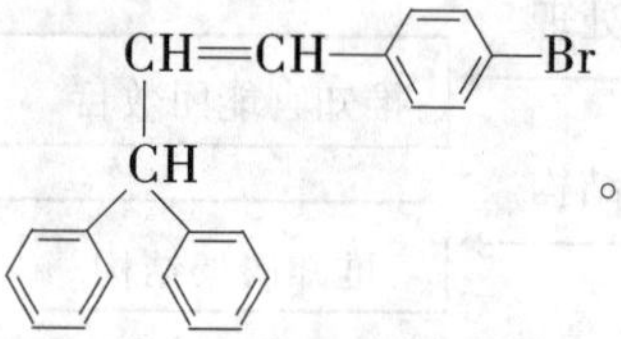。

【解析】通过观察可知：

突破口一：化合物Ⅰ $CH_3COCH_2COOCH_2CH_3$ 分子中含有 6 个碳、10 个氢、3 个氧，推出分子式为 $C_6H_{10}O_3$，1 mol 该物质完全燃烧生成 6 mol CO_2、5 mol H_2O，所以其耗氧量为（$2\times6+1\times5-3$）/ 2 = 7 mol。

突破口二：化合物Ⅱ 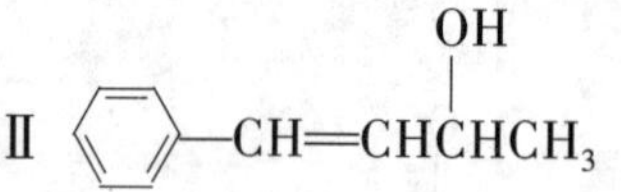 中含有的官能团为碳碳双键（可以使溴水、溴的四氯化碳溶液、酸性高锰酸钾溶液褪色）和羟基（可以使酸性高锰酸钾溶液褪色）。化合物Ⅲ与 NaOH 水溶液共热生成化合物Ⅱ 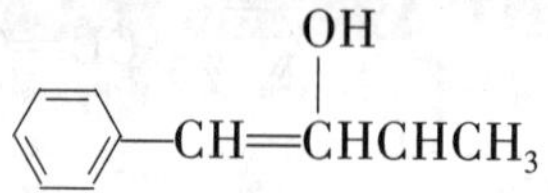，结合卤代烃的水解规律推出化合物Ⅲ的结构简式为 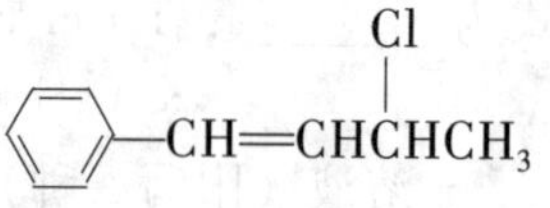，反应的方程式为：

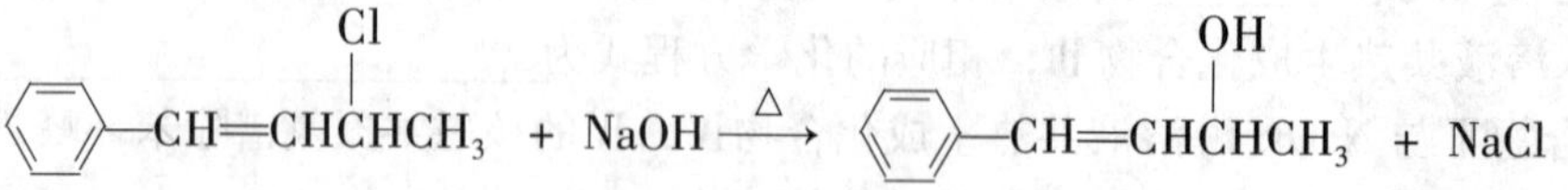

突破口三：化合物Ⅲ 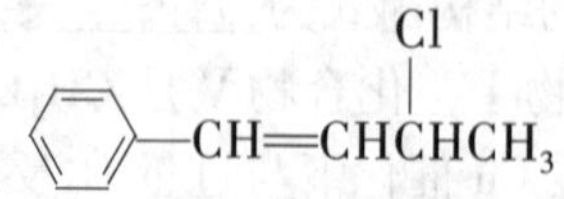 在 NaOH 醇溶液中共热发生消去反应，可能生成 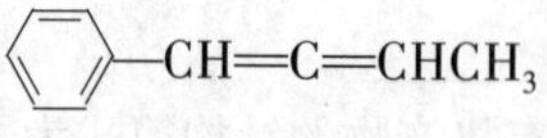，分子中除苯环外还含 3 类氢，不合题意；或生成 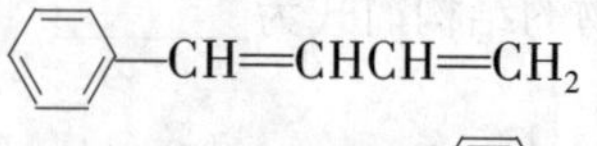，分子中除苯环外含 4 类氢，个数比为 1∶1∶1∶2，所以化合物Ⅳ的结构简式为 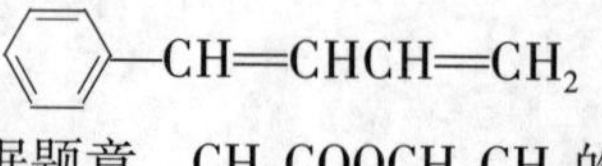。

突破口四：依据题意，$CH_3COOCH_2CH_3$的同分异构体化合物Ⅴ能够在 Cu 催化下与 O_2

反应生成能发生银镜反应的化合物Ⅵ，说明化合物Ⅴ具有二氢醇的结构，依据碳链两端呈对称结构，推出分子中含有 2 个羟基和一个碳碳双键，即化合物Ⅴ的结构简式为

$$\underset{\displaystyle CH_2}{\overset{\displaystyle OH}{|}}CH{=}CH\underset{\displaystyle CH_2}{\overset{\displaystyle OH}{|}}$$

，化合物Ⅵ为 $OHCCH = CHCHO$。

反应①的反应机理是化合物Ⅱ 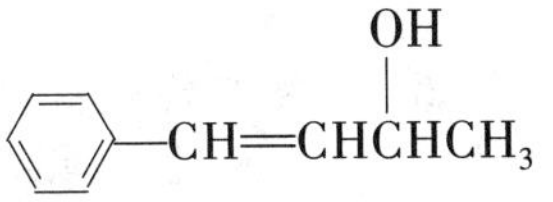 中的羟基，被化合物Ⅰ中 $CH_3\overset{\displaystyle O}{\overset{\|}{C}}{-}CH_2COOCH_2CH_3$ 所取代，依照机理产生 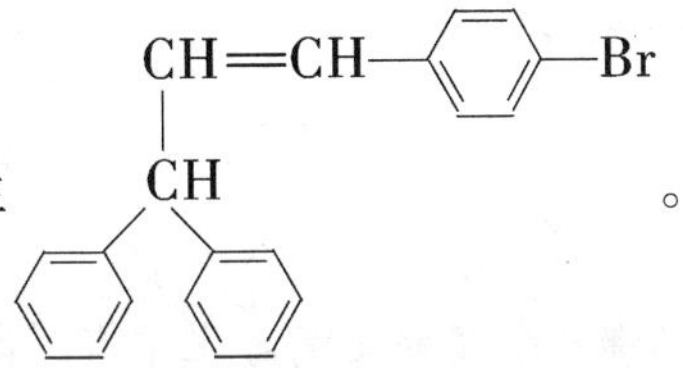 。

高考化学有关高分子化合物考点解析①

2012 级本科生：陈家爽
指导教师：衷明华

【摘　要】本课题研究的是高考化学有关高分子化合物考点，随着合成高分子化合物在发展经济、提高生活质量方面的贡献越来越大，新型高分子材料的性能及其在高新技术领域的应用越来越广，化学有关于高分子化合物的考题也成为热点。2015 年高考理综化学考试大纲明确说明了解常见高分子材料的合成反应及重要应用为必考内容（课程标准实验版）。
【关键词】高分子化合物；高分子材料；加聚反应；缩聚反应

一　考纲要求

（1）了解合成高分子的组成与结构特点，能依据简单合成高分子的结构分析其链节和单体。

（2）了解加聚反应和缩聚反应的特点。

（3）了解新型高分子材料的性能及其在高新技术领域的应用。

（4）了解合成高分子化合物在发展经济、提高生活质量方面的贡献。

1. 考点：相关概念与性质

表 1　相关概念与性质

高分子化合物	由许多小分子化合物以共价键结合成的、相对分子质量很高的一类化合物
单体	能用来合成高分子化合物的小分子化合物
链节	重复结构单元是组成高分子链的基本单位，称作链节

① 该文刊于《江西化工》2014 年第 2 期第 251 页。

（续上表）

链节数	链节的数目 n 称为链节数
基本性质	①溶解性；②热塑性和热固性；③强度大；④电绝缘性
结构类型	① 线型结构：线型高分子受热能熔融、可再塑，有的能溶于有机溶剂 ②体型结构：一次成型，不能软化或熔融，也不溶于任何溶剂

2. 考点：高分子材料的分类

表 2　高分子材料的分类

按来源分类	天然高分子材料：淀粉、纤维素、蛋白质、天然橡胶等
	合成高分子材料：塑料、合成纤维、合成橡胶、涂料等
三大合成材料	合成纤维：涤纶、腈纶、维纶、锦纶、丙纶等
	合成橡胶：丁苯橡胶、顺丁橡胶、硅橡胶、氯丁橡胶等
	塑料：聚丙烯、聚苯乙烯、酚醛塑料、聚四氟乙烯等

3. 考点：加成聚合反应概念

由含有双键、三键或环状结构的低分子以加成反应的方式结合成高分子化合物的反应，简称加聚反应。

$$\underbrace{nCH_2=CH_2}_{\text{单体}} \longrightarrow \underbrace{\left[CH_2-CH_2 \right]}_{\text{链节}}{}_{\textcircled{n}}\ (\text{聚乙烯})$$

$\textcircled{n}$ → 聚合度

（注：聚乙烯不是纯净物，n 值是可变的。）

4. 考点：缩合聚合反应概念

单体分子之间反应生成高分子化合物，同时产生小分子副产物的反应，简称缩聚反应。

（1）由一种单体缩聚。

$$n\,HOOC(CH_2)_5OH \longrightarrow H-O\left[\overset{\overset{\displaystyle O}{\|}}{C}(CH_2)_5O\right]_n H + (n-1)\,H_2O$$

（2）由两种单体缩聚。

$$nHO\overset{\overset{\displaystyle O}{\|}}{C}(CH_2)_4\overset{\overset{\displaystyle O}{\|}}{C}OH + nHO(CH_2)_2OH \longrightarrow H-O\left[\overset{\overset{\displaystyle O}{\|}}{C}(CH_2)_4\overset{\overset{\displaystyle O}{\|}}{C}O-O(CH_2)_2O\right]_n H + (2n-1)\,H_2O$$

（注：加聚反应是单体打开不饱和键相互加成为高聚物，属化合反应，原子利用率 100%；缩聚反应是单体间脱去小分子后生成高聚物，属于取代反应，原子利用率不足 100%。）

5. 考点：由高聚物判断单体

（1）由加聚反应生成高聚物的单体的判断。

①凡链节的主碳链为 2 个碳原子，其单体必为一种。将链节的两个半键闭合即为单体。

②凡链节中主碳链为 4 个碳原子，无碳碳双键结构，其单体必为两种，从主链中间断开后，再分别将两个半键闭合即得单体。

③凡链节中主碳链为 4 个碳原子，含有碳碳双键结构，单体为一种，属二烯烃。

④凡链节中主碳链为 6 个碳原子，含有碳碳双键结构，单体为两种，即单烯烃和二烯烃。

⑤凡链节中主碳链为 8 个碳原子，含有一个碳碳双键结构时，其单体可为一种二烯烃，两种单烯烃；含有两个碳碳双键时，其单体为两种二烯烃。

（2）缩聚反应生成的高聚物单体的判断。

①凡链节中含有酯基结构的，从酯基中间断开，在羰基上加羟基，在氧原子上加氢原子得到羧酸和醇。

②凡链节中含有 $\left[\mathrm{-HN-R-CO-}\right]_n$ 结构的，断开碳氮键，亚氨基上加氢原子、羰基上加羟基，所得氨基酸即为单体。

③凡链节中主碳链含有苯环并连接“$—CH_2—$”基团的，其“$—CH_2—$”基团必来自甲醛，单体有两种，即酚和甲醛。

（3）开环聚合物的单体的判断。

开环形成的聚合物的组成与其单体相同（端基不计算在内）。

二 典型题析

【例题 1】（2003 上海高考化学试题）下列物质一定不是天然高分子的是(　　)。

A．橡胶　　B．蛋白质

C．尼龙　　D．纤维素

【答案】C。

【解析】本题主要考查有机物的分类。有机物的分类是研究有机物必须具备的最基础的知识，每年的高考中都会有涉及有机物分类的试题。

【例题 2】下列物质中有固定熔沸点的是（　　）。

A. 煤油　　B. 花生油

C. 油酸　　D. 聚乙烯

【答案】C。

【解析】混合物没有固定熔沸点，聚乙烯不是纯净物。

【例题 3】某高分子化合物的部分结构如下：

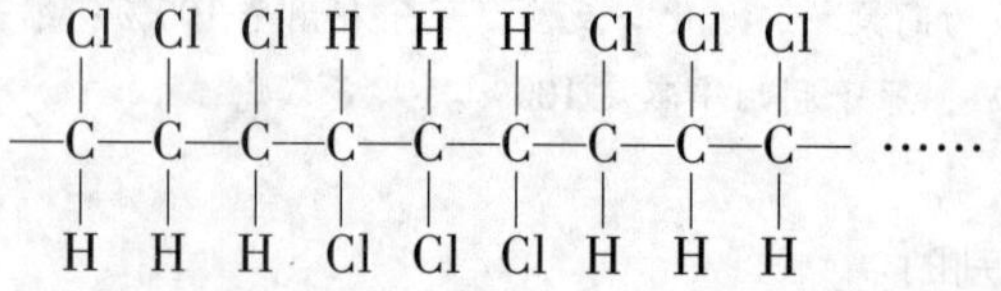

下列说法不正确的是（　　）。

A. 聚合物的结构单元为 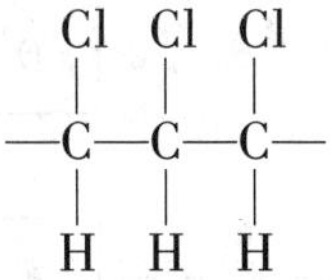

B. 聚合物的分子式为（$C_2H_2Cl_2$）$_n$

C. 聚合物的单体为 CHCl ═CHCl

D. 若 n 表示结构单元重复的次数，其相对分子质量为 97n

【答案】A。

【解析】因为高分子主链上均为碳原子，又由于单体是重复的结构单元，且碳碳单键，单键可以旋转，所以链节是 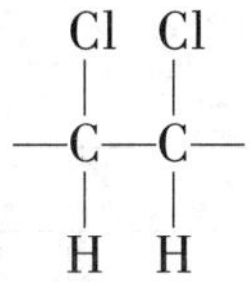 ，单体是 CHCl ═CHCl。

【例题4】工程塑料 ABS 树脂（结构式如下）合成时用了三种单体，请写出这三种单体的结构式。

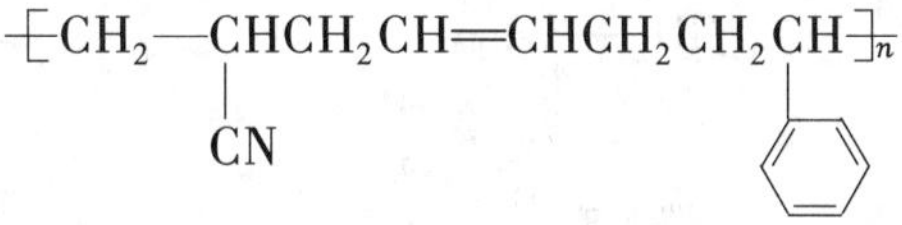

【解析】此高聚物链节中主碳链为 8 个碳原子，含有一个碳碳双键结构时，其单体为一种二烯烃，两种单烯烃。三种单体的结构式为：

CH_2═CH—CN_2 ；　CH_2═CH—CH═CH_2 ；　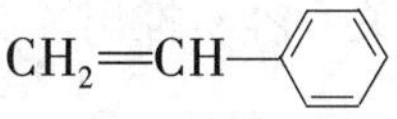 。

【例题5】塑料制品废弃物常称为“白色污染”。为了防治这种污染，有一条重要途径是将合成的高分子化合物重新变成小分子化合物。目前对结构为 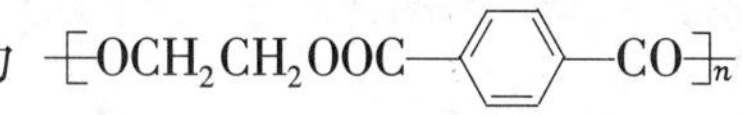 的高分子化合物已成功实现这种处理。试分析若用甲醇来处理它，能得到的有机物可能是(　　)。

A. 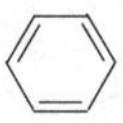

B. 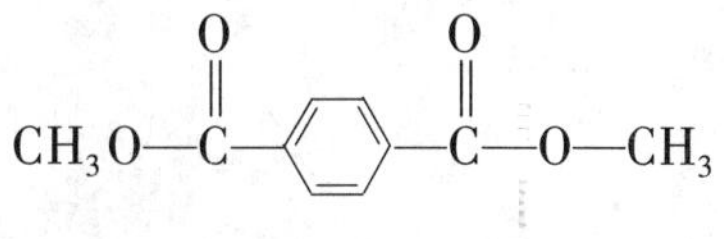

C. 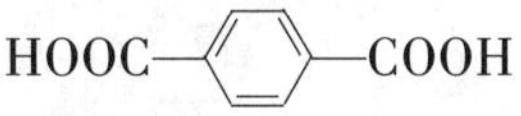

D. $HOCH_2CH_2OH$

【答案】BD。

【解析】用甲醇来处理高聚物的醇解：高分子化合物断开碳氧键，在氧原子上加氢原子，在羰基上加“—OCH_3”。

【例题6】卤代烃分子里的卤原子易与活泼金属阳离子结合，发生下列反应（X 代表卤原子）：

$$R—X + 2Na + X—R' \xrightarrow{乙醇溶液} R—R' + 2NaX$$

$$R—X + NaCN \xrightarrow{乙醇溶液} R—CN + NaX$$

根据下列各物质的转化关系：

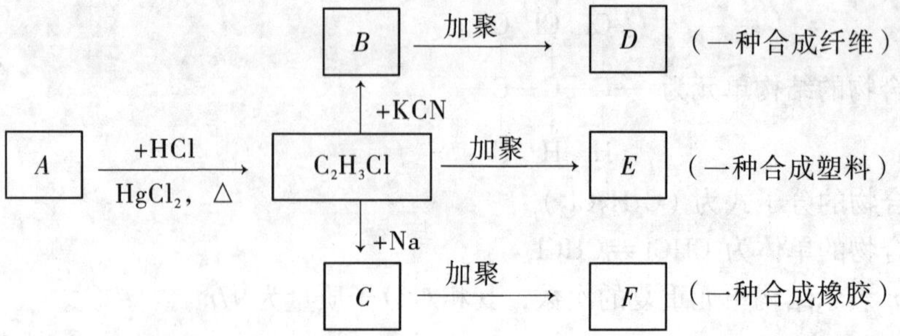

请回答下列问题：

（1）A 的分子式为__________；E 的结构简式为____________________。

（2）$B \rightarrow D$ 的化学方程式是______________________________。

（3）$C \rightarrow F$ 的化学方程式是______________________________。

【答案】（1）C_2H_2； $\left[CH_2-\underset{\underset{Cl}{|}}{CH}\right]_n$ ；

（2） $nCH_2=\underset{\underset{CN}{|}}{CH} \xrightarrow{催化剂} \left[CH_2-\underset{\underset{CN}{|}}{CH}\right]_n$ ；

（3）$nCH_2=CH-CH=CH_2 \xrightarrow{催化剂} \left[CH_2-CH=CH_2-CH-CH_2\right]_n$。

【解析】由化学式 C_2H_3Cl 及框图内容，推知其结构简式为 $CH_2=CHCl$，结合题目所给信息及转化关系容易推出 A 为 C_2H_2。

广东高考化学工艺流程题剖析[①]

2012级本科生：周浩漫
指导教师：袁明华

【摘　要】纵观历年高考，化学工艺流程题越来越成为每年高考的宠儿。工艺生产流程取材于日常生活和工厂生产，题目更灵活有趣，是新课程改革后的主流题型。本文旨在讨论该题型的结构特点，探究其解题方法及策略。

【关键词】高考；综合能力；解题策略

随着新课程的改革，基础教育课程改革的具体目标也有所调整。近几年，为了适应新课程改革的需要，化学工艺流程题题型也层出不穷，新颖多变。但试题陌生度高、文字量大、能力要求高，考生往往会产生畏惧感导致得分不理想。为了尽快解决这一严峻问题，现将这一题型进行深入剖析。

一　解读考题特点，探究命题思路

1. 何为化学工艺流程题

化学工艺流程题就是将化工生产过程中的主要生产阶段即生产流程用框图形式表示出来，并根据生产流程中有关的化学知识步步设问，形成与化工生产紧密联系的试题，体现了化学的真实性。

2. 工艺流程题依据实验目的的分类

（1）从混合物中分离、提纯某一物质。

（2）利用某些物质制备另一物质。

3. 试题特点

（1）体现了新课程标准的“三维目标”：知识与技能、过程与方法、情感态度与价值观。

（2）“体现化学时代特色”，以化学视角观察社会、生活，利用化学知识解决实际问题。

（3）减少虚拟、贴近真实，强调将化学知识应用于生产、生活实践中。

① 该文刊于《江西化工》2014年第2期第287页。

4. 思路解读

（1）快速浏览，弄清实验目的，拿到基本分。

（2）读懂主线的含义，了解流程的每个步骤，分析反应条件，注重与实际相联系。

（3）规范解答试题。

二　典例研究，把握高考

很多同学对独立的知识点的掌握是可以的，但是一旦体系复杂化，他们往往会考虑不周，漏掉一些知识点，思路发生偏移。因此，知识点过关的同学在练习时，不只是注意个别知识点，更应该训练自己的解题思路，探究解题方法。下面我给大家介绍一些必备的知识点和解题思路。

1. 必备知识点

（1）能对常见物质进行检验、分离和提纯。

①分离和提纯。

a. 固—固混合分离提纯型：灼烧、热分解、升华、结晶（或重结晶）。

b. 固—液混合分离提纯型：过滤、盐析、蒸发。

c. 液—液混合分离提纯型：萃取、分液、蒸馏、渗析。

d. 气—气混合分离提纯型：洗气。

②鉴别。

a. 常见气体检验：氢气、氧气、氯气、氯化氢、二氧化硫。

b. 常见离子的检验：Ba^{2+}、Mg^{2+}、Al^{3+}、NH_4^+、Fe^{2+}、Fe^{3+}、Cu^{2+}、CO_3^{2-}。

（2）了解酸碱中和滴定的基本原理。

（3）掌握Ca、Mg、Fe、Al、Zn、Na、Cu这些物质所能发生的反应以及其转化，沉淀物的溶解度的相对大小，对应离子方程式的书写。

（4）电极方程式的书写。

（5）掌握元素化合物的性质：首先把握物质类别的通性和具体物质的特性，分析物质的氧化还原性，判断哪些物质之间能够进行反应，生成什么，特别是铜的氧化物，近几年都没考，可能是今后考试的一个趋势。

（6）熟悉化工生产中的一些基本实验操作（如浸出、酸浸、水浸、水洗等）。

（7）熟悉一些常见的化学工艺流程，例如工业制粗硅、合成氨工业、氯碱工业、工业制纯碱、电解精炼铜，以及从海带中提取碘等。

2. 解题方法

（1）首尾分析法。

对一些线型流程工艺（从原料到产品为一条龙生产工序）试题，首先对比分析生产流程示意图中的第一种物质原材料与最后一种物质产品，从对比分析中找出原料与产品之间的关系，弄清生产流程中原料转化为产品的基本原理和除杂、分离、提纯产品的化工工艺，然后再结合题设的问题，逐一推敲解答。

【例题 1】(2006 广东卷，20）氧化铜有多种用途，如作玻璃着色剂、油类脱硫剂等。为获得纯净的氧化铜以探究其性质，某同学用工业硫酸铜（含硫酸亚铁等杂质）进行如下实验：

制备氧化铜：

工业 $CuSO_4 \xrightarrow{\text{I}} \xrightarrow{\text{II}} CuSO_4$ 溶液 $\xrightarrow{\text{III}} CuSO_4 \cdot 5H_2O \longrightarrow \cdots\cdots \longrightarrow CuO$

①步骤Ⅰ的目的是除不溶性杂质，操作是______________。

②步骤Ⅱ的目的是除铁，操作是滴加 H_2O_2溶液，稍加热；当 Fe^{2+} 完全转化后，慢慢加入 $Cu_2(OH)_2CO_2$粉末，搅拌，以控制 pH 值为 3.5；加热煮沸一段时间，过滤，用稀硫酸酸化滤液至 pH 值为 1。控制溶液 pH 值为 3.5 的原因是______________。

③步骤Ⅲ的目的是得到 $CuSO_4 \cdot 5H_2O$ 固体，操作是____、过滤、水浴加热、烘干。水浴加热的特点是______________。

【解析】首尾分析法是最常见的一种解题方法，它简单、直观，又容易找到关键点。抓住流程的生产原理和生产线，围绕这条线进行解答，就得心应手了。

（2）截段解析法。

对于用同样的原材料生产多种（两种或两种以上）产品（包括副产品）的工艺流程题，用截段分析法更容易找到解题的切入点。

【例题 2】(2008 上海高考，27）明矾石是制取钾肥和氢氧化铝的重要原料，明矾石的组成和明矾相似，此外还含有氧化铝和少量氧化铁杂质。具体实验步骤如下图所示：

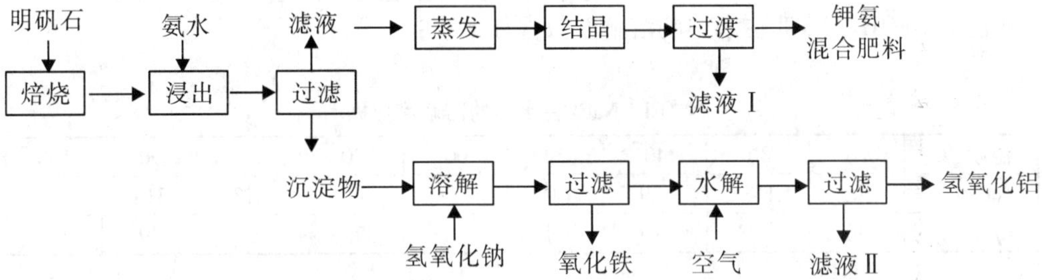

根据上述图示，完成下列填空：

①明矾石焙烧后用稀氨水浸出。配制 500 mL 稀氨水（每升含有 39.20 g 氨）需要取浓氨水（每升含有 250.28 g 氨）____________ mL，用规格为____________mL 量筒量取。

②氨水浸出后得到固液混合体系，过滤，滤液中除 K^+、SO_4^{2-}外，还有大量的 NH_4^+。检验 NH_4^+的方法是____________。

③写出沉淀物中所有物质的化学式__________________。

④滤液Ⅰ的成分是______________。

⑤为测定混合肥料 K_2SO_4、$(NH_4)_2SO_4$中钾的含量，完善下列步骤：

a. 称取钾氮肥试样并溶于水，加入足量____________溶液，产生白色沉淀。

b. ____________、______________、____________（依次填写实验操作名称）。

c. 冷却、称重。

⑥若试样为 m g，沉淀的物质的量为 n mol，则试样中 K_2SO_4 的物质的量为____mol（用含 m、n 的代数式表示）。

【解析】用截段分析法解工艺流程题关键在于选对题型和如何截段，截几段更合理。一般截段以生产的产品为准，但也不一定，特殊情况也很多，必须根据具体情况作具体分析。

（3）综合分析法。

综合分析法适用于比较复杂的工艺流程题。有的工艺流程题为了变废为宝、充分利用原料，设计的流程除了将原料转化为产品之外，还将过程中产生的副产品转化为原料，进行循环利用。这种方法一般都是跟其他方法一并使用的。

【例题 3】（2009 广州调研测试题）氯碱厂电解饱和食盐水制取 NaOH 的工艺流程如下：（粗盐中杂质离子为：SO_4^{2-}、Mg^{2+}、Ca^{2+}）

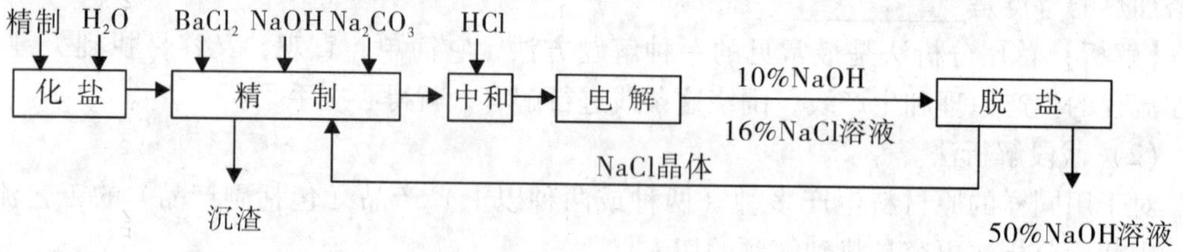

① 精制过程中反应的离子方程式为________________。

②电解过程的总反应方程式为________________。

③电解槽阳极产物可用于________________（至少写出两种用途）。

④已知 NaOH、NaCl 在水中的溶解度数据如下表：

NaOH、NaCl 在水中的溶解度数据

温度/℃	20	30	40	50	60	70	80	90	100
NaOH/g	109	118	129	146	177	300	313	318	337
NaCl/g	36	36.3	36.6	37	37.3	37.8	38.4	39	39.8

根据上述数据，脱盐的主要工序应为______、________。脱盐后的碱液含 NaOH 约 50%，含 NaCl 仅约 2%，NaCl 能够从溶液中大量析出的原因是__________。

【解析】这种分析法主要应用在流程比较复杂的试题上，有时可根据题目要求，具体选择解题方法。

三 总 结

工艺流程题虽范围广、难度高，但出题者都是严格按照考试大纲命题的，准确把握考试大纲是考生解答此类题目的前提。工艺流程题的主线是工业流程本身，理解工业流程和命题者的意图，是解答此题的关键。因此，学生在训练的时候，要把握好题目的主线，对整个题目进行全面、系统的思考，这样解答该类题目就容易多了。

广东高考化学工业流程题的结构特点及解题策略研究①

2012 级本科生：陈庆汇
指导教师：袁明华

【摘　要】通过对广东高考化学工业流程题的结构特点和解题策略两方面进行分析，把握工业流程题的命题趋势和解题策略以及提高得分率的技巧。
【关键词】广东高考；化学；工业流程题

工业流程题为广东高考化学考查学生理论知识、实验操作、化学计算等综合能力的有效题型。但在实际答题中，不少学生反映工业流程题难以把握，即使进行了大量的习题训练，成效依然不大；教师在实际教学中也缺乏行之有效的教学方法。本文总结了广东高考化学工业流程题的结构特点和解题策略，希望能给广大师生带来启发。

一　广东高考化学工业流程题案例分析

通过案例分析，分析工业流程题的结构特点，以 2011 年广东高考化学工业流程题为例。

【例题 1】（16 分）由熔盐电解法获得的粗铝含有一定量的金属钠和氢气，这些杂质可采用吹气精炼法除去，产生的尾气经处理后可用于钢材镀铝。工艺流程如下：

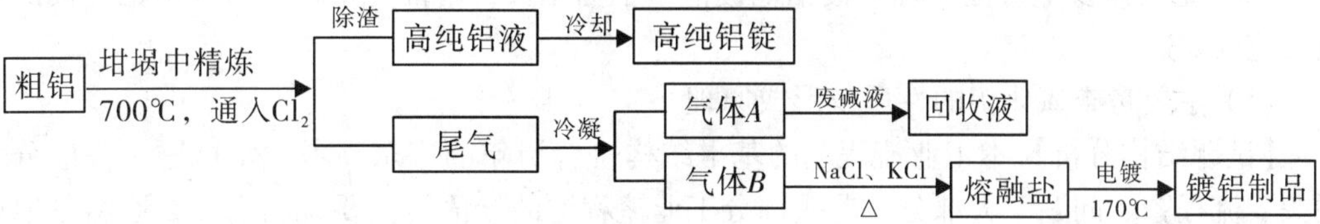

图 1　工艺流程

（注：NaCl 的熔点为 801°C，$AlCl_3$ 在 181°C 升华。）

（1）精炼前，需清除坩埚表面的氧化铁和石英砂，防止精炼时它们分别与铝发生置换

① 该文刊于《江西化工》2014 年第 2 期第 213 页。

反应产生新的杂质，相关的化学方程式为＿＿＿＿＿＿和＿＿＿＿＿＿。

（2）将 Cl_2 连续通入坩埚中的粗铝熔体，杂质随气泡上浮除去，气泡的主要成分除 Cl_2 外还含有＿＿＿＿＿＿；固体杂质粘附于气泡上，在熔体表面形成浮渣，浮渣中肯定存在＿＿＿＿＿＿。

（3）在用废碱液处理 A 的过程中，所发生反应的离子方程式为＿＿＿＿＿＿。

（4）镀铝电解池中，金属铝为＿＿＿＿极，熔融盐电镀中铝元素和氯元素主要以 $AlCl_4^-$ 和 $Al_2Cl_7^-$ 形式存在，铝电极的主要电极反应式为＿＿＿＿＿＿。

（5）钢材镀铝后，表面形成的致密氧化铝膜能防止钢材腐蚀，其原因是＿＿＿＿＿＿。

【答案】

（1）$2Al + Fe_2O_3 = Al_2O_3 + 2Fe$；$4Al + 3SiO_2 = 3Si + 2Al_2O_3$。

（2）H_2、$AlCl_3$；NaCl 。

（3）$2Cl_2 + 2OH^- = Cl_2 + 2ClO^- + H_2O$。

（4）阳极；阳极：$Al - 3e^- = Al^{3+}$（阴极：$4Al_2Cl_7^- + 3e^- = 7AlCl_4^- + Al$）。

（5）铝在空气中易形成一层极薄的致密而坚固的氧化膜，它能阻止氧化深入内部，起到防腐保护作用。

【解析】该工业流程题通过“吹气精炼法”提炼粗铝，对考生而言，试题新颖，陌生度高。但以粗铝为原料，经精炼、除渣、冷却后制取高纯铝锭；将精炼中产生的尾气经冷凝并转化为熔融盐，电镀制取镀铝制品；通过废碱液回收有害气体，并未偏离广东高考化学考纲的要求。

（1）原料的预处理是工业流程题常考的知识点，一般涉及原料的粗提纯。根据题干的描述，结合铝单质的化学性质，便可以写出化学方程式了。

（2）主要考查氯气与粗铝的反应产物的物理性质。粗铝中含有铝单质、金属钠及氢气，粗铝与氯气的反应产物有氯化钠、氯化铝及未参加反应的氢气。根据反应的条件及流程图提供的信息，对反应产物的物理性质进行分析，写出答案。

（3）运用冷凝分离尾气的原理，尾气中不同气体之间的凝固点不同，将氯气与氢气和氯化钠分离。气体 A——氯气与废碱液的反应，考生不难写出。

（4）主要涉及电镀池原理。镀铝电镀池中铝为阳极，溶液为中性，可写出铝电极的电极反应式。

（5）主要考查氧化铝的性质及形成原理。

【试题结构分析】本工业流程题的基本结构符合历年的广东高考化学试题，一般分为题头、流程图、问题三大部分。题头部分工业流程题的导语，主要说明由什么原料制取产品，或先介绍有关原料的性质结构，为解题提供相关信息。流程图部分用箭头和框图的形式将原料到产品的工业生产流程表示出来，一般有单线流程图和多线流程图，包括原料的预处理、核心反应（反应条件的控制）、产品的提纯、物质的循环利用、有害物质的处理等几个部分。问题部分是根据流程图中涉及的化学知识设计成的。

图2 基本结构

【特点】该工业流程题并不来源于教材，却与教材知识紧密相连。试题以提纯粗铝为载体，将制备高纯铝锭和镀铝制品作为两大主线，除去有害气体氯气为副线，涉及氯气、铝单质及其化合物的相关性质，并整合了氧化还原反应、电化学原理、实验操作等知识点，考查学生通过图形、文字获取信息和推理判断解决问题的能力，符合新课程标准的理念，试题具体特点如下：

（1）综合性强。工业流程题综合性强体现在试题知识点多，问题差异大，对推理判断能力的要求高。

（2）贴近工业生产。工业流程题以工业生产为载体，将化学理论知识与实际生产相结合，使高中化学知识从束之高阁到理论应用的实际化。

（3）问题形式多样化。问题的形式多样，从不同的知识点设计问题，具有很强的灵活性。

（4）情感态度与价值观强。工业流程题不仅仅是“知识与技能”、“过程与方法”的简单考查，还具有一定的情感态度与价值观。将粗铝的提纯分为两大主线进行精炼，是对物质的充分利用，提高工业生产的产率；对有害气体 *A*——氯气用碱液吸收，贴近生活，体现了环境保护的理念；通过推理判断，培养学生严谨求实的科学精神。

（5）思维模型突出。工业流程题的流程图主要涉及原料的预处理、核心反应、产品的提纯、物质的循环利用、有害物质的处理等五个方面，这五个方面都具有很强的规律性。如原料的预处理，主要涉及原料的粗提纯、原料的性质、能源的利用等。核心反应主要涉及方程式的书写、反应条件的控制、副原料的加入等方面。可就这五个方面，分别就金属类、无机非金属类、碳酸盐类、纯碱的制取所涉及的工业流程题进行规律性总结，建立相应的思维模型，如图3所示。

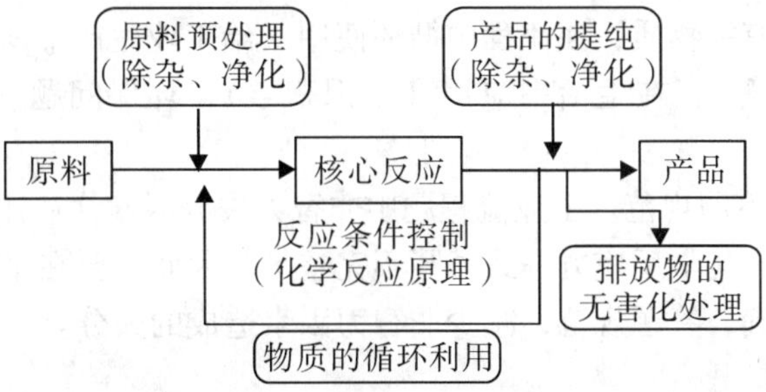

图3 工业流程题的流程

二 工业流程题的解题策略

工业流程题的一般解题步骤是：①通过阅读题头，初步了解工业生产流程的背景、生产产品、原料等相关信息；②浏览流程图部分，根据箭头的方向，确定投料、生成物、物质循环利用等环节，并判断出原料的预处理、核心反应、物质的循环利用、有害物质的处理、产品的提纯等主要流程环节；③分析问题，结合试题的整体信息，认真分析各个环节涉及的化学知识、原理，组织语言进行答题。具体解题策略如下：

（1）审题。整体粗读，提取有用信息。通过粗读，明白工业生产的目的、大体的工业流程步骤和问题涉及的知识点。整个工业流程的设计都是为工业生产的目的和问题服务的，知道生产目的和问题涉及的知识点，解题就能做到有的放矢。了解大体的工业流程步骤，就可以找到切入点。

（2）结合问题，认真分析流程图中的物质变化。认真分析工业流程图的物质变化，明白物质变化的前因后果，并根据问题进行推理判断。流程题的核心就是物质的变化，它使元素、化合物、实验、反应原理等知识综合在一起。读流程图的方法：抓箭头方向、主线主产品、副线副产品、回头循环品。对流程图的理解可从以下几个方面着手：①明确核心反应（该工业流程主要发生了什么反应？反应方程式是什么）。②循环与回收的物质。③特定步骤中加入某物质的作用（一般题干会隐藏信息，需通过推理判断）。

（3）整合分析，推理判断。经过分析流程图，进一步整合题目中的相关信息，并运用所学的化学知识、理论，推理判断，并组织语言答题。常见推理思路如下：

①对反应条件：对反应速率有何影响（如何提高浸出率？如何提高反应速率）？对平衡转换的影响（如何提高产率）？对综合效益的影响（如原料成本、来源，对设备的要求，对环境有何影响）？

②对核心反应：对反应条件的控制（主要包括“温度控制”和“pH 控制”）？

③对产品的处理：根据物质的溶解度、沸点等条件，采取相应的实验操作（如洗涤、蒸发、蒸发浓缩、冷却结晶、蒸发结晶、趁热过滤、重结晶等）。

④对循环物质和有害物质：在流程中循环使用（给工业生产带来杂质或提高物质的循环利用，提高利用率等），在生活中应用（常识积累），环保问题（有毒气体、重金属、酸、碱等物质）。

（4）表达准确，答题规范。工业流程题中非智力失分因素往往比较严重，如常见的工业生产用语表述不对，化学反应方程式书写不完整等。因此，要在平时训练中加强答题的规范性，做到表达准确，答题规范，减少非智力因素造成的失分。

三 常见的题型及解题策略

根据历年的广东高考化学试题，其常见的题型及具体解题方法如下。

1. 首尾分析法

【例题2】（17分）难溶性杂卤石（$K_2SO_4 \cdot MgSO_4 \cdot 2CaSO_4 \cdot 2H_2O$）属于“呆矿”，在水中存在如下平衡：$K_2SO_4 \cdot MgSO_4 \cdot 2CaSO_4 \cdot 2H_2O\ (s) \rightleftharpoons 2Ca^{2+} + 2K^{+} + Mg^{2+} + 4SO_4^{2-} + 2H_2O$。为能充分利用钾资源，用饱和 $Ca(OH)_2$ 溶液溶浸杂卤石制备硫酸钾，工艺流程如下：

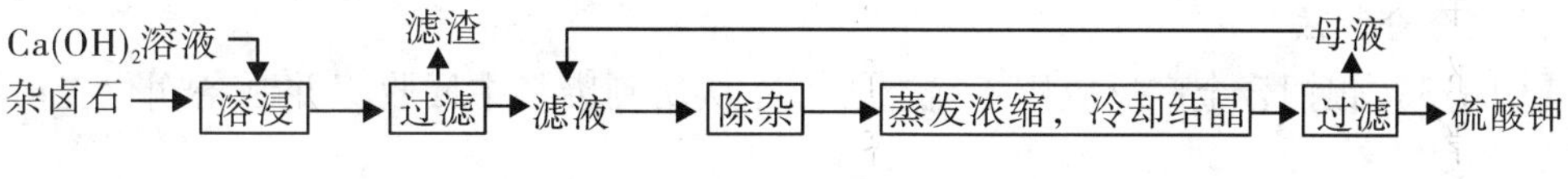

图4　工业流程

（1）滤渣的主要成分有________和________以及未溶杂卤石。

（2）用化学平衡移动原理解释 $Ca(OH)_2$ 溶液能溶解杂卤石浸出 K^+ 的原因：________________________________。

（3）“除杂”环节中，先加入______溶液，经搅拌等操作后，过滤，再加入________溶液调滤液 pH 至中性。

（4）不同温度下，K^+ 的浸出浓度与溶浸时间的关系见图5，由图可得，随温度升高，①____________________，②____________________。

（5）有人以可溶性碳酸盐为溶浸剂，则溶浸过程中会发生：

$CaSO_4\ (s) + CO_3^{2-} \rightleftharpoons CaCO_3\ (s) + SO_4^{2-}$

已知 298 K 时，$Ksp\ (CaCO_3) = 2.80 \times 10^{-9}$，$Ksp\ (CaSO_4) = 4.90 \times 10^{-5}$，求此温度下该反应的平衡常数 K（计算结果保留三位有效数字）。

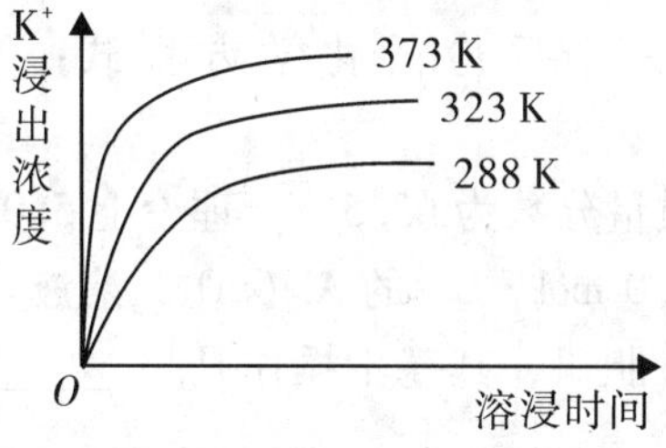

图5　K^+ 的浸出浓度与溶浸时间的关系

【答案】（1）$Mg(OH)_2$；$CaSO_4$。

（2）加入 $Ca(OH)_2$ 溶液，OH^- 与 Mg^{2+} 结合成 $Mg(OH)_2$，Ca^{2+} 与 SO_4^{2-} 结合成 $CaSO_4$ 而析出，使平衡向右，杂卤石溶解浸出 K^+（留在浸出液中）。

（3）K_2CO_3；稀硫酸。

（4）在同一时间内，K^+ 的浸出浓度增大；K^+ 的溶浸速率加快，达到溶浸平衡的时间短。

（5）$K = 1.75 \times 10^4$。

【解析】该试题用$Ca(OH)_2$溶液溶浸杂卤石制备硫酸钾，整体上以提纯、分离为主，涉及化学平衡移动原理、实验操作、化学计算等基础知识。

首尾分析法一般适用于从混合物中分离或提纯某一物质的工业流程。可通过对比原料和产品的差异，认真分析加入某一试剂后，能与哪些物质发生反应，生成什么物质，采用什么方法才能将物质提纯出来，弄清楚涉及原料转化的化学知识、原理，熟悉提纯、分离等操作，结合化学生产的知识进行答题。

2. 综合分析法

【例题3】银铜合金广泛应用于航空工业，从切割废料中回收银并制备铜化工产品的工艺如下：

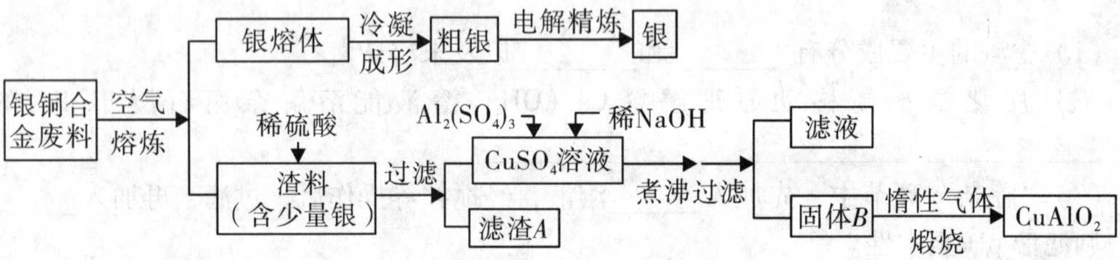

图6　从切割废料中回收银并制备铜化工产品的工艺

（注：$Al(OH)_3$和$Cu(OH)_2$开始分解的温度分别为450 °C和80 °C。）

（1）电解精炼银时，阴极反应式为________________；滤渣A与稀硝酸反应，产生的气体在空气中迅速变为红棕色，该气体变色的化学方程式为__________。

（2）固体混合物B的组成为________________；在生成固体B的过程中，需控制NaOH的加入量。若NaOH过量，则因过量引起的反应的离子方程式为________。

（3）完成煅烧过程中一个反应的化学方程式：____ CuO + ____ Al_2O_3 ══ ____$CuAlO_2$ + ____↑。

（4）若银铜合金中铜的质量分数为63.5%，理论上5.0 kg废料中的铜可完全转化为____ mol $CuAlO_2$，至少需要1.0 $mol \cdot L^{-1}$的$Al_2(SO_4)_3$溶液____ L。

（5）$CuSO_4$也可用于制备胆矾，其基本操作是________、________、过滤、洗涤和干燥。

【答案】（1）$Ag^+ + e^- ═ Ag$；$2NO + O_2 ═ 2NO_2$。

（2）$Al(OH)_3$，CuO；$Al(OH)_3 + OH^- ═ AlO_2^- + 2H_2O$。

（3）4，2，4，O_2。

（4）50.0，25.0。

（5）蒸发浓缩、冷却结晶。

【解析】该试题为多线流程图题，涉及电化学、复分解反应、氧化还原反应、实验操作等知识，综合性强，宜采用综合分析法解答。首先，将多线流程图逐个分解为单线流程图，即分为制备银，$CuAlO_2$两条主线，再通过中间产物和辅助原料及相关操作，分析细节，联想原理，各个击破。

综合分析法适用于多线流程图的工业流程题，这类题涉及知识面广，关键是处理好中间产物，注意细节，通过联想，从中间产物与多个产品寻找联系，逐一分析解答。

广东历年的工业流程题的题型主要为以上两种，解题的总体策略是：理清主线，分清副线；联想原理，注重细节；组织语言，答题规范。

四 提高解题得分率技巧

（1）注意知识的积累与归纳。在平时的化学学习中，要养成对化学知识进行积累和归纳的习惯，对基础化学知识要熟记于心，并进行分类整理。熟记常见的实验操作技巧，例如过滤、洗涤、蒸发、结晶、萃取等。同时，也应积累一定的工业操作，如水浸、浸出、酸浸、粉碎、灼烧等。

（2）注意解题技巧和能力的训练。高考自然反对题海战术，但进行一定的训练是必不可少的。通过解题，提高自己的审题、析题能力，巩固解题策略。同时，培养自己思维的敏捷性，在解题中逐渐强化自己化学语言表达的规范性。

（3）建立思维模型，提升解题能力。工业流程题在广东高考中，试题年年新颖，却始终没有偏离教材的知识点。这就要求考生具备扎实的理论知识，可通过建立相应的思维模型，总结原料的预处理、核心反应、产品的提纯、物质的循环利用、有害物质的处理五个方面的规律，并找出各个思维模型之间的联系及转化方式，强化化学理论知识，提升解题能力。

参考文献

[1] 蒋俊洋．化学工业流程题的解题策略探讨［J］．广东教育（高中版），2012(10)：63～64.

[2] 许宏生，姜建文．从三维目标落实的角度赏析一道化学竞赛题［J］．考试周刊，2011（9）：2～3.

[3] 陈思恭．化学工艺流程题的结构特点和解题方法［J］．试题与研究，2012（5）：1～5.

浅谈广东高考化学工艺流程题①

2012 级本科生：蓝秋玲
指导教师：袁明华

【摘　要】纵观历年广东高考化学卷，可以发现化学工艺流程题是每年的必考知识点之一，本文研究了 2010 —2013 年的广东高考理综化学卷的工艺流程题，帮助考生对工艺流程题有更深入的认识，总结了常见的考点，有助于学生在备考时有明确的方向，形成正确的解题思路。
【关键词】广东高考；工艺流程题；考点分析

广东自从 2004 年进行高中新课程改革后，开始重视化学教材的内容与实际生产生活的紧密结合。化学工艺流程题正是顺应新课改的目标而催生出来的新题型，从广东 2004 年高考一直沿袭至今。化学工艺流程题，就是将化工生产过程中的主要生产阶段用流程图的形式表现出来，根据生产过程中涉及的化学知识设问。纵观 2010—2013 年广东高考的化学工艺流程题，其命题内容极其广泛，密切联系生产、生活实际，题目的设问方式也极其灵活多变，充分表达了“化学源于真实的生活”的命题思想。

一　工艺流程题的结构及特点

1. 流程图结构模式

（1）构成模式。

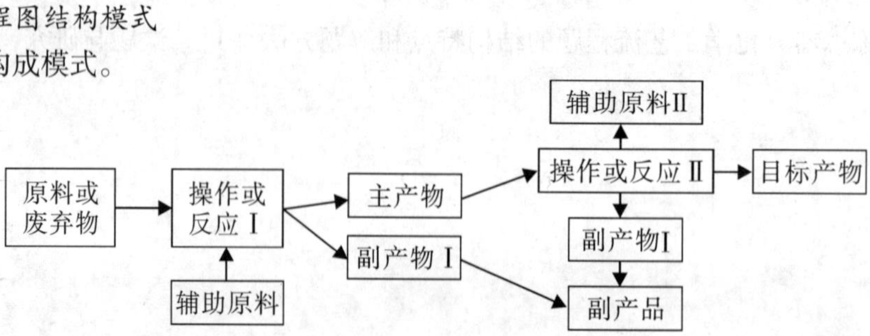

图 1　构成模式

① 该文刊于《江西化工》2014 年第 2 期第 173 页。

在工艺流程中，从原料到产品，需要加入一些辅助原料，并经过一系列操作或反应，得到目标产物和副产物。

（2）考查模式。

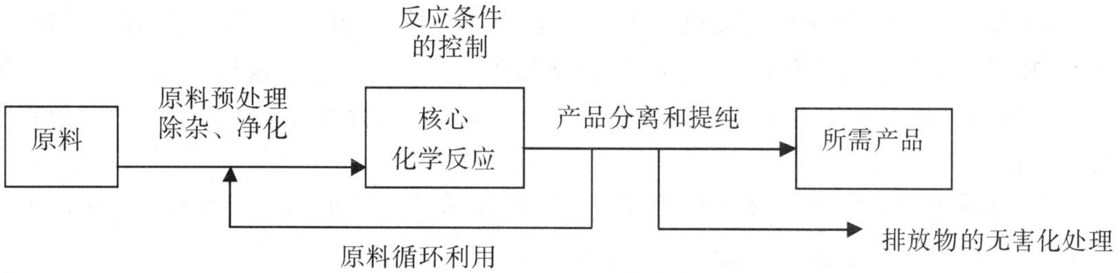

图2　考查模式

流程图的基本规律为主线主产品，分支副产品，回头是循环。

2. 流程题的特点

（1）情景真实新颖。

综合广东历年的考题来看，试题基本源于生产实际，情境和选材都比较新颖，多以当年的热门工艺或者新兴工艺为出题背景，几乎都是师生少见或没见过的新物质、新材料，考查学生知识迁移和学以致用的能力。这就要求师生在平时要多关注时事，了解当代的热门物质或新研发的物质、新的科研成果，对于一些经典的化学工艺所涉及的操作步骤等要很熟悉。

（2）阅读量及跨度较大。

试题相对较长，阅读量比较大，与解题无关的困扰信息多，从原始材料到目标产品经过若干的框图程序，跨度大，要求考生在限定的时间内读懂试题并提取有用信息，而且还要迅速联想到相关的理论知识。考查学生对试题的理解能力及提取有效信息的能力，这就要求考生本身的理论知识储备要牢固，在解题时要保持清醒的头脑，对于与解题无关的信息要及时跳过，不要在一个无关紧要或者与答题完全无关的点上浪费时间。

（3）内容丰富及综合性强。

试题涉及的化学基础理论知识广，出题内容很丰富，考查的内容范围可以遍布考生整个高中化学阶段，例如试题可以涉及电化学原理、有机化学、热化学原理、表格及图像分析和相关实验操作等各方面的知识。考查学生的综合能力，难度大，区分度好，这就要求师生在平时做题时要多总结试题常见考点，在复习过程中多积累。

二　真题考点分析（2010—2013）

1. 2010 广东高考真题

【例题1】（16分）碳酸锂广泛应用于陶瓷和医药等领域，以β－锂辉石（主要成分为

$Li_2O \cdot Al_2O_3 \cdot 4SiO_2$）为原材料制备 Li_2CO_3 的工艺流程见图3。

已知：Fe^{3+}、Al^{3+}、Fe^{2+} 和 Mg^{2+} 以氢氧化物形式完全沉淀时，溶液的pH分别为3.2、5.2、9.7和12.4；Li_2SO_4、LiOH和 Li_2CO_3 在303 K下的溶解度分别为34.2 g、12.7 g和1.3 g。

（1）步骤Ⅰ前，β－锂辉石要粉碎成细颗粒的目的是__________。

（2）步骤Ⅰ中，酸浸后得到的酸性溶液中含有 Li^+、SO_4^{2-}，另含有 Al^{3+}、Fe^{3+}、Fe^{2+}、Mg^{2+}、Ca^{2+}、Na^+ 等杂质，需在搅拌下加入__________（选填“石灰石”、“氯化钙”或“稀硫酸”）以调节溶液的pH值到6.0～6.5，沉淀部分杂质离子，然后分离得到浸出液。

（3）步骤Ⅱ中，将适量的 H_2O_2 溶液、石灰乳和 Na_2CO_3 溶液依次加入浸出液中，可除去的杂质金属离子有__________。

（4）步骤Ⅲ中，生成沉淀的离子方程式为__________。

（5）从母液中可回收的主要物质是__________。

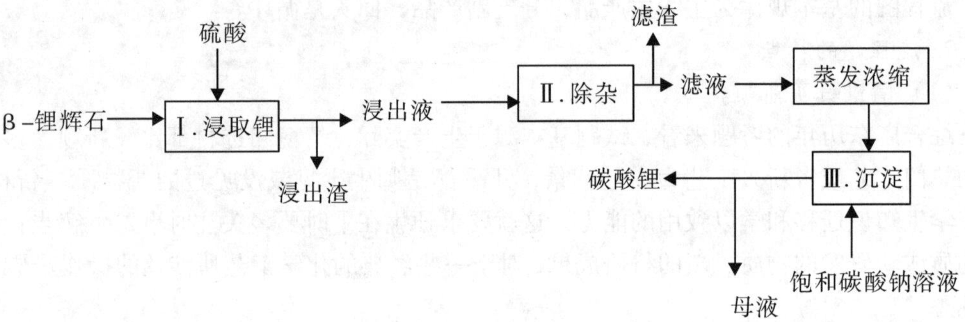

图3　原材料制备 Li_2CO_3 的工艺流程

2.2011 广东高考真题

【例题2】（16分）由熔盐电解法获得的粗铝含有一定量的金属钠和氢气，这些杂质可采用吹气精炼法除去，产生的尾气经处理后可用于钢材镀铝。工艺流程见图4。

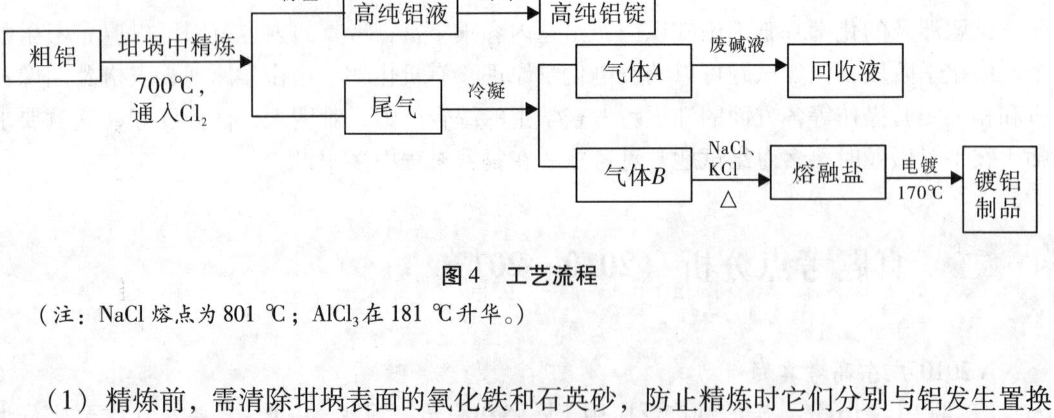

图4　工艺流程

（注：NaCl熔点为801 ℃；$AlCl_3$ 在181 ℃升华。）

（1）精炼前，需清除坩埚表面的氧化铁和石英砂，防止精炼时它们分别与铝发生置换反应产生新的杂质，相关的化学方程式为________和________。

（2）将 Cl_2 连续通入坩埚中的粗铝熔体，杂质随气泡上浮除去。气泡的主要成分除 Cl_2 外还含有________；固态杂质粘附于气泡上，在熔体表面形成浮渣，浮渣中肯定存在________。

（3）在用废碱液处理 *A* 的过程中，所发生反应的离子方程式为________。

（4）镀铝电解池中，金属铝为________极，熔融盐电镀中铝元素和氯元素主要以 $AlCl_4^-$ 和 $Al_2Cl_7^-$ 形式存在，铝电极的主要电极反应为________。

（5）钢材镀铝后，表面形成的致密氧化铝膜能防止钢材腐蚀，其原因是________。

3. 2012 广东高考真题

【例题 3】（17 分）难溶性杂卤石（$K_2SO_4 \cdot MgSO_4 \cdot 2CaSO_4 \cdot 2H_2O$）属于"呆矿"，在水中存在如下平衡：$K_2SO_4 \cdot MgSO_4 \cdot 2CaSO_4 \cdot 2H_2O(s) \rightleftharpoons 2Ca^{2+} + 2K^+ + Mg^{2+} + 4SO_4^{2-} + 2H_2O$，为能充分利用钾资源，用饱和 $Ca(OH)_2$ 溶液溶浸杂卤石制备硫酸钾。工艺流程如图 5。

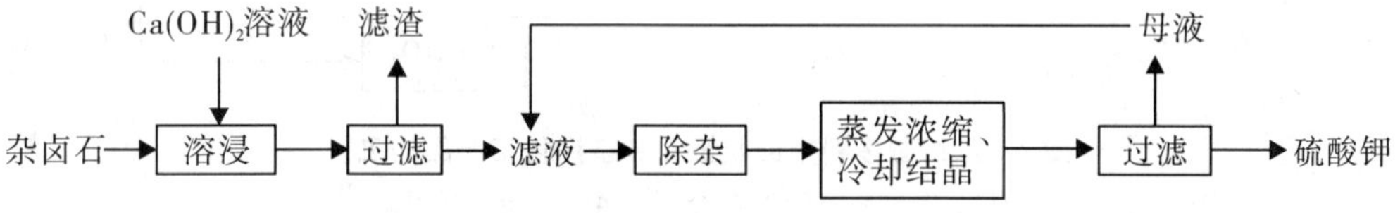

图 5　工艺流程

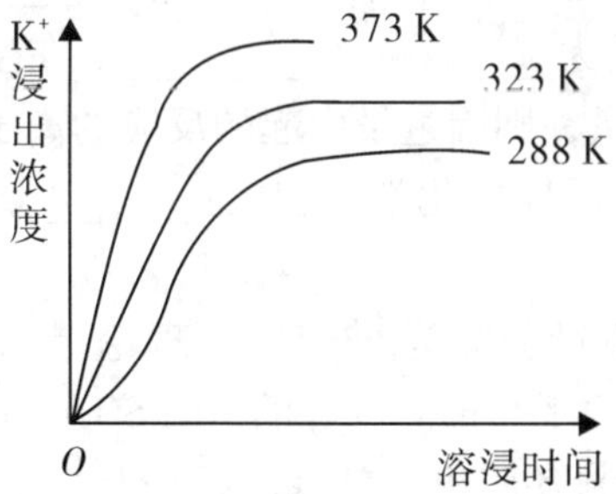

图 6　不同温度下，K^+ 的浸出浓度与溶浸时间的关系

（1）滤渣的主要成分有________和________以及未溶杂卤石。

（2）用化学平衡移动原理解释 $Ca(OH)_2$ 溶液能溶解杂卤石浸出 K^+ 的原因：________。

（3）"除杂"环节中，先加入________溶液，经搅拌等操作后，过滤，再加入________溶液调滤液 pH 至中性。

（4）不同温度下，K^+ 的浸出浓度与溶浸时间的关系见图 6，由图可得，随温度升高，①________，②________。

（5）有人以可溶性碳酸盐为溶浸剂，则溶浸过程中会发生：

$CaSO_4(s) + CO_3^{2-} \rightleftharpoons CaCO_3(s) + SO_4^{2-}$

已知 298 K 时，*Ksp*（$CaCO_3$）$=2.80\times10^{-9}$，*Ksp*（$CaSO_4$）$=4.90\times10^{-5}$，求此温度下该反应的平衡常数 *K*（计算结果保留三位有效数字）。

4. 2013 广东高考真题

【例题 4】（16 分）银铜合金广泛用于航空工业，从切割废料中回收银并制备铜化工产品的工艺如图 7。

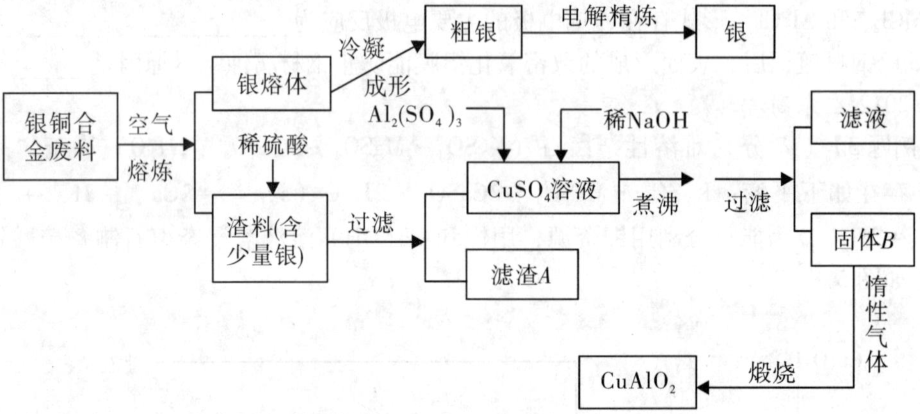

图 7　从切割废料中回收银并制备铜化工产品的工艺

（注：AL（OH）$_3$和 Cu（OH）$_2$ 开始分解的温度分别为 450 ℃和 80 ℃。）

（1）电解精炼银时，阴极反应式为__________；滤渣 *A* 与稀硝酸反应，产生的气体在空气中迅速变为红棕色，该气体变色的化学方程式为____________。

（2）固体混合物 *B* 的组成为____________；在生成固体 *B* 的过程中，需控制 NaOH 的加入量，若 NaOH 过量，则因过量引起的反应的离子方程式为____________。

（3）完成煅烧过程中一个反应的化学方程式：______ CuO + ______ Al_2O_3 ══ ______ $CuAlo_2$ + ______↑。

（4）若银铜合金中铜的质量分数为 63.5%，理论上 5.0 kg 废料中的铜可完全转化为______ mol $CuAlO_2$，至少需要 1.0 mol · L^{-1}的 $Al_2(SO_4)_3$溶液________ L 。

（5）$CuSO_4$溶液也可用于制备胆矾，其基本操作是________、________、过滤、洗涤和干燥。

5. 相关考点

相关考点

年份	题号	考查内容	相关考点
2010	32	以 β－锂辉石为原料制备 Li_2CO_3	原料预处理（粉碎）；物质的分离提纯（调节 pH）；常见离子的性质（Fe^{2+}、Ca^{2+}、Mg^{2+}、Al^{3+}等）；书写离子方程式；副产物的回收利用

（续上表）

年份	题号	考查内容	相关考点
2011	32	粗铝的吹气精炼以及钢材镀铝	书写化学方程式（氧化还原反应、离子反应、电极反应）；物质的分离提纯（吹气法）；电化学知识；金属防腐
2012	32	利用杂卤石回收制备硫酸钾	根据流程讨论物质组成；化学平衡原理的考查；除杂试剂的选择；读图像总结规律；化学平衡常数的计算
2013	32	银铜合金回收银并制备铜化工产品	电极反应式的书写；书写化学方程式；推断物质；书写离子方程式；简单计算；溶液制备固体的基本操作步骤

三　结论分析

1. 广东省2010—2013年理综化学工艺流程题的特点

（1）化学方程式包括离子方程式、氧化还原方程式以及电极反应方程式等出题的频率是最高的，几乎是每年的必考考点。这就要求学生在备考时，一方面要注意对课本上常见方程式的积累，另一方面要多练习陌生方程式的配平或产物推断类的题型。

（2）连续三年（2011—2013）的考题中都出现了根据流程讨论物质组成类型的题目，这就要求学生要基本理清流程图的程序，并且要对流程图中所涉及的化学反应和物质转化比较清晰，其主要考查各物质之间是如何转化的，比如通过什么化学反应，除去的是哪些物质，剩余的物质含有什么。

（3）2010年和2012年的高考中，均在“除杂”环节对学生进行了考查，分别可以从两方面设问，一是提供除杂试剂，填写除去的杂质离子；二是知道存在的杂质离子，填写所需的除杂试剂。这一部分主要考查学生对元素及元素化合物的某些性质（如氧化还原性质、与哪些离子可生成沉淀等）的判断。

（4）2011年和2013年的考题都有对电化学方面的知识进行设问，但是难度不大，要求学生能够准确判断出阴极与阳极，能够准确书写相应电极的反应式。

（5）简单的文字题也是考点之一，例如2010年考查的粉碎的目的和2013年的溶液制备固体的简单操作。在这一方面，出题者一般会从如何提高反应速率、促使平衡移动的某些途径、运用水解的原理作简要的文字说明或者一些简单的实验操作步骤的填写等方面进行设问，要求学生在这一块不仅要积累上述这些基础知识，而且要注意语言表达的准确与规范。

（6）化学平衡在整个高中阶段是很重要的知识点，而在工艺流程题中也是常考点，主要考查简单的平衡原理的文字说明和化学平衡常数的计算。

（7）“绿色化学”是目前热门的话题，在考题中自然也贯彻着这一理念，因此出题者会让考生根据流程图判断哪些物质是可回收利用的（2010年考题）；另一方面，虽然这四年考题中没有出现对化学工艺污染物的处理（如有害气体的处理等）的题目，但是这仍然是值得考生关注的一点，学生平时要注意这方面知识的积累。

（8）2012 年的考题中出现了要求考生读图像、总结规律的题型，考查学生对图像的理解和归纳能力，我认为这类题也会是以后的常见题型。常见的图像可能有溶解性图、化学平衡图等。

2. 除杂提纯类解题思路

对于除杂提纯类的流程题，首先应知道要得到的主要物质是什么，混有哪些杂质；然后分析流程图中加入某一试剂后，与什么物质发生了什么反应，生成了哪些产物，剩余的物质是什么；最后思考要用什么操作才能把杂质除去。根据以上思路先分析流程图，提取有效信息后进行作答。

3. 物质制备类解题思路

对于物质制备类的流程题，首先确定制备的物质是什么，从题干或问题中了解该产品的性质。如果是具有某些特殊性质的产物，在后续步骤中应注意需要采取哪些手段以避免杂质的产生（例如产物是受热易分解的，那么可能需要低温烘干、减压烘干/蒸发等）；分析流程中的每一个步骤，了解反应物是什么、反应方程式是什么、反应有什么结果、对产物会造成什么影响等；阅读问题，提取有效信息答题。

4. 小结

广东省理综化学卷的工艺流程题的考点以上述几个方面为主，因此当考生在抱怨对于化工流程题无从下手时，不妨先在题海中停下来，一方面先了解出题者的基本出题规律，清楚试题的基本考点，然后就可以对每个考点着手备考，再在做题时不断总结经验，积累常见考点，规范基本的文字表达，减少失误失分；另一方面，考生要在平常的练习中养成正确的做题习惯和思路，在答题时，不要力求把流程图中的每一个细节都弄清楚，要抓住主要的考查方向，理清每个环节的目的和结果，结合题目的有效信息和自身的知识与技能，有针对性地作答即可。

参考文献

［1］广东省考试中心．2010—2013 年普通高等学校招生全国统一考试（广东卷）．

［2］刘全明．化学工艺流程题的结构、特点、分类与解法［J］．化学教学，2010（3）：57～60.

［3］左香华，崔雪芹．广东省高考工艺流程题的特点与解题策略［J］．化学教学，2012（6）：61～63.

解析近四年广东高考第32题“化工流程”考查方式及其应对策略①

2012级本科生：张威荧　叶国标
指导教师：衷明华

【摘　要】近年来，新课改下广东高考化学学科的题型相对稳定，出题的难度并不是很高，但在分数上的区分度却很明显，其中第32题化工流程题成为高考中区分化学优等生和普通考生的分水岭。
【关键词】广东；高考；化学；化工流程

在各省的高考中，化工流程题都与工业生产有着很大的关系，很多都直接以某一工业生产作为背景，以化学基本理论为主线，结合化学实践，考查考生对于所学知识的综合应用。而在广东高考中，化工流程题主要以能源、环保、低碳为知识背景，重点考查实验（如分离与提纯）、反应原理（水解平衡、沉淀溶解平衡等）、元素化合物（氧化还原反应、复分解反应）等相关知识，考查图表信息解读、迁移与运用的能力。

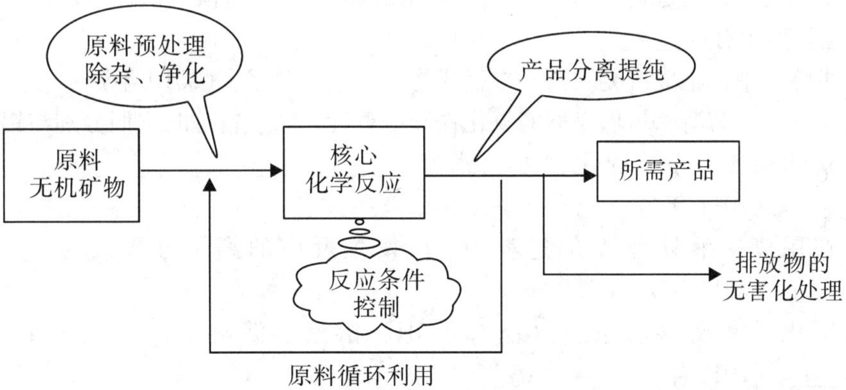

化工流程题的主线与核心

① 该文刊于《江西化工》2014年第2期第283页。

其中核心考点涉及物质的分离操作、除杂试剂的选择、生产条件的控制等。在解题过程中需要严密的推理过程，一旦中间某个环节出现偏差，就有可能导致一整道题的推导方向发生偏移，结果与答案自然是天差地别，在历年高考中因此而失分的同学数不胜数。

虽然化工流程题在全省的平均分都不高，但很少人会在这一题得零分，主要是因为虽然化工流程题难以理解和推导，但在题目中总有一到两道小题比较简单，主要考查的还是实验的基础知识，下面我们看一下最近四年广东高考化工流程题中的“送分”小题：

（1）步骤Ⅰ前，β－锂辉石要粉碎成细颗粒的目的是__________。(2010 年)

（2）步骤Ⅰ中，酸浸后得到的酸性溶液中含有 Li^+、SO_4^{2-}，另含有 Al^{3+}、Fe^{3+}、Fe^{2+}、Mg^{2+}、Ca^{2+}、Na^+ 等杂质，需在搅拌下加入__________（选填“石灰石”、“氯化钙”或“稀硫酸”）以调节溶液的 pH 值到 6.0 ~ 6.5，沉淀部分杂质离子，然后分离得到浸出液。(2010 年)

（3）钢材镀铝后，表面形成的致密氧化铝膜能防止钢材腐蚀，其原因是______。(2011 年)

（4）滤渣的主要成分有__________和__________以及未溶杂卤石。(2012 年)

（5）完成煅烧过程中一个反应的化学方程式：_____ CuO + _____ Al_2O_3 $=\!=\!=$ _____ $CuAlO_2$ + _____ ↑。(2013 年)

（6）$CuSO_4$溶液也可用于制备胆矾，其基本操作是__________、__________、过滤、洗涤和干燥。(2013 年)

通过列举过去四年中广东高考化工流程题中的“送分”题，我们可以发现，其实化工流程题也并不是所有的题目都是难的，甚至有些题目（如 2010 年的第 1 小题、2011 年的第 5 小题、2013 年的第 3 和第 5 小题）不需要看题干就可以得出正确答案。只要考生的基础知识扎实，在化工流程题中得分并不难。

接下来我们看一下过去四年中广东高考化工流程题中的另一部分小题：

（1）步骤Ⅱ中，将适量的 H_2O_2溶液、石灰乳和 Na_2CO_3溶液依次加入浸出液中，可除去的杂质金属离子有__________。(2010 年)

（2）步骤Ⅲ中，生成沉淀的离子方程式为__________。(2010 年)

（3）精炼前，需清除坩埚表面的氧化铁和石英砂，防止精炼时它们分别与铝发生置换反应产生新的杂质，相关的化学方程式为____________________和____________________。(2011 年)

（4）在用废碱液处理 A 的过程中，所发生反应的离子方程式为____________________。(2011 年)

（5）用化学平衡移动原理解释 $Ca(OH)_2$ 溶液能溶解杂卤石浸出 K^+ 的原因：__________。(2012 年)

（6）电解精炼银时，阴极反应式为________________；滤渣 A 与稀硝酸反应，产生的气体在空气中迅速变为红棕色，该气体变色的化学方程式为____________________。(2013 年)

（7）固体混合物 B 的组成为________；在生成固体 B 的过程中，需控制 NaOH 的加入量，若 NaOH 过量，则因过量引起的反应的离子方程式为________。(2013 年)

从以上小题我们可以看到一个明显的考查方向，就是考查无机的离子共存、化学平衡、离子方程式及电极方程式的书写，这就需要考生能熟练地运用高中的化学知识进行推断、配平以及运算。

不管是哪种类型的化工流程题，题干中都一定会有相应的信息给出，接下来我们以2011年的化工流程题的题干为例进行说明。

【例题】（2011广东卷，32，16分）由熔盐电解法获得的粗铝含有一定量的金属钠和氢气，这些杂质可采用吹气精炼法除去，产生的尾气经处理后可用于钢材镀铝。工艺流程如下。

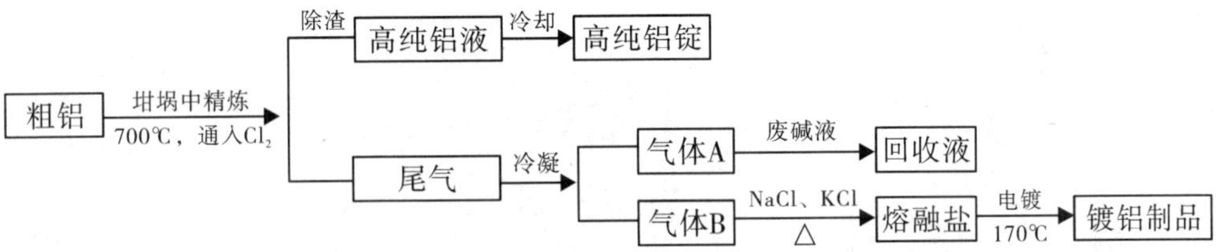

（注：NaCl熔点为801 ℃；$AlCl_3$在181 ℃升华。）

在题干中，我们可以提取到一些信息：

（1）粗铝中的杂质是金属钠和氢气。

（2）尾气可用于钢材镀铝，说明气体B中存在铝元素。

（3）NaCl熔点为801 ℃，$AlCl_3$在181 ℃升华，说明NaCl在第一个反应中（700 ℃）就以废渣的形式除去了。

这样整道题的脉络便清晰了许多，得到以下的完整的流程图：

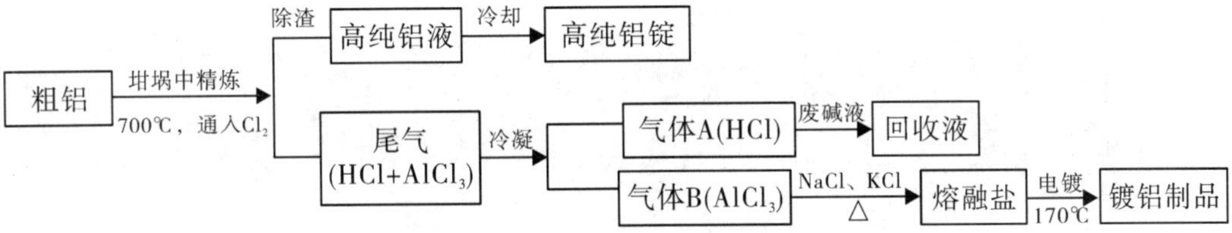

通过将题干提供的信息理解透彻，再对流程图的过程加以推导，就可以比较轻松地整理出整道题的脉络，做起题来更加得心应手了。

最后我们总结一下解答化工流程题时的策略：

首先，我们要认真审题，提取出其中对推导流程图有帮助的信息，例如要找出原料的成分、生产的目的、中心反应是什么、产品用于什么方面等重要信息，并且对这些信息进行分析，对应到题干中去。

其次，运用所学的知识整合流程图和问题的信息，先回答简单的，不需完全看懂题目中小题干的设问，最后再突破难点。

最后就是找准答题的关键字眼，考生要学会结合题目所给出的情境合理生成正确答案。答题过程中需要用规范的化学语言来陈述目的、原因等，不规范的表达也是造成考生失分的主要原因之一。

参考文献

［1］江合佩．探究高考中化工流程型实验题［J］．高中数理化，2012（3）：48～50.

［2］王季常．广东理综高考化学卷第Ⅱ卷解题思路分析［J］．广东教育（高中版），2013（5）：36～37.

2013 年广东高考化学实验试题的解读及启发①

2011 级本科生：赵晓智

指导教师：衷明华

【摘　要】化学实验是高考理综测试中化学学科的重头戏，也是考生在高考中最易失分的地方。本文以 2013 年广东高考化学实验试题为例，分析化学实验试题及其启示。

【关键词】广东高考化学实验试题；试题解析；启发

2013 年第 33 题实验题给人耳目一新的感觉，打破了近几年的常考类型（物质的分离除杂检验的定式步骤），考查的是近几年从未涉及的范围——实验装置和电化学，以考查 Cl_2 的性质为出发点，以原电池为结束点。

一　试题的评析

从内容上看，试题是由两部分组成的，第一部分考查实验室制取氯气的收集装置、氯气的相关性质实验及基本操作，具体考查了氯气的收集装置、氯水中氧化性粒子、氯与溴置换反应及萃取操作；第二部分则考查原电池设计、原电池反应中的实验现象及原电池原理分析。以上的内容基本上都是选自教材：

第一部分的第一问涉及的考点，在必修一教材第四章第 2 节第 83 页及课后习题第 88 页第 14 题，这些部分都涉及氯气的物理性质、收集方法，有毒气体等知识点。

第一部分的第二问涉及的考点，在必修一教材第四章第 2 节第 84 页及课后习题第 87 页第 1 题，选修四第三章第 1 节课后习题第 52 页第 2 题、第 53 页第 9 题等都有体现。

第一部分的第三问涉及的考点，在必修二教材第一章第 1 节第 8 页和第 9 页，必修一教材第一章第 1 节第 9 页，必修二教材第四章第 1 节第 91 页资料卡片和课后习题第 93 页第 5 题第一问等都有体现。

第二部分的第一问涉及的考点，在选修四第四章第 1 节第 71 页等有体现。

第二部分的第二问涉及的考点，在必修二教材第二章第 2 节第 41 页的实验操作、实验装置图等都有体现。

---

① 该文刊于《江西化工》2014 年第 2 期第 305 页。

第二部分的第三问涉及的考点，在选修四第四章第1节第71页有体现。

从以上的题目分析，可以说明虽然最后一题化学实验有了较大变化，但取材自课本，所以总体上难度并不是特别大，学生还是能够完成一部分的。

事实上，2013年广东第33题实验的第二部分与电化学结合，例如问（2）的①完成原电池的装置示意图，并作相应标注，而问（2）的②、③和问（3）均为常见题型。在2012年高考中，理综化学卷第28题的前三问是工艺流程题，第四和第五问关于电化学。2013年的模拟题中也出现了类似的考查。2013年江门一模和汕头一模的第32题都是化工原理题和电化学的结合，汕头一模第33题也出现了对实验装置的考查。因此，学生并不会感到很陌生。

而且，从另一方面来阐述：正如试题题干所说“化学实验有助于理解化学知识，形成化学观念，提高探究与创新能力，提升科学素养”。首先从课本实验“MnO_2与浓盐酸加热制取Cl_2”这个实验收集装置入手，问（1）的②要求找出新制氯水中具有氧化性的含氯粒子，这一问题充分体现了元素与化合物知识的融合。随后的两个实验问题：设计实验比较氧化性和通过限选材料设计实验装置，其中比较氧化性的实验设计是让学生描述实验操作与现象，而另一个实验的设计是让学生根据不同设计材料画装置图。此题目在命题立意上体现了“化学实验与探究能力”在高考中的重要性。

二 2013年广东高考理科综合化学试题对高三备考复习的导向

高考试题对高中化学教学特别是高三备考复习有很强的导向作用。准确地理解高考命题方向和趋势，有助于把握好高三化学教学的方向和策略。因此，从2013年的高考化学实验试题的特点来看，有以下建议：

（1）回顾课本，关注教材。在教学中突破难点的方法很多，比如实验探究等，而且教材中有些文本的介绍、关键词的提示、科学视野等都可以帮助我们突破难点。比如，在探究新制氯水主要成分时，让学生充分阅读教材关于氯气性质的介绍，备考中就容易突破该难点。考生在学习时应该以中学教材为主，但现在很多考生用各种辅导书学习，对其依赖性很大，从而导致阅读、理解能力下降，当遇到一种全新的题型时，就会措手不及。

（2）备考要以考纲和教材为依据，并且总结历年的高考题目，不能只盯着上一年的高考题。考试大纲是学生学习、复习的基本参考，是学生学习应该达到的标准。因此，考生在备考时，应该依纲靠本。

（3）激活课本，在新课程理念下，化学实验的功能应立足教材，以教材为基础进行学习及备考，主动探究，认真归纳。考生要灵活处理教材，对课本实验进行设计，归纳提升，同时也要扩展科学视野。

三　广东高考化学试题中实验题的发展趋势

1. 重点考查考生的能力

根据近几年的高考化学试题中实验题的题型，命题者更加注重考生对化学实验的理解能力、获取信息的能力、实验与探究能力和综合运用能力，如 2010 年广东卷第 31 题，2011 年广东卷第 33 题等。

2. 考查化学实验的主干知识

根据历年的高考化学实验命题，重点的出题范围是化学基本实验操作、实验原理、实验装置、实验现象等，而且可以发现，许多实验题是源于教材上的典型实验的改换、拓展与创新的。如 2010 年广东卷第 22 题与第 30 题，2011 年广东卷第 12 题等。

3. 注重创设新颖情境，选材与生产实际紧密结合

实验题目均取材于生产或科学实验中的真实情景，试题表述清晰简明。例如，2013 年的实验题取自课本素材“MnO_2与浓盐酸加热制取 Cl_2” 和“铜锌原电池设计”。

浅谈实验探究题的认识及其教学启示[①]

2012 级本科生：王晓林
指导教师：衷明华

【摘　要】化学是一门以实验为基础的自然学科，为提高学生的科学素养，实验在高考化学中所占比重是比较大的，其中实验探究题因其综合性而具有较高的考查价值，因此，对实验探究题的认识、研究及其教学启示显得十分重要。

【关键词】高考；实验探究题；教学启示

一　对实验探究题的认识

化学是一门以实验为基础的自然学科。实验不仅是研究物质性质的有效方法，还是培养学生能力、发展智力的手段和途径。

近十年高考化学热点知识统计

热点（重点）知识	重现次数	重现率
化学与生活、环境保护、化学与新技术	10	100%
电化学知识	10	100%
实验装置、基本操作、药品存放、仪器的洗涤	10	100%
物质的净化、分离和鉴定	7	70%

从上表可知，近十年高考对实验探究题一直比较重视。一方面，这是国家对学生探究能力的考查；另一方面为了促进教师改变以往“告诉—验证—应用”的教学模式，转为以学生为主导的新的教学模式，使学生化被动为主动，让其在课堂上真正做到亲身体验。教师通过调动学生的各种感官，以一种生动的形式来提高学生的学习兴趣，提高学生观察现象、发现问题、解决问题的能力，锻炼学生综合分析、迁移创新等思维方式，以达到培养学生科学素养的最终目的。因此，培养学生实验探究能力是高考的一个重要环节。

① 该文刊于《江西化工》2014 年第 2 期第 274 页。

考场如战场，要想在考场上如鱼得水，就要知己知彼，方能百战不殆。近年来实验探究题目的命题形式多种多样，如看图说话式、表格式、独自探究式等，都要求学生要有扎实的基础知识、基本操作技能，具有准确的表达能力和分析、解决问题的能力，还要大胆创新、知识迁移，做到融会贯通地运用知识。

【例题】(2013 重庆理综，27)（15 分）某研究小组利用下图装置探究温度对 CO 还原 Fe_2O_3的影响（固定装置略）。

（1）$MgCO_3$的分解产物为____________________________________。

（2）装置 C 的作用是____________________；处理尾气的方法为________________。

（3）将研究小组分为两组，按下图装置进行对比实验，甲组用酒精灯、乙组用酒精喷灯对装置 D 加热，反应产物均为黑色粉末（纯净物），两组分别用产物进行以下实验。

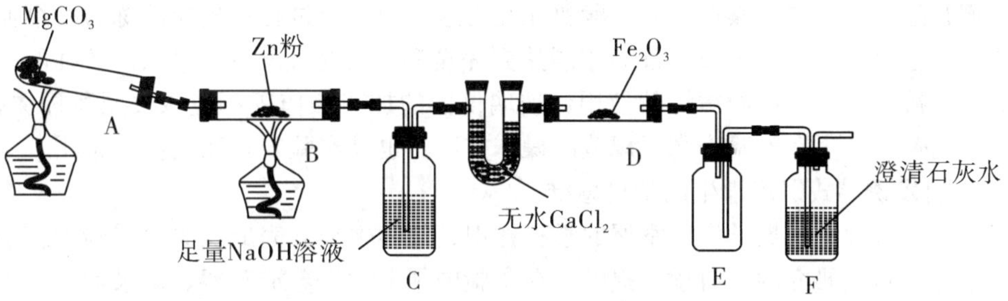

步骤	操作	甲组现象	乙组现象
1	取黑色粉末加入稀盐酸	溶解，无气泡	溶解，有气泡
2	取步骤 1 中溶液，滴加 $K_3[Fe(CN)_6]$ 溶液	蓝色沉淀	蓝色沉淀
3	取步骤 1 中溶液，滴加 KSCN 溶液	变红	无现象
4	向步骤 3 溶液中滴加新制氯水	红色褪去	先变红，后褪色

① 乙组得到的黑色粉末是________________。

② 甲组步骤 1 中反应的离子方程式为______________________________________。

③ 乙组步骤 4 中，溶液变红的原因为______；溶液褪色可能的原因及其验证方法为______________________________________。

④ 从实验安全考虑，上图装置还可采取的改进措施是__________________________。

【解析】

（1）MgO、CO_2（实验原理的考查）。

（2）去除 CO_2；点燃（绿色化学：除杂与尾气处理）。

（3）① Fe。② $Fe_3O_4 + 8H^+ = 2Fe^{3+} + Fe^{2+} + 4H_2O$。③ Fe^{2+}被氧化成 Fe^{3+}，Fe^{3+}遇 SCN^-显红色；假设 SCN^-被 Cl_2氧化，向溶液中加入 KSCN 溶液，若出现红色，则假设成立（其他合理答案均可给分）。④在装置 B、C 之间添加装置 E 防倒吸（其他合理答案均可给分）。

此题为开放性探究题，考查学生设计实验、知识迁移的能力。

二 教学启示

1. 把握出题方向

实验探究题主要考查考生对基本实验操作及实验原理的掌握，测试其观察实验现象、实验结果及处理实验数据、得出结论的能力，有处理安全问题，识别和绘制典型的实验装置图，设计简单的实验方案等方面的内容。尤其是在当今环境受到越来越多的关注的情况下，实验探究题也向着绿色化学这一方向前进。

2. 有意识地在课堂上培养学生的实验探究能力

（1）示范性操作。

我们知道，学生独立操作实验一般要先经历这样的一个过程：先模仿练习，继而过渡到有指导的独立操作实验阶段，最终才能达到完全独立操作阶段①。因此，教师的演示操作应力求准确、规范，如酒精灯的使用、玻璃仪器的加热操作等都应该按照程序去操作。这不仅是为了让学生在实验中掌握规范的操作方法，也是实验安全和成功的保证。

（2）启发诱导式锻炼学生的学科思维。

一方面，教师应根据学生已掌握的学科知识，让学生独立完成实验。实验中多引导学生自主学习、自主研究的同时学会提问。在实验中帮助学生养成观察、记录数据，处理数据的好习惯。当然，在自主的前提下，还要进行合作学习。只有通过独立分析问题、自主探究的亲身体验才能很好地与伙伴进行合作讨论，进而得出结论以及自我反思和学习借鉴，而合作也有利于创新思维的形成。另一方面，教师在演示实验中，不仅要介绍仪器名称、用途、使用方法及装置原理，还要重点引导学生对观察到的现象积极思考，采用演示启发、问题引发、讨论引发等多种方式来激发学生实验的能动性②。如 Na 与水反应生成 NaOH，那么 Na 与 $CuSO_4$的反应又生成什么呢？生成 Cu 单质？$Cu(OH)_2$沉淀？如果没有控制好 Na 的用量，会不会产生不同的实验现象？实验证明，Na 与 $CuSO_4$的反应本质是 Na 先与水反应生成 NaOH，再由 NaOH 与 $CuSO_4$反应生成 $Cu(OH)_2$沉淀。如果 Na 用量过少的话，沉淀不明显，但如果用量过多的话，钠与水反应放出大量的热，致使生成的硫酸铜沉淀分解成黑色的氧化铜沉淀。学生通过带着问题进行实验，学习体验更加深刻，对知识掌握得更好。

（3）解放课堂，培养学生创新精神。

鼓励学生对实验进行改善，例如氨气的制取与性质是高中化学一个重要知识点，课本介绍氨气的制取和性质，存在以下缺陷：①制取 NH_3实验的准备工作复杂，实验耗时长；②预先准备好的 NH_3容易泄漏，导致喷泉实验效果不理想；③NH_3暴露在空气中，污染环境，不符合绿色化学的理念。教师则可以引导学生根据实验原理进行改良实验，如利用压强关系改变喷泉实验的实验装置。

① 马志成．化学实验探究教学研究与实践［D］．华中师范大学硕士学位论文，2001.

② 束明华．中学化学实验教学研究［M］．广州：暨南大学出版社，2010.

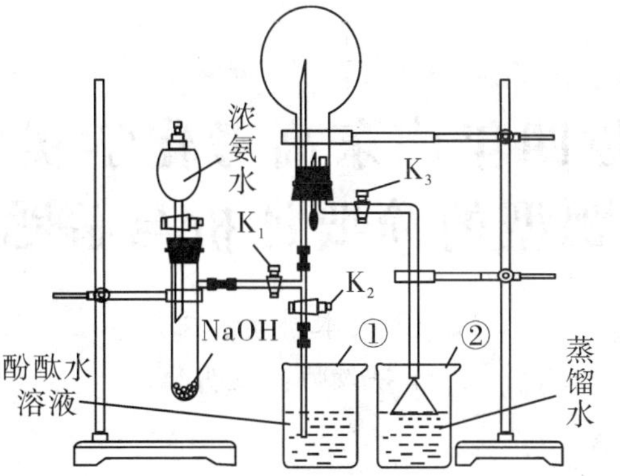

改进后的实验装置图

关闭 K_2，打开 K_1、K_3，开启分液漏斗的活塞，向具支试管中缓慢滴加浓氨水，此时具支试管中有大量气泡产生，同时②号烧杯中的漏斗口有气体逸出。继续滴加浓氨水至②号烧杯中的漏斗口不再有气体逸出，而是出现比较明显的倒吸现象，证明此时烧瓶中氨气已经集满，停止滴加浓氨水。关闭 K_1、K_3，在将胶头滴管中的蒸馏水挤入圆底烧瓶后，缓缓打开 K_2 并控制水的流量，使圆底烧瓶中出现红色的小喷泉①。

3. 现代技术的课堂运用

传统的实验室实验往往会受到实验室空间、实验药品、实验安全性、分子微观结构等因素的制约，因此虚拟实验在这种情况下可以为教学带来极大的便利。虚拟实验是利用计算机技术模拟现实中某一领域的知识，通过系统的交互性来完成实验研究。虚拟实验采用虚拟现实技术（VR）来模拟虚拟现实环境，用已设计的软件来模拟现实环境中的真实实验，实验者可以像在真实环境中一样操作实验，并对实验结果进行分析②。把虚拟实验应用到课堂上，就像把3D电影所带来的视觉享受带到了课堂，不仅真实形象地反映了某些肉眼观察不到的实验微分结构和反应原理、反应历程，还大大提高了学生学习的兴趣，培养学生自学的能力，发展其探究精神。同时，由于有些化学试剂价格昂贵或者实验条件难以控制、实验过程中可能会接触有毒物质等，实验常常难以进行，例如王水溶解黄金、H_2 的燃烧等实验，使用虚拟实验则能够大大降低实验的成本，缩短实验时间，提高课堂实验的安全性。

不管怎样，一位优秀的人民教师应该不断提高自身素质，充分利用信息技术等资源，与时俱进，真正落实面向现代化、面向世界、面向未来的素质教育。

---

① 王曼丽，潘伯银，赵锟．喷泉实验装置的改进设计［J］．实验教学与仪器，2013（1）：28～29.

② 赵红喜．虚拟实验在中学化学实验教学中的应用研究［D］．河南大学硕士学位论文，2013.

近四年广东高考化学实验探究题型的简要评析与解题策略①

2012 级本科生：郑琳

指导教师：衷明华

【摘　要】实验探究题是高考的重要题型之一，在整张化学试卷中属于重难点部分，它对学生的实验综合能力和应变能力有一定的要求。此类题型需要学生掌握全面的化学知识和实验技巧，因此对学生来说较为困难，成为得分率较低的题目。本文主要通过对2010—2013 年广东高考化学实验探究题的简要分析，总结出一些解题方法与解题策略。

【关键词】广东高考；化学实验探究题；题型特点；命题趋势；物质的检验；解题策略

实验是学习化学、体验化学和探究化学过程的重要途径。“化学实验与探究能力”是“对化学学习能力的要求”（《考试大纲》）中考查的三大能力之一。而实验探究题在近几年广东高考化学卷中所占分数比例较大，综合性强、难度较大，下面总结了 2010—2013 年广东高考化学实验探究题命题趋势。

2010 — 2013 年广东高考化学实验探究题命题趋势

年份	题号（分值）	相关考点
2010	33 题（16 分）	检验 SO_3^{2-} 和 ClO^- 是否存在
2011	33 题（17 分）	$Ba(OH)_2 \cdot 8H_2O$ 和 $BaCO_3$ 的检验，溶液配制的基本操作，相关计算
2012	33 题（17 分）	甲苯的检验，分离提纯的基本操作
2013	33 题（17 分）	实验装置的选择，电化学原理，卤素的相关性质

通过这四年的命题可以看出实验探究题在广东高考化学卷中一般分布在最后一道大题，分数约为 17 分，占全卷分数的 17%。所占比重相对较大，难度也有所增加，所以掌握其特点和解题方法无疑是非常重要的。

研究可发现，实验探究题型主要有两大特点。

---

① 该文刊于《江西化工》2014 年第 2 期第 266 页。

1. 知识基础性

所谓的基础性，是指在此类题目中基础知识占大部分。基础知识一般源于教材，包括物质的物理性质和化学性质，仪器的选择和使用，化学方程式的基本书写，实验现象的描述等。

【例题1】［2010 广东高考理综化学，33（1）（2）］某科研小组用 MnO_2 和浓盐酸制备 Cl_2 时，利用刚吸收过少量 SO_2 的 NaOH 溶液对其尾气进行吸收处理。请完成：

（1）SO_2 与过量 NaOH 溶液反应的化学方程式：$SO_2 + 2NaOH =\!=\!=$ ________________。

（2）反应 $Cl_2 + Na_2SO_3 + 2NaOH =\!=\!= 2NaCl + Na_2SO_4 + H_2O$ 中的还原剂为______________________。

【解析】（1）对书写方程式的考查，要注意题干中的反应物已经配平好，所以只需数出各类原子的原子数便可得知生成物的组成。

（2）对物质氧化性和还原性的考查。根据已给出化学方程式可以看出，反应物 Na_2SO_3 中 S 元素是 +4 价，Cl_2 中 Cl 元素是 0 价，生成物中 Na_2SO_4 中 S 元素是 +6 价，NaCl 中 Cl 元素是 -1 价，根据“化合物升价失电子，体现氧化性，判断该化合物为还原剂；化合物降价得电子，体现还原性，判断该化合物为氧化剂”的原理，可得该题中氧化剂为 Cl_2，还原剂为 Na_2SO_3。

【例题2】［2013 广东高考理综化学，33（1）］化学实验有助于理解化学知识，形成化学观念，提高探究与创新能力，提升科学素养。

（1）在实验室中用浓盐酸与 MnO_2 共热制取 Cl_2 并进行相关实验。

① 下列收集 Cl_2 的正确装置是____________。

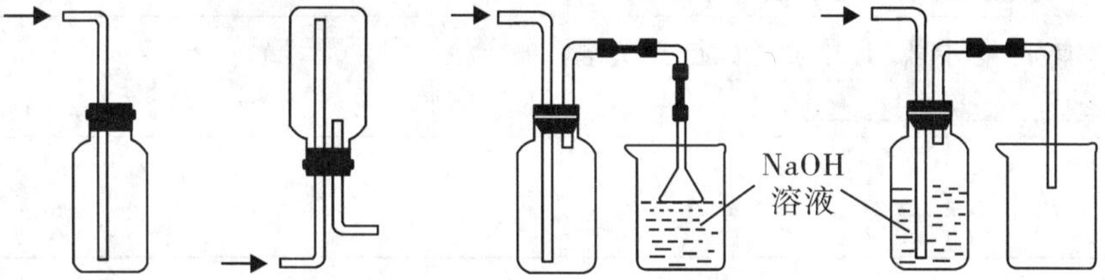

A　　　B　　　C　　　D

② 将 Cl_2 通入水中，所得溶液中具有氧化性的含氯粒子是____________。

③ 设计实验比较 Cl_2 和 Br_2 的氧化性，操作与现象是：取少量新制氯水和 CCl_4 于试管中，______________________。

【解析】① 考查实验装置的选择。Cl_2 密度比空气大，所以应用向上排空气法；Cl_2 有毒，应增加尾气吸收装置，因此选择 C。

② 氯气溶于水中有一部分生成具有强氧化性的 HClO，HClO 一部分电离出 ClO^-，而氯气本身也具有强氧化性，所以所得溶液中具有氧化性的含氯粒子是 HClO，ClO^-，Cl_2。

③ 通过两种单质之间的置换反应，可比较 Cl_2 和 Br_2 的氧化性。通过加入 HBr 溶液，由于 Cl_2 的氧化性比 Br_2 强，所以溶液置换出 Br^-，溶液由黄色变成橙红色。

2. 实验创新性

通过对近几年实验探究题型的分析，我们可以看出，这类题型是以教材当中的实验为基础加以创新，把验证性实验转化为探索性实验，通过提出问题、作出假设、检验假设和得出结论四大实验步骤进行知识的相关考查。此类应用性和开放性试题已成为高考试题的新热点，学生在应付此类题时往往会感觉到思维混乱，无从下手。

【例题 3】（2011 广东高考理综化学，33）某同学进行实验探究时，欲配制 1.0 mol · L^{-1} $Ba(OH)_2$溶液，但只找到在空气中暴露已久的 $Ba(OH)_2 \cdot 8H_2O$ 试剂（化学式量：315）。在室温下配制溶液时发现所取试剂在水中仅部分溶解，烧杯中存在大量未溶物。为探究原因，该同学查得 $Ba(OH)_2 \cdot 8H_2O$ 在 283 K、293 K 和 303 K 时的溶解度（g/100 g H_2O）分别为 2.5、3.9 和 5.6。

（1）烧杯中未溶物仅为 $BaCO_3$，理由是______。

（2）假设试剂由大量 $Ba(OH)_2 \cdot 8H_2O$ 和少量 $BaCO_3$组成，设计实验方案，进行成分检验，在答题卡上写出实验步骤、预期现象和结论（不考虑结晶水的检验；室温时$BaCO_3$饱和溶液的 pH 值为 9.6）。

限选试剂及仪器：稀盐酸、稀硫酸、NaOH 溶液、澄清石灰水、pH 计、烧杯、试管、带塞导气管、滴管。

实验步骤	预期现象和结论
步骤 1：取适量试剂于洁净烧杯中，加入足量蒸馏水，充分搅拌，静置，过滤，得滤液和沉淀	
步骤 2：取适量滤液于试管中，滴加稀硫酸	
步骤 3：取适量步骤 1 中的沉淀于试管中，______	
步骤 4：______	

（3）将试剂初步提纯后，准确测定其中 $Ba(OH)_2 \cdot 8H_2O$ 的含量。实验如下：

① 配制 250 mL 约 0.1 mol · L^{-1} $Ba(OH)_2 \cdot 8H_2O$ 溶液：准确称取 w g 试样，置于烧杯中，加适量蒸馏水，______，将溶液转入______，洗涤，定容，摇匀。

② 滴定：准确量取 25.00 mL 所配制 $Ba(OH)_2$溶液于锥形瓶中，滴加指示剂，将______（选填“0.020”、“0.05”、“0.198 0”或“1.5”）mol · L^{-1}盐酸装入 50 mL 酸式滴定管，滴定至终点，记录数据。重复滴定 2 次，平均消耗盐酸 V mL。

③计算 $Ba(OH)_2 \cdot 8H_2O$ 的质量分数为______（只列出算式，不作运算）。

（4）室温下，______（填“能”或“不能”）配制 1.0 mol · $L^{-1}$$Ba(OH)_2$溶液。

【解析】本题综合性强，以 $Ba(OH)_2 \cdot 8H_2O$ 为载体，考查了 $Ba(OH)_2$的性质，溶液配制方法及中和滴定等实验知识。

（1）在空气中暴露已久的 $Ba(OH)_2 \cdot 8H_2O$ 吸收了空气中的 CO_2生成 $BaCO_3$，$BaCO_3$属

于难溶物质，而 $Ba(OH)_2$ 属于可溶物质，所以烧杯中未溶物仅为 $BaCO_3$。

（2）实验设计的考查。涉及 Ba^{2+}，$BaCO_3$，$Ba(OH)_2$ 的检验，注意 pH 计和带塞导气管的使用。

（3）① 对溶液配制基本操作的考查。② 中和滴定的考查。根据滴定要求，滴定与被滴定两种溶液浓度相近，滴定通常要求有 4 位有效数字［准确量取 25.00 mL 所配制 $Ba(OH)_2$ 溶液于锥形瓶中］，综上应选择 0.198 0 $mol \cdot L^{-1}$ 盐酸。

实验探究题的逻辑性很强，题中每一个条件、每一个步骤都紧紧相扣。一般在进行实验设计的时候，离不开提出问题、作出假设、检验假设、得出结论这几大步骤。在解题时，首先浏览一遍题目，大概知道是要做什么实验，再从头开始仔细阅读每一步。① 在作出假设时，要注意假设与物质的性质及基本预测有很大的关系，作出的假设必须是可检验的才能进行下一步骤。在作出假设时还应当注意两种假设形式，第一种是“非甲即乙，甲乙均无”，即假设 1 只存在甲，假设 2 只存在乙，假设 3 甲乙两种物质均不存在，这种方式一般适用于物质之间不共存的情况，比如适量 $FeSO_4$ 溶液与 NaClO 溶液混合；第二种是“非甲即乙，甲乙均有”，即假设 1 只存在甲，假设 2 只存在乙，假设 3 甲乙都存在，这种方式一般适用于物质间是共存的，比如放置已久的 Na_2SO_3 固体可能只存在 Na_2SO_3，也可能只存在 Na_2SO_4，也可能存在 Na_2SO_3 和 Na_2SO_4。② 在设计实验方案时应当注意从实验的可操作性出发，如果有给出实验用品及仪器，还应当考虑其作用并正确使用，而且还应考虑溶液量的不同可能会造成不同的实验现象，所以应当注明“适量”、“过量”或“少量”。③ 在预期实验现象和得出实验结论时，应当注意有多种实验可能性，不能漏掉，比如“如果产生沉淀，则溶液中……如果没有产生沉淀，则溶液中……”而且应当注意化学用语的规范性。

在注重化学物质检验的同时，还要注重其他类型题目，例如电化学等。从 2013 年的考卷中可以看出，并没有考查物质的检验，取而代之的是原电池的设计实验，因此在未来几年广东高考化学的命题趋势可能有所改变。

【例题 4】［2013 广东高考理综化学，33（2）］能量之间可以相互转化：电解食盐水制备 Cl_2 是将电能转化为化学能，而原电池可将化学能转化为电能。设计两种类型的原电池，探究其能量转化效率。限选材料：$ZnSO_4$（aq），$FeSO_4$（aq），$CuSO_4$（aq）；铜片，铁片，锌片和导线。

①完成原电池的装置示意图，并作相应标注。

要求：在同一烧杯中，电极与溶液含相同的金属元素。

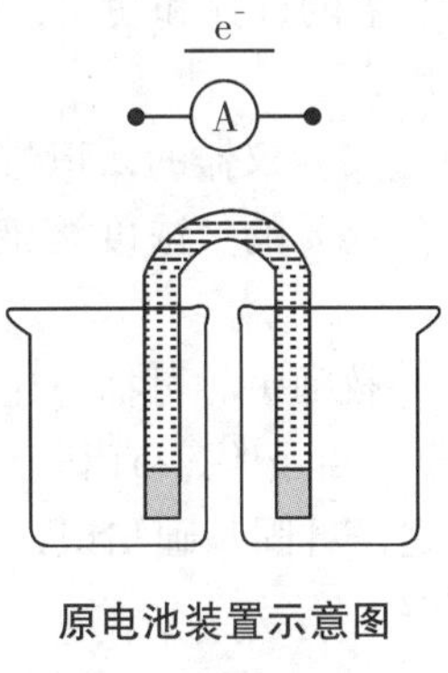

原电池装置示意图

② 铜片为电极之一，$CuSO_4$（aq）为电解质溶液，只在一个烧杯中组装原电池乙，工作一段时间后，可观察到负极____________。

③ 甲乙两种原电池中可更有效地将化学能转化为电能的是____________，其原因是____________。

【解析】① 由题给试剂，结合原电池的形成条件可知可以组合的原电池可以是锌铜、锌铁、铁铜原电池。由图示所给电子移动方向可知左边为负极（活泼金属）、右边为正极（不活泼金属），则组装的原电池可以如下图所示。

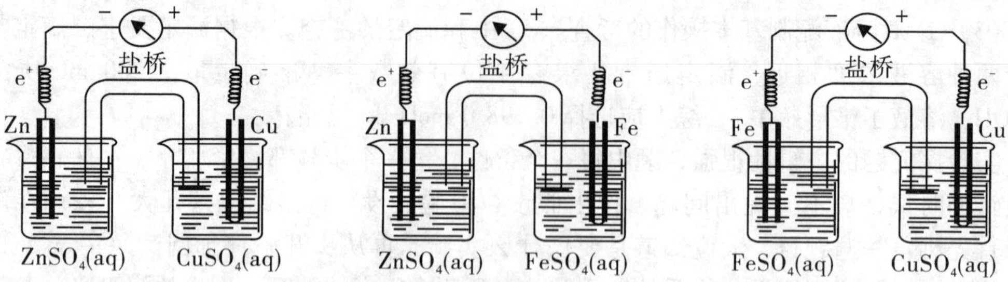

组装的原电池

② 由所给的电极材料可知，当铜片作电极时，铜片一定是正极，则负极是活泼的金属（失电子发生氧化反应），反应的现象是电极逐渐溶解。

③ 以 Zn 和 Cu 作电极为例，如果不用盐桥则 Zn 与 $CuSO_4$反应，置换出的 Cu 附着在 Zn 表面，阻碍了 Zn 与 $CuSO_4$的接触，不能提供稳定电流。所以，原电池甲更能有效地将化学能转化为电能。

从近年广东高考化学的题型中可以看出，命题者对学生实验的思考理解能力、创新能力的要求越来越高，化学实验基本操作、实验装置的选择、实验原理的探索等方面仍然是重中之重。所以，教师和学生在平时的教学和学习中应当做好相应的复习策略。

（1）实验探究题都是以教材当中的演示实验为基础加以改装创新的，教师平时应当注重巩固学生的基础知识，例如物质的物理性质及化学性质，化学方程式及离子方程式的书写，实验现象的表述等。

（2）对于教材当中的基本实验，例如过滤、萃取、蒸馏、分液、灼烧等操作应当掌握其实验装置的选择和使用，以及仪器的各种作用，比如在过滤操作中的玻璃棒有引流和搅拌的作用。

（3）实验仪器的认识与操作，例如托盘天平、容量瓶及滴定管的使用和误差的判断。

（4）物质的量浓度溶液的配制、装置气密性的检查、尾气处理等基本实验知识要巩固。

（5）教师平时可抽空让学生到实验室进行实地操作，让学生亲自动手比讲授理论知识更容易让学生记住，有利于提高学生的实验操作技能。

总之，巩固基础知识，掌握实验探究题型的解题技巧及策略，任何实验探究题都可以迎刃而解。

参考文献

[1] 冯妙玲.2012 年广东高考化学实验题的呈现及启示 [J]. 考试周刊, 2012 (49): 2～4.

[2] 童建军. 化学实验探究题的解法探讨 [J]. 广东教育 (高中版), 2012 (4): 41～43.

[3] 夏时君, 周小凡. 近年广东高考化学实验探究题方案设计的命制策略浅析 [J]. 化学教育, 2011 (10): 45～48.

聚焦广东高考大题之探究实验题[①]

2012 级本科生：黄雅康　黎碧存
指导教师：袁明华

【摘　要】本文通过对广东省近四年的探究实验题考点的对比，从概念、考点分析、备考策略、命题预测四方面对此题进行解读研究，进行思考总结，探究如何提高学生对探究实验题的解析能力。

【关键词】广东高考；探究实验；概念；考点剖析；备考策略；命题预测

探究实验题以其创新、灵活的特点正在取代陈旧的命题套路，成为高考命题的热点题型。探究实验题注重考查考生对化学实验的理解能力、获取信息的能力、实验与探究能力、实验数据处理能力和综合运用能力，有利于选拔考生。因此，对于考生来说，想让自己的成绩更具竞争力，把握此类题目非常重要。

一　概　念

工欲善其事必先利其器，想做好探究实验题，就需先了解其概念。

探究实验题是以考核学生的科学探究能力为主要目的，将相关化学知识点融合在实验探究过程中的试题。探究实验题最大的特点是将具体的问题情境化，考生需要回忆总结已有的知识和经验，在题目已有提示信息的基础上，整理信息，作出大胆假设或猜想，并用准确、规范、严谨的专用术语表达出来。

①　该文刊于《江西化工》2014 年第 2 期第 293 页。

二　考点分析

1. 近四年来广东高考化学探究实验题考点整合表

近四年来广东高考化学探究实验题考点

年份	2010	2011	2012	2013
考点分析	首先是对化学反应原理和信息的考查；然后提出合理假设；再对假设进行验证，实质是混合溶液中离子的检验	首先是对化学反应原理和信息的考查；然后提出合理假设；再对假设进行验证，实质是混合溶液中离子的检验；最后考查一定物质的量溶液的配制，并利用酸碱中和原理计算 $Ba(OH)_2 \cdot 8H_2O$ 的质量分数	首先是对化学反应原理和信息的考查；接着是对物质分离提纯的分析，提出合理假设；然后设计实验方案，对前面假设的混合物进行分离提纯，并验证其纯度；最后利用酸碱中和原理计算苯甲酸的质量分数	考查化学反应原理和信息，具体考查化学实验基本操作、非金属性的比较、电化学原理（原电池和电解池）等知识

2. 变化特点

2010 年和 2011 年都是以无机化合物为载体，以化学反应原理和信息的考查为实验背景，分析后提出假设，再对混合物中的物质或离子进行检验。但 2011 年考题在 2010 年考题的基础上，稍加内容，要求计算混合物中某种成分的含量，并且在考核考生实验基本操作上也有所提升。

2012 年是以有机化合物为载体，进行实验背景分析后提出假设，这沿袭了前两年的命题风格。前两年主要考查混合溶液中离子的检验，此考题是考查混合物的分离和验证分离效果，最后计算混合物中某种成分的含量。和 2011 年一样，最后的计算都采用酸碱中和原理进行解题。

2013 年考核的形式变化比较大，考题设计上有所创新。在考核内容上，变化也比较大，主要考查化学实验基本操作、非金属性的比较、电化学原理。

3. 考生答题情况

（1）实验基本操作细节把握不准确。

（2）对化学基本原理的掌握不扎实。

（3）对化学原理在实验中的应用不够灵活。

（4）语言表达不准确，不规范。

4. 考点总结

从近四年探究实验题的变化上看，整体的趋势是知识覆盖面越来越广。2012 年、2013 年更明显：2012 年的考题加入了化工流程题，2013 年的考题联系电化学原理。这种趋势主要考查理综模式下的知识覆盖面。另外一个变化，由定性走向定量，这是广东实验探究题的又一全新突破。

三 备考策略

1. 强化“实验双基”复习

熟悉理解化学实验基础知识，强化实验基础操作。例如，对于常见的离子鉴定、物质分离和提纯、一定物质的量浓度溶液的配制等知识要牢记于心。

2. 自主梳理，主动构建知识网络

考题知识覆盖面广，元素化合物性质、化学反应原理都涉及其中，构建知识网络有利于理解知识点相互间的关系，培养活跃的思维，为实验中的灵活应用打下基础。

3. 强化典型实验素材的运用，提升知识迁移和融合能力

新课程实验题以课本典型实验为原型，经过改造考查考生的知识迁移和融合能力。因此，在实验复习过程中要做到：

（1）弄清楚实验原理、实验仪器、实验装置图和实验操作细节。

（2）理解各个实验步骤的作用，做以下思考：怎么做？为什么要这样做？如果不这样做，会引起什么后果？还能怎么做？

（3）熟练掌握实验中所涉及的重要化学方程式和重要实验现象。

（4）强化书面语言表达的培养，提升应试答题能力。

探究实验题对考生用正确的化学术语进行表达的要求较高。语言表达不规范、不准确也是考生此题失分严重的原因之一。因此，在学习中，应多练习文字表达的规范性、准确性，避免在答题过程中出现表达不准确，甚至错漏、内容概括不全面等失误，同时还要注意培养理解和概括题意的能力，在答题时还要注意一些限定条件，避免不必要的失分。

四 命题预测

接下来的题型应该是稳中有变。对化学反应原理和信息的考查依然是立足点，以最基础、最典型的课本实验为基点，灵活改造，融合其他大题的知识考点进行考查。知识覆盖面广将是不变的趋势，其中特别要注意的是简单原理的计算，例如氧化还原得失电子数的计算，混合物质量分数的计算等。

探究实验题不仅是高考的重点、难点，在培养考生创新思维和动手能力上也具有重要意义。掌握好此类题目，有利于学生对知识的融合和迁移运用，引发学生的学习兴趣，发现化学的真正魅力。

浅析高考化学实验题的解题方法①

2012 级本科生：陈梓钗
指导教师：衷明华

【摘　要】纵览近几年的全国高考卷，我们不难发现实验内容是高考化学的必考知识点。从近几年全国各省份的高考化学试题来看，实验题历年来备受高考命题者的青睐，各种类型的实验题在高考化学试卷中层出不穷。下面我通过分析这类题型的命题形式来探究这类题型的解题方法。

【关键词】高考；化学；实验；选择题

一　命题形式

通过对历年高考题的探究，对于选择题中的实验部分，我总结出以下四种命题形式：文字型、表格型、实验装置图型和流程图型，但是无论试题以何种形式给出，其解题方法都是通用的。

1. 文字型

【例题 1】（2012 广东理综，9）下列实验能达到目的的是（　　）。

A. 用溴水鉴别苯和正丁烷

B. 用 $BaCl_2$ 鉴别 SO_4^{2-} 和 SO_3^{2-}

C. 用浓 HNO_3 与 Cu 反应制备 NO_2

D. 将混有 HCl 的 Cl_2 通入饱和 $NaHCO_3$ 溶液中除去 HCl

【答案】C。

2. 表格型

【例题 2】（2013 全国新课标卷 1，13）下列表中所采取的分离方法与对应原理都正确的是（　　）。

---

① 该文刊于《江西化工》2014 年第 2 期第 186 页。

选项	目的	分离方法	原理
A	分离溶于水中的碘	乙醇萃取	碘在乙醇中的溶解度较大
B	分离乙酸乙酯和乙醇	分液	乙酸乙酯和乙醇的密度不同
C	除去 KNO_3 中混杂的 NaCl	重结晶	氯化钠在水中的溶解度很大
D	除去丁醇中的乙醚	蒸馏	丁醇与乙醚的沸点相差较大

【答案】D。

3. 实验装置图型

【例题3】(2011 广东理综，23) 下列实验现象预测正确的是（　　）。

A. 实验Ⅰ，震荡后静置，上层溶液颜色保持不变

B. 实验Ⅱ，酸性 $KMnO_4$ 溶液中出现气泡，且颜色逐渐褪去

C. 实验Ⅲ，微热稀 HNO_3 片刻，溶液中有气泡产生，广口瓶内始终保持无色

D. 实验Ⅳ，继续煮沸溶液至红褐色，停止加热，当光束通过体系时可产生丁达尔效应

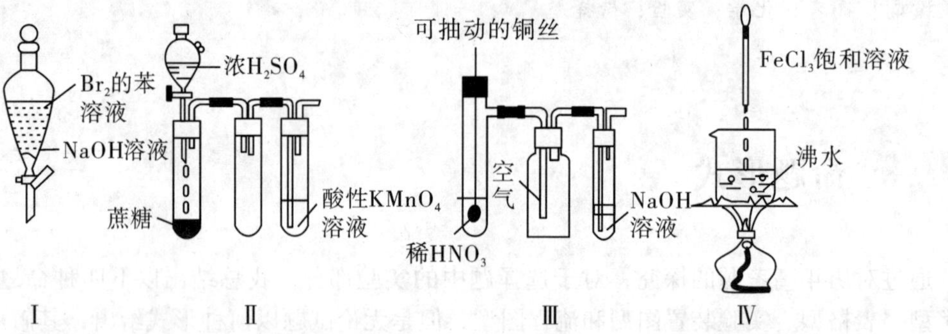

【答案】BD。

4. 流程图型

【例题4】(2013 重庆卷，4) 按以下实验方案可从海洋动物柄海鞘中提取具有抗肿瘤活性的天然产物。

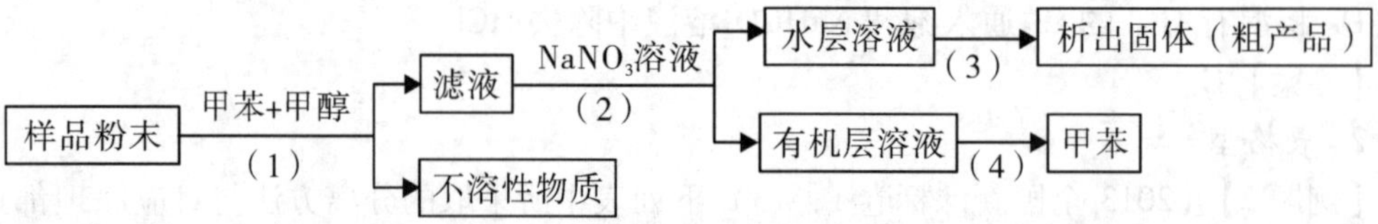

下列说法错误的是（　　）。

A. 步骤（1）需要过滤装置

B. 步骤（2）需要用到分液漏斗

C. 步骤（3）需要用到坩埚

D. 步骤（4）需要蒸馏装置

【答案】C。

二　解题方法

从以上四种类型题中可以得知，高考化学实验题知识点涵盖面比较广，包含了无机化学和有机化学的内容，由于这两部分知识点较多且较散，这就要求考生对这两部分的知识点进行归纳总结，找出各部分知识点之间的联系。下面是我总结出的一些解题技巧方法。

1. 考生必须认真审题，弄清命题者的答题要求

（1）对于文字型的题，要注意题干中隐含的某些条件，如“浓溶液”、“过量”等字眼。

（2）对于表格型的题，要注意看清各个选项前后叙述的对应关系是否正确。

（3）对于实验装置图型的题，要注意看清选项所叙述的装置的连接顺序和仪器的使用方法是否正确，实验现象是否符合实际情况。

（4）对于流程图型的题，要结合反应条件、实验现象和产物状态等去推导各产物。

（5）考生在适当情况下可以把文字和图像相互转换来帮助理解题意。

2. 考生须掌握正确的实验试剂的保存与取用方法

（1）化学性质不稳定的物质的存放。

（2）强氧化性和强还原性物质的存放。

（3）强酸和强碱物质的存放。

（4）易燃易爆的试剂要注意远离火源。

（5）易水解的盐溶液存放时，应加少量相应的酸以防止其水解。

（6）一些特殊的试剂要采取特殊的保护措施。

3. 考生须掌握规范的仪器和样品操作方法

（1）实验装置图连接和气密性问题：实验装置的连接顺序正确与否，装置气密性的检查，特别值得注意的是有毒气体通过的装置要有尾气处理等。

（2）常见气体的制备与收集方法的选择：排水法、向上排空气法和向下排空气法分别适用于哪些气体，还要注意制备气体时防倒吸装置的应用。

（3）物质的检验、分离与提纯中各种方法的使用：如过滤、蒸发、萃取、分液、蒸馏等方法的选择与使用。

（4）酸性滴定管和碱性滴定管的使用。

4. 考生须掌握常见物质的物理性质

（1）气体的特殊气味。

（2）沉淀或者固体物质的颜色。

（3）离子在水溶液中的特殊颜色。

（4）物质在常温下的状态。

（5）某些金属的焰色反应。

5. 考生可以通过如下的网络结构图来帮助记忆各类有机物之间的相互转化

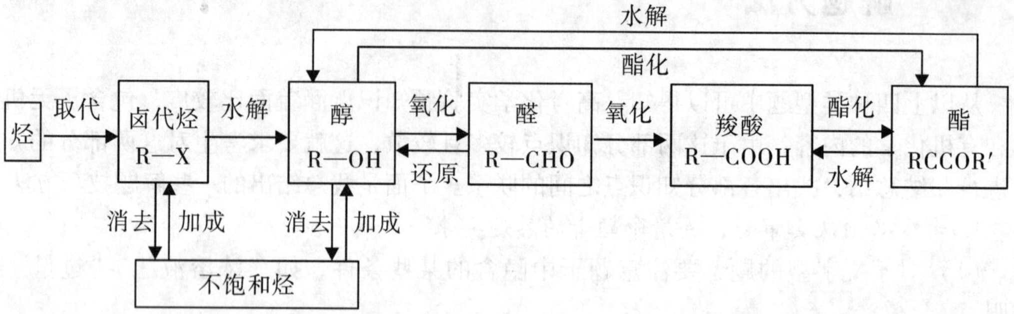

三 总 结

化学实验这部分内容繁多，命题者可用多种形式来命题，但其解题方法最终都是一样的。化学实验操作顺序无非是连接仪器、检查气密性、装药品、相关实验，以及尾气处理。考生如果掌握了这个基本流程，再结合自己平时对实验操作的巩固练习和对知识要点的归纳总结，解题时就能得心应手。

论“实验探究”栏目在初中化学教学中的重要性①

2010 级本科生：肖晓君　张艾嘉
指导教师：黄俊生　袁明华

【摘　要】“实验探究”对学生真正掌握课本中的化学知识起着很重要的作用，本文简要分析了人教版九年级上册化学教科书中“实验探究”栏目的内容分类，从不同角度阐述了“实验探究”的功能及启示，帮助教师更好地利用它的不同功能来提高学生学习化学的主动性和积极性。

【关键词】初中化学；实验探究；化学教学

化学是一门以实验为基础的学科，而初中化学教学是整个化学教育的启蒙阶段。由此可以看出，在学生开始接触化学的时候，教会学生如何更好地进行实验探究，对学生掌握相应的化学知识起着很重要的作用。实验探究既可以激发学生学习化学的兴趣，又可以对学生的创新精神和能力培养有很大的帮助，还能使学生充分结合所学的课内外知识。本文从人教版九年级上册化学教科书中“实验探究”栏目的内容分类入手，简要地分析了实验探究在化学教学中的重要性。

一　“实验探究”栏目的内容分类

（1）经统计，“实验探究”栏目在九年级上册化学教材中一共出现 15 次，详细情况见下表。

人教版九年级上册化学教材“实验探究”栏目内容分类

内容分类	内容	出现页数
活动与探究	对蜡烛及其燃烧的探究	7
	对人体吸入的空气和呼出的气体的探究	10
	给物质加热的注意事项	17

① 该文刊于《江西化工》2013 年第 3 期第 172 页。

（续上表）

内容分类	内容	出现页数
活动与探究	氧气的制取与性质的探究	36
	分子运动的探究	4
	净化水的探究	53
	质量守恒定律	88
	实验室制取二氧化碳的研究与实践	110
	灭火器装置的条件	126
	酸雨危害的模拟实验	140
家庭小实验	1+1是否等于2	51
	自制简易净水器	55
	碳的性质	108
	鸡蛋壳成分的探究	11
拓展性课题	最轻的气体	6

（2）对上面的表格进一步分析，可以发现，“实验探究”的具体表现形式比较多样，从不同角度吸引学生的注意力，并进一步激发学生的好奇心，协助学生解决心中对于知识的疑惑。

“活动与探究”将课本中的理论知识实践化，学生通过实验探究，能更稳固地掌握课本的知识，对知识有更透彻的理解，使学生具备走进实验室进行规范操作的基本能力；增强了学生的环保意识，使学生学会从身边点滴做起，去保护环境。“家庭小实验”密切了化学与生活的联系，教会学生运用生活用品来解决在化学的学习中碰到的难题，学以致用，将化学知识回归于生活，实现“由生活走向化学”的教学理念。“拓展性课题”能开拓学生的视野，使学生通过实验亲眼看见最轻的气体的魅力，给予学生探究未知领域的机会，丰富学生的知识。

二 “实验探究”的功能

1. 使学生亲历获得化学知识的过程

在化学课程改革中提倡学生用实验探究的方法学习化学，是为了改革过去那种只强调学生对静态的化学学科知识的掌握的教学模式，关注学生获得化学知识的过程。如“对蜡烛及其燃烧的探究”作为入门实验，能教会学生在化学实验操作中要注意观察：① 物质的性质，如颜色、状态、气味、沸点等；②物质的变化，如有无发光、放热现象等；③物质的变化过程及其现象，如对比物质反应前后的现象，进行分析，得出可靠的结论。如果像过去那样，老师只是传授在实验中要注意什么事项，那么学生很可能听过就忘记了，这将导致学生在真正操作实验时无法正确记录实验现象；相反，在老师协助指导的前提下，让学生自己通过实验探究来亲身体会在实验中要注意观察什么，能在学生的脑海中留下更深刻的记忆，避免再出现类似的错误，实现了“教师为主导，学生为主体”的教学理念。

2. 使学生掌握获得化学知识的方法

通过实验探究，学生可以体验实验的过程，理解实验的方法和本质，不仅能使学生学到课本中的化学知识，更主要的是帮助其掌握了获得化学知识的方法。如“对人体吸入的空气和呼出的气体的探究”，通过实验探究，学生可以根据实验结果比较人体吸入的空气和呼出的气体中所含二氧化碳、氧气、水蒸气的多少，自主得出一些初步结论，从而达到学习课本中相关知识的目的，也懂得通过分析实验探究结果，进一步掌握课本中的化学知识。

3. 密切联系化学与生活，使学生正确认识化学对环境和人类进步的影响

“化学是一柄双刃剑，它既能造福人类，又能给人类带来灾难”，化学技术最终是否能造福人类，主要取决于掌握化学技术的人的价值观念，因此，塑造学生对化学的理性认知就显得尤为重要。比如“酸雨危害的模拟实验”，通过实验探究，学生可以看到酸雨对环境会造成多么严重的破坏，并进一步通过自身掌握的化学知识去探究应当采取什么样的措施才能防止酸雨对环境的侵害，增强了学生的环境保护意识。

4. 使学生学会信息迁移，强化化学知识在生活中的应用

新课标明确提出在教学中要注重理论知识联系实际，而“实验探究”栏目的设置则恰好符合了这一教学理念。如“自制简易净水器”运用物质的化学性质如活性炭的吸附性等让学生自己动手制作一个简易的净水器，并要求学生自己探究可以采用什么更好的方法来试验该净水器的净化效果，让学生了解化学知识在生活中的应用，明白生活中处处有化学；又如“碳的性质”的实验探究中，让学生自主完成石墨导电实验以及生成炭黑的实验，从而得出与课本中相符合的化学知识，让学生加深理解“性质决定用途，用途体现性质”的关系。

5. 构建教学模型，强化理解

在学习化学过程中，由于教学条件的限制，部分内容无法使学生直观了解，而通过构建教学模型，则能够化抽象为具象，便于学生理解和掌握新的知识。比如，“1 + 1是否等于2”，让学生亲自体验了等体积的物质混合后，总体积是否等于原来体积的2倍的实验过程，进一步得出分子运动影响体积加和性的结论，通过实验探究，学生能直观了解分子运动等微观知识在生活中的应用。

6. 拓展学生的科学视野，提高学生的知识层面

化学是一门富有活力的学科，在化学的学习过程中，除了掌握教材的基础知识，我们还要了解有关化学的一些拓展知识。如“最轻的气体”，通过实验探究，使学生学会了氢气的相关性质，懂得了在点燃氢气前验纯的必要性，扩充了课本的知识，让学生有机会接触更多的课外知识，开阔学生的视野，让学生真正体会到化学这门学科是多么博大精深。

三　“实验探究”给教师的启示及建议

1. 鼓励学生积极思考，提出科学型问题，并制订实验方案

从教育改革的前进方向、学生全面发展等角度来说，教师应当细心保护学生对新颖事

物的好奇心以及想知道为什么的求知欲，鼓励学生在好奇心的牵引下积极思考，多提出一些与探究课题相关的问题并且想办法解决。此时，教师就应该运用自身的教学技能，指导学生思考交流，设计可行性、安全性较高的实验方案。

如以“对人体吸入的空气和呼出的气体的探究”为例阐述具体的教学过程。

[老师] 开门见山地提出问题：“同学们，呼吸是维持生命的必要条件，每时每刻都在进行，根据大家已掌握的几种气体的相关知识，你们认为吸入的气体和呼出的气体到底有什么本质上的差别呢?”

[学生] 在老师的鼓励下积极思考，相互讨论，争先恐后地提出自己的想法，如：①我们吸入的是空气，呼出的是二氧化碳气体；②呼出的不全是二氧化碳气体，还有氮气呢；③我们呼出的气体中水蒸气很多等。

[老师] 在黑板上记录学生的猜想，为了进一步激发学生进行实验探究的欲望，老师指导学生将讨论的问题集中在如何验证吸入和呼出的气体中氧气、二氧化碳以及水蒸气的含量，让学生根据自己之前学习的知识进行实验方案的设计，而老师则对学生设计的方案进行评价，帮助学生制订可行的实验方案。

2. 根据学生已有的知识基础帮助学生进行实验探究

初中的学生知识水平有限，有些学生不懂得如何正确进行实验探究，而且并不是所有学生在探究实验中的表现都是优秀的。这个时候，老师一定不能责备，以过分的“严密”、“规范”去束缚学生的思维，影响学生探究的激情；相反，老师应该在适当的时候进行必要的示范讲解，并在学生探究的过程中给予必要的实验指导，帮助学生成功完成实验，这样的教学方法能更好地启发学生思考，帮助学生解决问题，让学生体验到实验成功的喜悦，从而激发学习化学的热情。

3. 组织学生在探究实验中进行观察和记录

老师有必要向学生强调在实验过程中进行观察和记录的重要性，让学生明白，对实验数据及观察到的现象加以分析整理，从而得出实验结论的过程有助于更好地掌握课本的知识，从而构建知识体系，更好地记忆化学知识。

四 总 结

借助“实验探究”这个平台，学生有机会提出自己的想法，亲自动手操作实验，培养自己的动手操作能力，在做实验的过程中可以亲身体会到化学实验的魅力所在，对实验产生的现象及结果有强烈的求知欲望，学会在老师的帮助下，通过自己的思考进一步解决问题，改变了传统教学中老师忠实地执行传递书本知识的职能的现象，转变了老师通过一成不变的讲授来完成教育学生的使命的做法，摒弃了一味地将知识生硬地传授给学生的方式。更重要的是，学生会因为“实验探究”真正地爱上化学，对于学习化学有更大的激情，并且敢于质疑课本中出现的实验结果，勇于通过自己的实验探究去检验自己的想法有无科学依据，因而，“实验探究”对学生创新精神和能力的培养起着不可替代的作用。

参考文献

［1］义务教育课程标准实验教科书：化学九年级上册［M］. 北京：人民教育出版社，2001.

［2］赖汉龙. 化学教学中探究模式的构建与实践［J］. 化学教育，2007（3）：31～33.

［3］刘克文. 论中学化学新课程中探究实验的特点及设计原则［J］. 当代教师教育，2008（2）：62～65.

［4］冯建元. 加强对中学生化学实验探究意识的培养［J］. 山西师范大学学报（自然科学版），2009（S2）：91～92.

浅析广东高考考点之一——化学实验操作①

2012 级本科生：陈敏儿
指导教师：袁明华

【摘　要】纵观每年的高考题，可以看出对实验操作知识点的考查是高考的常客。而且其所占的分值体现出命题人对这一考点的重视度，所以，如何让学生更有技巧、更有效率地解题是至关重要的。本文通过对近几年的高考试题的总结，归纳出学生解决这类题型的技巧，使学生在这方面的知识点得以加强。
【关键词】高考命题；仪器使用；实验操作；考点

从近几年新课标地区的高考题来看，本专题的考查多出现在选择题和化学卷的最后一题，试题的难度系数不大，但是由于该专题的知识点容量较大，导致学生思路不清晰，容易出错。本专题涉及的高频考点有：①常用仪器用途及其注意事项；②化学实验的基本操作；③实验安全；④实验设计与评价。

一　考点：常用仪器用途及其注意事项

此类型题目的考查主要是针对基本的化学仪器及化学实验装置在具体实验中的应用，对中学课本中的化学实验要熟识。可将常用仪器分为以下四类。

1. 能加热的仪器

（1）试管：可直接加热，液体加热时不能超过容积的 1/3；加热后不能骤冷；试管口不能对着人；加热时，要预热，试管倾斜 45°。

（2）烧杯：加热时要垫石棉网，使受热均匀。盛放液体容积不超过 2/3，加热液体不超过 1/2。用玻璃棒搅拌液体时，不要触及杯壁和杯底。

2. 分离物质的仪器

（1）普通漏斗：用于过滤、引流和防倒吸。其不能用火加热，过滤时要“一贴二低三靠”。

（2）长颈漏斗：用于注入反应液。其要检漏，末端插入液体，不能加热。

① 该文刊于《江西化工》2014 年第 2 期第 236 页。

（3）分液漏斗：用于萃取、分液和注入反应液。其要检漏，末端不能插入液体。

（4）洗气瓶：除去气体中的水分和杂质。

3. 计量仪器

（1）容量瓶：用于精确配制一定物质的量浓度的溶液。其使用前要检漏，要用玻璃棒引流，将溶液转入瓶中；不能用作反应器，不能加热，不能用来储存药品。

（2）滴定管：用于准确量取一定量的液体。酸式、碱式滴定管不能混用，氧化性物质用酸式滴定管；装液时要润洗 2 ~ 3 次；调整液面时，要使液面在零刻度或零刻度以下。

（3）量筒：精度为 0.1，不能量取热的液体，不能用于稀释溶液，量筒必须放平，实现与凹液面的最低处保持平衡；取用的次数越少越好，量筒越小越好。

4. 其他仪器

（1）酒精灯：添加酒精时，不超过容积的 2/3，不少于 1/4；禁止向燃着的酒精灯添加酒精；绝对禁止用酒精灯引燃另一只酒精灯，必须用灯帽盖灭。

（2）玻璃棒：搅拌溶液，防止局部过热和促进溶解。过滤需要引流，可蘸取少量溶液，搅拌时不能过猛。

因此，在解此类题型时，要注意仪器里的液体容积是否正确，仪器的放置位置是否正确，仪器某些部位是否到位，读取数据时视线是否正确，记录时精度是否正确等。

【例题 1】下列实验装置和操作正确的是（　　）。

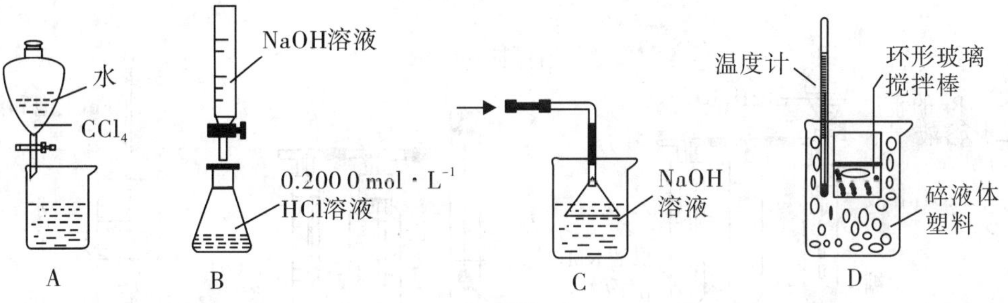

A. 分离 CCl_4 和水　　B. 酸碱中和滴定

C. 吸收氯化氢尾气　　D. 中和热的测定

【答案】A。

【解析】CCl_4 与水分层，故可以用分液操作，A 正确；NaOH 溶液应装在碱性滴定管中，B 错误；倒置的漏斗应置于液面上，否则起不了防倒吸的作用，C 错误；温度计应测小烧杯里的温度，D 错误。

二　考点：化学实验的基本操作

在做此类题时要注意：

（1）看溶液的加入顺序是否正确，例如：稀释硫酸时，要把浓硫酸慢慢地注入装有水的烧杯中，而且要沿着杯壁流入；混合浓硝酸和浓硫酸时，要把浓硝酸慢慢地注入装有浓硫酸的烧杯中等。有时题目经常会把顺序颠倒。

(2) 看保存和使用的试剂的存放位置是否正确，放置的环境是否正确；试剂瓶的密封性是否良好。有时题目会把试剂存放到性质完全相反的试剂瓶中，导致试剂被污染，试剂的性质发生改变。

(3) 看取用药品时，操作有无错误。有时命题者会在一个有多处可考查的装置中出题，使考生的思维短路、混乱。

(4) 看实验现象，看是否有气体、沉淀等生成；看生成的物质是什么颜色，然后根据生成物的性质推断出答案。这就要求考生对某些特殊现象的物质熟识。

【例题2】某同学通过系列实验探究镁及其化合物的性质，操作正确且能达到目的的是（　　）。

A. 将水加入浓硫酸中得到稀硫酸，置镁条于其中探究镁的活泼性

B. 将氢氧化钠溶液缓慢滴入硫酸镁中，观察氢氧化镁的生成

C. 将氢氧化镁浊液直接倒入已装好滤纸的漏斗中过滤，洗涤并收集沉淀

D. 将氢氧化镁沉淀转入蒸发皿中，加足量稀盐酸，加热蒸干得无水氯化镁

【答案】B。

【解析】A 项稀释方法不对，顺序颠倒；C 项不能直接倒入，应采用玻璃棒引流；D 项氢氧化镁加热蒸干得到的产物是氧化镁。

【例题3】下列实验现象预测正确的是（　　）。

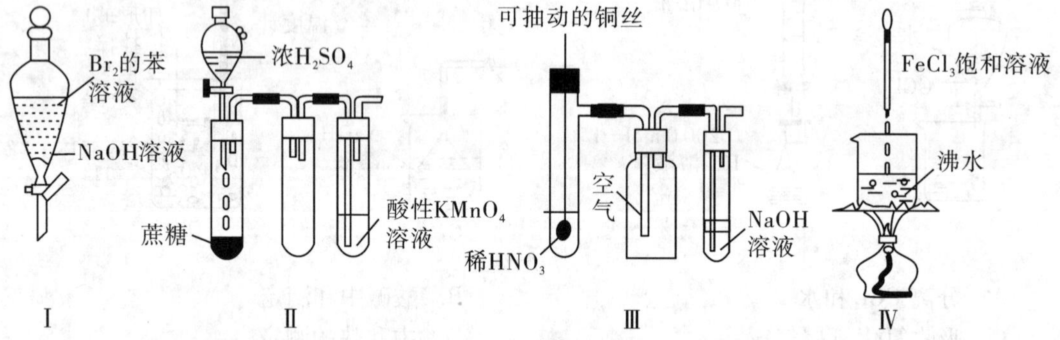

A. 实验Ⅰ，震荡后静置，上层溶液颜色保持不变

B. 实验Ⅱ，酸性高锰酸钾溶液中出现气泡，且颜色逐渐褪去

C. 实验Ⅲ，微热稀硝酸片刻，溶液中有气泡产生，广口瓶内始终保持无色

D. 实验Ⅳ，继续煮沸溶液至红褐色，停止加热，当光束通过体系时可产生丁达尔效应

【答案】BD。

【解析】A 项 Br_2 与 NaOH 溶液反应，上层溶液颜色变为无色；B 项产生的二氧化硫与酸性高锰酸钾发生氧化还原反应，正确；C 项一氧化氮与空气反应生成红棕色二氧化氮；D 项制取氢氧化铁胶体要注意在沸水中加入饱和的氯化铁溶液，继续煮沸溶液至红褐色，停止加热即可。

三　考点：实验安全

此类题目一般出现在选择题，考查的是在遇到实验药品安全事故时，应作出何种处理；在实验时，应该注意哪些安全事项。

【例题4】下列处理事故的方法正确的是（　　）。

A．金属钠着火，可用水扑灭

B．误食硫酸铜溶液，可服用鸡蛋清解毒

C．浓硫酸溅到皮肤上，立即用碳酸钠稀溶液冲洗

D．氢氧化钠浓溶液溅入眼中，应立即用大量的水冲洗，再用稀盐酸冲洗

【答案】C。

【解析】A项金属钠与水反应生成氧气，会使火势更大；B项硫酸铜不是重金属，它对人体无害；D项不能再用稀盐酸冲洗，这样对眼睛的伤害更大。

四　考点：实验设计与评价

此类题目一般出现在化学卷的最后一题。这是一道开放性和实践性题目，它考查学生的思维能力和对知识的整理能力，涉及的知识点较广。此外，在设计实验之前，要先确认最佳的实验方案，分析其结构特点，从所属类型的典型代表物去推测物质可能具有的性质，然后设计可行的实验方案。实验后还要对本实验进行评价，看有哪些地方需要改动，应注意的地方具体有哪些，如果这样做会有什么影响和效果，该实验方案是否合理。

【例题5】下列实验设计和结论相符的是（　　）。

A．将碘水倒入分液漏斗，加适量乙醇，震荡后静置，可将碘萃取到乙醇中

B．某气体能使湿润的红色石蕊试纸变蓝，该气体水溶液一定显碱性

C．某无色溶液中加硝酸钡溶液，再加稀盐酸，沉淀不溶解，则原溶液中一定有硫酸根离子

D．在含氯化亚铁的氯化铁溶液中通入足量氯气后，充分加热，除去过量的氯气，即可得到纯净的氯化铁溶液

【答案】B。

【解析】A项不会发生萃取，两种溶液混合；氨气的水溶液显碱性，则某气体能使湿润的红色石蕊试纸变蓝，该气体为氨气，B项正确；C项溶液中也可能存在银离子，其和氯离子也可生成在盐酸条件下的不溶沉淀，应在加硝酸钡之前再加盐酸，这样才可以消除银离子的存在；D项除杂后加热，铁离子水解会生成氢氧化铁。

五 总 结

选择题考查的是学生对基础知识的掌握，是高考中不可失分的阵地。熟悉考查的高频考点，加强对基本知识的归纳和总结，在不断练习中反思，就能提高自己在实验方面的解答能力，在其他方面的解答能力也会相应提高。

论人教版《高中化学》必修教材“实践活动”栏目之功能①

2010 级本科生：卢坤荣　李荣乐
指导教师：袁明华　文剑辉

【摘　要】随着我国的基础教育改革，尤其是三级课程体系的实施，不同出版社出版的高中教材各具特色，栏目设置也各有异同，所以认识和了解编者栏目设计的意图，有一定的价值。本文分析了人教版《高中化学》必修一和必修二中的“实践活动”栏目，从不同角度归纳和总结该栏目的功能，以便教师能更好地利用它来补充和拓展课堂教育教学。

【关键词】高中化学；人教版；实践活动；功能

在基础教育改革的背景下，我国三级课程体系的实施得到保障。各种版本的新课程教材不断推陈出新，不同出版社之间的教学内容分布和栏目的设置不同，给教育管理者一定的选择空间，有利于因材施教。人教版新化学必修教材（化学一、化学二）依据《基础教育课程改革纲要》和《高中化学课程标准》，在内容的选择和知识的呈现方式上突破了以往“以学科为中心”的知识体系，既注重“学科与社会”相融合，又关注“学科知识体系”的逻辑关系。例如，灵活设置了诸如“思考与交流”、“科学探究”、“实践活动”、“学与问”和“资料卡片”等新栏目。这些栏目的设置，蕴含着教与学的方法，不仅有助于教师驾驭教学过程，也给学生提供了大量待思考和解决的问题，驱动着学生积极思考、主动探究、参与讨论，进行自主学习、探究学习和合作学习……所以教师在备课和授课中一定要明确各栏目的功能和意义，分清各栏目的教育功能，利用它们的不同功能来配合开展和优化课堂内外教育教学。在本文中笔者将针对人教版“实践活动”的教育功能谈谈自己的看法。

一　“实践活动”的统计分析

1. “实践活动”在教材中的分布情况

“实践活动”在必修一和必修二教材中共出现 11 次，详细情况见下表。

① 该文刊于《江西化工》2012 年第 4 期第 143 页。

“实践活动”在教材中的分布情况表

内容		出现次数	出现页码
必修一	第一章　从实验学化学	0	
	第二章　化学物质及其变化	1	25
	第三章　金属及其化合物	4	53、62、65、66
	第四章　非金属及其化合物	2	94、95
必修二	第一章　物质结构元素周期表	1	10
	第二章　化学反应与能量	1	42
	第三章　有机化合物	2	60、68
	第四章　化学与自然资源的开发利用	0	

由上表可知，除了在必修一第一章和必修二第四章没有出现该栏目外，其余每章内容都有涉及，基本上都出现在章节内容的后面，供给老师和学生有目的地进行多角度、深层次的讨论与分析，独立或者合作完成对知识的探索从而获得新知识。

2. “实践活动”内容及作用分析

“实践活动”主要是布置一些简单可行的课后实践活动，并注重与 STSE 联系。

（1）通过设计研究方案，培养学生应用化学知识解决实际问题的能力，如必修一第四章“雨水 pH 的测定”等。

（2）通过查找资料和进行社会调查，培养学生的交流能力、社会实践能力和关注社会的情感，如必修一第三章“结合金属化学性质进行问题探讨并撰写小论文”等。

（3）通过对实际问题的研究，提高学生的判断及综合分析能力，如必修一第四章“分析空气污染成因”等。

（4）通过扮演不同的角色，培养学生的自我表现能力和组织能力，如必修一第三章“角色扮演：是否应该停止使用铝制饮料罐”等。

这些内容符合课程标准中提到的“提高学生的科学探究能力”的目标，为学生的进一步学习提供了支持，充分说明了“化学是一门实验科学”，是实现“知识与技能”、“过程与方法”，以及“情感态度与价值观”全面发展的有效途径之一。

二　“实践活动”蕴含的教育功能

每个栏目都有其存在的价值，正确认识其功能有助于教师更好地掌握教学过程，有利于激发学生的学习兴趣，促进学生科学素养的提高，所以认识其功能也就显得尤为重要。通过归纳总结，笔者认为“实践活动”在教育教学中蕴含着以下几个方面的教育功能。

1. 探索教材中有关的化学发展史，拓展学生科学视野，提高学生知识层面

化学是一门历史悠久而富有活力的学科，在化学的学习过程中，除了掌握教材的基础知识，我们还要了解有关的化学发展史。如必修二第一章“查阅资料（如书刊、网络

等)，搜集不同形式的元素周期表”，通过引导学生查阅资料，使学生了解不同时期的元素周期表，充裕化学知识并提高信息素养。

2. 联系化学与生活，使学生正确认识化学应用对环境和人类进步的影响

“化学是一柄双刃剑，它既能造福人类，又能为人类带来灾难”，懂得科学技术最终是否能造福人类，主要取决于掌握科学技术的人的价值观念，因此，塑造学生对化学的理性认知就显得尤为重要。比如，在必修一第四章“分析空气污染成因”中，以人们日常生活生产中对空气造成污染的不合理做法为切入点，组织学生分组讨论，分析空气污染成因并探讨其应对策略。通过该实践活动，引发学生对空气质量的关注，增强学生的环保意识。

3. 使学生学会信息迁移，强化已学知识在生活中的应用

新课标要求知识理论联系实际，而“实践活动”的设置则恰好符合这一教学理念。如必修一第三章“任选你感兴趣的关于合金的课题进行调查”选题2“调查某种合金所具有的广泛用途”和选题3“你经常使用的交通工具是什么（如自行车、汽车或火车)，其中使用了哪些纯金属，使用了哪些合金”，结合学生对合金性质的掌握，通过分析、调查，结合已学知识，使学生了解合金在实际生活中的应用，让学生明白生活中处处有化学并理解“性质决定用途，用途体现性质”的正确性。

4. 渗透辩证唯物主义思想，培养学生客观的认知态度

必修一第三章“角色扮演：是否应该停止使用铝制饮料罐”中，应用辩证唯物主义思想，让学生进行角色扮演，从不同角度对“是否应该停止使用铝制饮料罐”进行剖析、比较，使学生加强对课程内容的理解和应用，进而有助于培养学生客观的认知态度，发展学生的辩证思维能力。

5. 构建教学模型，强化理解

在学习化学过程中，由于教学条件的限制，学生无法直观了解部分内容，而通过构建教学模型，化抽象为具体，便于学生理解和掌握新知识。如必修二第三章“制作甲烷分子模型”，利用矩形纸板或硬纸条制作甲烷分子结构拼插模型，分析甲烷分子的结构和特点，促进学生对甲烷分子结构的理解。

6. 自主探究，提高学生分析问题的能力

现代高考试题改革，对学生自主探究和分析问题能力的考查逐渐突出，如果学生不具备相应的能力，就会对此类型的题目无从下手，造成不应有的失分。如必修一第三章“铝盐和铁盐的净水作用”，联系生活用水的净化方法，设立三组实验（不加试剂、加入明矾、加入硫酸铁溶液)，通过观察和比较，分析实验现象，从而探究铝盐和铁盐的净水作用；又如必修二第三章“观察青香蕉或青橘子的催熟过程”，让学生自主探究，分析乙烯在水果催熟方面的作用。

三　“实践活动”给教师的启示及建议

“实践活动”内容丰富又具代表性，且可操作性强，注重对学生动手能力和探究方法的培养，所以在课堂内外，教师应该合理利用时间，充分发挥其作用，培养学生利用已学

知识分析和解决生活中的化学问题的能力，做到从学到用的转化。但是，在实际教学中，由于课时有限，部分教师忽视或未能灵活应用该栏目，以至于该栏目所具有的功能难以得到发挥。针对这些存在的问题，在新课改的实施过程中，教师需要不断学习、探索，对其进行合理应用。

参考文献

[1] 魏倩. 论人教版《化学》必修本“资料卡片”之功能［EB/OL］.［2012－10－29］. http：//training. teacher. coin. cn/information/center/StudyGuide/gaozhong/huaxue/jefx/34H309122101. html.

[2] 普通高中课程标准实验教科书化学 1（必修）［M］. 北京：人民教育出版社，2007.

[3] 普通高中课程标准实验教科书化学 2（必修）［M］. 北京：人民教育出版社，2007.

[4] 孙锡凤，汪阳. 人教版化学必修教材中有关实验（实践）栏目的设置和实施［J］. 中学化学教学参考，2007（8）：32～33.

由一道教材习题引发的思考①
——论习题编制与解题研究对课堂教学的导向作用

2010级本科生：林燕吟
指导教师：袁明华

【摘　要】通过对高中化学教材习题现状、习题编制、解题策略三方面进行分析，阐述习题编制及解题研究对课堂教学的导向作用，希望能为教师的教学提供借鉴。
【关键词】教材习题；习题编制；解题策略；课堂教学

【例题】下列化学方程式中，不能用离子方程式 $Ba^{2+} + SO_4^{2-} = BaSO_4 \downarrow$ 表示的是(　　)。(选自人教版化学必修一，离子反应，教材第34页)

A. $Ba(NO_3)_2 + H_2SO_4 = BaSO_4 \downarrow + 2HNO_3$

B. $BaCl_2 + Na_2SO_4 = BaSO_4 \downarrow + 2NaCl$

C. $BaCO_3 + H_2SO_4 = BaSO_4 \downarrow + H_2O + CO_2 \uparrow$

D. $BaCl_2 + H_2SO_4 = BaSO_4 \downarrow + 2HCl$

这道简单的习题不仅从反面考查了离子方程式的书写，同时也涉及离子方程式所表示的意义这一知识点，由此可见，教材习题在课堂中不仅可以作为巩固学生知识的工具，也可以作为知识点过渡的桥梁，让学生在习题中发现问题，从而加深对知识点的理解，使教学效果更好。那么，教材习题对课堂教学有什么帮助，教材习题的编制及解题的研究又有什么作用呢?

一　高中化学教材习题现状分析

新课程标准确定的教学理念是：立足于适应现代生活和未来发展的需要，着眼于提高21世纪公民的科学素养，使学生的“知识与技能”、“过程与方法”、“情感态度与价值观”相融合。可是我们发现在实际教学中，应试教育思想对教师的影响可以说是根深蒂固，导致教师们无法透彻地理解新课程改革的教学理念，对新教材习题的功能和特点认识更为不足，仅仅把教材中的习题当作巩固知识的工具，而忽略其在另两维培养目标上的作用，从而影响了学生科学素养的全面发展。还有的教师对习题研究不深入，就题论题，导

① 该文刊于《江西化工》2013年第4期第321页。

致学生不能灵活应用知识解决实际问题，无法做到举一反三，不能充分发散思维。甚至有的教师认为教材的习题很简单，没必要花费过多的时间和精力在教材习题上，在编制习题时重视选择综合性高、思维含量高的习题，让学生陷入纷扰繁多的资料中，陷入浩瀚无垠的题海中，加重了学生学习负担。同时，教师在使用质量参差不齐的资料时无意识中也拔高了教学难度，甚至偏离了教学方向。

通过对一线教师的访谈可以了解到，教师关注更多的是课堂教学改革的研究，而忽视了教材中的习题编制及解题研究，对如何运用教材中的习题进行教学、促进学生科学素养的全面发展更是缺乏深入系统的研究。因此我们看到许多教师精心备课，采用探究式教学、情景化教学等方式，投入了大量的精力，却唯独忽略了通过新教材课后习题巩固新课程理念指导下的教学活动，导致无法发挥教材习题对课堂教学的导向作用，同时造成了教学资源的浪费。

二 教材习题功能分析

1. 围绕新课程标准，规范教师教学行为

高中化学新教材，包含两个必修模块和六个选修模块，其内容的编写都是围绕着新课程标准，教材习题当然也不例外，因此用好教材习题对规范教学行为很有帮助。新教材的课后习题包括“习题”、“归纳与整理”、“复习题”等内容（各个模块习题设置存在部分差异）。其中“习题”针对每一节进行基础性回顾和应用，“归纳与整理”则是以图表、框图形式总括整一专题的知识要点，形成完整清晰、有条理的知识体系，“复习题”则涉及全章内容并有所综合和提高。这些习题的编制综合考虑了学生的知识、能力和价值观等多方面的发展需求，其题型搭配、难度把握、题量控制都与各个模块的教学要求密切吻合。如果我们把教材中的这些习题资源很好地开发利用起来，在教学方向和难度的把握上肯定会更加切合新课程标准的要求，同时也符合新课程教学的三维目标。

另外，教材习题不仅有助于反馈学生的学习情况，发现学生学习的薄弱环节，也能使教师从中发现自己教学中的缺陷和遗憾，及时调整教学计划，优化教学方法，抓住知识重点、分散难点，从而更好地发挥课堂教学的作用，提高课堂教学的效率。这是教材习题对课堂教学的间接反馈作用，其实只要教师善于挖掘，就可以发现教材习题也能直接成为我们新课教学中的素材。就如同以上所举例子，可以通过习题引出，过渡到下个知识点，将新课内容的多个知识点与教材习题有机地联系起来，形成完整的知识体系，也能让学生充分消化知识，减轻学生的学习负担。

2. 教材习题编制生活化、情境化，提高学生学习兴趣

新课程理念指导下的高中化学教学，特别强调激发学生的学习兴趣，引导学生主动参与探究获取知识的构建方法。同时新课程更加关注化学与生活的联系，强调从生活走向化学，从化学走向社会。新教材课后习题编制也注重生活化和情境化，安排了大量以日常生活和工业生产为背景的题目，为激发学生的学习兴趣提供了有利条件，不仅可以达到巩固知识的目标，而且还能驱除学生对于学习化学的枯燥感，大大提高学生学习化学的兴趣。同时，更让学生体会到化学知识的使用价值和生活的密切关系，以及化学对生活影响的两

面性，从而学会辩证地看待问题，实现对情感态度、价值观的培养。

此外，教师也可利用教材中课后习题与生产生活密切联系的情境，将其合理运用在课堂教学中，以激发学生的学习热情，提高学习兴趣。例如，在“富集在海水中的元素——氯”中，可以利用教材习题中工厂的氯气泄漏引出课题，让学生了解氯气的相关性质，激活知识，提高学生的分析能力，活化思维。还可以从生活中的食盐引出对氯元素的分析，进而学习氯气及其相关的性质。

3. 教材习题编制探究化、开放化，提高学生解决问题的能力

高中化学新课程对科学探究能力的培养提出了明确的目标，要求学生学习科学探究的基本方法，提高科学探究能力，因此在新教材中引入了实验探究式习题（参表1）、开放式习题（参表2），为研究性学习提供了开放性、实践性的研究素材。对此，需要教师对这些习题稍作调整或细化，充分利用这些资源，将之有效地运用到课堂教学中，它们必将成为激发学生兴趣和培养学生能力的研究课题，将培养学生解决问题的各种能力，有利于学生的全面发展。

表1　新教材（人教版必修一，2007年第3版）课后习题中的实验探究式习题

教材中的位置		题目摘要
页码	题号	
10	6	检验陶瓷片或玻璃片中是否含有 CO_3^{2-}
71	10	验证明矾溶液中含有的离子
88	13	设计实验区分厨房中的食盐和碳酸钠
104	9	设计实验方案鉴别稀硫酸、稀硝酸、稀盐酸
108	13	实验证明某种白色晶体是 $(NH_4)_2SO_4$

表2　新教材（人教版必修一，2007年第3版）课后习题中的开放式习题

教材中的位置		题目摘要
页码	题号	
29	4	查阅资料，列举实例说明分类法对化学科学发展的意义
39	10	查阅有关氧化还原反应在生产生活、科技中的应用实例，讨论交流对氧化还原反应的认识
54	10	用铝作为民用新型能源的可行性研究
63	11	调查铝与铁的相关信息
	13	查阅金属元素与人体健康的关系
81	6	对玉石可以用河砂作磨料进行研磨的原因分析
81	12	以“硅及其化合物对人类文明的贡献”为题的论文
88	15	日常生活常用的含氯化合物的名称、化学式、用途
96	11	酸雨分布、影响、危害、防治措施的了解
108	12	查阅酸雨主要酸性物质是 H_2SO_4 的原因

三 解题策略分析

习题编制合理化，还需要教师进行一定的解题研究，才能将习题对课堂教学的作用最大化。解答习题是一个问题解决的过程。习题教学应该重视解题思路的启迪与解题方法的引导，使学生学会如何审题，如何分析问题，如何找思路，如何选择解题方法和途径，只有这样才能使学生获得一种思维方式，一种解决问题的方法，而不纯粹是解题的模板，学生解决问题的能力才能真正得到提高。

1. 变式训练，活化思维

建构主义关于知识学习过程的研究表明，概念的形成并不是一次完成的，每个概念的教学都要涵盖充分的变式，分别用于说明不同方面的含义，以达到学习者对概念的多角度理解。

如离子共存问题是高考热点之一，人教版化学必修一第 34 页第 7 题：下列各组中的离子，能在溶液中大量共存的是（　　）。

A. K^+、H^+、SO_4^{2-}、OH^-　　B. Na^+、Ca^{2+}、CO_3^{2-}、NO_3^-

C. Na^+、H^+、Cl^-、CO_3^{2-}　　D. Na^+、Cu^{2+}、Cl^-、SO_4^{2-}

变式 1：某溶液中滴加石蕊试剂显蓝色，该溶液中可能存在的离子组是(　　)。

变式 2：某溶液中滴加石蕊试剂显红色，该溶液中可能存在的离子组是（　　）。

变式 3：某溶液中滴加酚酞试液后显红色，该溶液中可能存在的离子组是(　　)。

变式 4：在 pH 值为 13 的溶液中能大量共存的离子组是（　　）。

通过变换习题的“条件”，促进学生思考，启发学生联想：有没有其他的改变形式？还有没有其他方式来考查这个知识点？从而达到了使学生通过改变题目的条件来更牢固地掌握基础知识的目的，真正起到了举一反三的作用。适当运用一题多解，一题多变，多题一解等方式，逐步使学生养成知识迁移的习惯，发挥发散思维的作用。

2. 利用与高考的相关性，把握高考命题脉搏

随着新课程理念的不断深入，课程改革实验区的高考考试说明与新课程标准吻合度越来越高，高考试题无非就是在新课程改革下编制的习题基础上进行适当的变式和提高，因此教师想要在新课程教学背景下很好地把握高考的脉搏，与时俱进，认真研究、正确使用教材课后习题，不失为一种有效的方法。

教师在研究新教材课后习题过程中还可以从多角度和细节入手，例如对不同阶段知识点考查的深度和广度的把握，在同一情境下不同题型的组合，或同一情境下不同知识点考查的组合等。虽然我们“押中”高考题的可能性很小，但可以向高考命题的观念不断靠拢。因此，可以说新教材的课后习题为我们研究高考动向提供了很好的学习平台。

3. 充实习题，训练学生思维的严密性和整体性

挖掘教材也包括对教材空白点和薄弱点的弥补和充实，如人教版化学必修一习题 9 中比较相同质量或相同体积镁和铝与盐酸反应产生的氢气体积，可联想到同样作为活泼金属的锌和铁与盐酸的反应。教师可以依据大纲、教材，编制这方面的习题，予以补充，使教

材达到结构上的完整，更重要的是由此训练学生思维的严密性和整体性，让学生学会延伸题目，有效率地解题。

四　结束语

课后习题作为新教材不可分割的一部分，它与教材其他内容一样重要，是教材编写者辛苦编制的结晶。所以，无论是何种类型的课后习题，都应该引起足够的重视。而作为教师的我们应该重视习题编制及解题研究对课堂教学的导向作用，让课堂教学更利于学生的全面发展。

参考文献

［1］普通高中课程标准实验教科书化学 1（必修）［M］. 北京：人民教育出版社，2007.

［2］李扬帆. 新理念　新挑战　新策略——人教版普通高中化学课程标准实验教科书的教学体会［EB/OL］.［2011－01－04］. http：//wenku. baidu. com/.

整体思维与守恒法结合应用于化学解题中①

2010级本科生：谢勿玉
指导教师：袁明华

【摘　要】守恒法是中学化学的重要思想，在化学解题中有重要应用，而整体思维是一种重要的化学思维方法。学生在学习过程中，如果能很好地将整体思维与守恒法两者运用于化学解题中，能简化解题过程，解题快速、准确，达到事半功倍的效果。本文从近几年高考题中选择有关化学计算的题目，并运用守恒法的解题方法，结合实例进行分析。

【关键词】守恒法；整体思维；结合；应用

整体思维是一种重要的化学思维方法，即对一个化学问题不纠缠细枝末节，不着眼于局部，而注重对象之间的内在联系，纵观全局，将需要解决的问题看作一个整体，分析过程前与后两种状态，研究问题的整体形势、整体结构或作某种整体处理。守恒法解题是指挖掘和发现诸多变化和繁杂数据中的不变量等关键条件（如各种守恒关系：质量守恒、原子守恒、电荷守恒等）来解题。如果我们把整体思维和守恒法结合起来解决化学问题，不仅能使化学计算由烦琐变简洁、抽象变直观，而且有助于训练思维的敏捷性和灵活性，从而提高化学解题技能。

一　整体思维

整体思维是指从整体的观点出发研究问题的一种思想方法，是人们在研究和解决问题时常用的一种思维方法。用此法解化学题，能化繁为简、化难为易，可使许多按常规方法不能解或解法烦琐的问题得到快速简便的解答。

二　守恒法

守恒定律是自然界最重要的基本定律，是构成化学学科的基础。化学反应是原子（包

① 该文刊于《江西化工》2014年第1期第273页。

括离子）之间的重新组合，反应前后组成物质的原子个数、物质的质量始终保持不变即保持守恒。所谓守恒，就是指物质变化（化学变化、物理变化）的过程中，某一特定的量固定不变。

守恒法是中学化学中一种典型的解题方法，它利用物质变化过程中某一特定的量固定不变来列式解题，可以免去一些复杂的数学计算，大大简化解题过程，即忽略某些细枝末节，直接抓住其中的特有守恒关系，快速建立计算式，巧妙地解答，从而提高解题速度和正确率。它的优点是用宏观的总揽全局的方式列式，不去探求题目。化学反应的实质是原子间的重新组合，因而一切化学反应都存在着物料平衡，物质在参加反应时，化合价升降的总数，反应物和生成物的总质量，各物质中所含的每一种原子的总数，各种微粒所带的电荷总数等，都必须守恒，所以守恒是解计算题时建立等量关系的依据。守恒法往往穿插在其他方法中同时使用，是各种解题方法的基础，利用守恒法可以很快建立等量关系，达到速算效果。守恒思想贯穿着中学化学始终，守恒法的灵活运用能够简化解题过程，从而快速准确地解答题目。

三　守恒法的具体运用

化学反应是原子（包括离子）之间的重新组合，宏观上表现为有新物质生成，依据这一特点可将守恒法分为电荷守恒、质量守恒、电子守恒、原子守恒等。

1. 电荷守恒法在化学解题中的运用

在离子化合物（或溶液）中，阴离子所带负电荷总数=阳离子所带正电荷总数。根据这一基本内容，学生可以根据物质中正负电荷的物质的量，计算出阴、阳离子的物质的量之间的关系式；学生也可以根据单位体积溶液中电荷的物质的量，算出阴、阳离子的物质的量浓度之间的关系式。

【例题1】3.2 g Cu与过量的浓硝酸（8 mol·L^{-1}、30 mL）充分反应，硝酸的还原产物有 NO_2 和 NO。反应后溶液中含 H^+ a mol，则此时溶液中所含 NO_3^- 的物质的量为（　　）。

A. a mol　　B. （$a+0.1$）mol

C. 0.1 mol　　D. （$0.1-a$）mol

【答案】B。

【解析】本题涉及两个化学反应，似乎应该根据剩余 a mol H^+ 来确定反应消耗 HNO_3 的量，然后根据两个化学反应方程式联立方程组求解，最后得到答案，但这样做显得太烦琐。如能突破固有思维，根据“任何电解质溶液均呈电中性”的原则去分析，便可轻而易举地解决问题。

由题意，溶液中有 NO_3^-、H^+、Cu^{2+} 三种离子，依电中性原理：

$2\times n(Cu^{2+})+1\times n(H^+)=1\times n(NO_3^-)$

将有关数据代入得：

$n(NO_3^-)=(a+0.1)$ mol

故正确答案为B。

【例题2】把0.02 mol·L^{-1} HAc溶液和0.01 mol·L^{-1} NaOH溶液等体积混合，则混合溶液中微粒浓度关系正确的是（　　）。

A. $c(Ac^-) > c(Na^+)$　　B. $c(HAc) > c(Ac^-)$

C. $2c(H^+) = c(Ac^-) + c(HAc)$　　D. $c(Ac^-) + c(HAc) = 0.02\ mol \cdot L^{-1}$

【答案】AD。

【解析】此题实质是0.01 mol·L^{-1} HAc溶液和0.01 mol·L^{-1} NaAc溶液的混合溶液，正确答案应是AD。

2. 质量守恒法在化学解题中的运用

质量守恒法从宏观上阐述是：参加反应的各物质的质量总和等于反应后生成的各物质的质量总和。从微观领域阐述则是：在一切化学反应中，反应前后原子的种类、个数（或数目）、原子质量没有变化，这个规律就是质量守恒定律。在中学化学中，质量守恒的规律有很多表现形式和应用，如溶液稀释或浓缩时溶质的质量守恒，物质及其变化过程中的元素守恒等。

【例题3】1 500 ℃时，碳酸铵完全分解，产生气态混合物，其密度是相同条件下氢气密度的（　　）。

A. 96倍　　B. 48倍　　C. 12倍　　D. 32倍

【答案】C。

【解析】1 500 ℃时碳酸铵分解生成的产物全部都呈气态，$(NH_4)_2CO_3 = 2NH_3\uparrow + H_2O\uparrow + CO_2\uparrow$，1 mol $(NH_4)_2CO_3$完全分解则可产生4 mol气体，则根据质量守恒有$m[(NH_4)_2CO_3] = m$（混合物），M（混合物）$= m$（混合物）$\div n$（混合物）$= 96\ g \div 4\ mol = 24\ g/mol$；所以，$\rho$（混合物）$\div \rho(H_2) = M$（混合物）$\div M(H_2) = 12$。

【例题4】在桌上放一定质量的氢氧化钾固体，要其暴露在空气中，经过分析，这个固体中水的质量分数是2.8%，碳酸钾的质量分数是7.2%。称取这个样品1 g加入50 mL浓度是3 mol·L^{-1}盐酸中，中和多余的盐酸用掉浓度为1.07 mol·L^{-1}的氢氧化钾溶液30.8 mL，再把中和之后的溶液进行加热，蒸干，最后求出所得固体的质量是（　　）。

A. 6 g　　B. 4.5 g　　C. 11.175 g　　D. 8.45 g

【答案】C。

【解析】如果按照普通的解答技巧来求取本题的最后结果，那么，这个过程就会变得非常烦琐、复杂。通过细致分析已知条件，我们了解到最后所获得的固体就是氯化钾，氯化钾里面的氯元素都来源于我们加进去的盐酸。所以，按照氯元素的守恒规律可以知道，$n(KCl) = n(HCl) = 0.050 \times 3\ mol \cdot L^{-1} = 0.15\ mol$，因此$m(KCl) = 0.15\ mol \times 74.5\ g/mol = 11.175\ g$。因此，我们可以知道正确的答案应该是C。

3. 电子守恒法在化学解题中的运用

电子守恒法主要应用于氧化还原反应中，因为在氧化还原反应中伴随着电子的得失，而失去电子总数总是等于得到电子总数，得失电子总数永远遵守守恒定律。

【例题5】铜和镁的合金4.6 g完全溶于浓硝酸中，若反应中硝酸被还原产生4 480 mL NO_2气体和336 mL N_2O_4气体（都已折算到标准状况），那么在反应后的溶液中，加入足量的氢氧化钠溶液生成沉淀的质量为（　　）。

A. 9.02 g　　　　B. 8.51 g

C. 8.26 g　　　　D. 7.04 g

【答案】B。

【解析】本题综合运用了几种守恒规律，最后沉淀为氢氧化铜和氢氧化镁。根据电荷守恒，氢氧根所带负电荷物质的量等于铜离子和镁离子所带正电荷总物质的量，$n(OH^-)=2n(Cu^{2+})+2n(Mg^{2+})$，铜离子和镁离子所带正电荷总物质的量等于合金失去电子总物质的量。据电子守恒，反应过程中合金失去电子总数等于硝酸得到电子总数。转移电子总物质的量为硝酸被还原为 NO_2、N_2O_4 所转移电子物质的量，$1\times 4.48\ L\div 22.4\ L/mol+2\times 0.336\ L\div 22.4\ L/mol=0.23\ mol$，即氢氧根物质的量为 0.23 mol。

沉淀的质量 = 合金质量 + 氢氧根质量 $=4.6\ g+0.23\ mol\times 17\ g/mol=8.51\ g$，答案为 B。

【例题6】把 50.00 mL 0.1 $mol\cdot L^{-1}$ 的羟氨酸性溶液和充足的 $Fe_2(SO_4)_3$ 在煮沸的条件下进行反应，生成的二价铁离子正好与 50.00 mL 0.04 $mol\cdot L^{-1}$ 的酸性高锰酸钾溶液发生氧化反应。在此反应中，羟氨的氧化产物是（　　）。

A. NO_2　　B. N_2O　　C. NO　　D. N_2

【答案】B。

【解析】羟氨被三价铁离子所氧化，二价铁离子又被酸性高锰酸钾溶液氧化。总的来说，羟氨失去的电子全部被高锰酸钾所获取。羟氨酸中的 N 为 −1 价，若羟氨的氧化产物中 N 为 x 价，那么依据电子守恒法可得：

$$[x-(-1)]\times 50.00\ mL\times 0.10\ mol\cdot L^{-1}=(7-2)\times 50.00\ mL\times 0.04\ mol\cdot L^{-1}$$

解得：$x=1$，所以答案为 B。

4. 原子守恒法在化学解题中的运用

【例题7】将 1.92 g Cu 粉与一定量的浓 HNO_3 反应，当 Cu 粉完全反应时，收集到气体 1.12 L（标准状况），则所消耗的 HNO_3 的物质的量是（　　）。

A. 0.12 mol　　B. 0.11 mol　　C. 0.09 mol　　D. 0.08 mol

【答案】B。

【解析】1.92 g Cu 的物质的量为 0.03 mol，根据原子守恒，Cu 和 HNO_3 完全反应后，生成 0.03 mol $Cu(NO_3)_2$，即消耗 0.06 mol HNO_3；产生气体不管是 NO_2 还是 NO，均需消耗 0.05 mol HNO_3。所以共消耗 0.11 mol HNO_3。

【例题8】将 1.05 g 铝和过氧化钠的混合物放入一定量的水中，充分反应后固体无剩余；再向其中加入 50 mL 1 $mol\cdot L^{-1}$ 的盐酸，可恰好使反应过程中产生的沉淀消失。则原混合物中铝 $m(Al)$ =（　　）g，过氧化钠 $m(Na_2O_2)$ =（　　）g。

【答案】0.27；0.78。

【解析】有关反应为：$2Na_2O_2+2H_2O=4NaOH+O_2\uparrow$，$2Al+2NaOH+2H_2O=2NaAlO_2+3H_2\uparrow$；$NaAlO_2+HCl+H_2O=Al(OH)_3\downarrow+NaCl$，$Al(OH)_3+3HCl=AlCl_3+3H_2O$。最终溶液中所含溶质为 NaCl、$AlCl_3$，设 NaCl、$AlCl_3$ 的物质的量分别为 x mol、y mol，则 Na_2O_2、Al 的物质的量分别为 $x/2$ mol、y mol。

依题意有：

$x/2 \times 78 + 27y = 1.05$

$x + 3y = 0.05$（氯元素守恒）

解得：$x = 0.02$ mol，$y = 0.01$ mol

即 m（Na_2O_2）$= 0.78$ g，m（Al）$= 0.27$ g。

四 多重守恒问题

【例题9】单质铁溶于稀 HNO_3 的反应方程式为：

$a\mathrm{Fe} + b\mathrm{NO_3^-} + c\mathrm{H^+} = d\mathrm{Fe^{2+}} + f\mathrm{Fe^{3+}} + g\mathrm{NO} + h\mathrm{N_2O} + k\mathrm{H_2O}$

回答下列问题：（1）b、c、d、f 的关系式______，d、f、g、h 的关系式______，c、g、h 的关系式______。

（2）若 $a = 16$，Fe 和 HNO_3 全部反应完全，则 b 的取值范围______，c 的取值范围______。

（3）当 $c = m$，$g = n$ 时，反应中电子转移的数目______。

【解析】（1）依电荷守恒有：$-b + c = 2d + 3f$，依元素守恒有：$a = d + f$（Fe 元素守恒），$b = g + 2h$（N 元素守恒），依得失电子总数相等有：$2d + 3f = 3g + 8h$，整理有：$4g + 10h = c$。

（2）铁与稀 HNO_3 反应有下列四种情况：

①$3\mathrm{Fe} + 2\mathrm{NO_3^-} + 8\mathrm{H^+} = 3\mathrm{Fe^{2+}} + 2\mathrm{NO} + 4\mathrm{H_2O}$

3　　2　　8

16　$b =$（32/3）　$c =$（$16 \times 8/3$）

②$4\mathrm{Fe} + 2\mathrm{NO_3^-} + 10\mathrm{H^+} = 4\mathrm{Fe^{2+}} + \mathrm{N_2O} + 5\mathrm{H_2O}$

4　　2　　10

16　$b = 8$　$c = 40$

③$8\mathrm{Fe} + 6\mathrm{NO_3^-} + 30\mathrm{H^+} = 8\mathrm{Fe^{3+}} + 3\mathrm{N_2O} + 15\mathrm{H_2O}$

8　　6　　30

16　$b = 12$　$c = 60$

④$\mathrm{Fe} + \mathrm{NO_3^-} + 4\mathrm{H^+} = \mathrm{Fe^{3+}} + \mathrm{NO} + 2\mathrm{H_2O}$

1　　1　　4

16　$b = 16$　$c = 64$

因此，$8 < b < 16$，$40 < c < 64$。

（3）转移的电子数为 $3g + 8h$，而 $g = n$，$c = m = 4n + 10h$，$h =$（$m - 4n$）/10，即 $3g + 8h = 3n + 8 \times (m - 4n)/10 = 3n + 4/5(m - 4n) = 4/5m - 1/5n$。

综上所述，学生在解答这类问题的过程中，要把握全局、整体思维，要充分调用各种知识，透过表面现象，善于抓住守恒要素的实质，寻找物质的性质与数量间的本质联系，而不是僵化陷入题目所设情景之中。将守恒法运用于化学计算，常会使一些问题迅速得到解答，从而达到事半功倍的效果。

参考文献

[1] 罗琴. 例谈守恒法在化学解题中的应用 [J]. 课程教育研究，2012 (35)：139.
[2] 李辉. 守恒法：整体思维在化学解题中的应用 [J]. 广东教育（高中版），2006 (3)：37 ~39.
[3] 颜如传. 守恒法在高中化学解题中的应用分析 [J]. 成功（教育版），2012 (20)：91.

差量法和关系式法的解题研究①

2010级本科生：王亚兰　肖晓君
指导教师：衷明华

【摘　要】纵观历年高考试题，不难发现化学计算占有很重要的地位。试题内容千变万化，但是万变不离其宗，存在一定的解题方法和技巧。本文研究了差量法和关系式法在化学计算中的具体应用，有助于学生在平常的学习中把主要精力投入到主要知识点的强化训练和解题方法的培养上，从而提高解题速度与质量。
【关键词】解题方法；差量法；关系式法

化学新课程改革的宗旨是提高学生的科学素养，主要目的在于改变学生的学习方式。但是在应试教育的背景下，学生为了取得优异成绩只能加大做题量，存在一定的盲目性。如果学生掌握了必要的解题方法，不仅可以节约时间，减少做题数量，而且能深切体会到学习的乐趣，领悟到即使化学知识繁多，只要懂得灵活运用解题方法，就可以大大降低解题难度，进而提高学习成绩。

一　差量法

差量法是化学计算中较常应用的一种方法，其概念是根据化学反应前后的某些差量（包括质量差量和气体体积差量）与反应物或生成物的变化量成正比而建立关系的一种解题方法。当遇到下列情况时，可以试用差量法求解：①反应前后固体或液体的质量发生变化；②反应前后气体的压强、物质的量和体积等发生变化。在这里通过两道代表性例题来对这种方法的应用进行详细介绍。

1. 质量差量法

【例题1】KCl和KBr组成混合物8.00 g，溶于足量水后，加入足量的$AgNO_3$，生成沉淀13.00 g，求原混合物中钾的质量分数。

【解析】经过仔细审题不难发现，这是典型的巧妙使用质量差量法进行解题的题目。钾置换出了银，质量会有所增加，质量的增加量等于参与反应的钾的质量和置换出的银的

① 该文刊于《江西化工》2013年第4期第329页。

质量差值，通过列出物质变化情况进而找出关系式后，将质量差量列出即可成功解题。

KCl→AgCl　　　　KBr→AgBr　　　　Cl、Br 的质量未发生变化，而 K 变化为 Ag

K →　Ag　　Δm

39　108　　108 - 39

m（K）　　13.00 g - 8.00 g

解得 m（K）= 39 ×（13.00 g - 8.00 g）/（108 - 39）= 2.83 g

即原混合物中钾元素的质量分数为 2.83 g/8.00 g × 100 % = 35.4%。

2. 气体体积差量法

【例题 2】1 体积 CO_2 与 O_2 的混合气体通过足量的 Na_2O_2 后，剩余气体的体积为原来的 3/4，求原混合气体中 CO_2 的体积分数。

【解析】本题中没有给出 CO_2 的体积变化，而是给出混合气体总体积的变化情况。CO_2 和 Na_2O_2 的反应是一个体积减小的反应，先写出化学方程式，通过比例关系即可用气体体积差量法进行求解。

设原混合气体中 CO_2 所占体积为 V，可由反应前后气体的体积差求解。

$2Na_2O_2 + 2CO_2 \xlongequal{} 2Na_2CO_3 + O_2$　　　ΔV

2　　　　　　　　1　　　2 - 1

V（CO_2）　　　　　1 - 3/4

解得 V（CO_2）= 2 × 1/4 = 0.5 L

即原混合气体中 CO_2 的体积分数为 0.5 /1 × 100% = 50%。

3. 差量法解题技巧

（1）根据化学方程式分析反应前后形成差量的原因。

（2）找出差量与已知量、未知量间的关系，然后再列出比例式。

（3）列方程，进而求解未知量。

二　关系式法

根据关系式确定的数量关系进行化学计算的方法叫关系式法。它也是化学计算中的基本解题方法之一，表示两种或多种物质的量在变化时成比例关系的一种简化的式子。利用关系式法可以找出有关的物质间转化的定量关系，直接列出比式进行计算，有效避免烦琐的中间过程，具体的关系式有：①一步反应关系式；②多步反应关系式；③循环反应关系式。

1. 一步反应关系式

【例题 3】要使 360 吨 Fe_2O_3 全部还原，理论上可得纯铁多少吨？

解析：设可得纯铁 x 吨

关系式：Fe_2O_3　～　2Fe

关系量：160　　　112

　　　　360 吨　　　x 吨

求得 x = 252 吨，即理论上可得纯铁 252 吨。

【点评】一步反应关系式较为简单，通过一个方程式即可找到物质间的比例关系，接着利用关系式进行计算即可。

2. 多步反应关系式

【例题4】用CO还原10.0 g某磁铁矿石样品（所含的杂质不参加反应），生成的CO_2再跟过量的石灰水反应，得到12.8 g沉淀。求磁铁矿石中Fe_3O_4的质量分数。

【解析】化学反应有：

$Fe_3O_4 + 4CO \xlongequal{} 3Fe + 4CO_2$　　　$CO_2 + Ca(OH)_2 \xlongequal{} CaCO_3\downarrow + H_2O$

关系式：Fe_3O_4　　~　　$4CaCO_3$

关系量：232　　　　400

　　　　m（Fe_3O_4）　　12.8 g

求未知：m（Fe_3O_4）= 232 × 12.8/400 = 7.424 g

ω（Fe_3O_4）= 7.424/10.0 × 100% = 74.24%

即磁铁矿石中Fe_3O_4的质量分数为74.24%。

【点评】在多步反应中，第一步反应的产物即下一步反应的反应物，每一步反应的反应物和生成物之间都有一定的量的关系，我们只要找出已知物质与所求物质之间的量的关系，并列出关系式就可以顺利解题。

3. 循环反应关系式

【例题5】将一充满NO的试管倒扣于水槽中，然后向试管中缓缓通入一定量的氧气，使试管中恰好充满水。

（1）计算通入的O_2与原NO气体的体积比。

（2）假设生成的溶质不向外扩散，且为标准状况下，求试管内所得溶液的物质的量浓度。

【解析】认真审题后发现试管内的NO先与氧气反应：

$2NO + O_2 \xlongequal{} 2NO_2$　　①

生成的NO_2又与水反应：

$3NO_2 + H_2O \xlongequal{} 2HNO_3 + NO$　　②

反应②生成的NO又与O_2发生反应①，因此两个反应同时循环进行，使试管中恰好充满水。而NO_2只是中间产物，最终的产物是HNO_3。所以，通入的O_2与NO建立的关系式，可以用两个方程式的加和获得总反应：

$4NO + 3O_2 + 2H_2O \xlongequal{} 4HNO_3$　　③

所以，（1）由总反应式③可知：NO与O_2的体积比为4∶3。

（2）由于生成的硝酸的物质的量就是NO的物质的量，则试管内所得溶液的物质的量浓度为$c = n/V = 1/22.4\ mol \cdot L^{-1}$。

【点评】当反应式中出现中间产物时，学会借助中间产物判断起始物和产物之间的关系，从而列出关系式求出未知数。

4. 关系式法解题技巧

（1）根据题意写出相关化学方程式。

（2）列出关系式。

(3) 列出关系。

(4) 求未知数。

参考文献

[1] 赵黎江. 浅谈关系式法在有关化学方程式计算中的应用 [J]. 丽水师范专科学校学报，1986 (S1)：85～87.

[2] 徐洪权. 高中化学解题方法研究 [J]. 新教育，2012 (9)：50.

[3] 单秀斌. 高中化学解题方法略谈 [J]. 数理化解题研究 (高中版)，2012 (6) ：56～57.

十字交叉法的原理及在化学计算中的应用[①]

2012 级本科生：王文婷
指导教师：衷明华

【摘　要】十字交叉法也称图解法，应用于某些基于二元混合体系所产生的具有平均意义的计算问题，表现出实用性强，能准确、简单、迅速求解的特点，它可以简化解题过程、提高解题速度，而很多中学生不清楚十字交叉法的原理，也不懂得将十字交叉法应用于化学计算。本文主要剖析十字交叉法的原理以及十字交叉法在化学计算中的正确应用。

【关键词】十字交叉法；原理；化学计算方法

一　十字交叉法的原理

1. 十字交叉法推导过程

十字交叉法是巧解二元混合物问题的一种常见有效方法，推导过程如下。

形如 $ax+by=c\,(x+y)$ 的二元一次方程，求 $x:y$ 的值。做以下变形：

$$ax + by = cx + cy \longrightarrow (c-a)\,x = (b-c)\,y \longrightarrow \frac{x}{y}=\frac{b-c}{c-a}$$

简化为：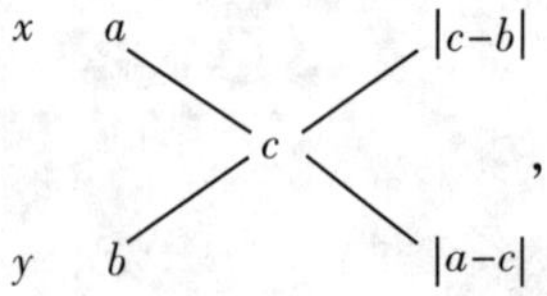

，即 $\frac{x}{y}=\frac{|b-c|}{|c-a|}$。

2. 十字交叉法的解题模式

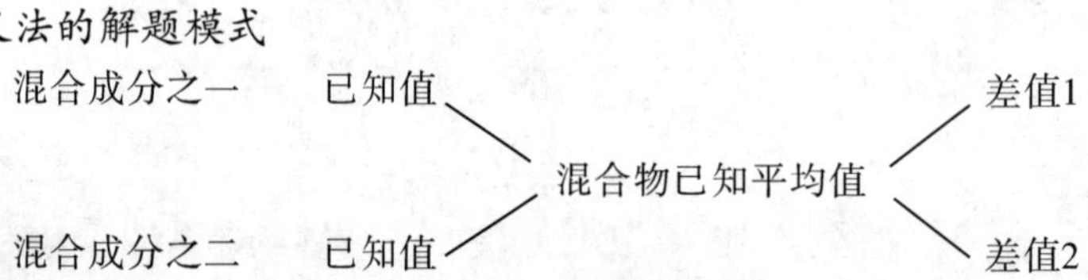

得：$\frac{\text{混合物成分之一}}{\text{混合物成分之二}}=\frac{\text{差值 1}}{\text{差值 2}}$

① 该文刊于《江西化工》2014 年第 2 期第 196 页。

3. 适用范围

（1）十字交叉法适用于两组分混合物（或多组分混合物，但其中若干种有确定的物质的量比，因而可以看作两组分的混合物），求混合物中关于组分的某个化学量（微粒数、质量、气体体积等）的比值或百分含量。

（2）十字交叉法的运用，关键是遵照统一基准来确定两个分量和平均值，“交叉”后所得比值是基准中产生两个分量的物质之间的配比，而不是各分量所示物质之间的配比，其物理量与基准中的物理量相同。

二　十字交叉法在化学计算中的应用

1. 在同位素计算方面的应用

【例题1】铜有两种天然同位素$^{63}_{29}Cu$和$^{65}_{29}Cu$，铜元素的原子量是63.5，$^{63}_{29}Cu$的摩尔百分含量约是（　　）

A. 20%　　B. 25%　　C. 50%　　D. 75%

【答案】D。

【解析】1 mol $^{63}_{29}Cu$质量为63 g；1 mol $^{65}_{29}Cu$质量为65 g；1 mol 两种同位素的混合物质量为63.5 g，则有：

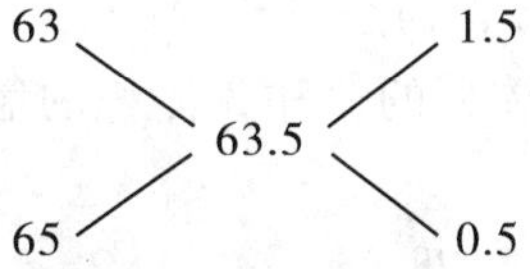

所以$^{63}_{29}Cu$的摩尔百分含量为：$\frac{1.5}{1.5+0.5}\times 100\% = 75\%$，选D。

2. 在混合物中体积比计算方面的应用

【例题2】甲、乙两份硫酸铝，甲中的$c(Al^{3+}) = 0.25\ mol \cdot L^{-1}$，乙中的$c(SO_4^{2-}) = 1\ mol \cdot L^{-1}$。两份溶液混合成硫酸铝的浓度为$0.25\ mol \cdot L^{-1}$，求甲、乙两种溶液的体积比（设混合后体积具有加和性）。

【解析】甲中硫酸铝浓度为$0.125\ mol \cdot L^{-1}$，乙中硫酸铝浓度为$1/3\ mol \cdot L^{-1}$，混合后的浓度为$0.25\ mol \cdot L^{-1}$。应用十字交叉法：

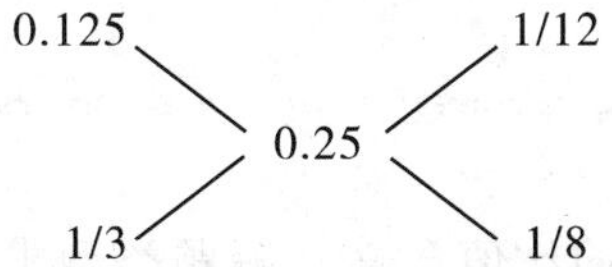

，即 $\frac{1/12}{1/8} = \frac{2}{3}$

平均量$0.25\ mol \cdot L^{-1}$的含义为“每1 L溶液中含有硫酸铝溶质0.25 mol”，分母单位为溶液体积，因此比值2/3为两种硫酸铝溶液的体积分配比。

3. 在物质质量计算方面的应用

【例题3】向100 g 8%的NaOH溶液中通入CO_2气体，所得溶液经小心蒸干后，所得固体的质量为13.7 g，则通入CO_2气体的质量是多少？

【解析】CO_2与 NaOH 反应可能 NaOH 过量生成 Na_2CO_3尚余 NaOH，随 CO_2的通入量不同还可生成 $NaHCO_3$或 Na_2CO_3或 Na_2CO_3与 $NaHCO_3$混合物。设全部生成 Na_2CO_3，则 $m(Na_2CO_3) = 10.6\ g < 13.7\ g$；若全部生成 $NaHCO_3$，则 $m(NaHCO_3) = 16.8\ g > 13.7\ g$，则二者均有 $\begin{matrix}10.6\\16.8\end{matrix} > 13.7 < \begin{matrix}3.1\\3.1\end{matrix}$，即 $\frac{3.1}{3.1} = \frac{1}{1}$，可求 CO_2 质量为 $\left(\frac{13.7}{2\times106} + \frac{13.7}{168\times2}\right)\times44 = 4.6\ g$。

4. *在反应热方面的应用*

【例题4】已知氢气、丙烷的燃烧热分别为 285.8 kJ/mol、2 220 kJ/mol。实验测得氢气和丙烷混合气体共 5 mol，完全燃烧放热 3 847 kJ。则混合气体中氢气和丙烷的体积比为（　　）。

A. 1∶3　　B. 3∶1　　C. 1∶4　　D. 1∶1

【答案】B。

【解析】以 5 mol 氢气或丙烷燃烧放出热量为基准与实际产生热量列十字交叉关系：

$$\begin{matrix}\text{氢气}\ 5\times285.8 & & & & 7\ 253\\ & \searrow & & \nearrow & \\ & & 3\ 847 & & \\ & \nearrow & & \searrow & \\ \text{丙烷}\ 5\times2\ 220 & & & & 2\ 418\end{matrix}$$

所以氢气和丙烷的体积比为 7 253∶2 418 = 3∶1，故应选 B。

5. *在混合气体相对密度计算方面的应用*

【例题5】某氮氢混合物由 1 体积的氮和 3 体积的氢组成，试计算这种气体混合物对氢气的相对密度。

【解析】根据分子量得到：$d_{N_2} = \frac{28}{2} = 14$，$d_{H_2} = \frac{2}{2} = 1$。

设 x 为所求的密度，由十字交叉法得

$$\begin{matrix}14 & & & & x-1\\ & \searrow & & \nearrow & \\ & & x & & \\ & \nearrow & & \searrow & \\ 1 & & & & 14-x\end{matrix}$$

，因此 $\frac{V_{H_2}}{V_{N_2}} = \frac{x-1}{14-x}$，

即 $3x - 3 = 14 - x$，$4x = 17$，所以 $x = \frac{17}{4}$。

参考文献

［1］吴宗俊，李超．十字交叉法的比值含义及解题类型［J］．中学化学教学参考，1998（6）：45～47.

［2］钟山．专题全解——高中化学计算［M］．北京：现代教育出版社，2010.

［3］刘崇云．十字交叉法在化学计算中的应用［J］．新课程·中学，2013（12）：110.

［4］朱春清．十字交叉法在化学计算中的应用［J］．化学教学，2011（5）：61～63.

［5］李薇．十字交叉法应用中的常见问题及解析［J］．化学教学，2012（5）：63～65.

浅谈化学计算题解题技巧[①]

2010 级本科生：冯幸兰
指导教师：袁明华

【摘　要】化学计算题方法多样、形式灵活，其中关系式法、差量法、守恒法、推测估算法等是较具特色、方便快捷的几种方法。
【关键词】高中化学；化学计算题；解题技巧

高中化学的一些计算题，除用常规的解题法外，还可根据题目的特点进行巧算。这样既可简化解题步骤，又可以提高解题速度及正确率。笔者在化学计算题的学习中，总结出以下几种常见的解题技巧。

一　关系式法

关系式法主要用于多步反应的化学计算，根据化学方程式中已有的关系，建立起已知和未知的关系式，然后进行计算，从而免除了涉及中间反应过程中的大量运算，节约时间，还可有效避免繁杂的运算中出现的错误，提高了解题的正确率。

【例题 1】今有 13 g 锌，把它投入足量的稀硫酸中，放出的氢气可以跟多少克纯度为 80% 的氯酸钾完全分解放出的氧气完全反应生成水？

此题如果用常规方法需要几步计算：① 根据 13 g 锌求生成氢气的质量；② 根据氢气的质量求氧气的质量；③ 根据氧气的质量求 $KClO_3$ 的质量。这种解法步骤多且计算量大，费时费力，但如果用下述方法则极为简便。

解：设需纯度为 80% 的 $KClO_3$ 的质量为 x。

$2KClO_3 \xlongequal{MnO_2} 2KCl + 3O_2\uparrow$；$2H_2 + O_2 \xlongequal{点燃} 2H_2O$；$Zn + H_2SO_4 \xlongequal{} ZnSO_4 + H_2\uparrow$

依上述系列方程式可得：$2KClO_3 \sim 3O_2 \sim 6H_2 \sim 6Zn$

① 该文刊于《江西化工》2013 年第 4 期第 366 页。

由此可知：$KClO_3 \sim 3Zn$

$$\begin{array}{ll} 122.5 & 3\times65 \\ 80\%x & 13 \end{array}$$

即$\frac{122.5}{80\%x}=\frac{3\times65}{13}$

解得 $x=10.2$ g。

二 差量法

差量法是利用变化前后物质的质量差建立解题关系式的方法，其基本解题思路是：将过程中某始态量与终态量之差值跟化学方程式中物质的相应量列成比例关系，然后求解。这种方法不受混合物中其他不参加反应物质的影响，差量的范围可以是“物质的质量差、相对分子质量差、相对原子质量差”。

【例题 2】将 H_2缓慢通入盛有 20 g CuO 的试管中，加热使其反应，过一会停止加热，冷却后称得残余固体质量为 19.2 g，求生成铜的质量。

解：设生成铜的质量为 x g。

$$\begin{array}{llll} CuO + H_2 = Cu + H_2O & & & \text{减少的固体质量} \\ 80 & 64 & & 16 \\ & x & & 20-19.2=0.8 \end{array}$$

则有 $64 : x = 16 : 0.8$

解得 $x=3.2$ g。

差量法的运用范围较广，当遇到反应前后质量发生增减的混合物，可抓住质量变化的原因，运用差量法计算。

三 守恒法

守恒法是利用变化前后有些量保持不变这一原理进行求解。守恒的范围主要包括质量（元素）守恒、原子数目守恒、电荷守恒等，其基本解题思路是根据问题的始终态之间的某种守恒关系求解。

【例题 3】在 CO 和 CO_2 的混合物中，含氧元素 64%，将该气体 5 g 通入足量的灼热 CuO 中，充分反应后，气体再全部通入足量的石灰水中，得到白色沉淀的质量为多少？

【分析】混合物中碳元素全部转化到 $CaCO_3$ 中，根据元素质量守恒，生成物 $CaCO_3$ 中 C 元素与原混合物中所含 C 元素质量相等。

解：设得到 $CaCO_3$质量为 x。

则有 $5\times(1-64\%)=x\times\frac{M(C)}{M(CaCO_3)}$

解得 $x = 15$ g。

四　推测估算法

有的选择题表面上看起来似乎需要进行计算，但只要善于审题，稍加琢磨，便可目测心算，得到准确答案，从而达到快速求解的效果。

【例题4】甲、乙两种化合物都只含有 X、Y 两种元素，甲、乙中 X 的质量分数分别为 30.4% 和 25.9%，若已知甲的化学式为 XY_2，则乙的化学式可能是（　　）。

A. XY_2　　B. X_2Y　　C. X_2Y_3　　D. X_2Y_5

【答案】D。

【解析】根据相关比较甲的化学式为 XY_2 且 X 含量甲 > 乙，所以，乙中的 X、Y 原子个数比必须小于 1∶2，故选 D。

综上所述，在计算过程中，要想解题过程迅速准确，必须针对题目特点，选取最有效的解题方法，以达到减少运算量，提高运算准确率的效果，从而提高化学解题的质量。

浅析广东高考化学计算题出题导向[①]

2012级本科生：陈剑丽
指导教师：袁明华

【摘　要】近年来化学计算题在高考考卷中的比重稍微减小，难度也相应降低。考查形式转变为在选择题和非选择题中同时考查。广东高考化学试题中计算题呈现出小型化、分散化的特点，注意速算技巧，选拔性强，命题和立意特点鲜明（考点明确），联系实际，综合考查。这样既很好地体现了化学学科的特点，也突出了对化学主干知识的考查。

【关键词】化学计算题；高考；考查方向

一　广东高考化学计算常见题型

广东高考化学计算题型主要为计算选择题、计算填空题、实验计算题、计算推断题和综合计算题，而计算推断题和综合计算题主要体现选拔性，力求拉开学生的层次。根据资料，整理列出2010—2013年广东高考理科综合（化学）试题中计算题考点分布及分值表如下。

2010—2013年广东高考理科综合（化学）试题中计算题考点分布及分值表

年份	2010（100分）		2011（100分）		2012（100分）		2013（100分）	
	题号	分值	题号	分值	题号	分值	题号	分值
相对分子质量及确定分子式的计算								
物质的量的有关计算							32（4）	4
阿伏伽德罗常数（N_A）的有关计算	8	4	9	4	11	4	9	4

① 该文刊于《江西化工》2014年第2期第209页。

（续上表）

年份	2010（100分）		2011（100分）		2012（100分）		2013（100分）	
	题号	分值	题号	分值	题号	分值	题号	分值
有机物燃烧的计算（耗氧量）			30（1）	2				
弱电解质电离平衡常数（*Ka*）的计算			31（3）	8				
化学反应速率的计算							31（4）	4
化学平衡常数、转化率的计算	31（3）	10	31（2）	5	32（5）	3		
酸碱中和滴定、纯度（质量分数）的计算			33（4）	3	33（4）	5		
溶液中溶质的溶解度及物质的量浓度计算			33（4）	1				
溶液 pH 与 c（H^+）的简单计算					23	6	12	4
利用化学方程式的计算（反应物量的比例关系）					31（1）	2		
热化学方程式的书写及盖斯定律的应用			31（3）	3	31（4）	2	31（1）	2
总分值		14		26		22		18

二　主要考查方向及热门知识点

（1）平时注意各章节计算内容的合理渗透，在循序渐进打好扎实的计算基础的前提下，猜测出题者的出题意向，有方向、有策略地进行复习、巩固，能起到事半功倍的效果。由上表可看出，阿伏伽德罗常数（N_A）的有关计算这个知识点虽然分值占的比例不高，但是最近几年都有考查。

（2）热化学方程式的书写及盖斯定律的应用这个考点已经连续考查了三年，预测考查的可能性会降低。反观四大平衡常数——化学平衡常数、电离平衡常数、水的离子积常数和沉淀溶解常数，既可作为选择题的题干，又可作为非选择题的题干，但难度系数不高，预测仍然会是广东高考的命题热点。

（3）化学反应速率与化学平衡在近年高考中往往以中等难度或以上的试题形式进行综合考查。多数高考题采用图像、图表的形式进行命题，充分考查了学生识图、识表的能力和提取有效信息的能力。预计此知识点仍然会是高考的热点动向。

（4）元素化合物的性质、化学计算，常见于选择题，考查知识链和速算技巧。

【例题1】（2013 四川高考）1.52 g 铜镁合金完全溶解于50 mL 密度为1.40 g/mL、质量分数为63%的浓硝酸中，得到 NO_2 和 N_2O_4 的混合气体1 120 mL（标准状况），向反应后的溶液中加入 $1.0\ mol\cdot L^{-1}$ NaOH 溶液，当金属离子全部沉淀时，得到2.54 g 沉淀，下列说法不正确的是（　　）。

A. 该合金中铜与镁的物质的量之比是2 ：1

B. 该浓硝酸中 HNO_3 的物质的量浓度是 $14.0\ mol\cdot L^{-1}$

C. NO_2 和 N_2O_4 的混合气体中，NO_2 的体积分数是80%

D. 得到2.54 g 沉淀时，加入 NaOH 溶液的体积是600 mL

【答案】D。

【解析】由 $c=1\ 000\ \rho\omega/M$，将数据代入可知 B 选项正确。设 Cu、Mg 的物质的量分别为 x、y，则 $64x+24y=1.52$，$17(2x+2y)=2.54-1.52$，解得 $x=0.02$、$y=0.01$，故 A 选项正确。Cu、Mg 失去电子的物质的量共为0.06 mol，根据得失电子守恒（$N^{5+}\longrightarrow N^{4+}$），应得到0.06 mol NO_2，现得到0.05 mol 的混合气体，是因为 $2NO_2 \rightleftharpoons N_2O_4$，由差量法可得生成的 N_2O_4 为0.01 mol，则 NO_2 为0.04 mol，故 C 选项正确。生成0.03 mol $Cu(OH)_2$、$Mg(OH)_2$（在消耗 NaOH 方面，可看成一种物质）沉淀共消耗 NaOH 0.06 mol，需 $1.0\ mol\cdot L^{-1}$ 的 NaOH 60 mL，故 D 错。

【例题2】（2012 广东高考）难溶性杂卤石（$K_2SO_4\cdot MgSO_4\cdot 2CaSO_4\cdot 2H_2O$）属于“呆矿”，在水中存在如下平衡：

$$K_2SO_4\cdot MgSO_4\cdot 2CaSO_4\cdot 2H_2O\ (s) \rightleftharpoons 2Ca^{2+}+2K^{+}+Mg^{2+}+4SO_4^{2-}+2H_2O$$

为能充分利用钾资源，用饱和 $Ca(OH)_2$ 溶液溶浸杂卤石制备硫酸钾，工艺流程如下：

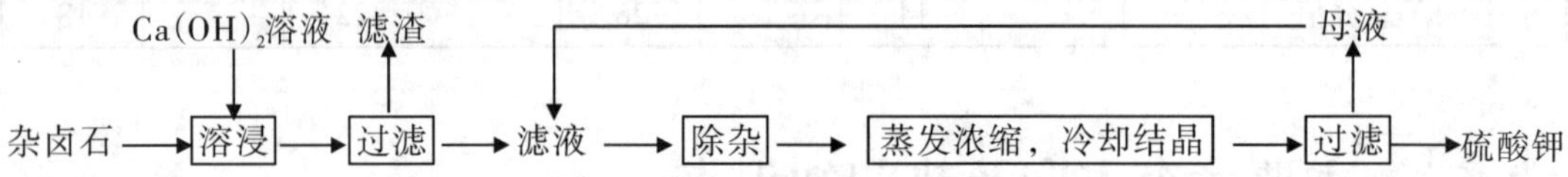

工艺流程图

有人以可溶性碳酸盐为溶浸剂，则溶浸过程中会发生：

$$CaSO_4\ (s)+CO_3^{2-} \rightleftharpoons CaCO_3\ (s)+SO_4^{2-}$$

已知298 K 时，$Ksp\ (CaCO_3)=2.80\times10^{-9}$，$Ksp\ (CaSO_4)=4.90\times10^{-5}$，求此温度下该反应的平衡常数 K（计算结果保留三位有效数字）。

【答案】$K=1.75\times10^{4}$。

参考文献

［1］杜志建. 化学试题调研. 高考热点大串讲十年纪念版（第6辑）［M］. 乌鲁木齐：新疆青少年出版社，2014.

［2］高三化学计算题复习对策及高考出题点［EB/OL］. http：//www. qnr. cn/stu/pgao/ziguan/huaxue/201004/442567. html.

第三部分　中学化学教学其他方面的研究性学习

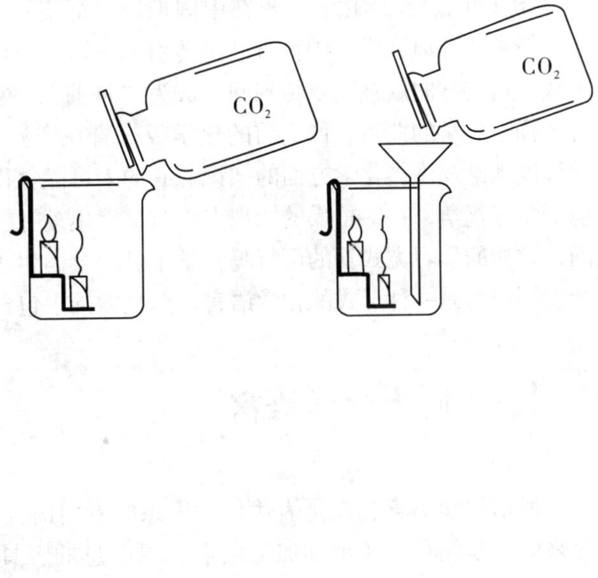

由一首化学歌曲引发的对化学语言的思考[①]

2010级本科生：林莉莉　林燕吟　郑浩娟

指导教师：黄俊生

【摘　要】本文由化学歌曲引入化学语言，强调化学语言在化学教学中的重要性，重点介绍化学语言的规范化，从教师和学生层面进行分析，寻找更为有效规范化学用语的方法。

【关键词】化学歌曲；化学语言；规范化；教师；学生

2011年，“国际化学年”在中国推出了征集“化学之歌”的活动。著名高分子化学家、北大校长周其风在讲座中称自己抛砖引玉，写了一首歌词，歌名为“化学是你，化学是我”。不久，这首歌曲就被网友传到网上成为“神曲”，网友们对其评论褒贬不一。其实，这并非首个描述化学的曲目，像之前的化学版《青花瓷》、《江南》、《化学欢迎您》等，里面都不同程度地论及许多化学方面的知识。有的人可能觉得只是好玩，有的人认为可以在轻松的环境下学习化学，一些枯燥的知识点顿时显得生动有趣，并且更便于记忆。但是也有人不禁会问，这样的学习方式真的可行吗？学生是否会萌生出这样一种想法：明天的化学歌曲，可能会发展成为另一种形式的化学语言。但是歌词中包含的化学语言是否规范呢？

一　何为化学语言

所谓化学语言，就是表达化学思想的专门语言，是随着化学的产生和发展而逐渐成长起来的，是储存、传承和加工化学思想信息的工具。化学语言有利于学生在学习中理解、记忆、思维和应用等。例如，学生在学习中，只有较好地掌握了元素符号、电子式、电子排布式、结构式等化学用语，才能正确地认识、理解或表达物质的组成、结构和变化规律，进行一系列的化学思维活动。

传统的化学语言主要包括化学符号语言和图形语言，但实际上，一些具有特定含义的文字和图像也是表达化学思想不可缺少的重要组成部分，因此，化学语言可分为化学用语（即符号语言）、文字语言和图表语言三类，详见下表。

① 该文刊于《江西化工》2013年第2期第282页。

化学语言分类表

语言类型	符号语言	文字语言	图表语言
简介	表示物质组成、结构和变化规律的一种特殊符号	化学中的文字语言是自然语言中的化学语言，借用了自然语言中的文字，也沿用了自然语言中的语法规则	包含一定化学信息的各种图或表，可细分为图形语言、图像语言和表格语言
举例	元素符号、离子符号、原子结构示意图、电子式、分子式、分子结构式、化学反应方程式、电离方程式等	化学中的“化学平衡”、“化学反应速率”、“电离”、“烷烃”、“催化剂”、“气体摩尔体积”、“二氧化碳”、“沉淀”、“均一”等	分子模型、知识网络图、物质用途示意图、实验装置图、化学反应现象图、元素周期表
优点	准确、简洁、方便交流	具有特定意义、精确生动	传递信息、直观形象

二　为什么要规范化学语言

2011 年 6 月 22 日，《南国都市报》报道海南省的高考化学阅卷组指出，试题中有大约 30 分的答案以化学用语的方式呈现。其中，因答题不规范而失分的问题最为突出。这些学生明明知道答案，却会而答不全，会而答不对。考生的失误主要有：化学名称书写不规范或错误；有机物不用结构简式表示，而用结构式甚至化学式表示；酯化反应方程式可逆符号写成箭头甚至写成等号；写化学方程式忘了写反应条件或气体、沉淀符号等，因而导致不必要的失分。

在很多课堂教学中，教师在板书过程中也忽略了化学语言的规范化，不重视元素符号、化学式、化学方程式等化学用语的规范书写，如在写钴的元素符号时，把“Co”写成“CO”。而学生则在不经意间受到了这种“示范”的影响，在考试中不重视大小写，每年都有不少考生因为这种粗心失分而抱憾考场。为培养学生的规范能力，教师不仅要严格要求学生，让学生受到规范的、严格的教育和影响，使学生养成良好的学习习惯，而且还得严格要求自己，做到教学示范化，使学生有样可学。

然而出现化学语言的不规范性的主导因素在于学生，所以学生更应该注重自身化学语言的规范性，从而减少在应试时因此失去分数，而且更有利于自己对于化学知识的理解与学习。因此，以下将从教师和学生两个方面，谈谈如何规范化学语言。

三　如何规范化学语言

1. 读

学生一般习惯于对单个知识点的学习和突破，不善于梳理前后章节的知识体系，因此对问题的认识就可能不深刻，结果严重影响了其对知识的领悟力。化学教材中的语言具有很强的科学性、专业性和系统性。学生可以通过阅读教材熟练掌握教材中的各种化学专业术语，积累“化学词汇”。教师可以根据教学需要自制表格或图解归纳总结教材的知识结构体系，帮助学生理解记忆，但同时也要注意教材中各个概念、符号、术语的准确性。此外还可以通过多种渠道阅读一些与化学学科有关的课外读物，接触更多不同形式的化学语言，以便更好地学习化学。

2. 说

教师在复习中可以通过口头提问、板书口述、转译、学生讨论等方法，让学生多熟悉课本，掌握大量的化学术语、化学习惯用语，积累“化学词汇”，学习化学语言的表达习惯、表达模式。比如，怎样描述物质的性质、怎样叙述实验操作步骤等。教师应为学生提供“说”的机会，对于学生在说的过程中的不规范语言或者错误及时纠正。学生常犯的一些错误，如将“油脂”写成“油酯”，将“酯化”写成“脂化”等，都与平时少说有关系。而学生在课堂上应该发挥自身主体性，多读、多说、多评，可以进行提问和讨论，在课堂上积极发言，在教师指导下及时纠正错误，规范自身的化学语言。

3. 练

俗话说“熟能生巧”，可见练习在学习中的重要性。老师在平时的学习中应该多给学生“练”的机会，不但在课堂上要求学生“练”，课后也要布置有针对性的练习，确保学生做到“错过的不再错，会做的不失分”。而学生自己也要主动把握练习的机会，例如不仅要做到在课堂上积极发言，对于课堂上老师布置的练习也要认真主动完成。除此之外，学生可以巧用试题，通过试题的演练提高化学用语的准确性。如今，不少试题都要求考生用所学的化学用语、相应的文字表达对化学的认识，而考生对这部分题往往不是答不全，就是写了很多但答不到得分点上。这跟学生缺乏训练有关，因此平时要进行专门的训练。习题是训练学生书面表达能力的最主要途径。填空题、问答题对规范书写作用较大，比较适合于检测、训练和提高学生的化学语言表述能力，为学生表达化学语言提供极好的训练机会，所以学生应在做此类型题目时，重视化学语言的规范性。

最后，教师可以在化学教学中挖掘化学语言的内涵，让学生进行有意义的识记，喜欢化学语言。比如，对于化学方程式 $Cu + 2AgNO_3 = 2Ag + Cu(NO_3)_2$，可以引导学生挖掘以下内涵：

①铜与硝酸银反应生成银和硝酸铜。

②铜的活性比银强。

③铜和硝酸银反应后，溶液的质量会减少。

④硝酸银溶液不能用铜制容器盛装。

通过以上做法，枯燥无味的化学语言变成了活泼生动、富有内涵的化学符号，学生也会感慨简简单单的化学语言竟然蕴藏了这么多的学问，从而情不自禁地喜欢上化学语言，自然也会喜欢上化学这一门课了。

任何事物都是有两面性的，从另一个角度来看，以化学歌曲学化学，增添了化学教学的趣味性。现如今趣味教学已经发展成为一种趋势，而它的形式也更加多样化，如化学游戏、化学谜语、化学邮票等。例如，化学版《江南》将一些化学知识编成歌曲，可以让学生在课后闲暇时吟唱，这样一来，既陶冶了学生的情操，也使他们学到了知识。然而，其中也出现了不少明显的错误，例如“铝到这里就是盐”其中的“铝”究竟是指铝单质还是铝离子，“这里”又是指哪里？“当不小心摔到烧碱池中，烧死了才懂。”其中，“烧死”可能会误导学生认为是燃烧的知识，其实其原理是腐蚀，并且用“烧死”这个词组也不符合客观事实，诸如这样的例子还有很多。追求化学教学的趣味性的确可以激发学生的学习动机，优化教学效果，但是应在尊重客观事实、符合教育教学规律以及做到化学语言规范化的基础上追求趣味化。

综上所述，且不论此类趣味教学形式是否会成为另一种形式的化学语言，在运用过程中我们要学会辨别、判断其用词用语是否准确规范。教师和学生在化学教学中都要努力从读、说、练等方面进行化学语言的规范化，使我们的课堂教学既有趣味性又不失化学语言的规范性。

参考文献

[1] 卢丽环. 化学语言的规范化 [J]. 教育教学论坛，2010（24）：77.
[2] 刘凤英. 让化学语言不再“沉重”[J]. 教育与教学研究，2009（Z1）：108～109.

广东省贵屿镇当地人对电子垃圾有关认识情况调查报告[①]

2005 级本科生：郑苏珠
指导教师：黄俊生

【摘　要】曾屡次以“垃圾镇”被列入环境污染黑名单的贵屿镇，如今“两个文明”建设取得了可喜的成绩。在环境问题整改取得成效的同时，当地人对电子垃圾的有关认识情况是否也令人满意，本文对此展开了调查并作出分析。

【关键词】贵屿镇；电子垃圾；认识调查

一　前　言

近年来，曾以“电子垃圾第一镇”著称的潮阳区贵屿镇，如今“变堵为疏”，大力发展循环经济，在全镇人民的共同努力下，经济快速、持续、稳定发展，两个文明建设取得了可喜的成绩。但是在贵屿镇整改环境并取得一定成绩的同时，曾经为追求经济的发展而对环境和人类造成的影响是否也因此消失了呢？

2008 年在发表于《环境研究》杂志的一篇论文中，汕头大学医学院霍霞教授及其同事比较了贵屿 154 名儿童与陈店（没有从事电子垃圾处理）124 名对照组儿童的血铅和血镉水平。他们发现，在贵屿，70.8% 的儿童的血铅水平处于铅中毒的程度，而陈店只有 38.7%。贵屿儿童的血镉水平也比陈店儿童高，分别是 20.1% 和 7.3%。霍霞教授还在科协年会上报告了另一项尚未发表的研究。这一研究对比了贵屿孕妇与 200 公里外福建厦门郊区（没有从事电子垃圾处理）对照组孕妇的一些指标，他们发现，在 2003 年到 2007 年，贵屿的早产率、死胎率和出生体重不足率均显著地高于对照组。其中，贵屿的死胎率是对照组的 6 倍，而早产率高达 62%[②]。

面对贵屿在环境与发展上整改的成效以及人们最新发现的电子垃圾处理业的威胁，一

---

① 该文刊于《江西化工》2009 年第 1 期第 41 页。

② http：//www. scidev. net/zh/health/standards - of - care/zh - 133036. html? utm - source = link&utm - medium = rss&utm - campaignzh - health - standardsofcare.

个问题浮现在我的脑海里：贵屿的人们是否真的认识到了电子垃圾的危害，会不会哪天因为经济的不景气而又拆、熔、烧、洗，重返旧业了呢？学生是祖国的希望、社会的未来，于是，带着问题，我对贵屿镇的部分学生和家长进行了有关电子垃圾认识的调查。调查方法采用问卷形式，问卷内容旨在了解学生与家长对电子垃圾及其危害与回收的认识。学生问卷调查在贵屿中学和联堤中学高一级进行，共发出 250 份，回收有效问卷 241 份，回收率 96.4%。家长问卷在贵屿中学高一级学生家长中进行，共发出 150 份，回收有效问卷 143 份，回收率 95.3%。

二　调查分析

1. 学生及其家长对电子垃圾的了解与认识情况

电子垃圾是指已经报废的各种电子产品。调查显示，50% 的学生知道电子垃圾，49.1% 的学生表示对电子垃圾只知道一点点，而有 0.9% 的学生不知道电子垃圾为何物。对“电子垃圾是一种蕴含巨大价值的再生资源”这种说法，有 59.3% 的学生表示赞成，9.3% 的学生表示不赞成，同时也有 31.4% 的学生对这种说法表示不清楚。在问及电子垃圾为哪种垃圾类别时，只有 54.6% 的学生认为电子垃圾为有毒有害废物，有 25% 的学生认为是工业固体废弃物，17.6% 的学生认为是一般城市生活垃圾，有 2.8% 的学生甚至认为是农业废弃物。

与学生相比，家长对电子垃圾以及电子垃圾是一种蕴含巨大价值的再生资源的认识不如学生，其中知道电子垃圾的只有 38.6%，知道一点的有 48.2%，不知道的有 13.2%。而赞成“电子垃圾是一种蕴含巨大价值的再生资源”这种说法的有 55.4%，不赞成的有 13.3%，不清楚的有 31.3%。但是在问及电子垃圾为何种垃圾类型时，家长似乎比学生有更深的体会，其中有高达 68.7% 的家长选择有毒有害废物，25.3% 选择工业固体废弃物，4.8% 选择一般城市生活垃圾，1.2% 选择农业废弃物。

2. 对电子垃圾危害的认识情况

由下表可知，生活在贵屿镇的学生和家长由于亲身经历过环境的变化，对电子垃圾的危害以及所含有毒有害物质的了解在人数上都占有相当大的比例，但是了解的程度却不尽如人意。在造成水污染的认识上，学生和家长都有接近一半的人数只知道一点点，而在造成空气污染的问题上，只有 51.8% 的家长非常清楚，而有 24.1% 的学生只知道一点点。

对电子垃圾危害的认识情况表

调查内容	调查项目	调查结果	
		学生	家长
随意处置废旧家电是否有危害	有危害	90.7%	89.2%
	没有危害	2.8%	0
	不清楚	6.5%	10.8%

（续上表）

调查内容	调查项目	调查结果	
		学生	家长
电子垃圾包含哪些有毒有害物质	铅	84.3%	73.5%
	汞	88.0%	62.7%
	铜	13.0%	16.9%
	六价铬	72.2%	51.8%
	镉	68.5%	13.3%
	聚氯乙烯（PVC）	38.9%	20.1%
	溴化阻燃剂	37.0%	62.7%
	其他	28.7%	37.3%
电子垃圾随意丢弃或掩埋，会造成地下水严重污染	非常清楚	51.9%	47.0%
	知道一点点	45.5%	51.8%
	完全不知道	0.9%	1.2%
	无所谓	1.7%	0
焚烧电子垃圾会释放大量有毒气体	非常清楚	72.2%	51.8%
	知道一点点	24.1%	48.2%
	完全不知道	3.7%	0
	无所谓	0	0
您知道厂家开展以旧换新活动回收废旧产品的事吗	知道	30.6%	33.7%
	有听说但没看到	54.6%	51.8%
	不知道	14.8%	14.5%
您的家庭是回收电子垃圾的小作坊吗	是	14.8%	31.3%
	不是	85.2%	68.7%
如果没有电子垃圾小作坊，在免费回收电子垃圾和有偿的废品回收之间，您会如何选择	免费回收	9.8%	7.0%
	有偿的废品回收	35.9%	49.1%
	两者皆有	54.3%	43.9%

另外，在问及家长是否会购买二手家电时，有66.7%的家长表示不会，不会的原因中有53.6%认为二手家电使用寿命短，只有28.2%的家长认为二手家电有危险，7.3%认为二手家电不卫生。同时，有33.7%的家长会购买二手家电，而其中有60.7%是认为东西便宜。

由此可见，身处贵屿镇的学生和家长虽亲身体会到了电子垃圾的影响，但对其危害信息的了解还不够，在出现经济矛盾的时候还是会作出忽略电子垃圾的危害的选择。

3. 对回收电子垃圾的有关认识情况

（1）电子垃圾回收信息缺乏，政府部门宣传力度有待加强。

在了解人们对废品回收系统的认识的过程中，当提到“人们为了能卖钱，把废旧的电子产品卖给收废品的，而政府的电子垃圾处理中心却无米下锅”的问题后，有50%的学生对这种做法表示理解，也分析了人们贪图小便宜的原因，即主要是由于有偿回收比无偿回收更具吸引力，以及人们环保意识薄弱，对电子垃圾危害的了解不多等。而家长对此问题的看法大多数集中在政府部门应加强管理，加大宣传力度，让更多的人明白不正确处理废旧电器的危害，并有效处理电子垃圾，确保人们的健康。结合以上表格信息，对于厂家收购废旧电子产品的事情，有一半以上的学生和家长都表示有听说但没看到，对此他们希望政府能加大投资，建立废品回收中心的同时，更能加大宣传力度，加强人们对废品回收的正确认识，强化环保意识。问卷中在向家长提及“我国对电子垃圾的管理情况如何”的问题时，有将近一半的家长表示对此情况不了解。这也说明了政府在此方面的宣传不足。

（2）作坊家庭不愿意子承父业的居多。

在家庭为小作坊的学生中，有95%的学生不愿意长大后继承家业，除了少部分学生表示自己有喜欢的职业以外，其余基本上认同回收电子垃圾会造成环境污染，危害自身和他人的身体健康，有少数学生还表示不继承家业的原因在于电子垃圾有毒，对身体有害，而自己又不懂得怎么做才可以在利用其再生能源的同时又不污染环境。从这点也可以看出学生对电子垃圾信息了解的缺乏。而有小作坊的家长基本上也表示，由于电子垃圾对孩子身体健康有害而不愿意孩子继承家业。

（3）法律法规颁布不少，家长、学生了解情况不佳。

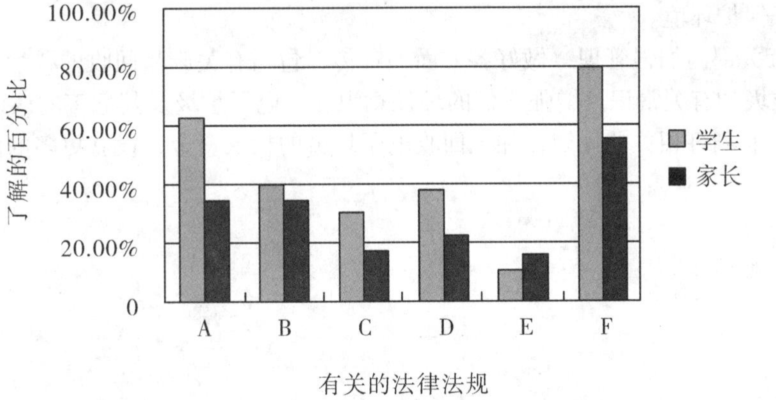

学生与家长对电子垃圾法律法规的认识

图中A、B、C、D、E、F分别代表的法律法规如下：

A.《废旧家电及电子产品回收处理管理条例》（2006年8月发布）；

B.《电子信息产品污染控制管理办法》（2006年2月28日颁布，2007年3月1日施行）；

C.《固体废物污染环境防治法》（2005年4月1日施行）；

D.《关于在电子电气设备中禁止使用某些有害物质指令》（简称 ROHS） 和《报废电子电气设备指令》（简称 WEEE）（欧盟 2003 年 2 月 13 日公布）；

E.《清洁生产促进法》（2003 年 1 月 1 日施行）；

F.《中华人民共和国环境保护法》（1989 年 12 月 26 日颁布实施）。

学生与家长对有关电子垃圾法律法规的了解情况如上表所示，由于该题设为多项选择题，笔者在调查的过程中发现答题者对答案的选择存在一定的随机性。

三 结 语

在各部门考察调研、制订规划、管理控制后，曾经屡次以“垃圾镇”被列入全国环境污染黑名单的贵屿，如今为保护环境，有关部门坚决禁止、取缔焚烧、加热、酸洗等行为，当地的电器拆解业已逐渐走上了“变堵为疏”，以循环经济为理念的双赢之路。确定正确的发展道路并取得成绩实为可喜，但是要将措施落到实处却是一个长期的任务。在本次调查过程中，联堤中学的一位老师透露，白天的小作坊只是经营一些简单的拆解，到天慢慢变黑的时候，有些就开始进行焚烧，随着风的吹动，傍晚的联堤中学经常会闻到一股臭味，让人觉得恶心。面对遏制环境污染这一持久战，笔者结合本次调查的所见所闻，对有关部门提出几点建议。

（1）遏制行为，立法为先。对屡教不改的违法分子可以依据法律的规定给予一定的惩罚，以保证其不再犯。处理好电子垃圾需要高投入、高费用，法律法规的制定还要涉及政府、厂家和消费者之间的承担问题①，把处理好电子垃圾的任务落实到每个人的身上，让大家一起来保护环境。

（2）有关部门加强管理，做好各方面的宣传，包括有关废品回收的科学技术、环保知识、电子垃圾的有关常识，增强人们的环保意识和对电子垃圾及其危害的认识。

（3）政府制订相关的计划，加大回收电子垃圾的投入资金，设立更多的回收部门，并宣传到位。

① http：//www. 100ye. com/shopdetail/public/news - show1. asp？ news - id = 333011&member - id = 705332.

“沉淀连连看”记忆游戏软件的开发[①]

2008 级本科生：郑楚萍　许　越　吴锦伟　曾嘉敏　林曼莎
指导教师：衷明华　衷田田

【摘　要】针对初次接触化学的初三学生，为了培养他们对化学的兴趣，提出将化学知识与计算机游戏相结合的构想，开发出中学化学知识记忆游戏软件之一——“沉淀连连看”知识记忆游戏软件，此游戏软件整体框架清晰、稳定，可操作性良好。

【关键词】计算机游戏；中学化学；沉淀；C#

初三学生刚接触化学不久，如果在学习过程中把化学知识与计算机游戏融合在一起，不仅能让学生产生浓厚的学习兴趣，而且能让学生在游戏中享受学习的乐趣。“沉淀连连看”记忆游戏软件就是为提高学习效率而开发。软件将初中化学知识点——沉淀化合物融入游戏中，下面是我们的具体开发过程。

一　软件开发工具的选择

C#是集各编程之所长的一门完全面向对象程序设计语言。C#中有丰富的类库，其中包括开发此游戏软件重点使用到的 ADO. NET 类库。对一个数据库应用系统的开发者来说，一个重要的技术环节是研究数据库的访问技术和方法，ADO. NET 类库中的 Data Adapter、Command 及 Data Reader 对象完成与数据库直接连接，数据传输结束关闭数据库连接，还能极大降低系统资源耗费。ADO. NET 提供完全基于 XML 格式的数据存取对象，此游戏软件是利用数组对接收数据进行了暂存，随着数据的扩充可以利用 ADO. NET 中的 DataSet 等对象实现数据的高效缓冲及管理，其中 XML 进行数据交换时可以直接通过防火墙。由于 XML 是简单的文字数据，接收端的应用程序或组件就不受以 COM 为基础的应用程序的限制，还能节省使用 marshaling 的数据包装、类型转换过程，提高了数据交换的速度。另外，C# 中的命名空间 System. Net. Sockets 提供不同的类型，能广泛支持有网络功能的应用程序。这些都为此游戏软件的功能扩充提供了坚实的技术基础。

---

① 该文刊于《广东化工》2011 年第 2 期第 203 页。

二　开发流程及编程技巧

该软件的开发历时半年，分为三个阶段。

(1) 流程的设计。根据酸、碱、盐的溶解性选择相互之间能生成沉淀的阴、阳离子，用表格进行录入校对，并对各游戏界面进行美工设计、文字编辑（如下图所示）。

a　　b　　c

游戏界面

(2) 软件客户端模块制作，设置了过关的功能、背景音乐、游戏操作说明等，其中连接对碰功能是此游戏软件的核心功能，是通过一个监视变量 trackl 跟踪每个按钮的标记属性 record index 值实现的。trackl 暂存某当前按钮的 record index 属性值，即接受一个对碰任务，若下一个按钮的 record index 属性值与 trackl 值相等，则找到需要对碰的对象，移除这两个按钮，完成一次对碰；之后将监视变量 trackl 值清零，准备接受下一次对碰任务，依此原理重复操作，直至所有按钮全部移除，宣告游戏结束。主要功能码实现如下：

```
using System;
using System. Collections. Generic;
using System. Linq;
using Microsoft. Xna. Framework;
using Microsoft. Xna. Framework. Audio;
using Microsoft. Xna. Framework. Content;
using Microsoft. Xna. Framework. GamerServices;
using Microsoft. Xna. Framework. Graphics;
using Microsoft. Xna. Framework. Input;
using Microsoft. Xna. Framework. Media;
using Microsoft. Xna. Framework. Net;
using Microsoft. Xna. Framework. Storage;
namespace WindowsGame3
{
public class Game1 : Microsoft. Xna. Framework. Game
```

```
    {
      GraphicsDeviceManager graphics;
      SpriteBatch spriteBatch;
      UIButton a;
      UIButton b;
      bool isstart = false;
      string over1,over2;
      string _out1,_out2;
      GameEnginee g;
      int x;
      int y;
      bool ismousepress = false;
      public Game1()
    {
      graphics = new GraphicsDeviceManager(this);
      Content.RootDirectory = "Content";
    }
      public void Start()
    {
      isstart = true;
    }
    public void Stop()
    {
      isstart = false;
    }
    protected override void Initialize()
    {
    _out1 = "..//..//..//Content//startbutton1.jpg";
    over1 = "..//..//..//Content//startbutton2.jpg";
    a = new UIButton(graphics.GraphicsDevice, over1, _out1, 1
00, 50)
    _out2 = "..//..//..//Content//stopbutton1.jpg";
    over2 = "..//..//..//Content//stopbutton2.jpg";
    b = new UIButton(graphics.GraphicsDevice, over2, _out2, 1
00, 50);
    b.SetPosition(100, 200);
    base.Initialize();
    g = new GameEnginee(graphics.GraphicsDevice, Content, "
```

```
Content//1", "Content//2");
    g. Init();
    this. IsMouseVisible = true;
    }
    protected override void LoadContent()
    {
    // Create a new SpriteBatch, which can be used to draw text
ures.
    spriteBatch = new SpriteBatch(GraphicsDevice);
        }
    protected override void UnloadContent()
    {
    }
    protected override void Update(GameTime gameTime)
    {
    // Allows the game to exit
    if (GamePad. GetState(PlayerIndex. One). Buttons. Back = = B
uttonState. Pressed)
    this. Exit();
    MouseState ms = Mouse. GetState();
    x = ms. X;
    y = ms. Y;
    bool isbutton1press = a. MouseMove(ms. X, ms. Y);
    if (ms. LeftButton = = ButtonState. Pressed)
    {
    ismousepress = true;
    }
    Else
    {
    ismousepress = false;
    }
    if (isbutton1press = =true && ms. LeftButton = = ButtonStat
e. Pressed)
    {
    a. MousePress(this. Start);
    }
    bool isbutton2pressed = b. MouseMove(ms. X, ms. Y);
    if (isbutton2pressed = =true && ms. LeftButton = = ButtonS
```

```
tate. Pressed)
{
b. MousePress(this. Stop);
}
base. Update(gameTime);
}
protected override void Draw(GameTime gameTime)
{
GraphicsDevice. Clear(Color. CornflowerBlue);
spriteBatch. Begin();
if (isstart  = =  false)
{
a. Draw(spriteBatch);
b. Draw(spriteBatch);
}
Else
{
g. Render(spriteBatch);
g. Update(ismousepress,x, y);
}
spriteBatch. End();
base. Draw(gameTime);
    }
}
}
```

（3）软件的试行与改进。从 2010 年 8 月底完成该游戏软件的主体模块编制测试后，9 月份将其投入测试并对该软件系统的某些功能进行改进。

三　结　语

此游戏软件的开发，有效利用了计算机技术手段，可以在很大程度上增强学生学习化学的兴趣，提高学习效率。由于此游戏软件容易实现软件系统的可扩展性，开发者根据实际需求可以随时增加新的化学知识及对应数据（如正在进行编辑中的“化合物命名连连看”），使此软件能够得到不断充实和完善，从而开发成一个系列游戏。

参考文献

［1］张爽．浅谈游戏化学习软件的设计［J］．硅谷，2008（22）：108.

［2］黄美璇．我国教育游戏软件有效设计与开发初探［J］．福建电脑，2009（7）：44~45.

［3］广毅．教育与游戏的结合之路［J］．中国远程教育，2004（18）：61~63.

［4］王玉龙．教育游戏软件的设计与开发流程研究［J］．现代计算机（专业版），2008（10）：116~119.

［5］刘巍，徐鑫．教育游戏软件的开发原则和方法［J］．中小学电教，2006（8）：16~18.

［6］张琪，陈琳．教育游戏发展的思考——从当今网络游戏的火爆谈起［J］．教育信息化（学术版），2006（9）：19~20.

［7］张开利，齐智敏．“电子商务词语连连看（英语版）”网络版游戏软件的开发［J］．辽东学院学报（自然科学版），2007（2）：88~91.

“化合物命名连连看”学习型游戏软件的开发[①]

2008级本科生：郑楚萍　许　越　吴锦伟

指导教师：袁明华　袁田田

【摘　要】针对之前开发的“沉淀连连看”记忆游戏软件中的某些缺陷进行改进，并筛选另一初中知识点开发出“化合物命名连连看”学习型游戏软件，此游戏软件具有清晰的整体框架和良好的可操作性。

【关键词】学习游戏；中学化学；无机化合物；C#

学习型游戏是以知识的识记为内容和目的的游戏，以游戏为手段和平台的学习。学习型游戏具有学习和游戏两重性质，使游戏和教育能够相辅相成。“化合物命名连连看”学习型游戏软件将初中化学知识点——无机化合物及其命名融入游戏中，有利于初三学生对无机化合物及其命名这一知识点的学习，提高学生的学习效率。

一　“化合物命名连连看”学习型游戏软件的开发流程及结构

（1）学习型游戏软件的设计及开发流程（如图1所示）。

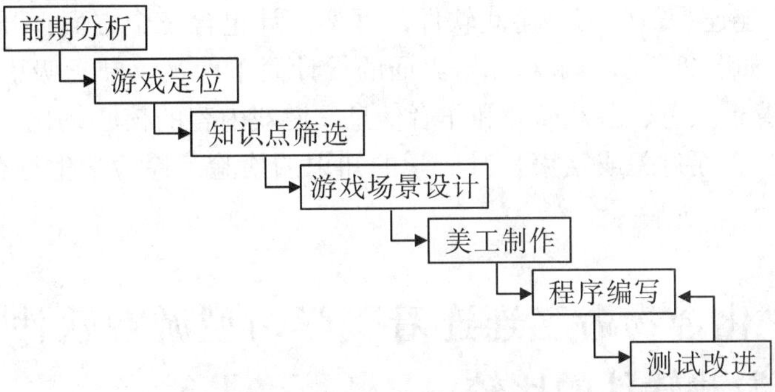

图1　软件开发流程

① 该文刊于《广东化工》2011年第9期第212页。

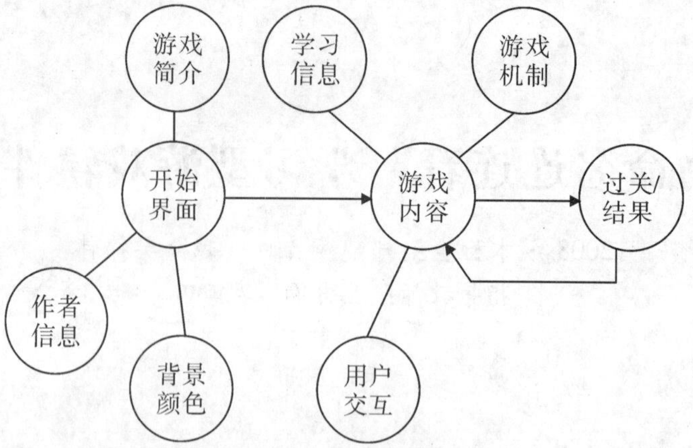

图2　软件的结构

a　　　　　b　　　　　c

图3　游戏界面

该软件的开发从前期分析到程序的编写完成历时两个月，比之前开发“沉淀连连看”记忆游戏软件大大节省了时间。

（2）学习型游戏软件的结构。

“化合物命名连连看”学习型游戏软件的框架设计包含三个方面：开始界面、游戏内容、过关/结果，如图2所示。游戏开始界面的设计简单而又不缺乏吸引力，主要包括三个方面的内容：背景颜色、游戏简介和作者信息。游戏内容的核心是化学知识，在与用户的交互中传播知识，而过关或结束是对所学的知识的检验，检验学生是否达到学习目标，如图3所示。

二　“化合物命名连连看”学习型游戏软件与“沉淀连连看”记忆游戏软件的比较

1. 共同点

（1）游戏类型相同。两者本质上都属于学习游戏软件，且游戏规则相似。

（2）游戏目的相同。让学习者在游戏的情境中玩耍和探索，有利于激发学生的学习兴趣，从而习得知识和获得情感体验，实现学习目标。

（3）软件开发工具相同。两者都采用 C#程序设计语言编写程序。

2. 不同点

（1）知识点的选取不同。“化合物命名连连看”学习型游戏软件选取初中化学知识点——无机化合物及其命名，而“沉淀连连看”记忆游戏软件主要针对初中化学知识点物质的溶解度中的沉淀化合物的识记。

（2）游戏关卡设置不同。“化合物命名连连看”游戏软件中共设置了五个关卡，根据无机化合物的负离子的不同，分别设置了氧化物、氢氧化物、硫酸化合物、硝酸化合物和无机化合物（各种化合物随意产生）五个关卡，而“沉淀连连看”游戏软件各个关卡的不同只体现在数量的增加上。

（3）“化合物命名连连看”游戏软件在程序代码的编写上采用了灵活设计，设计者可以添加游戏内容和设置难度。

三　结　语

该游戏软件的开发，是在“沉淀连连看”记忆游戏软件的开发基础上，进一步对游戏软件的改进和完善，是学习型游戏系列软件之一。该游戏内容与课本知识的匹配性好，针对性强，集知识性、趣味性、娱乐性等功能于一体，能有效地激发学生学习兴趣，促使学生思维、动作技能的发展。

参考文献

［1］郑楚萍，许越，吴锦伟等．“沉淀连连看”记忆游戏软件的开发［J］．广东化工，2011（2）：203～204.

［2］黄纯国．游戏化学习与电脑教育游戏探微［J］．江苏技术师范学院学报，2006（4）：63～67.

［3］广毅．教育与游戏的结合之路［J］．中国远程教育，2004（18）：61～63.

［4］王玉龙．教育游戏软件的设计与开发流程研究［J］．现代计算机（专业版），2008（10）：116～119.

［5］张爽．浅谈游戏化学习软件的设计［J］．硅谷，2008（22）：108.

［6］周浩慧．教育游戏：一种寓教于乐的新方式［J］．电脑知识与技术，2009（8）：1958～1959.

［7］刘巍，徐鑫．教育游戏软件的开发原则和方法［J］．中小学电教，2006（8）：16～18.

应用电子表格于光学教学①

2009级本科生：杨玲玲等
指导教师：林燕如

【摘　要】在光学课程教学中，经常遇到理论结果的数学表达式，而直接应用课本中的图表无法使学生对该结果有深刻认识，通过实践帮助学生理解这些表达式可以加深其对课本内容的掌握程度。该文通过一个例子，把电子表格的数值计算功能引入到光学课程教学上，并介绍了我们的做法和一些经验。

【关键词】课程教学；数值计算；电子表格

采用数值计算手段对定量理论结果进行分析，有助于加强对定量理论结果的直观认识。应用广泛的软件工具首推Matlab，它具有优秀的计算能力，不足之处是需要学习这种工具的复杂的语言和语法，还要编程和调试，费时费力。基础光学课程是一门专业基础课程，很多光学过程都需要经过严格的定量分析，才能得到反映各种光学量关系的定量表达式。虽然教材中也给出这些公式的定量图表和曲线关系，但学生的直接经验和体会还是很肤浅。因此，在教学过程中让学生应用一些软件工具，通过亲身实践对定量关系式中各个变量的关系以数值计算方式得出并用图表来表现，能够加深学生对这些知识的认识和理解。寻找一种不需要那么费劲学习语言和语法、编程就可以获得数值计算的软件工具，不仅有利于教师教学，还能提高学生的学习兴趣。电子表格这种工具具备进行数值计算的三个要求：①具备比较完备的初等函数库；②表格形式的数值计算功能；③画图表功能。而且它没有复杂的语法和语言，是教与学的好帮手。下面通过一个例子总结我们把电子表格应用于光学课程教学中的一些经验。

一　多光束干涉的透射光强与相位差的关系

多光束干涉是光学课程干涉定量分析中的一个典型例子。入射光经过厚度为h、折射率为n的透明介质的多次透射后，这些透射光强将产生多光束干涉（如图1所示），透射光强的空间分布不仅与相位差有关，也受到介质表面反射率大小的影响，不同的反射率将

① 该文刊于《电脑知识与技术》2009年第33期第9361页。

影响透射条纹的细锐程度。透射光强表达式为：

$$I(\delta) = \frac{I_0}{1 + \dfrac{4R\sin^2(\dfrac{\delta}{2})}{(1-R)^2}} \qquad ①$$

其中，相位差为δ，从式①中可以知道透射光强与δ和反射率R有关，是一个关于δ和R的复合函数。下面在电子表格中采用数值计算方法定量研究反射率和相位差对透射条纹光强空间分布情况的影响。

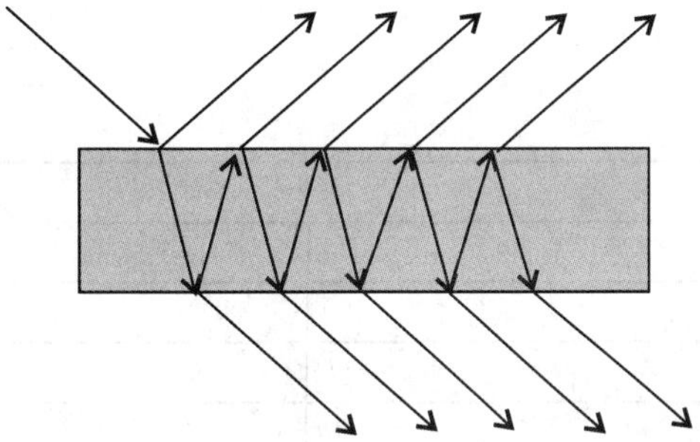

图1　多光束干涉

数值计算部分数据表

1	2	3	4		
			1/ {1 + [4 * R * $\sin^2$ (δ/2) 2] / $(1-R)^2$}，I =1		
	δ	$\sin^2(\delta/2)$	$R=0.75$	$R=0.95$	$R=0.25$
0	0	0	1	1	1
1	0. 13	0	0. 84	0. 14	0. 99
2	0. 25	0. 02	0. 57	0. 04	0. 97
3	0. 38	0. 04	0. 37	0. 02	0. 94
4	0. 50	0. 06	0. 25	0. 01	0. 90
5	0. 63	0. 10	0. 18	0. 01	0. 85
6	0. 75	0. 14	0. 13	0	0. 81
7	0. 88	0. 18	0. 10	0	0. 76
8	1. 01	0. 23	0. 08	0	0. 71
9	1. 13	0. 29	0. 07	0	0. 66
10	1. 26	0. 35	0. 06	0	0. 62
11	…	…	…	…	…

具体做法如下：令$I_0=1$，采用电子表格的数值计算的部分数据结果如上表所示。表中不是把δ直接代入式①进行计算，而是从透射光强表达式分解出δ、$\sin^2(\delta/2)$两项，然

后再代入式①。上表中第一列为初始数据，可以根据需要进行放大、缩小后作为函数的变量输入数值，同时通过放大或缩小可以调整函数变量输入数值的计算间隔并影响计算精度；第二列是函数的变量输入数值即相位差 δ，它是由第一列数据缩小 100 倍获得；第三列是 $\sin^2(\delta/2)$；第四列是对应三个不同反射率的透射光强分布情况，由于直接将透射光强表达式代入相位差值进行运算的函数复合关系比较复杂，把其进行分解后再运算比较方便，因而先用第一列数据计算得到第三列数据，然后在透射光强的运算中把第三列的数据代入。透射光强曲线如图 2 所示，图 2 存在三种不同的反射率的透射光强分布曲线，显示随着反射率增大，透射光强对 δ 的变化越来越敏感，空间分布越来越细锐。

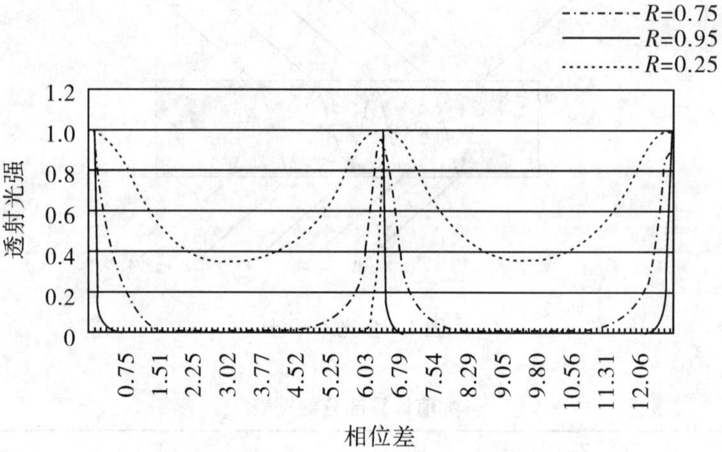

图 2　不同反射率的透射光强与相位差的关系

二　经验与建议

通过上面的例子并结合大量的实践，应用电子表格有如下几点建议：

（1）设立一列初始数据，通过对初始数据的放大或缩小获得函数表达式中每个输入变量的大小和间隔，并决定计算结果精度和图表中曲线形状的精度，例如上表中的第一列。

（2）电子表格中各列的数据可以存在运算上的联系，一旦某个列中参量的取值发生变化，后面其他用到该参数的列的结果也发生改变。一般公式中的每个自变量各占一列，受该参量影响的函数表达式也占用一列，这样便于改变被研究参数的取值从而观察它对函数值的影响。例如为了分别研究透射光强公式中相位差 δ 对曲线形状的影响，这个变量占一列；由于每个反射率 R 是常量，可以单独占一列，也可以直接代入函数表达式进行计算。

（3）有些公式比较复杂，如果直接输入变量进行运算，可能比较复杂，因此可以把整个理论公式作为一个复合函数，按照函数的特点分解成几个小函数各占一列，再应用这些列的数据进行运算得出最后的结果。例如把 $\sin^2(\delta/2)$ 分离出来进行运算后再代入透射光强表达式。

（4）常用图表是折线类，可以利用电子表格的功能转化成其他类型图表。

可以这么说，在对数值计算要求不高的场合，电子表格是一种比较合适的教学工具。

参考文献

［1］赵凯华．新概念物理教程·光学［M］．北京：高等教育出版社，2004.

［2］赵凯华，钟锡华．光学（上、下册）［M］．北京：北京大学出版社，1984.

［3］全国专业技术人员计算机应用能力考试专家委员会．EXCEL 97 中文电子表格（第2版）［M］．沈阳：辽宁人民出版社，2002.

基于 Authorware 的邮票上化学史课件制作①

2001 级本科生：蔡坤联
指导教师：衷明华

【摘　要】本文介绍邮票上的化学史课件的设计思想、总体结构、制作过程以及制作时应注意的问题。

【关键词】课件；邮票；化学史

一　前　言

化学史涉及的内容多而且杂，课堂缺乏活力，很容易使学生感到乏味。邮票以方寸之微，凝聚了古今大千世界的万般变化，其内容繁多，美不胜收。正由于化学史知识的广泛性和邮票内容的丰富性，决定了化学史与邮票关系的密切性。本文试使用 Authorware 把散见在邮票上的化学史内容连贯起来制成多媒体课件并作探析。

二　课件设计思想及总体结构

1. 课件设计思想

利用邮票内容的丰富性及多媒体的强大表现力，展开形象的化学史教育。

2. 总体结构

（1）首页：它是本课件的统领，可实现分支与首页之间的快速跳转。

（2）分支：由前言、化学的起源、古典时期、寻找新元素、工业中的化学、医药化学及生物化学、结构化学等模块组成，每一模块都含有邮票的展示和解说。分支与分支之间、分支与首页之间可任意地跳转、切换；各部分均有可增性和可减性，方便今后的扩充与修改。

① 该文刊于《江西化工》2007 年第 3 期第 109 页。

三　课件开发平台、应用软件及运行环境

开发平台：Windows XP；著作工具：Authorware 6.5；图形处理软件：Adobe Photoshop 7.0 及 Windows XP 画笔工具；动画处理软件：Flash 5.0 及 Firework MX。课件最终产品以可执行文件形式存储在光盘上，其运行环境要求 CPU 为 128 MHz 以上，内存为 16 MB 以上的 Windows 98 或 Windows XP。

四　课件的制作

本课件按照素材组织建立框架、编排链接、修改、合成四个步骤进行。制作时以文献为基础，参考其他化学史实进行文字组织；为了提高学生的兴趣，采用 Photoshop、Firework 等工具设计不同的背景框架图，并引进 Flash、GIF 动画和 MIDI 背景音乐。

五　课件各构架的功能与设置

1. 首页的设置

首页是对本课件的总体布局，它连接各章节。首页的流程制作图及具体界面如下。

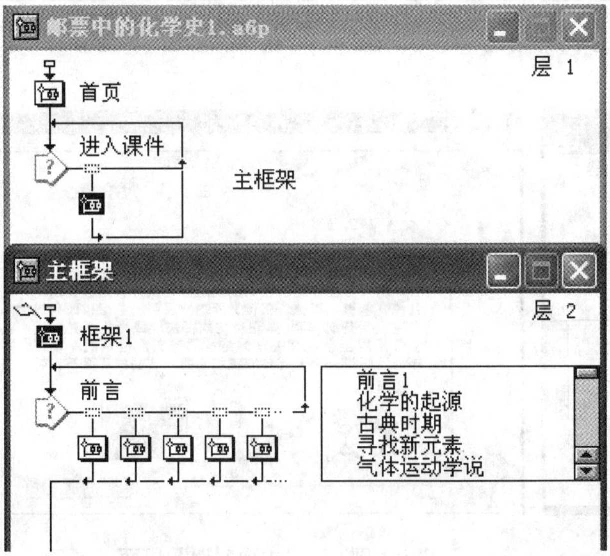

图1　首页流程 1

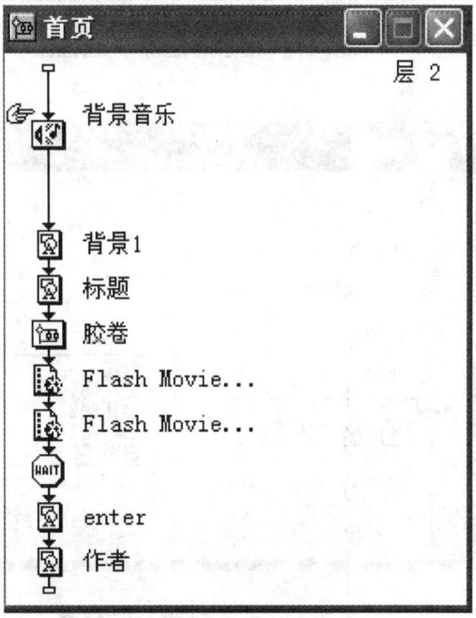

图2　首页流程 2

图3　首页界面1

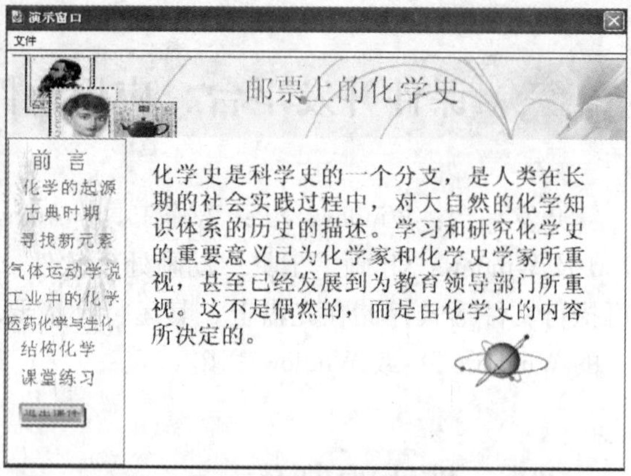

图4　首页界面2

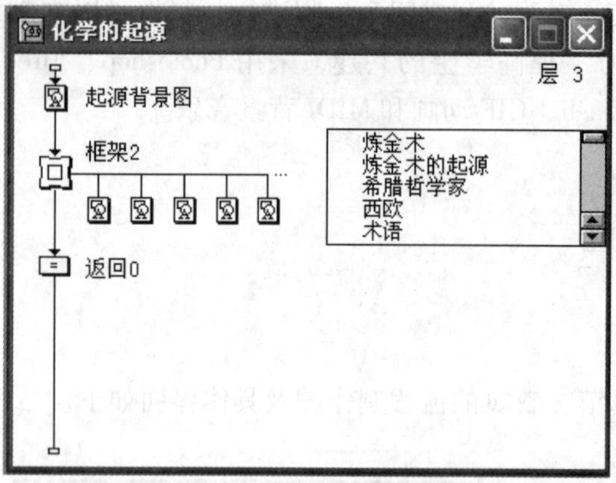

图5　“化学的起源”流程图

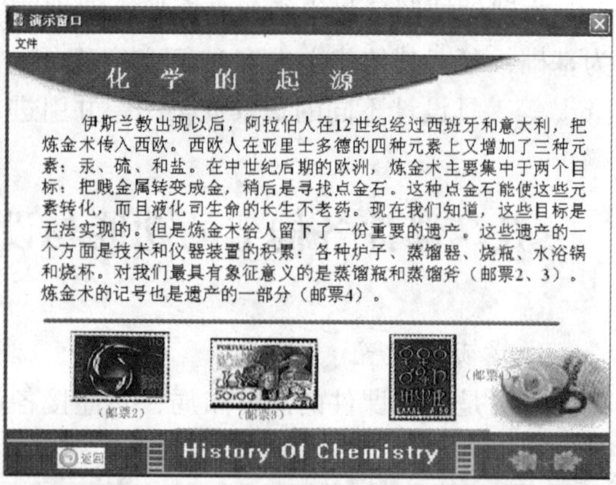

图6　“化学的起源”界面

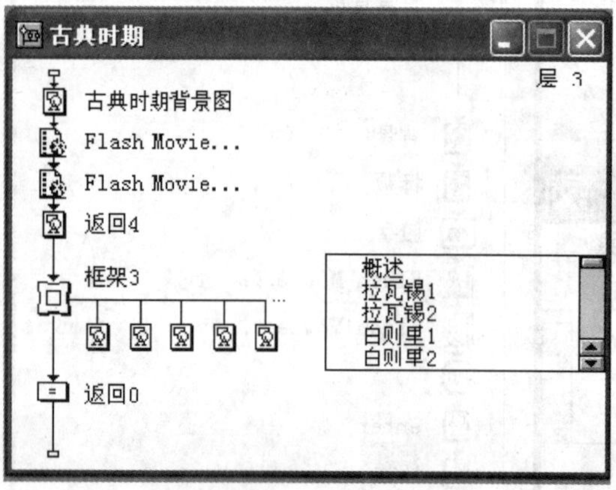

图7　“古典时期”流程图

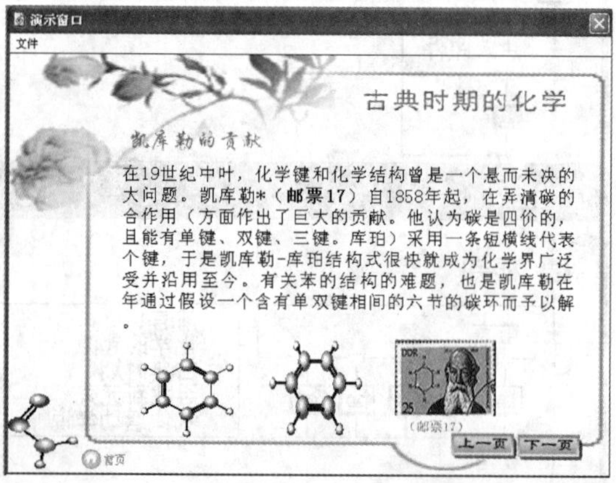

图8　“古典时期”界面

前言：主要对化学史作概述，并阐述邮票与化学史之间的密切联系，同时对课件作系统说明。

化学的起源：主要介绍化学的起源，特别介绍了炼金术的发展及各个国家的炼金技术及相关化学家（炼金士）的故事。其设计流程图及界面见图5、图6。

古典时期：介绍古典时期的化学发展历程，特别介绍了拉瓦锡、白则里等化学家的有趣故事。其设计流程图及界面见图7、图8。

寻找新元素、工业中的化学、医药化学及生物化学、结构化学等化学发展历程的设计流程图大致与图5、图7相似，此处不再赘述。

2. 各分支的设计

各分支具体由前言、化学的起源、古典时期、寻找新元素、工业中的化学、医药化学及生物化学、结构化学等模块组成。各个模块利用框架图标的交互性，结合计算图标的函数功能实现各个页面之间的跳转，用起来较方便，同时又方便修改。

六　课件研制应注意的问题

（1）多媒体CAI教学课件应根据教学规律和多媒体计算机技术的特点，设计整个教学课件的教学流程，突出重点和难点，并辅以声音、图像、动画，帮助学生理解和掌握教学内容，加强与学生的交流，激发学生的学习兴趣。

（2）在课件的制作过程中目的要明确，根据教学目标设计课件的功能，避免华而不实，只注重界面的美观而忽略了实际教学内容。就教学目的而言，CAI课件只是手段而已，不能只考虑它的视觉效果，还应结合课程特点，考虑它对学生的启示作用及该课程要达到的教学目的。

（3）多媒体CAI化学史课件只是教学辅助教材，它不能完全代替教学，在实践中应注意既要充分发挥CAI课件的辅助作用，又要注重对学生综合素质的培养，培养学生分析、解决问题的能力和勇于创新的能力。

七　结束语

邮票宛如一幅幅袖珍的教学插图，生动形象、多姿多彩，它能帮助学生理解课文的内容，拓宽知识面；邮票又是一种理想的微型教具，以其体积小、易收藏取胜，而多媒体课件的制作又使它得以清晰地在每一位学生眼前展现。邮票上的化学史课件让人们在欣赏邮票的同时，学到了化学史知识。它不仅能叙述化学史实、再造形象，而且能激趣求知，进行爱国主义、崇尚科学的精神教育。

参考文献

［1］周开亿等．邮票上的光谱学和化学史［M］．北京：科学出版社，1991.
［2］刘春．Authorware 5.0 实战与精通［M］．北京：清华大学出版社，1999.

潮州市高中化学教师教育科研能力的现状调查[①]

2001 级本科生：李文辉
指导教师：袁明华　赖鹤鎏

【摘　要】本文借助问卷调查的方式从学校层面和教师自身的层面对潮州市高中化学教师教育科研能力的现状进行了调查，寻找存在的问题，提出了提高高中化学教师教育科研素质的几点建议。

【关键词】潮州；高中化学教师；教育科研；现状

振兴民族的希望在教育，振兴教育的希望在教师[②]。随着 2004 年 9 月高中化学新课程在广东、山东、宁夏和海南四个省级试验区试行，并逐步向全国大面积推广，越来越多的高中化学教师认识到：当今的教师不只是所谓的知识“传授者”，更重要的是学生科学素养发展的促进者和引导者；不只是课程教材的被动执行者，更重要的是新课程的探索者和开发者；不只是课堂上的施教者，更重要的是教育实践的研究者和创造者[③]。那么，潮州市高中化学教师教育科研能力如何呢？我们以潮州市高中化学骨干教师为个案，调查他们开展教育科研的现状，以期寻找潮州市高中化学教师在教育科研上存在的问题并提出相应的对策。

一　调查的对象、内容和方法

调查的对象是潮州市高中化学骨干教师。调查的内容主要有学校对教师教育科研的要求，学校教育科研组织与指导形式，学校教育科研的氛围以及高中化学教师对教育科研的认知，开展教育科研的价值取向，从事教育科研的能力水平、优势与局限等。调查的方法是利用 2007 年潮州市化学学科高中骨干教师在韩山师范学院进行市级培训的机会，对参加培训的潮州市 52 所中学的化学学科高中骨干教师（共 59 位）进行现场问卷调查，共发出调查问卷 59 份，收回 57 份。此外，我们还利用讲课的机会进一步深入教师中访谈。

---

① 该文刊于《广州化工》2007 年第 5 期第 78 页。

② 袁振国．教育新理念［M］．北京：教育科学出版社，2002.

③ 郑金洲．校本研究指导［M］．北京：教育科学出版社，2002.

二 调查结果与讨论

1. 学校对教育科研有要求但没有落到实处

通过与教师座谈了解到，上级管理部门本身就没有给中学拨相应的教育科研经费，学校正常运转的开支捉襟见肘，再划拨科研经费有困难。因此，在学校层面一般认为教育科研属于“锦上添花”的事情，教学质量的提高才是硬道理。从表1中可见，虽然学校对教师教育科研有要求，但一半以上的学校没有落到实处；大多高中化学教师教育科研处于自生自灭状态，缺乏专家的专业引领；教师对学校的科研氛围不是很满意。

2. 教师教育观念在更新，科研意识在唤醒

教学要研究，教育科研是为了促进教学，为了教得更好。从表2、表3中可见，不论是迫于外部压力还是源于内在兴趣，越来越多的教师已认识到教育科研的重要性，具有从事教育科研的冲动和意愿；教师们从事教育科研的价值取向是多元化的，有的有较浓厚的功利性色彩。

表1 学校对教师教育科研的要求、组织和指导形式及学校教育科研氛围调查

问题	回答	百分比
学校对教师教育科研的要求	A. 有明确的要求	15.8%
	B. 有要求，但没有付诸实践	52.6%
	C. 基本上没有要求	31.6%
	D. 没有要求	0
学校对教育科研组织和指导的形式	A. 专家指导	0
	B. 学校、教研室和教科室指导	36.8%
	C. 没有指导	63.2%
学校教育科研的氛围	A. 大多数教师都在从事教育科研，学校教育科研的氛围较浓厚	5.2%
	B. 有部分教师在从事教育科研，学校教育科研的氛围一般	36.8%
	C. 只有个别人或基本上没有人在从事教育科研，学校教育科研的氛围淡薄	58.0%

表 2　化学骨干教师对教育科研的认知和从事教育科研的意识、动机调查

问题	回答	百分比
您对教育科研的看法	A. 教育科研很重要	0
	B．教育科研是重要的，但没必要一定搞教育科研	63. 2%
	C. 教育科研不重要	36. 8%
	D. 教育科研是专家、学者的事，与自己无关	0
您从事教育科研的意识	A. 没有想过教育科研	0
	B. 偶尔想过教育科研	84. 2%
	C. 经常思考教育科研	15. 8%
您从事教育科研的动机	A. 迫于外部压力而从事教育科研	42. 1%
	B. 源于对教育科研的内在兴趣和需要而从事教育科研	57. 9%
	C. 之所以搞教育科研，是因为别人都在搞	0

表 3　化学骨干教师开展教育科研的价值取向调查

问题	回答	百分比	备注
您开展教育科研的价值取向	A. 因为学校和领导有要求而从事教育科研	5. 3%	另外，10. 5% 同时选择了 B、D、E；10. 5% 同时选择了 B、E；5. 3% 同时选择了 B、D；5. 3% 同时选择了 D、E、F
	B. 因为评职称和考核的需要而从事教育科研	26. 3%	
	C. 因为别人都在搞，我不得不搞教育科研	5. 3%	
	D. 为了改进教学、提高教学质量而搞教育科研	15. 8%	
	E. 为了提高自身素质而搞教育科研	10. 5%	
	F. 因为对教育科研本身感兴趣而搞教育科研	36. 8%	

3. 教师实际的教育科研能力还不强

从表 4 可见，潮州市高中化学骨干教师具有一定的教育科研知识，但尚不能及时地发现有价值的研究课题，对教育科研能力自我感觉一般，不能够在公开发行的专业学术刊物上发表论文。通过访谈我们还了解到，有的化学骨干教师对中学化学教育科研的方向把握不准，有的缺乏研究策略，有的以为教育科研就是“剪刀加糨糊”等，他们迫切需要专家提供一套操作性强的实用手册，对教育科研有着强烈的愿望。

表4　化学骨干教师从事教育科研的能力与水平调查

问题	回答	百分比
您对教育科研知识与理论的掌握	A. 知道教育科研概念	26.3%
	B. 理解和掌握标准差、相关系数等概念的含义	15.8%
	C. 知道教育科研的基本过程与常用的研究方法	52.6%
	D. 对教育学、心理学及学科教学法等学科领域比较熟悉	5.3%
您发现教育科研选题的能力	A. 头脑中随时有灵感闪现，能经常找到教育科研的选题	0
	B. 在寻找教育科研选题上感觉一般	84.2%
	C. 很难找到教育科研的选题	15.8%
您对教育科研能力与水平的自我认知	A. 自认为教育科研能力和水平“高”	0
	B. 自认为教育科研能力和水平“一般”	84.2%
	C. 自认为教育科研能力和水平“低”	15.8%
您发表学术论文的情况	A. 能够“在公开发行的专业学术刊物上发表论文”	0
	B. 能够“在内部发行的专业学术刊物上发表论文”	47.4%
	C. “虽然撰写了学术论文，但没有刊发”	47.4%
	D. “基本上不能够撰写学术论文”	5.2%
您开展教育科研的方式	A. 能够独自开展教育科研	52.6%
	B. 与同事合作开展教育科研	31.6%
	C. 在专家的指导下开展教育科研	0
	D. 基本上不能够独立开展教育科研	15.8%
您从事教育科研的实际行为	A. 经常撰写	5.3%
	B. 偶尔撰写	78.9%
	C. 基本上没有撰写	15.8%

4. 教师工作负担重，很难静心搞科研

从表5可见，骨干教师认为自身的优势在于了解学生、熟悉教学内容和有实践经验。这确实是优势，因为教育科研离不开学生、离不开实践。教师在从事教育科研过程中遇到的困难是多方面的，其中最突出的困难是时间不够。白天上课、改作业、处理班级事务，晚上备课写教案应付常规教学，一周之中可供教师们自由支配的时间屈指可数。除了吃饭睡觉以外，也就是周日的一天或半天，其余的时间都在学校。早晨学生未到，老师得先到，如果家离学校远的话，早晨五六点钟就得从家里出发，晚修后回到家已九点，甚至十点钟。

表 5　化学骨干教师从事教育科研的优势与局限调查

问题	回答	百分比	备注
您从事教育科研的优势	A. 教育实践经验丰富	15.6%	另外，5.3%认为自己同时具备 A、B、C、D，5.3%认为自己具备 A、C，5.3%认为自己具备 C、D，15.8%认为自己具备 B、C
	B. 与学生接触密切、了解学生的情况	42.1%	
	C. 对教学内容比较熟悉	31.7%	
	D. 自己教育理论修养较好	10.6%	
您从事教育科研的局限与困难	A. 时间不够	45.6%	另外，5.3%认为自己同时具备 A、B、C、D，5.3%认为自己同时具备 A、C、D，5.3%认为自己同时具备 B、D，5.3%认为自己同时具备 B、C，5.3%认为自己同时具备 A、B
	B. 缺乏研究资料	29.0%	
	C. 缺乏专家指导	14.9%	
	D. 教育理论素养不高，不了解教育科研知识与技能	10.5%	

三　提升高中化学教师教育科研能力的建议

从调查结果看，潮州市高中化学教师教育科研能力的整体状况还不是十分理想，与新课程改革的实际需要尚有差距。如何改变现状？脱产进修、在职培训、日常教学实践反思、自学等都是不错的方法，但最有效的方法还是校本培训。它主要由自我反思、同伴互助、专业引领三大要素组成；它的关键是抓落实、多激励。教师的教育科研不必向专业研究者的教育科研看齐，它是为了解决自己所面临的问题而展开的研究，是为自身的发展并为改变所面对的独特境况而进行的研究。

谈化学特色专业的建设与学生综合素质的培养[①]
——以韩山师范学院为例

2007级本科生：陈秋平
指导教师：严赞开　袁明华

【摘　要】文章重点分析了韩山师范学院（下文简称“我校”）化学教育专业办学中存在的专业方向不明确、培养人才目标模糊等问题，介绍了化学教育特色专业建设“1+2+1”的人才培养方案，并提出了学生综合素质评价的新标准，其中加大了学生创新能力、知识应用能力方面的权重，以此强化管理，更好地培养学生的综合能力。
【关键词】特色专业；培养方案；综合素质

自基础教育新课程改革以来，国家正在逐步实现由师范教育向教师教育的转变。改革和发展在赋予教师教育以新的目标、内容、方式和方法的同时，也明确了教师教育的专业化方向。就高等师范院校（以下简称“高师院校”）教师教育而言，其基本出发点是为基础教育培养合格的人才；而新课程改革对教师提出了新的要求，作为一名合格的基础教育教师应为创新型人才。一个地方的高师院校，要搞好教师教育，培养出创新人才，就必须进行教育的创新。本文剖析我校化学教育专业发展中存在的问题，陈述了化学特色专业建设的总体思路，结合我校化学教育专业人才培养方案，提出了学生综合素质评价的新标准，旨在推动教师教育人才培养的改革与发展。

一　存在的问题

作为全国高师院校的一员，我校存在着师范教育的共性问题，随着新课程改革的深入，许多方面已落后于社会的发展。存在的主要问题如下：

（1）专业方向不明确。师范教育实际上是一种“双专业”教育，即职前教育肩负着学科专业教育与师范教育。长期以来，师范教育只注重学术性，着力于培养“有学问”的教师，而忽视了教师职业的专业性和示范性，其结果是学生学到了“教什么”，不明白“怎样教”，致使培养出来的职前教师没有足够的教育专业素质，缺乏解决实际问题的能力。

---

① 该文刊于《新课程研究》2011年总第238期第94页。

（2）课程设置不合理。在师范教育课程总体设置上是以学科知识为主，过分注重专业学科的知识体系，偏重于按学科专业模式来培养教师，单纯强调学生对所任学科领域知识的系统掌握，忽视对学生作为职前教师的专业素养的培养。

（3）教育实践环节薄弱。由于教育专业课程总学时少，教学安排上只重理论而轻实践，大部分课程无实践教学内容。即便是教育实习，同样存在着实习时间短、实习指导不力、实习过程流于形式、实习管理不到位等一系列问题。

（4）培养人才目标模糊。作为地方师范院校，以前在人才培养规格、层次、修业年限、课程设置等方面盲目模仿重点师范大学。结果培养的师资在城市重点中学难以找到岗位，在乡村中学工作又不安心，不利于乡村教育的发展与进步。我校化学特色专业将培养人才目标定位为乡村中学职前教师，强调对现代教育技术应用能力的培养。

二　化学特色专业建设的总体思路

（1）明确人才培养的目标。高师院校教师教育的培养目标是培养基础教育需要的合格的师资。这一培养目标强调人才的高素质和广适性，具有宽口径，突出复合型和创新型的人才特征。要实现这一目标，一方面要树立现代教育理念，由师范教育转变为教师职业教育；另一方面要培养自身教育专业的特色，我校化学教育专业将人才培养目标定位为乡村中学职前教师，强调学生具有扎根化学教育、服务地方的信念，注重现代教育技术应用能力的培养。

（2）修订人才培养方案。目前国内大多数师范院校采用“平台＋模块”，即“2＋2”或“3＋1”的培养模式，指前2年或3年按学科大类（平台）进行通识培养，后2年或1年按学科专业方向（模块）进行专业培养，这类培养模式使教师教育课程边缘化，培养出来的毕业生似乎并不比综合性大学的毕业生更具教育专业性。针对这种培养模式的利弊，我校化学教育专业提出了新的人才培养方案，培养方案包含三个方面的内容，即“1＋2＋1”的课程结构控制、区域文化教育及“全程教育实践＋竞赛”。详解如下：

①“1＋2＋1”培养模式。前面的“1”是指用1学年的时间学习包括“两课”、“大学英语”、“大学语文”等通识课程，以提高学生人文科学素养；中间的“2”是指用2学年的时间学习化学专业的理论、知识，培养其专业素质；后面的“1”是指用1学年的时间学习教师教育课程，重在对学生职业素养、教育素质及教育能力的培养。

②区域文化教育。在人才培养模式中突出区域文化教育，充分应用地方自然及文化资源与专业课程相结合，形成区域特色的知识体系，并支持学生开展以区域文化为背景的第二课堂活动；通过塑造地方高校的文化精神，提升学生的生命价值，养成学生的文化品性，使学生具有认同乡土、热爱家乡、乐于奉献、勤勉朴实的良好作风。

③全程教育实践＋竞赛。在课程设置上，加强教师教育内容比重，同时将教育实践活动贯穿于学生整个大学的学习过程，并定期组织“三笔一话”比赛、说课比赛、试讲比赛、课堂教学设计比赛、多媒体课件制作比赛等一系列第二课堂活动，强化学生教育技能的培训内容，促进他们教育实践能力的提高。

三 修订学生综合素质评价的标准

评价一般具有导向、诊断、激励、改进、选拔、管理等多种功能。为了推进我校化学教育专业的教育改革，促进特色专业的建设，构建新的学生综合素质评价体系，是引导和促进学生素质全面发展的重要手段。在广东省大学生综合素质评定体系的基础上，我们采用层次分析法（Analytic Hierarchy Process，简称 AHP），结合我校化学教育专业人才培养方案，修订了学生综合素质评价体系。从德、智、体、能四个方面考核学生的素质，并加大了能力指标的权重，突出培养学生创新能力、实践能力，引导学生向培养目标方向发展。学生综合素质评价指标体系见下表。

学生综合素质评价指标体系

目标层	准则层	子准则层	目标层	方案层
学生综合素质	政治思想品德	政治思想	人生观、世界观和价值观	考评对象
			政治理论学习	
			民主法制观念	
			进取精神	
		道德品质	遵纪守法、社会公德	
			职业道德、乐于奉献	
			诚实守信	
			见义勇为	
	科学文化素养	科学素质	专业课	
			公共课	
			选修课（任选、限选）	
		文艺修养	基本写作能力	
			艺术鉴赏能力	
	身心素质	身体素质	运动能力	
			参加体育竞赛	
			健康知识	
		心理素质	自我感知能力	
			情绪协调和控制能力	
			社会适应性	

（续上表）

目标层	准则层	子准则层	目标层	方案层
学生综合素质	创新能力、实践能力	师范技能	微格教学	考评对象
			“三笔”字	
			普通话	
			课件制作能力	
			实验操作能力	
		创新能力	社会实践能力	
			创新能力	
			学习能力	
			团队合作能力	
			组织协调能力	
			人际交往能力	

由上表可看到学生综合素质评价结构：

①目标层：化学教育专业学生的综合素质；②准则层：德、智、体、能四项准则；③子准则层：由于四项准则涉及的因素诸多，细化为 8 条子准则；④目标层：全面评价学生综合素质的具体指标，共计 30 项；⑤方案层：为考评对象，即我校化学教育专业学生。

修订学生综合素质评价体系，一方面引导学生更好地成人成才，另一方面发挥学生在评价中的主体作用，科学引导学生自主参与自我评价。学生间的互相评价，使学生及时准确地了解自我、认识自我，进而明确努力方向，实现奋斗目标，使评价过程真正起到教育与自我教育的作用。

该评价体系可根据学生综合素质发展状况，对四项准则所占的权重作出修改，引导加强某些方面的素质。我校作为地方师范院校，创新能力、实践能力方面较为欠缺，因此修订时加强了这方面的比重。由于各项指标占的权重一方面要符合大学生培养总体目标，另一方面又要根据本校专业特色做灵活调整，加之篇幅所限，此文未列出各项指标的权重，以及决策分析过程，只讨论了新标准的体系结构。总之，教育创新为特色专业的建设指明了方向，科学的管理制度是实现建设目标的有力保障。

参考文献

[1] 高芳. 高师院校教师教育存在的问题与对策 [J]. 教育探索，2010（12）：101～102.

[2] 林卓玲，李文辉. 师范类高校技术创新能力提升与对策：以华南师范大学为例 [J]. 技术与创新管理，2011（2）：104～107.

[3] 李佳颖. 从新课程改革谈高师化学教学论的教学现状与对策 [J]. 赤峰学院学报（自然科学版），2010（8）：212～213.

[4] 苗青，刘坎龙．地方师范院校教师培养模式改革的思考与对策 [J]．伊犁师范学院学报（社会科学版），2010（1）：102～105.

[5] 潘玉驹，何毅．论发展性大学生综合素质评价体系的构建 [J]．高等工程教育研究，2009（5）：l13～l17.

粤东地区中学化学教师教育创新的现状调查与分析[①]

2006级本科生：周　群
指导教师：严赞开　袁明华

【摘　要】为了深化中学教师的培训工作，笔者对粤东地区中学化学教师创新教育现状展开了调查与分析。调查结果表明：大部分中学化学教师创新意识较强，但教育理论水平不高，科学创新能力较差。对此，文章提出了解决问题的几点建议。
【关键词】中学教师；教育研究；调查

创新是当代社会发展的主题词，全面建设创新型国家必须培养大批创新人才，而创新型人才的培养则需要创新型教师。创新型中学教师是指在中学教学中，能够走在教学的前沿，积极吸收最新教育科学成果并运用于教学中，以培养学生创新精神和实践能力的教师。在当前新课程的大背景下，教师必须从“经验型”向“研究型”转变，开展教学研究是实现这一转变的必由之路。

高等师范院校是一个培养基础教育教师的基地，担负着创新型教师培养的重任，是建设创新型国家的重要环节。韩山师范学院（下文简称“我校”）是粤东地区唯一的一所高等师范院校，肩负着粤东地区中学教师继续教育培养的使命。新的一轮人才培养方案修订工作已启动，为了深化中学教师的培训工作，我们以创新意识和创新能力为价值取向，对粤东地区中学化学教师开展了问卷调查，并对调查结果进行了分析。

一　调查形式

（1）问卷调查。问卷涉及教师创新意识、知识结构、创新能力等方面，调查了粤东地区市、乡镇中学化学教师。本次调查发出教师问卷100份，回收81份，有效问卷64份。有效问卷中参与调查的教师有5年以下教龄的占61%，有5~10年教龄的占15.6%，有10年以上教龄的占23.4%。

（2）网上调查。借助广东省2009年普通高中教师职务培训网站论坛，笔者与粤东揭阳市的121位高中化学教师针对新课标、教学方法、教案设计及教学质量评价等问题进行

① 该文刊于《新课程研究》2011年总第229期第39页。

了广泛交流，获取了一些相关教育创新信息，借以辅助分析问卷调查结果。

二 问卷及调查结果统计

1. 教师创新意识调查

问卷题目如下：

(1) 您觉得培养研究型化学教师有意义吗？(　　)

A. 有意义　　B. 意义不大　　C. 无所谓

(2) 您愿意成为研究型化学教师吗？(　　)

A. 愿意　　B. 不愿意　　C. 无所谓

(3) 您会自觉地开展教学研究吗？(　　)

A. 总是如此　　B. 有时如此　　C. 从未如此

(4) 当教学研究遇到困难时您会放弃研究工作吗？(　　)

A. 总是如此　　B. 有时如此　　C. 从未如此

(5) 您经常反思自己的教学行为吗？(　　)

A. 总是如此　　B. 有时如此　　C. 从未如此

(6) 您有参加各类教育培训吗？(　　)

A. 总是如此　　B. 有时如此　　C. 从未如此

调查结果见表1：

表1　教师创新意识调查结果统计

题号	(1)	(2)	(3)	(4)	(5)	(6)
A (%)	76.6	79.7	20.3	6.3	51.5	29.7
B (%)	9.4	12.5	75.0	42.2	48.5	64.1
C (%)	14.0	7.8	4.7	51.5	0	6.2

2. 教师教育创新能力调查

问卷题目如下：

(1) 您在工作中进行过教学研究吗？(　　)

A. 总是如此　　B. 有时如此　　C. 从未如此

(2) 您通常采取哪种方式的教学研究？(　　)

A. 撰写论文或参与课题研究　　B. 查阅文献资料　　C. 在课堂进行探究式实践

(3) 您承担的教育研究课题的级别是哪一级？(　　)

A. 国家级、省级　　B. 市级、区级、校级　　C. 无课题

(4) 您工作以来发表的教研论文级别。(　　)

A. 国家级、省级　　B. 市级或内部交流材料　　C. 无教研论文

(5) 您工作以来发表的教育研究论文数量。(　　)

A. 5 篇以上　　B. 2 ~ 5 篇　　C. 2 篇以下

调查结果见表 2：

表 2　教师教育研究创新能力调查结果统计

题号	(1)	(2)	(3)	(4)	(5)
A (%)	35.9	27.4	30.1	26.1	17.5
B (%)	62.5	40.6	47.9	41.5	36.5
C (%)	1.6	32.0	22.0	32.4	46.0

3. 教师教育研究涉及的热点问题调查

问卷题目如下：

(1) 您将本地生产实际与课堂教学相结合吗？(　　)

A. 总是如此　　B. 有时如此　　C. 从未如此

(2) 您有自己制作教具吗？(　　)

A. 总是如此　　B. 有时如此　　C. 从未如此

(3) 您是否经常引导学生做探究性实验？(　　)

A. 总是如此　　B. 有时如此　　C. 从未如此

(4) 您时常通过变换教学形式和方法，让自己和学生都有新鲜感吗？(　　)

A. 总是如此　　B. 有时如此　　C. 从未如此

(5) 您运用创设问题情境来开展教学活动吗？(　　)

A. 总是如此　　B. 有时如此　　C. 从未如此

(6) 您在课堂上对学生是否运用启发式提问？(　　)

A. 总是如此　　B. 有时如此　　C. 从未如此

(7) 您在教育中关注着学科的交叉与渗透吗？(　　)

A. 总是如此　　B. 有时如此　　C. 从未如此

(8) 您在教学中是否运用多媒体教学手段？(　　)

A. 总是如此　　B. 有时如此　　C. 从未如此

(9) 您经常开展的教学研究的内容有哪些？(　　)

A. 化学学科知识　　B. 化学教学　　C. 其他方面

调查结果见表 3：

表 3　教师教育研究涉及的热点问题调查结果统计

题号	(1)	(2)	(3)	(4)	(5)	(6)	(7)	(8)	(9)
A (%)	15.9	4.8	11.1	27.0	31.7	47.6	27.0	28.6	23.6
B (%)	77.8	82.5	82.5	73.0	68.3	52.4	71.4	66.7	73.6
C (%)	6.3	12.7	6.4	0	0	0	1.6	4.7	2.8

三 调查结果分析与讨论

（1）教师创新意识。自2004年全国实行新课标体系以来，中学教师普遍对教育创新较为关注。从表1问卷调查结果来看。超过75%的教师认同研究型教师，并愿意成为这一类型教师。在实际工作中，教师们遇到教学问题能积极研究，同时对自己的教学行为主动反思，搞好自己的本职工作；而在教学研究、教育培训方面显得较为欠缺。这主要归因于长期的应试教育，教师活动的评价只看教学质量高低，看升学率，扼杀了教师的创造性活动，教学研究和教师培训尚未得到足够重视。因此，要想中学教师成为研究型教师，不仅教师的创新意识要加强，更需要的是教育体制的发展与创新。

（2）教师教育创新能力。从表2调查统计数据可知，约98%教师有开展教育研究的经历，并且承担国家级、省级、市级、区级、校级项目的人数约占到78%，说明大多数教师参与了专业性比较强的教育研究。但从教育研究的方式及研究成果上看，绝大部分教师教育研究主要围绕课堂教学问题，其成果直接应用于实际教学中，只有少部分教师将研究成果整理成论文发表。这也说明大部分教师具备了一定的教学实践能力，而教育理论水平有限，难以从感性认识上升到理性认识，这一点我们在网络论坛交流中得到了证实。要解决这个问题，就必须对中学教师开展教育理论定期培训或讲座，指导他们开展教育研究活动，让教师们学会在研究状态下工作，在工作状态下研究，将创造性思维实施于新课程教学中，不断提高教学水平，提升教学质量。

（3）教师教育研究的主要内容。通过与中学教师座谈，以及网络论坛交流，初步了解了教师们主要关注的课堂教学方法创新，并围绕这些热点问题设计了9道选择题，调查的数据统计见表3。从表3可以看出，教师们在教学中广泛运用了启发式教学方法，在教学研究、多媒体的运用、学科知识交叉、创设问题情境等方面均有较好的工作习惯，但在制作教具、理论与实际融合和指导探究性实验等方面比较欠缺，这说明大部分教师的创新能力不强，特别是科学研究创新能力还有待进一步培养。

四 结论与建议

从目前中学化学教师创新意识、创新能力及实践活动涉及的主要问题来看，大部分中学化学教师创新意识较强，但教育理论水平有限，科学创新能力较差，需加强教师的在职培养。根据上述存在的问题提出如下建议。

（1）将教师的教育研究工作纳入教师的评价体系。从调查问卷结果来看，教师普遍对教育创新、课程体系改革有较充分的认识，同时广东省教育厅也组织了新课标培训活动，应该说教师的创新意识已具备了。但由于目前大多数的学校注重的仍是升学率，对教师的教育创新工作一般未列入教师的评价体系中，导致教师开展教育创新的动力不足，许多情况下是应付式的，写个教学反思就完事。只有将教育研究纳入教师的评价体系，对不同职称的教师有一个明确的考核要求；学校给予一定的政策支持，并辅以奖励制度，才能推进教师教育创新活动的健康发展。

（2）教师在职培训应制度化。针对教师普遍存在教育理论水平不高，科学创新能力较差的现状，结合教师的年龄及工作情况，可制订教师培养计划，每年选派一定量的教师参加教育理论培训班、科学研究进修访问以及攻读学位等。加强理论学习是提高教师素质的首要任务，教师有了一定的教育理论基础，在教育创新过程中有理论依据，才能避免教育实践陷入盲目的、被动应付的境地。创新型教师还应具备一定的科学研究能力，这样才能在制作教具、理论与实践的融合以及设计探究性实验等方面得心应手，促进教育理论与教学活动有机结合。

（3）激活学科教研室。教育研究与教学工作是一个整体，要提高教学质量，教学工作离不开教育研究工作，因此只有将教育研究日常化，才能真正发挥其作用。首先，要充分发挥学科教研室的教育研究功能，每学期或每年都要制订教育研究计划，精选研究课题，具体落实到各位教师身上，分工协作完成。其次，以教研室为核心，加强与外校的学术交流与合作，请教育专家或有成功经验的教师来举办讲座，指导教育研究工作；也可走出去，进行实地考察，学习成功的经验。

总之，只有教师的理论水平提升，实践能力增强，他们才能更好地承担高水平的教育研究课题，广泛深入开展教育创新和教学改革；同时，学校要重视教育研究工作，给予正确引导和管理，使教育创新制度化，促进教师不断提高教学质量，取得高水平的教学成果，向研究型教师的角色逐渐转化。

参考文献

[1] 吴怡昕. 创新型教师如何培养自身新能力 [J]. 中国校外教育，2010 (8)：184.

[2] 张海燕，伊焱，宋玉冰. 简论创新型教师素质观 [J]. 中国成人教育，2005 (7)：110 ~ 111.

[3] 杨国权. 如何培养中学教师的创新教育能力 [J]. 中国农村教育，2007 (10)：40 ~ 41.

[4] 赵忠民. 对延安市中学化学教师基本素养的调查与研究 [J]. 化学教育，2003 (4)：38 ~ 43.

地方师范化学专业学生创新教育的现状与对策①

2006级本科生：周 群
指导教师：严赞开 袁明华

【摘 要】通过对地方高等师范化学教育专业学生创新素质现状的调查与分析，发现当前的高等师范教育在学生的创新素质培养方面还存在一些问题，针对这些问题，对高等师范化学教育的培养策略进行了研究。

【关键词】师范院校；创新教育；职前教师；创新精神；创新能力

全面提高学生的综合素质，是教育的根本目的和最终任务。随着我国素质教育的实施和纵深发展，创新教育已成为当前教育界最受关注的热点问题。创新教育就是以培养人的创新精神和实践能力为基本价值取向，以培养创造型人才为主要目标的教育。要实现这个目标，教育需要创新，需要创造性人才，需要创造性教师。师范教育作为教育事业的重要组成部分和基础教育的工作母机，在教育改革中应不断提升学科水平和人才培养质量，才能更好地发挥在教师教育中的主体作用。

新的一轮人才培养方案修订工作已启动，为了把握地方师范院校化学专业创新教育的发展现状，制订出更好的人才培养方案，我们学习了相关文件，并参考了教育评价的有关理论，设计了一个调查问卷，以在创新教育中培养创新精神和创新能力为基本价值取向，对本校2006级化学专业在校毕业生进行调查，并结合近五年来我校化学系学生承担的教研及科研项目、研究成果进行了统计和分析。

一 调查形式

1. 问卷调查

问卷涉及学生选择职业、文化知识素质、对新教育思想认识程度、教研能力及自我能力评价几个方面。调查对象为本校化学系2006级100名毕业生，回收有效问卷99份。

2. 统计调查

对近五年化学系学生承担的教研及科研项目、研究成果及获奖情况进行了统计，结合

① 该文刊于《化学教育》2011年第7期第32页。

2008 年修订的人才培养方案进行了分析。

二　调查结果统计

1. 对教师职业的热爱程度调查

从表 1 数据看，大部分学生当初选择到师范院校学习，并不是因为喜爱教师这个职业，而是高考后的一种权衡选择。通过大学四年的学习，有 26% 同学从当初的思想模糊，转变为喜爱这个职业，值得注意的是虽然有近 90% 的同学毕业后愿意从事教师这个职业，但仍有 38.38% 的同学并不喜欢从事教师这个职业，这提示我们在以后的教学中还应加强职业观念的宣传教育。

表 1　学生对教师职业的喜爱程度

问题	选项	人数	比例（%）
您当初为什么选择教师这个职业	A. 喜欢教师职业	35	35.35
	B. 高考分数限制	28	28.28
	C. 其他原因	36	36.36
经过大学四年的学习，你是否喜欢教师这个职业	A. 是	61	61.62
	B. 否	38	38.38
您毕业后是否选择教师这个职业	A. 是	89	89.90
	B. 否	10	10.10

2. 文化知识素质调查

通过了解学生对化学、化学教学相关知识的掌握程度，以及对现代科学技术的关注程度，来判断学生所具有的基本素质。从表 2 数据可知，学生对化学专业知识的学习基本满意，不满意的只占 5.05%，而对其他相关学科的知识了解甚少，只有 7.07% 的人会经常了解科学技术新进展，这说明大部分同学没有认识到科学知识的相互融合与促进，很不利于今后的创新工作，应在今后的人才培养方案中增加科学前沿选修课、学术讲座及科学研究活动，提高学生们的科学素养。

表 2　学生的文化知识素质

问题	选项	人数	比例（%）
您认为您的化学专业知识掌握得怎么样	A. 很好	27	27.27
	B. 较好	67	67.68
	C. 一般	5	5.05

（续上表）

问题	选项	人数	比例（%）
您经常主动去了解最新科学技术的基础知识吗	A. 经常	7	7.07
	B. 偶尔	66	66.67
	C. 几乎没有	26	26.26

3. 教育新思想的认识程度调查

问卷从教学的几个环节，了解学生对教育新理念的理解情况。从表3数据可知，学生们普遍注重创新精神、创新能力和创新人格的培养，并尝试选择和运用多种教学策略，以及营造一个良好的交流氛围。但仍有26.26%的同学对新课程基本理念了解甚少，大多数同学缺乏开展教育创新的主动性，说明在课程教育中还应加强教育创新思想的宣传和开展实践活动。

表3　学生对新教育思想的认识程度

问题	选项	人数	比例（%）
实习前您对新课程基本理念的了解程度	A. 很了解	2	2.02
	B. 比较了解	71	71.71
	C. 了解甚少	26	26.26
您注重学生的创新精神、创新能力和创新人格的培养方法吗	A. 很注重	25	25.25
	B. 比较注重	69	69.70
	C. 无所谓	5	5.05
您对教材中的创新教育内容的挖掘情况是	A. 经常	15	15.15
	B. 偶尔	80	80.81
	C. 从不	4	4.04
您在试讲或其他有关教学活动中尝试选择和运用多种策略进行教学吗	A. 很注重	18	18.18
	B. 比较注重	72	72.73
	C. 无所谓	9	9.09
您尝试与学生建立起民主和谐的师生关系吗	A. 有	92	92.93
	B. 没有	4	4.04
	C. 没考虑	3	3.03

4. 教研能力的调查

从表4调查结果看，大部分学生对教学研究的积极性较高，并能参考优秀教案，自行设计教案，一半的同学经常使用网络教育资源，并将其他学科知识融入教学中。结合近五年来化学系学生承担的教研及科研项目、研究成果及获奖情况统计结果，不难发现化学系虽然有部分学生承担了教研项目，在教学方法研究、教案设计、说课等方面取得了一些成果，但总体上看，承担项目的数量及所出版论文的数量均很有限，教学研究的能力还较弱，有待进一步提高。

表4　学生的教研能力调查

问题	选项	人数	比例（%）
您浏览因特网上的教育资源频率是	A. 经常	50	50.51
	B. 偶尔	45	45.45
	C. 从不	4	4.04
您在教育实习的备课过程中通常是	A. 参照优秀教师的教案	5	5.05
	B. 多方面收集素材，自行设计教案	52	52.53
	C. 以上两种结合进行	42	42.42
您对教育科研的认识是	A. 那是少数教育专家的事，中学教师没有必要，并且对教学也没有多大用处	6	6.06
	B. 教育科研很有必要，可以促进教学	72	72.72
	C. 以后也想搞一些教育科研，但感觉难度大，缺乏信心	21	21.21

5. 学生缺乏的教学能力调查

从表5数据可知，学生整体教学创新能力较弱，特别是教学设计能力和课堂教学能力，在今后的教学中应加强对学生的实践指导，同时增加实践活动，以提升他们的教学及教研能力。

表5　学生教学能力自我评价

问题	选项	人数	比例（%）
通过教育实习您认为您最欠缺的能力是（多选题）	A. 剖析教材能力	32	21.05
	B. 教学设计能力	48	31.58
	C. 课堂教学能力	41	26.97
	D. 沟通能力	31	20.39

三　结果分析与对策

通过对100位本校2006级毕业生进行关于职业选择、文化知识素质、对新教育思想的认识程度、教研能力及自我能力评价等几个方面的问卷调查，结合近五年来我校化学系学生承担教学研究项目及发表教研论文的统计数据，分析结果表明：学生们普遍存在着职业观念不强，对新教育思想了解不够，教学实践能力欠缺，教育创新能力差等问题。究其原因，主要在于高等师范教育存在重专业、轻教育现象，尽管教育改革中不断加强了对学生教育能力的培养，但离职业化还有一定的距离。现就存在的主要问题，提出以下对策。

1. 树立高尚职业道德观

从学生选择读师范，到毕业后选择教师这个职业的问卷结果可以看出，尽管90%的同学毕业后选择从事教师这个职业，但近1/3的人并不喜爱这个职业，这种现象不仅是地方师范院校存在的问题，也是国家重点师范大学中普遍存在的问题。

近年来，师范院校的毕业生就业难、工资低，迫使部分学生选择继续读研究生，或另寻其他职业；加之师范院校追求“综合化”、“多层次”办学布局，也不断淡化了师范院校的师范性特色。在此情形下，仅靠几次零散的职业教育，就想在学生心中树立投身于教育的理想，其效果显然是有限的，进而致使学生职业道德意识薄弱。因此，应大力宣传教育是一个充满理想与激情的事业，是改变我们每一个人自身命运的最有效途径；倡导师范生忠诚党的教育事业，肩负振兴中华民族的重任，热爱教师这个职业，让每位同学明白“百年大计，系于教育；教育大计，系于教师”的道理。

2. 提升师范教育的学术水平

作为化学专业的师范生，一方面要接受公共专业的基础知识和化学学科专业知识教育，使自身具备一定的学术水平；另一方面还要接受教育专业的训练，具备一名教师的基本素质。

然而在师范人才培养实践过程中，学生的化学专业能力培养一直受到重视，从人才培养方案不难看出，化学专业的课程学时约占总学时的50%，且基础理论及实验课程考核要求高，加之学生课外承担学院资助的科技创新项目和参与教师科研项目的研究，以及经过毕业论文的系统训练，大部分学生化学专业理论基础扎实，实验操作能力较强，具备一定的科学创新能力。近五年来我院化学系学生独立承担科研项目数及发表的论文数累积双双过百，近80%同学有课外科研的经历，显然化学学科专业的教育完整性好。

相比而言，师范教育课程在人才培养方案中定位为公共基础课程，开设有教育学、心理学、化学教学论、现代教育技术、化学教育统计与评价、普通话、三笔一画等课程，累计学时不足总学时的10%，加上专业限选课程中增开的几门与化学教育相关的课程，累计学时也不足总学时的14%。这些课程单门学时少，课程间知识较分散，缺乏整合性，学生通过这些课程的学习，虽然掌握了一些概念及术语，但难以达到专业水平，加之这些课程大都不含实验内容，学生实践能力差。另外，高等师范教师参与教育研究的积极性不高，指导学生课外教研活动也十分有限。从近五年我校化学系学生开展教育研究的统计结果看，学生独立承担教育研究的项目数和已发表的教研论文数累积仅双双过十。

“学者未必为良师，良师必为学者”如今已成为美国师范教育的新概念。因此，将师范教育的专业化相应地提高到与化学专业并驾齐驱的地位，突出师范教育的师范性，保证师范专业按规定开设教师教育课程，加强教育实践和教师职业技能的训练，辅以一定量的教育研究活动，才能促使学生具有化学教育的专业水平和创新能力。

3. 加强学生教育实践能力培养

从调查问卷结果看，学生的教育实践能力及教育创新能力是非常欠缺的，主要原因是教育理论教学与实践脱节，实践技能训练体系建设尚未成熟、完善，对提高学生的实践能力的措施不够得力，往往是学生经过微格教学后，自主地利用业余时间相互试讲，来积累教学实践经验，这不仅技术示范能力与创新能力不强，且训练的时间少，难以达到专业化水平。虽然学院有统一组织教育见习1周和教育实习8周，但时间短、缺乏高水平的教师指导，在实践能力培养的质量上大打折扣，未达到预期的教育目标。因此，增开师范化学教育实验课程，延长教育实习时间，激励教师指导学生开展教育研究工作，是促进师范教育向职业化转变的有效办法。

总之，地方师范化学教育要向职业化和创新型发展。首先要重视师范化学教育，大力宣传教师职业道德观；将化学专业教育与师范教育放在同等重要位置，促进化学学科、现代科学技术、化学教育知识间的融合及应用；整合化学教育系列课程，将理论教学、实践教学、教学研究三位一体化。其次，大力发展教育实践，建立一支高水平、稳定的指导教师队伍和一系列教育实习基地；实施教育技能传承制，细分实践环节，指导学生掌握课堂评价、写教案、试教、写反思日记、积累教学资源等，从而有效地培养学生的教学能力；同时，建立化学教育网络实践平台，给学生提供一个学习、交流的环境，并组织开展丰富多彩的课外教学实践及教育研究活动，实现师范化学教育不断走向专业化和职业化。

粤东地区中学生化学学习动机及影响因素的调查①

2006 级本科生：邱晓佳

指导教师：衷明华　严赞开

【摘　要】为寻找有效激发学生化学学习兴趣和提高学习动力的途径，本文对粤东地区中学生化学学习动机及影响因素进行了调查与分析。调查结果显示：当前中学生的化学学习动机强度较大且内部动机是主导动机；不同年级，不同性别，普通中学和重点中学学生之间化学学习动机存在差异；化学学习动机的影响因素强度：价值观 ＞ 成败归因 ＞ 师生关系 ＞ 自我效能感。

【关键词】学习动机；影响因素；问卷调查

化学学习动机是推动、指导、支配化学学习行为的内部力量，决定着化学学习的强度和方向，是形成化学学习内部准备状态的重要部分。化学教师要达到新课程所倡导的促进全体学生科学素养的全面主动发展的要求，就必须充分了解学习动机及影响因素，了解不同年龄层、不同性别学生的动机特点，从而激发他们的学习动机，这对提高中学化学教学质量是有意义的。

一　调查形式

（1）问卷调查。问卷设计了 37 道题，涉及学习内、外部动机及影响学习动机的可调控因素：自我效能感、成败归因、师生关系、价值观等。调查学校选取了当地重点及普通高、初中学校各两所，每所学校从初三开始，每年级抽取一个班级，每班抽取 20 名学生作为调查对象。共发放 320 份调查问卷，收回有效调查问卷 275 份。

（2）结果统计方法。首先，通过问卷了解基本情况；其次，问卷的设计采用五分计分法。每道问题设五个选项，分别是完全符合、基本符合、不能确定、基本不符、完全不符；正向计分题分别给 1、2、3、4、5 分，反向计分题分别给 5、4、3、2、1 分，所得结果采用平均分比较，分值越低则动机强度或影响学习动机程度越大。

---

①　该文刊于《新课程研究》2012 年总第 259 期第 28 页。

二　调查结果及分析

（1）对化学学习动机情况的调查分析。学习动机是直接推动、导向和强化学生学习的内部动因，是引起、维持和推动学生进行学习活动以达到一定目标的内部动力，是各类学习行为的基础，也是影响学习效果的重要变量。为了进一步了解学生化学学习的动机情况，我们将学习动机细分为内、外部动机。内部动机是学生对化学的求知兴趣及能力追求；外部动机是学生参加化学学习的声誉获取及利他取向。

调查结果（见表1）显示：① 当前中学生化学学习动机强度较大，内部动机的平均分低于总的学习动机平均分，远远小于外部动机平均分，说明当前中学生学习动机的主导因素是内部动机；学习动机强度大可能跟新课程的实施有关，新课程让学生发自内心地喜欢化学，有兴趣钻研化学。②初中生化学学习动机强度大于高中生，尤其是外部动机；此外，从初三到高一普遍出现动机强度急降，至高三又反弹的现象。初三到高一动机强度急降可能与初三学生刚接触化学，感到新鲜、兴趣浓以及高中化学知识加深、学科门类增多，学生难以兼顾有关；动机强度至高三又反弹可能与高考临近，老师、家长的期望有关。③ 高三的学习动机强度达到高中阶段的顶峰，不同的是男生高一到高二学习动机呈略微增强趋势，女生呈明显下降趋势，学习动机强度总体上是男生高于女生。造成该现象的可能原因是：高二进入化学选修，学习难度更加大，在抽象思维及实验操作能力方面，男生稍长于女生；另外，社会观念认为女生学化学不如男生，这种长期的负面影响对女生学习化学造成了一定的阴影。④ 不论初、高中，重点中学的学生学习动机及内部动机都强于普通中学，外部动机则相反，原因可能是重点中学学生的自信及良好的师资环境大大激发了他们的内部动机；普通中学的学习气氛轻松，学生有时间发展自己对化学的兴趣，再加上重点中学竞争激烈，家庭和学校寄予厚望，易使学生产生逆反心理，表现为外部动机水平低于普通中学。

表1　化学学习动机情况调查

计量单位：分

年级	初三		高一		高二		高三		初三		高中	
	男生	女生	男生	女生	男生	女生	男生	女生	普通	重点	普通	重点
学习动机	2.49	2.68	2.74	2.85	2.73	2.99	2.64	2.67	2.58	2.55	2.90	2.80
内部动机	2.06	2.27	2.28	2.48	2.27	2.64	2.15	2.17	2.15	1.98	2.61	2.31
外部动机	3.13	3.28	3.43	3.48	3.42	3.50	3.38	3.42	3.23	3.40	3.34	3.52

（2）对影响化学学习动机的部分因素调查分析。影响化学学习动机的既有外部因素又有内部因素。外部因素有家庭、学校和社会；内部因素分生理和心理，生理因素有年龄、性别，心理因素又细分为效价和期望评价、自我效能感、归因作用、目标意识、认知冲突、情感、价值观和性格。通过筛选，我们选取自我效能感、成败归因、师生关系、价值观对影响化学学习动机的强弱进行调查研究。

调查结果（见表2）显示：① 化学学习动机的影响因素强度为价值观 > 成败归因 > 师生关系 > 自我效能感。这说明树立正确的价值观对学习化学的重要性，教师不仅要传授知识，更要培养学生正确的价值观。② 高一学生的师生关系影响程度显著强于其他三个年级，原因可能是高一学生首次面对这么多的学科及陌生的环境，需要教师的引导和帮助，良好的师生关系有助于学生顺利地完成初中到高中的过渡。③ 普通中学四个影响因素的影响程度均弱于重点中学，这与学习动机的差异性一致。

表2 学生学习动机影响因素差异表

计量单位：分

年级	初三	高一	高二	高三	普通中学	重点中学
自我效能感	2.89	2.85	2.94	2.92	2.96	2.82
成败归因	2.20	2.42	2.49	2.51	2.40	2.31
师生关系	2.74	2.36	2.82	2.61	2.83	2.55
价值观	2.04	1.95	2.05	2.07	2.36	1.95

三 调查结论与思考

（1）当前中学生的化学学习动机强度较大且内部动机是主导动机。这是实施新课程改革的成果。新课程理念是把学习主动权交给学生，教师由课堂的主导者变为协助者，角色的转变使学生有思考的空间，知识是学生亲身体验获得的，因此其对学习更有动力和信心。

（2）不同年级，不同性别，普通中学和重点中学学生之间化学学习动机存在差异，要求化学教师根据不同年龄层、不同性别、不同类型学校的学生动机特点来思考有关化学教学的问题。例如，在引导中学生开展具体学习时，应考虑怎样为他们创设情境，激励他们的学习兴趣；在课堂教学中注意穿插介绍化学史，以居里夫人的故事吸引和打动女生，帮助女生树立学好化学的信心。另外，普通中学应重点帮助学生提高内部动机，重点中学应适当地缓解学习压力，帮助学生提高外部动机。

（3）化学学习动机的影响因素强度：价值观 > 成败归因 > 师生关系 > 自我效能感。中学生正逐步走向成熟，在学生眼中教师是神圣的，教师的一举一动都会对学生的成长起至关重要的作用。在化学的教学过程中，教师应以身作则，不断提升自身道德修养，为学生树立一个良好的榜样，注重学生非智力因素的培养，引导学生树立宽广的胸怀，形成正确的人生观、世界观、价值观。

参考文献

[1] 吴俊明，王祖浩. 化学学习论［M］. 南宁：广西教育出版社，1996.
[2] 刘知新. 化学教学论（第4版）［M］. 北京：高等教育出版社，2009.

邮票上的化学史网站开发①

2001 级本科生：黄炳强
指导教师：袁明华　袁田田

【摘　要】本文在建构主义理念的指导下，采用多媒体网络技术开发了邮票上的化学史网站。本网站收入了200多枚精美的彩色纪念邮票，介绍了诺贝尔、居里夫人、侯德榜等化学家，可使青少年得到深刻的启迪和教育。
【关键词】建构主义；邮票；化学史；课程网站

一　前　言

化学史是一门综合性较强的课程。它涉及化学发展的不同时期包括新元素的寻找、气体分子运动学说以及工业化学、农业化学、食品化学、医药化学、生物化学、环境化学等，内容多而且杂，很容易使学生感到枯燥，教学效果不是很好。邮票的内容极为广泛，以方寸之微，凝聚了大千世界的万般变化，其内容繁多，美不胜收，如花鸟虫鱼、珍禽异兽、历史人物、风土人情、山峦海景、宇宙太空、科学发明等，几乎无所不有，难怪人们把邮票喻为“形象的百科全书”，甚至可以毫不夸张地说，160 余年的邮票史就是人类几千年文明史的缩影。正是化学史知识的广泛性和邮票内容的丰富性，决定了化学史与邮票关系的密切性。本文的工作是开发邮票上的化学史网站②。该网站是基于网络环境下的主要教学模式——“自主、协作学习”和“发现、探究式学习”，利用文献③给予的邮票素材将整个化学史按年代顺序作了比较完整的介绍，让人们在欣赏邮票的同时学习化学史。

---

① 该文刊于《广州化工》2005 年第 6 期第 62 页。
② http：//www. hstc. edu. cn/xibu/huashengxi/lunwen/index. htm.
③ 周开亿等．邮票上的光谱学和化学史［M］．北京：科学出版社，1991.

二 网站制作的理论基础①

建构主义认为，学习是在一定的情境下，借助其他人的帮助（包括教师和学习伙伴），通过人际间的协作和会话，利用必要的学习资料而实现的意义建构过程；主张以学生为中心，强调学生是信息加工的主体，是知识意义的主动建构者；“情境”、“协作”、“会话”和“意义建构”是学习环境中的四大要素。由此可见，获得知识的多少取决于学习者根据自身经验去建构有关知识的意义的能力，而不取决于学习者记忆和背诵教师讲授内容的能力。建构主义提倡在教师指导下的以学习者为中心的学习；教材所提供的知识不再是教师传授的内容，而是学生主动建构意义的对象；媒体也不再是帮助教师传授知识的手段、方法，而是用来创设情境、进行协作学习和会话交流的认知工具。正是依据这一学习理论，我们设计的教学网站实现了“情境”、“协作”、“会话”这三个要素，从而使学生的“意义建构”成了顺理成章的事情。

三 网站的设计与开发

1. 网站设计的构架及开发工具

邮票上的化学史网站设计总体构架见图 1。开发工具主要使用 Dreamweaver MX 、Flash MX 2004、Fireworks MX、Photoshop 7.0；数据库选用 Microsoft Access 2003，以二维表格形式描述实体间的关系；整个网站通过 ASP 程序和 SQL 语句实现网页与数据库的连接及操作。网站调试使用 Windows XP 自带 IIS 服务器程序。

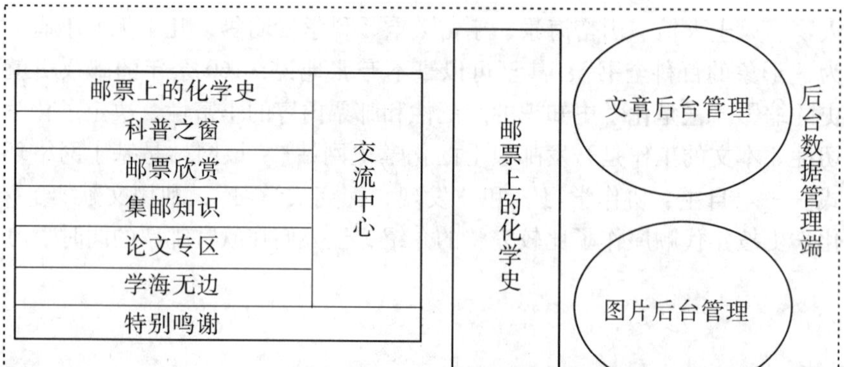

图 1 “邮票上的化学史”网站总体构架网

① 何克抗．建构主义——革新传统教学的理论基础（中）[J]．电化教育研究，1997（4）：25～27．

2. 网站开发的技术实现

系统配置客户端：建议用1 024×768浏览；服务器端：Linux等。网站开发的技术方案实现见图2。

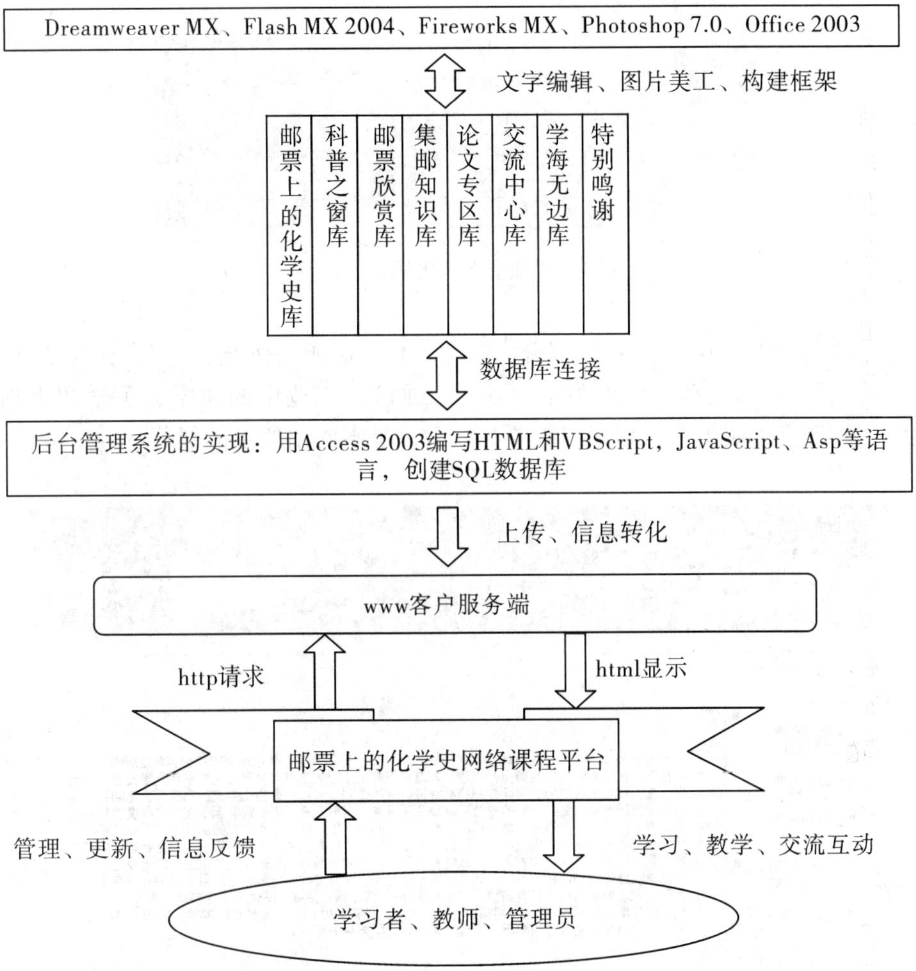

图2　网站开发的技术方案流程

四　网站各构架的功能与特点

1. 网站各构架的功能

首页（见图3）：以清晰的Flash动画及图片点明该网站的主题，初步展示各栏目从而达到导航的目的。

图 3 “邮票上的化学史”首页

邮票上的化学史（见图 4）：该部分由前言、化学起源（炼金术）、古典时期（1750—1900）、寻找新元素、运动学说的发展（分子方面）、工业中的化学、医学和生物化学、结构化学、其他等板块组成，叙述以邮票为线索，是本网站的主体部分。

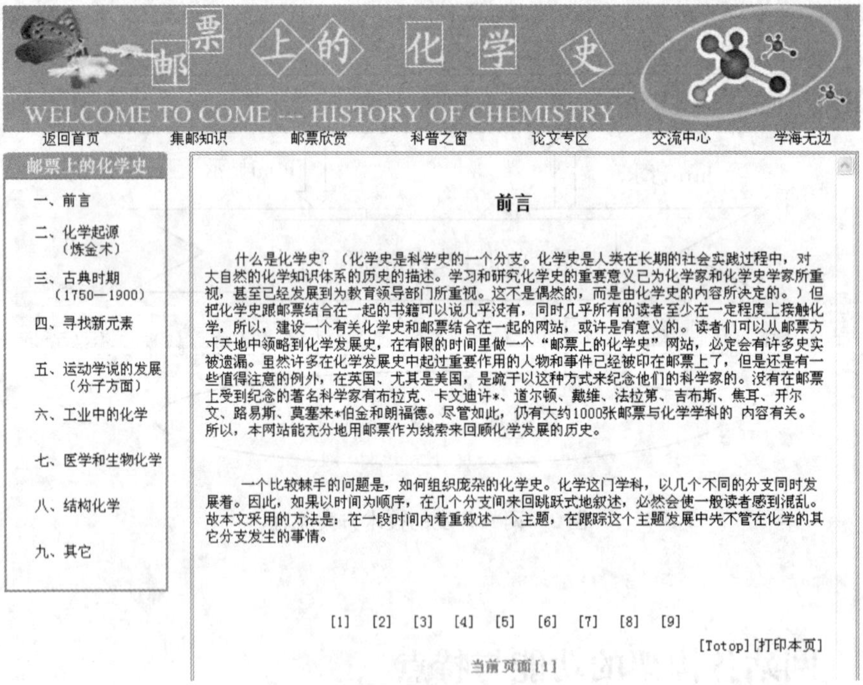

图 4 邮票上的化学史

科普之窗（见图 5）：该部分是主体部分的有效补充，为读者提供有关科普的新闻、公告，并收集了几十位科学家的故事以及一些科普小常识，具有较好的启发性、趣味性和可读性。该部分可随时扩充和更新。

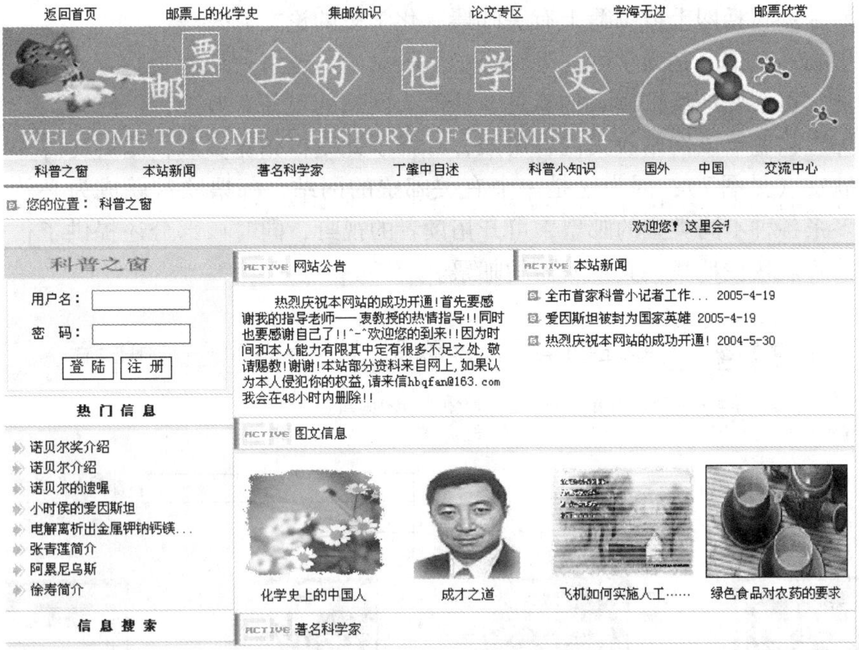

图5　科普之窗

集邮知识（见图7）：该部分为集邮爱好者提供较完整的集邮知识，具有很强的实用性。

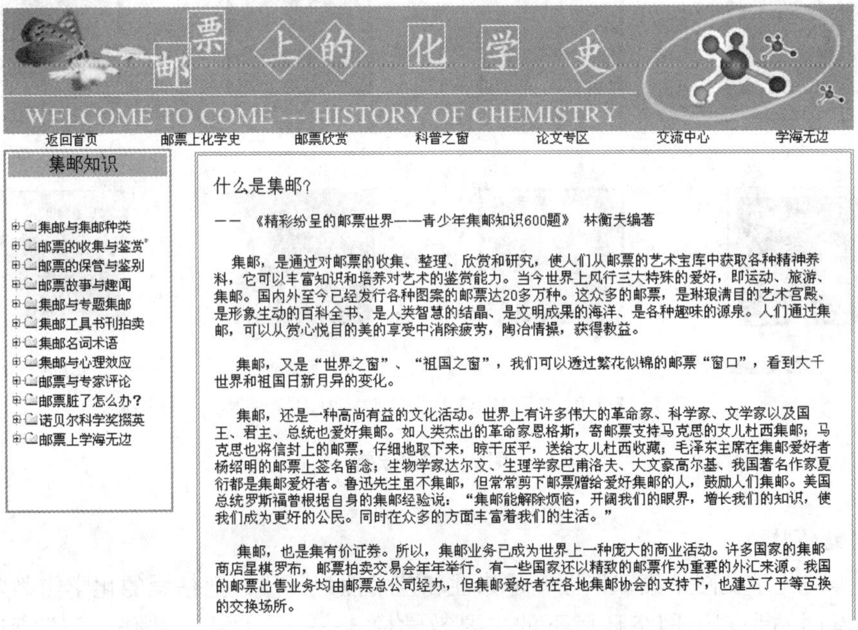

图6　集邮知识

论文专区：包括网上或书籍上有关邮票、化学史的论文。

交流中心：该部分是为学生—老师、学生—学生、读者—版主提供互动的空间，有在线投票功能，可很好地反馈读者的意见，从而为网站的更新、改进提供依据。

学海无边：鉴于该网站收集内容所限，开辟了此专栏拓宽资源，提供友情链接网址。

邮票欣赏（见图7）：因为这是一个有关邮票的网站，邮票欣赏就成为必然，现已收集到200多张各种不同类型的邮票，可开拓读者的视野，同时该部分还提供了很好的搜索功能，使读者能快捷地找到其他所需的邮票。

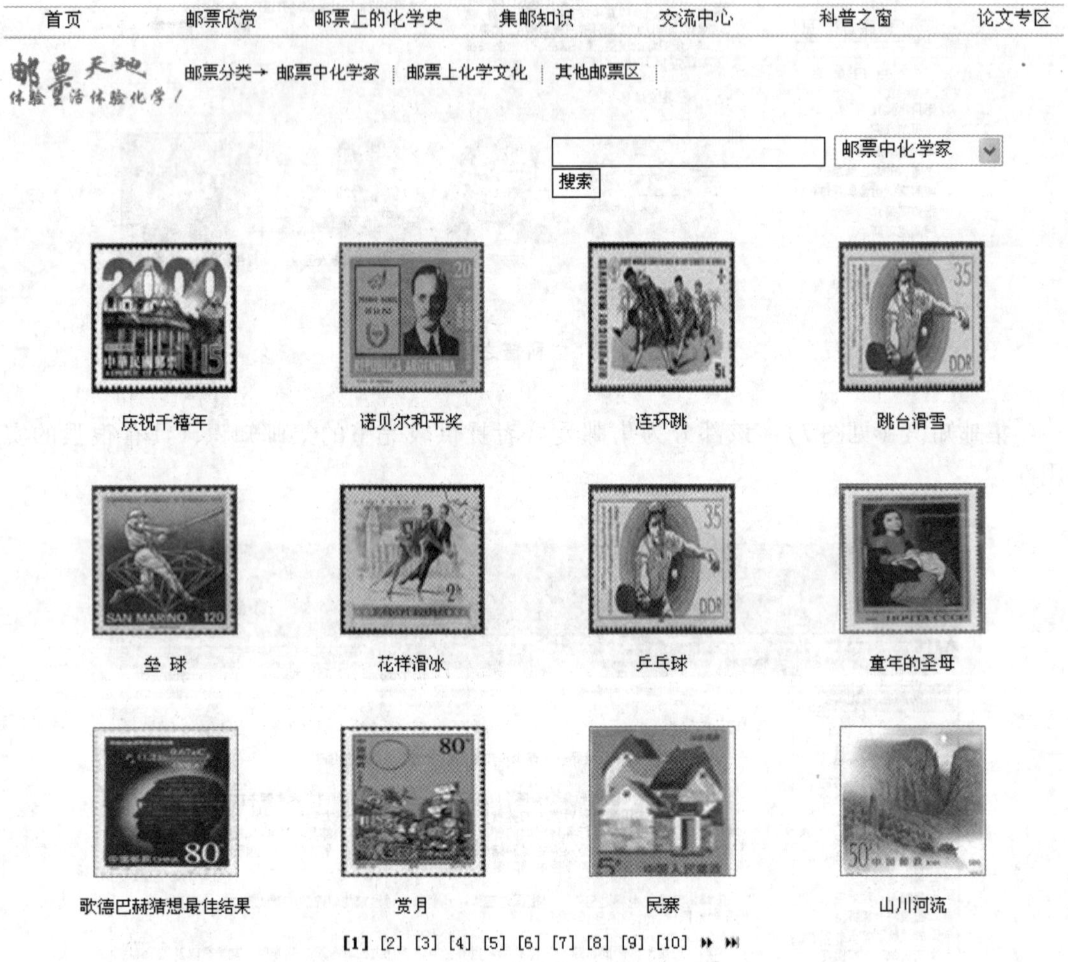

图7　邮票欣赏

2. 网站的特点

邮票上的化学史网站集知识性、趣味性和艺术性为一体，把枯燥的化学史教学变得生动起来。本网站是基于网络环境下的主要教学模式——“自主、协作学习”和“发现、探究式学习”模式，利用邮票这一喜闻乐见的方式，将整个化学史按年代顺序作了精彩而又比较完整的介绍，让人们在欣赏邮票的同时，学习化学史、学习辩证法，并在兴趣盎然之余，不禁对那些为化学事业作出突出贡献的先辈肃然起敬。本文运用多媒体网络技术，将邮票活动和化学发展史的学习有机结合起来，融科学美和艺术美于一体，无论是在集邮研究方面，还是在化学史研究方面，都是一次有益的尝试。